"十四五"国家重点图书出版规划

清华大学文科出版基金
QINGHUADAXUEWENKECHUBANJIJIN

技术贸易：
世界趋势与中国机遇

TRADE IN TECHNOLOGY:
Global Trends
and
Opportunities for China

江小涓 等 著

清華大学出版社
北 京

图书在版编目（CIP）数据

技术贸易：世界趋势与中国机遇/江小涓等著. —北京：清华大学出版社，2022.3（2022.11重印）
ISBN 978-7-302-60171-5

Ⅰ.①技…　Ⅱ.①江…　Ⅲ.①技术贸易－研究－中国　Ⅳ.①F723.84

中国版本图书馆 CIP 数据核字（2022）第 033251 号

责任编辑：周　菁
封面设计：常雪影
责任校对：宋玉莲
责任印制：曹婉颖

出版发行：清华大学出版社
　　　　　网　　　址：http://www.tup.com.cn，http://www.wqbook.com
　　　　　地　　　址：北京清华大学学研大厦 A 座　　　　　　邮　　编：100084
　　　　　社　总　机：010-83470000　　　　　　　　　　　　邮　　购：010-62786544
　　　　　投稿与读者服务：010-62776969，c-service@tup.tsinghua.edu.cn
　　　　　质量反馈：010-62772015，zhiliang@tup.tsinghua.edu.cn
印　装　者：三河市铭诚印务有限公司
经　　　销：全国新华书店
开　　　本：185mm×260mm　　　　　印　　张：19.75　　　　字　　数：428 千字
版　　　次：2022 年 5 月第 1 版　　　　　　　　　　　　　　印　　次：2022 年 11 月第 3 次印刷
定　　　价：118.00 元

产品编号：092001-01

前言

过去 40 年,全球化的一个重要新趋势就是科技全球化。技术和技术创新能力大规模地跨国界转移已经形成,科技发展的相关要素在全球范围内进行优化配置,科技能力中愈来愈多的部分跨越国界成为全球性的系统。简言之,这是科技创新的全球合作。在科技全球化趋势中,能否有效利用全球科技资源,成为影响一个国家产业竞争力的重要因素。

过去 40 年,我国以全球产业链为主要载体,进入全球创新链中,既从中获得相应技术供给,也提升了自主创新能力,为全球创新链做出了贡献。我们被动入链、积极接链和主动布链三种状况并存,已成为全球多个重要创新网络中的重要部分。据世界知识产权组织统计,20 世纪最后 10 年,在全球创新网络中,中国只贡献了大约 1% 的专利,而在 2015—2017 年,中国就贡献了大约 15% 的专利。最近几年,针对中国高技术产业和企业的无端指责和无理打压增多。面对这种环境,如何判断科技全球化的未来趋势?是否还应该和能够参与全球创新合作? 综合利用全球科技资源加快提升自身创新能力的空间是否还存在? 这些都是国内各方面思考和关注的问题,也是本书研究的主要问题。

今后,科技全球化还将快速推进,全球创新链将更加完善,更多科技资源在全球范围内组合集成。信息技术发展促进了新的科技合作和知识共享方式,能够将相距遥远的人才联系在一起,并用数字化方式实时共享研发进程。在错综复杂的国际环境中,我们不应该做极端化选择,要以最大努力参与到全球创新链中去,获得全球技术资源;同时以最大努力自主创新,从"市场换技术"向"技术换技术"延伸,形成"相持""对赌"和"备胎"能力,增强应对断链事件、保持技术供给可持续的能力。

下面简要介绍本书内容和作者。

第 1 章"科技全球化改变世界:趋势与特点",在对科技全球化进行概念界定的基础上,聚焦外部技术来源在企业技术能力中的重要性、制造业领域的全球化和技术流动、推动科技全球化发展的因素、不同行业科技全球化的特点等四个方面。从宏观层面剖析了近 30 年科技全球化的发展趋势和特点。还对今后科技全球化发展趋势、中国技术能力提升对科技全球化的影响、新一代信息技术应用带来的新机遇等做了分析。本章由江小涓撰写。

第 2 章"技术引进与我国产业发展、技术升级和竞争力提升",主要分析了改革开放40 年以来我国抓住科技全球化快速推进的机遇,通过大量引进吸纳先进技术设备、吸收技术先进的外资企业、推动人才双向培养和流动等措施,进而促进国内产业结构、技术水平、创新能力、国际竞争力不断提升的全过程。分析表明,国内企业已经从中低档加工制造为起点的参与国际竞争,正在逐步走向更高附加值、高技术含量的加工制造和技术开放能力延伸。我国在全球产业化和技术分工格局中的地位不断提高、自主创新能力不断提升。本章由江小涓、魏必撰写。

第 3 章"国际技术贸易以及发展中国家面临的机遇和挑战"，主要聚焦于当前国际技术贸易发展的现状、前景，以及我国在国际技术贸易中的地位。该章梳理了当前国际技术贸易的主要形式和近年来新的发展趋势，并通过数据及典型案例阐述了发展中国家面临的机遇和挑战。在对一些国家主要技术贸易领域的数据和资料进行比较分析的基础上，考察了我国在这些领域的优势和不足。本章由桂天晗撰写。

第 4 章"科技创新要素全球配置与技术贸易实现机理"，分析了科技创新要素全球流动与配置的内在必然性，以及对技术贸易实现带来的深远影响。本章以翔实数据阐述了这些要素全球流动与配置的各种表现。本章提出：科技创新要素全球配置，首先是由这些要素本身的开放流动属性所决定的，同时也是经济全球化、科技全球化的必然结果；在知识经济时代，信息技术加快应用，技术经济范式、国际贸易范式发生变化，地区保护主义制约举措迭出的背景下，科技创新要素全球流动与配置呈现新的特点与趋势，引领技术贸易内涵与外延均发生变化，为此也提出新的公共政策应对挑战。本章由张缨撰写。

第 5 章"基于技术开源的开放型技术创新：趋势分析和若干案例"，通过趋势及案例分析提出，技术开源作为开放式创新的重要形式、一种新的产业组织形式以及跨国技术转移的一个新的有效方式，可作为推动我国整体技术进步的有效途径。本章从当前技术贸易形势出发，结合技术开源的历史演进，提出技术开源是跨国技术转移的一个新的有效方式。随后结合案例研究，分析技术开源的优势与风险，提出相关政策建议。最后从经济学理论出发，提出技术开源可作为一种新的产业组织形式，具有丰富经济学内涵，值得进一步推进相关方面的研究工作。本章由刘楚撰写。

第 6 章"我国信息通信技术服务贸易发展与创新能力提升的研究"，以我国信息通信技术（ICT）服务贸易发展为例，研究了技术贸易对于技术创新的促进作用。本章系统分析了我国 ICT 服务贸易发展的四个阶段及主要特征，从 ICT 领域的发明专利、出口竞争力、RCA 指数等不同维度，论证了技术引进对于提升我国 ICT 产业自主创新能力和竞争力的重要作用，并基于课题组对于我国 160 家 ICT 服务贸易企业的问卷调查分析，印证了技术贸易对于 ICT 产业自主创新能力的促进作用。主要结论是：承接离岸服务外包是提高创新能力的重要途径，技术进口对创新能力同样具有促进作用。本章由王晓红、孟丽君、郭霞、谢兰兰撰写。

第 7 章"平台型竞争催生技术交易新模式"，分析了合作研发组织（CRO）模式在医药行业迅速兴起的案例，印证了开放创新是保持竞争优势的必选项。本章认为，创新资源的全球化需要开放式创新，强调对创新资源的获取与重新分配，而不是对创新资源的拥有和控制。本章由程妙等撰写。

第 8 章"全球分工极致范例的芯片产业"，从全球分工的视角，以芯片产业的发展为例，通过分析芯片行业的全球布局、兼并重组和技术转移等具体成长过程，剖析技术溢出、技术扩散等因素对于芯片行业发展的重要作用，指出未来芯片行业的发展中开放式创新将是其保持竞争优势的重要砝码。本章由程妙等撰写。

第 9 章"技术贸易中的知识产权研究",通过对技术贸易与知识产权的有关概念的辨析,明确了知识产权与技术贸易之间的关系,并对国际范围和主要国家技术贸易中的知识产权相关法律规定进行了梳理。本研究通过大量的数据,说明了国际和我国在技术贸易领域中知识产权创造、保护和运用的现状,运用案例和数据阐述了知识产权在我国技术创新和技术贸易中的作用,并结合我国技术贸易中面临的知识产权机遇和挑战,分析了我国知识产权领域存在的问题,就如何发挥知识产权在技术贸易中的作用,促进我国技术贸易的良性发展提出意见建议。本章由高小玉和李秋甫撰写。

第 10 章"技术引进与家电产业的创新与发展",主要从技术引进与创新角度,以我国家电行业发展为案例,通过对洗衣机和电冰箱产业的相关专利数据分析,将家电行业自改革开放以来的发展历程划分为四个阶段,并分析了每个阶段的主要特征。从不同阶段的家电进出口份额、专利申报数据、技术投资比重等方面,论证了技术引进在我国家电行业从零基础成长为世界领先行业过程中发挥的关键作用。主要结论是:在家电行业发展中,技术引进与自主创新密不可分,需在重视技术引进的同时增强创新,实现科技大国向科技强国转变。本章由李秋甫撰写。

第 11 章"技术贸易是技术进步的主要途径",借鉴国际技术溢出的经典计量模型,对比了 1991—2018 年间不同来源(国际直接投资、对外投资、国际贸易、自主研发)的技术溢出对我国全要素生产率提升发挥的作用,认为国际贸易(含技术贸易)和自主研发的作用最大。其中,国际贸易带来的技术溢出更容易快速推动技术进步和生产效率的提升。本章由樊烨撰写。

第 12 章"我国技术贸易发展现状及前景",着重研究了我国技术贸易的发展现状、前景及对提升自主创新的促进作用。本章总结了我国技术贸易发展的主要阶段,分析了"十三五"以来技术贸易快速发展及存在的主要问题。同时,选取 2017—2019 年我国技术进口前十大行业的发明专利数据,论证技术引进对提升自主创新能力的作用;选取技术引进前十大行业中 8 类制造业的出口交货值及高新技术产品出口数据,分析技术引进对提升产品出口竞争力的作用。本章认为:我国技术贸易仍具有广阔前景;技术创新能力增强与产业升级将促进技术贸易量质齐升;"市场换技术"与"技术换技术"双轮驱动将扩大技术进口空间;开放合作创新将促进技术引进方式更趋多元化;科技全球化格局变化将促进技术市场来源更趋多元化;"一带一路"沿线国家将成为技术出口的新兴市场。本章由王晓红、谢兰兰、费娇艳、郭霞撰写。

本书汇聚了多个机构的多位专家学者,现将各位的学术背景简介如下。

江小涓,经济学博士,现任全国人大常委、全国人大社会建设委员会副主任委员,中国行政管理学会会长,清华大学公共管理学院院长、教授,中国社会科学院教授、研究员。长期在学术机构和政府部门工作,曾任中国社会科学院财贸经济研究所所长,担任过国务院研究室副主任、国务院副秘书长。江小涓长期研究宏观经济、产业发展和对外开放问题,已出版 10 多部中英文专著,发表多篇学术论文。研究成果多次获奖,包括四次孙冶方经济科学奖及第五届中国经济理论创新奖。江小涓为本书的主编,负责全书的设计和修改总纂。

王晓红，经济学博士，中国国际经济交流中心信息部副部长兼《全球化》副总编，教授、博士生导师。兼任清华大学服务经济与公共政策研究院客座研究员，山东大学、北京邮电大学、BSN 荷兰商学院教授，商务部政策咨询委员会国际投资专家工作组成员，中国藏学研究中心学术委员会委员。王晓红长期从事国际贸易投资和服务经济领域研究，荣获商务部全国商务发展成果奖 4 次、国家发改委优秀研究成果奖 1 次。主持和参与国家部委、国家社科基金重大项目等课题 50 余项，出版专著 10 部，发表学术论文200 余篇。

张缨，法学博士、经济学博士后，研究员，现任职于科技部科技经费监管中心。张缨多年从事创新产业化研究，带领团队着重高新区、产业基地、技术市场与科技成果转移转化等方面的探索；长期从事科技投入与管理、监督的政策研究与监管实务等研究。主持过多项国家级、省部级及地方科技项目；参与国家级规划及配套政策研制；撰写内部报告支撑科技领域相关改革发展工作。曾在《财贸经济》《财政研究》《中国科技论坛》《今日中国》《科技日报》《经济参考报》《中国科学报》等报刊上发表学术文章。

林笑跃，原国家知识产权局外观设计审查部部长。林笑跃长期从事专利审查、知识产权法律研究和管理工作，牵头负责第三、第四次《专利法及实施细则》外观设计部分的修订工作，带领完成了《外观设计制度的完善》《外观设计专利制度与经济增长的关系研究》等 10 余项课题；主编了《中国专利典型案例启示录》（外观设计篇）、《外观设计专利申请与保护》等多篇专著。在本书写作中提供了重要素材并参与相关内容撰写。

高小玉，国家知识产权局外观设计审查部审查一处副处长。高小玉主要研究领域为：知识产权保护、外观设计专利制度、知识产权国际合作、知识产权学科建设及人才培养等，参与课题曾荣获第七届、第八届全国知识产权优秀软课题奖；学术文章有《创新设计与知识产权战略》《软件贸易中的知识产权》等。

桂天晗，社会学博士，现任清华大学公共管理学院助理教授，入职清华前曾在联合国开发计划署纽约总部从事项目评估工作，其间参与了对非洲、东南亚、西亚和东欧 20余个国家发展项目的评估工作，并撰写评估报告。

程妙，哲学博士，清华大学服务经济与公共政策研究院特约研究员，长期从事创新系统、科技治理、科技发展战略的理论与方法研究。

樊烨，经济学博士，MBA，研究方向为产业政策、先进制造、数字经济、国际贸易、环境经济、体育经济等，在核心期刊发表多篇论文，参与多个国家级、省部级课题的研究。

刘楚，毕业于北京大学物理学院，社科院财经战略研究院经济学博士，先后就职于Worldquant、蚂蚁集团、中金公司战略发展部。主要研究领域：数字经济、金融科技、开放式创新、开源技术；参与国家级、省部级课题多项。

李秋甫，清华大学社会科学学院博士生，主要研究领域：科技发展与创新、新兴科技治理；参与国家级、省部级课题多项。

费娇艳，经济学博士，商务部服务贸易和商贸服务业司副处长、二级调研员，主要研究方向为服务经济、服务贸易及其统计，曾在《国际贸易》《国际经济合作》《开放导报》《全球化》等权威期刊上发表多篇学术论文。

谢兰兰,中国社会科学院博士后,副教授,主要从事服务贸易、国际投资等领域的研究。主持和参与多项省部级课题,发表学术论文数十篇。

郭霞,经济学博士,中国社会科学院亚太与全球战略研究院博士后,曾参与国家级课题研究,在核心期刊上发表论文数篇。研究领域为:国际经济、服务经济。

孟丽君,清华大学公共管理学院博士后,主要研究领域:数字媒体与文化传播、网络舆论;参与国家级、省部级课题多项;学术成果发表于《世界经济》等权威学术期刊。

黄颖轩,清华大学公共管理学院博士后,主要研究领域为:数字治理与公共服务政策、数字治理与市场监管;参与国家级、省部级课题多项。

魏必,清华大学公共管理学院博士生,主要研究领域:公共政策、数字治理、全球治理等;曾参与省部级课题多项。

本书在编写过程中进行了大量的资料收集和调研工作,是最费时间和精力的工作内容之一。仅就其中的多个实证案例研究而言,就涉及不同政府部门、企业。没有这些政府部门、企业和个人的支持、指导与帮助,本书将无法顺利完成。另外,本书得到了很多学界同仁的支持,中国科学技术协会评审专家赵志耘老师、蒋慧工老师、何光喜老师、汤书昆老师为本书的修改提出了宝贵的意见。在本书的编写过程中,清华大学公共管理学院的潘莎莉老师、中国科协的张屹南等都给予了积极支持。最终书稿成型,整个过程获得多方面的支持,在此无法逐一提及,只能一并致谢。

本书由清华大学服务经济与数字治理研究院承担组织工作,并得到中国科协调研宣传部的资助。

最后,感谢清华大学文科出版基金对本书的大力支持,感谢清华大学出版社和责任编辑周菁老师对于本书稿的辛勤付出。

书中有片面、不当和错误之处在所难免,期待读者批评指正。

江小涓

2021 年 9 月

目录

第1章 科技全球化改变世界：趋势与特点

近 30 年来，随着科技全球化的出现和加强，各国之间技术、技术能力和研发的相互依存关系日益增强，技术在各国经济体系中相互融合与渗透的趋势已经形成。在这种大趋势中，各个国家可以利用的外部技术资源大大增加，能否有效利用全球科技资源，已成为影响一个国家产业竞争力的重要因素。

对科技全球化的含义有不同的解释和定义。按照其普遍含义和特点，科技全球化的定义是：技术和技术创新能力大规模地跨国界转移，科技发展的相关要素在全球范围内进行优化配置，科技能力中越来越多的部分跨越国界成为全球性的系统。科技全球化是 20 世纪 90 年代后期以来全球化进程中出现的一个新趋势，需要给予高度关注。

导致技术跨国转移的主要因素是成本和收益。对引进方来说，现代科学技术的研究和发明代价昂贵，然而引进的代价要低得多，同时还能节约大量的研发时间。对输出方来说，技术转让可以使技术的使用范围扩大，使技术的使用周期延长，使技术研发获得更多的收益。

技术的跨国界转移是一个已经长期存在的现象。特别是自工业革命以来，大量的技术从发明国向全球范围扩散。电力、铁路、钢铁、汽车、石油化工等产业对全球经济和人民生活的巨大变化起着重要的基础性作用，其重大技术发明早已超越发明者的国界，成为多国共同拥有和全球工业文明的标志性成就。

自 20 世纪 90 年代以来，技术的跨国界转移具有了一些突出的新特点，技术跨国转移被赋予了新的内容，被称为"科技全球化"。

1.1 外部技术在企业技术能力中的重要性

1.1.1 企业通过多种渠道获得外部技术

从 20 世纪 80 年代开始，随着经济全球化趋势加快和全球产业链布局加速，科技资源的全球流动也随之加速。以信息技术为代表，技术升级的速度大大加快，新技术、新产品研发费用不断上升，而产品生命周期却在不断缩短。因此，许多企业感到仅仅靠自己研究，在技术迭代如此迅速的时代，无法适应和发展，因而纷纷将目光投向多种技术来源。有调研显示，在 20 世纪 90 年代末期，已经有 85% 的企业希望通过外部技术合作来缓解越来越大的创新压力，其中与竞争对手联合具有越来越重要的意义。目前已有 1/3 的企业与其竞争对手合作，未来可能将有一半以上的企业要这样做。正如一份研究所发现的那样："今天主管研究的企业负责人越来越多地面临这样的难题，某些东西应当自己去搞还是购买。"（见专栏 1-1）

专栏 1-1   德国企业购买创新技术

德国企业已经认识到，拥有强大联系网络、能够通过相互交流技术工艺而使创新程序趋于完善的企业在未来将会拥有广阔的发展前景。它们越来越重视来自外部的推动力。1995—1997 年，德国企业用于内部研究开发的资金增加约 7%，用于外部委托研究的费用却增加了约 56%。而委托研究只是企业从外界获得技术的众多方式中的一种。企业购买创新技术的方式还包括许可证经营、研究与开发合作、参股、建立合资企业或全盘收购目标企业等。例如，西门子公司自 1997 年以来投资约 10 亿欧元收购网络产品供应商和互联网服务商，以改变其在信息技术领域的落后状况。如果只是依靠自身创新能力，该公司可能就无法做到这一点。它们不仅依靠自身创造力，还更多地把目光投向别人的好点子：在创新领域，德国企业越来越多地通过购买方式从世界市场上获得技术，就像在超市购物一样。

外部研究能力在未来将占有何种地位呢？波士顿咨询公司的专家尼古拉斯·弗雷托斯说：“企业投入研究的资金，目前是每 100 马克中有约 30 马克流向外部合作伙伴的项目。到 2005 年，每 2 马克中就将有 1 马克投向外部研究。”

对企业来说，依靠购买他人而不是自己开发出来的创新技术取得成功，早已不再是尴尬事。专门为企业购买创新技术提供咨询的利特尔咨询公司负责人指出：“今天主管研究的企业负责人越来越多地面临这样的难题，某些东西应当自己去搞还是购买。”

资料来源：1999 年 6 月 18 日《参考消息》，转引自胡志坚（主编）（2000）。

从外部获取技术的渠道和方法较为多样，一种方式收购有技术潜力的企业。拜耳制定收购有潜力的合作伙伴的长期战略，并将其技术直接融入企业当中。韩国三星集团通过并购韩国半导体公司开始进入半导体领域，之后通过并购美国小企业，从 Micron Technology 公司和 Zytrex 公司获得大规模集成电路（VLSI）技术许可，从而逐步实现自主研发（张丽英，2013）。美国的思科公司（Cisco）有效利用并购小规模的、拥有最新技术的成长性小企业迅速建立外部技术的发展模式，从而在短期内从一个名不见经传的小企业发展为全球互联网网络设备霸主。[①] 又如吉利收购沃尔沃汽车后，将沃尔沃的先进技术、研发和质量管理经验与自己的本土市场优势相结合，实现整合创新。同时，吉利并购澳大利亚 DSI 自动加速器公司后，弥补其在自动变速器核心技术领域的空白（陈劲、尹西明、蒋石梅，2019）。

另一种获取外部技术的方式是协议开发技术和合作研究。例如 Monsanto、杜邦和 Ciba Geigy 公司，自 20 世纪 80 年代初期至今，一直采用研究协议和合作研究的方式，作为培育其研究能力的主要方法之一（Tidd、Bessant、Pavitt，2000）。英飞凌、IBM、特许半导体、三星和飞思卡尔利用各自的专业技术扩展技术合作联盟协议，协作开发和制

---

① 熊建明，汤文仙. 企业并购与技术跨越[J].中国软科学，2008(5)：81—90＋135.

造 32 纳米半导体产品,从而保持其研发能力处于行业领先地位(《电子与电脑》,2007)。中国电力技术装备有限公司(中电装备)与全球领先的高压支流输电系统供应商阿尔斯通电网达成合作协议,共同开发 1 100kV 及 800kV 特高压换流变压器,促进更高电压等级的远距离、大容量的电力传输技术的实现(《电气应用》,2011)。中国智能称重领域的江西众加利与全球领先的工业称重技术服务供应商 Minebea Intec Gmb H(简称"茵泰科")签订战略合作和技术开发合作协议,利用德国先进技术实现公司尖端技术产品开发(江西众加利,2018)。[①]

以购买专利和许可等方式引进技术,也是利用外部技术的常见方式。以我国为例,技术引进费用不断上升,2014 年、2015 年我国技术引进费已经突破 1 600 多亿元,对外技术依赖程度较高。进入 21 世纪以来,科技全球化趋势继续推进。以技术引进费用为例,2000—2016 年,我国技术引进费用持续快速上升,由 2000 年的 95.07 亿元上升至 2016 年的 1 779.52 亿元,增长了 17.2 倍。我国技术引进量的增长意味着对外技术依存度的提升,2000—2016 年我国对外技术依存度基本呈上升趋势,由最低点 27% 上升至最高点 49%。2016 年我国 R&D 经费支出 2 260.2 亿元,是 2000 年的 8.76 倍,对外依存度为 44%,比 2008 年下降了 5 个百分点(程建华,2018)。

近几年,专利技术交易在我国获得外部技术来源中的重要性继续上升。根据世界贸易组织数据显示,2018 年,我国知识产权使用费进出口总额 411.5 亿美元,同比增长 23.4%,居全球第 6 位,并有以下特点。第一,我国企业专利技术引进多于输出,被调研的企业中有 1.5% 的企业使用过国外专利,仅有 0.7% 的企业向国外转让或许可过专利技术。第二,高新技术产业较多引进专利和许可,有 2.3% 的战略性新兴产业企业使用过国外专利,较非战略性新兴产业企业高出 1.3 个百分点。第三,欧洲、美国和日本是我国企业国际专利技术交易主要对象,使用国外专利技术的企业中,43.7% 的企业的专利技术来自欧洲,40% 的来自美国,25.2% 的来自日本。向国外转移专利技术的企业中,对欧洲转移的企业占比为 40.5%,对美国转移的占比为 28.8%,对日本转移的占比为 22.8%。从引进和输出两方面看,美国是我国高新技术产业技术贸易的主要对象。有过专利交易的高新技术企业中,49.9% 的使用过来自美国的专利,45.8% 向美国转移过专利。[②]

1.1.2　跨国公司海外研发支出比重持续提高

较早时期,跨国公司海外投资的主要目的是开拓市场,其后是当地制造。近些年来,跨国公司海外投资的一个重要目标是建立海外研发机构。其考虑的主要因素是提升其全球竞争力,包括利用当地科技人员和技术积累,贴近当地市场需求,与当地零部件供应商更好对接和同步迭代进步,为当地生产企业提供技术支撑等。

跨国公司海外技术来源的一个重要渠道,是公司在海外研发机构的成果。从 20 世纪 90 年代以来,包括美国、瑞典、日本、德国等国的跨国公司海外研发支出比例的增长

---

① 王华宾.我国高科技上市公司技术并购对创新绩效的影响研究[D].华南理工大学,2012.;乔立欣.跨国技术并购创新绩效研究[D].北京交通大学,2019.

② 2019 年中国专利调查概述[N].中国知识产权报,2020-03-23.

较为迅速。据 OECD(1998)的统计,从 OECD 前 50 位研发支出最多的跨国公司的统计资料来看,1994 至 1997 年间,日本的国外研发支出占国内研发支出的比例为 57%,欧盟为 42%,美国为 33%,与 1992 年相比有了较大提高。同时,一些东道国境内的外国跨国公司的研发分支机构的研发支出,占东道国研发总支出的比例也在不断上升。即使美国这样自我研发能力较强的国家,境内外资企业的研发比例也在迅速上升。

瑞典跨国公司随时间推移扩大了国外研发活动。如表 1-1 所示,1995—2003 年,瑞典最大的跨国公司海外研发支出占总研发支出比例从 22% 飙升至 43%。多项调查都阐明了研发国际化的趋势正在加深。图 1-1 显示,1993—2002 年根据 30 个经济体计算得出的海外分支研发支出的数额及占商业研发支出总额的比例有明显上升。其中来自联合国贸易和发展会议 2004—2005 年的研究表明(图 1-2),调查中区域(或国家)的研发国际化程度的加权平均水平已经接近 30%。

表 1-1　1995—2003 年瑞典前 20 名跨国公司研发支出情况

条　　目	1995 年	1997 年	1999 年	2001 年	2003 年
瑞典跨国公司总研发支出/10 亿美元	5.07	6.06	5.45	5.86	5.81
瑞典国内研发支出/10 亿美元	3.97	3.90	3.13	3.36	3.34
海外研发支出/10 亿美元	1.11	2.17	2.31	2.50	2.47
在发展中国家和经济转型国家研发支出/10 亿美元	0.03	0.07	0.10	0.15	0.18
国外占比/%	22.0	36.0	42.0	43.0	43.0

资料来源：联合国贸发会议 2005 年《世界投资报告》,UNCTAD, based on ITPS 2003 and 2005, and additional information provided。

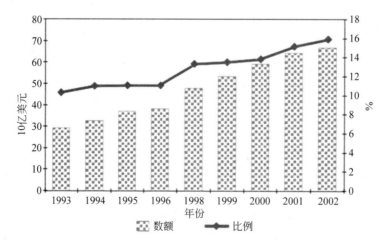

图 1-1　1993—2002 年 30 个经济体海外分支研发支出的数额及占商业研发支出总额的比例
资料来源：联合国贸发会议 2005 年《世界投资报告》,UNCTAD, based on annex table A.IV.1.

据一项对美国跨国公司海外研发投入及其占海外投资比重的研究表明,1999 到 2009 年间,美国跨国公司海外研发投入占海外投资比重从 15.83% 上升到 21.15%,其

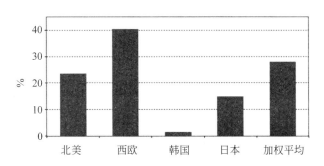

图 1-2　2004—2005 年贸发会议调查中区域（或国家）的研发国际化程度

资料来源：联合国贸发会议 2005 年《世界投资报告》，UNCTAD survey.

中制造业的这个比重从 34.47% 上升到 45.87%。可以看出，研发投资在美国跨国公司海外分支机构的投资中占有重要地位，见表 1-2 所示。

表 1-2　1999 年和 2009 年美国半数以上股权海外子公司的研发支出及比重

行　　业	1999 年			2009 年		
	研发支出 /百万美元	资本支出 /百万美元	研发支出占资产 支出比重/%	研发支出 /百万美元	资本支出 /百万美元	研发支出占资产 支出比重/%
采矿业	8	20 492	0.04	115	59 443	0.19
公用事业	/	6 976	/	1	3 331	0.03
制造业	16 388	47 545	34.47	24 888	54 255	45.87
食品	367	2 917	12.58	521	4 269	12.20
化学制品	4 340	10 962	39.59	7 254	14 143	51.29
原金属和人造金属	151	2 463	6.13	215	2 849	7.55
机械	748	1 799	41.58	1 309	3 109	42.10
计算机和电子产品	3 773	8 708	43.33	5 703	6 073	93.91
电气设备、器具和部件	214	1 146	18.67	512	1 210	42.31
运输设备	5 669	9 582	59.16	7 784	7 324	106.28
批发贸易	515	6 443	7.99	1 986	7 985	24.87
信息	161	8 483	1.90	1 444	7 111	20.31
金融与保险	1	5 724	0.02	1	8 878	0.01
职业、科学和技术服务	1 040	3 686	28.21	7 414	4 298	172.50
其他产业	31	15 255	0.20	90	24 618	0.37
总计	18 144	114 604	15.83	35 939	169 919	21.15

资料来源：Kevin B B, Raymond J, Mataloni Jr. Operations of U.S. Multinational Companies in the United States and Abroad Preliminary Results From the 2009 Benchmark Survey [J]. SURVEY OF CURRENT BUSINESS, 2011(11).

　　跨国公司研究机构已成为东道国研发能力的重要部分。20 世纪 90 年代以来，跨国公司海外研发活动在东道国持续增强，研发投资的发展速度正不断加快。外资机构在各东道国的研发支出总额从 1993 年的 290 亿美元增长到 2002 年的 670 亿美元，增加了 1.31 倍，占全球商业研发支出的比例从 10％增长到 15.9％，跨国公司研发支出在东道国所占比重不断上升。更引人注目的是在转轨国家，外资支出占比高达 41.3％。其中，美国跨国公司海外主要分支机构的支出增长较快，从 1994 年的 118.77 亿美元增加到 2002 年的 211.51 亿美元，占美国支出总额的比例从 1994 年的 11.5％上升到 2002 年的 13.3％。[①]

另据美国商业研发和创新调查（BRDIS），2013 年美国公司在海外的研发投入为 730 亿美元，占全球研发总投入的 18％，占比相对较大。这些美国公司在美国国内的研发支出总额为 3 230 亿美元。其中，美国公司在海外的研发支出最大的四个行业为软件发行商、药品、半导体等电子零部件及汽车（包含车身、拖车和零部件），这四个行业占美国的国外研发支出总额的一半以上（52％）。

在发达国家，来自国外的研发投入也同样占有显著地位。根据美国经济分析局的调查显示[②]，1987—1996 年外国公司在美国的分支机构的研发支出金额由 65 亿美元增加到 172 亿美元，增加了 165％，年均增长率达 11.4％，同期美国公司在国内的研发支出金额由 610 亿美元增加到 1 330 亿美元，增加了 118％，年均增长率为 9％，外国公司在美国的研发支出的增长速度明显高于美国公司在国内的增长速度。[③] 美国科学与工程指标报告（Science and Engineering Indicators 2018）指出，1997 年外国公司在美国分支机构的研发费用为 172 亿美元，相当于美国企业研发支出总额的 11％；在 2007 年，这一数字为 410 亿美元，相当于美国企业研发支出总额的 15％。2014 年，位于美国的外国跨国企业分支机构在美国的研发支出为 569 亿美元，占 2014 年美国进行的 3 407 亿美元商业研发的 17％。外国公司在美国的研发支出占美国公司在国内的研发支出的比例有所提升。美国国家科学委员会与工程指标 2014 年的报告认为，美国跨国公司研发的全球化趋势正在扩张。该报告指出，在美国本土的跨国公司研发比重仍然较大，但是在其他地区，特别是在亚洲的分支机构所占的研发支出的比重正在上升。

跨国公司的全球投资，能从当地研究力量中获得研发成果。据世界知识产权组织的研究，专利数据能够揭示跨国公司由于在全球设立研究机构，而获得了其母国之外各个国家申请的专利。20 世纪七八十年代，美国企业申请的专利中只有 9％有外国发明者参与；近 10 年，这一比例已经提高到 38％。西欧企业也出现了类似的大幅增长，同期这一数字从 9％升至 27％。这些来自国外申请者的专利中，来自发达经济体的比重也明显下降。在 20 世纪七八十年代，86％的国际专利来自跨国企业以及美国、日本和西欧国家的发明者。然而，这一比例在近 10 年，降至 56％。与此同时，中等收入经济体是跨国企业网络中新的参与者，它们越来越多地接受跨国公司研发业务的外包，特别是中国、印度；其次是东欧。例如，在近 10 年，超过 1/4 的美国跨国企业国际专利来源

① 杜群阳. 跨国公司 R&D 资源转移与中国对接研究[D].浙江大学,2006.
② Dalton D H, Serapio M G, Yoshida P G. Globalizing Industrial Research and Development[J]. 1999(9).
③ 关于跨国公司海外研发更详细的分析和相关文献来源，参见本书第 4 章。

中有来自中国和印度的发明者。[①]

1.2　制造业全球分工与技术全球流动

1.2.1　全球产业链推动全球技术体系的形成与发展

20 世纪 80 年代以来，随着全球产业链的不断扩张，有越来越多的技术系统也成为全球性的技术系统。以个人计算机行业为例，从 90 年代开始，芯片、操作系统、主机板这些主要部件以及软件、电源、连接线、鼠标这些外部辅助设备等，技术和制造的分工都已经全球化。戴尔、联想甚至 IBM 都大规模地在全球技术和制造分工体系中采购零部件，组装后再贴上自己的商标。对于许多技术链条不完整的发展中国家来说，跨国界的技术系统有时比国界内的技术系统显得更为重要。

同样，跨国公司将研发机构迁往海外，以便从海外相对成本较低、更熟悉当地产业和市场的研究劳动力供应中获益，这也形成双向知识流动，至少是与总部的双向知识流动。获得人才和研发成本是跨国公司使其研发国际化的主要动机之一。跨国公司全球知识体系的重要性，可以从其国外部分在其网络中的地位看出来。现在，全球专利开发越来越多地是在跨国公司组织边界内运作的大型团队合作的结果。例如，中国和印度的专利在美国专利商标局专利中占很大一部分就是这种合作的结果。[②] 近些年来，更多的加工装配型高技术产业，如通信设备制造业，都在全球布局产业链和技术链，从实现生产和技术系统高度全球化。例如苹果手机，在超过 11 个国家和地区分别制造，包括日本、韩国、中国大陆、中国台湾、印度等。手机研发、设计和制造技术也随之分布在这些国家。有些掌握产品核心技术或标准的企业，更是积极对外许可专利，以使其掌握的专利能最大限度地带来收益。高通采取了开放平台的方式，与客户共同解决问题。这是因为技术的复杂性，使得平台供应商和手机制造商以及其他相关部件（放大器和天线等）的供应商之间的合作更加紧密。此外，手机的生命周期变得更短了（从 2G、3G 时代的 2 年到 4G 时代的 6 个月），而投资于集成电路芯片组研发的预期时间跨度也被认为更长了。因此，平台供应商必须在两三年前预测未来的市场趋势，并与客户保持持续的沟通，以了解终端客户的需求和偏好。通过向用户开放平台源代码，为他们提供了自行进行产品差异化的可能性。据报道，高通已经开放了大约 80% 的硬件驱动源代码，在某些情况下，公司甚至允许客户调整平台的设计参数（如射频）。这种相互作用与竞争优势是高度相关的。[③]

技术跨国转移的另一个重要原因，是专业研发设计企业的出现，即第三方技术供给。第三方研发是指许多产业内正在形成大量专业型研发与设计企业，这些研发型企

---

① 世界知识产权组织（WIPO）：2019 世界知识产权报告：创新版图，地区热点和全球网络。

② 同上。

③ Dollar D, Ganne E, Stolzenburg V, Wang Z. Global Value Chain Development Report 2019: Technological Innovation, Supply Chain Trade, and Workers in a Globalized World. World Bank Group, Washington, DC, 2019.

业本身没有制造能力,其业务就是接受其他企业的委托从事研发和设计工作。第三方研发的出现,对技术相对落后的国家特别重要。以往多年,技术相对落后的发展中国家的企业,只能依赖于发达国家的技术供给,但由于企业之间是竞争关系,因而得不到最先进技术,并且被迫付出高价和接受苛刻条件。目前这种状况正在改变,许多产业内正在形成大量专业型研发与设计企业,使本身技术能力较弱的企业可以不求助于竞争对手,而通过第三方获得技术。这种专业研发设计企业,出售的产品和服务就是研发成果和设计能力,它们遵循商业原则,不歧视任何技术购买方。例如,在集成电路产业中,设计、制造、封装、测试四业分离的趋势明显。在医药行业中,一些大型公司将研究开发分包出去,因此,在行业中出现了大量的研发专业机构。研发与设计的专业化,推动着全球竞争性技术市场的形成。

1.2.2　跨国转移的技术中有大量先进技术

以往多年,虽然全球有大量的技术转移行为,但先进技术的转移很有限。自 20 世纪 90 年代以来,发达国家跨国公司向海外转移先进技术的速度大大加快,技术研发出来后很快在其全球生产体系内使用,产品同步推向全球市场,有些技术还很快地向海外企业转让。以计算机产业为例,无论是最新设计出来的芯片、最新制造的液晶显示器,还是最新推出的操作软件,近几年都是无间隔地在全球多个国家同步制造和同步使用,而不是限制在其发明国的国内使用。在信息产业和其他技术升级较快、产品更新较快的产业中,除极少数独家垄断的技术外,这种先进技术和产品向海外迅速转移的现象已经较为普遍。在一些成熟产业,如汽车产业、家电产业、通用设备制造业中,这种现象也大量存在。我们对美国、欧洲和日本著名跨国公司在华投资企业的调研表明,2002 年这些企业在华生产的主导产品,在其母国投产时间在两年以内的比例,欧洲企业达到 61％,美国企业达到 58％,日本企业也已达到 52％。[①]而这些外资企业的母公司在发达国家投资的子公司,基本上与母国公司同期使用最先进的技术。

最近 10 年,美国和日本 ICT 行业对中国进行了大规模的直接投资,带来了先进技术,并以多种方式提升了中国的技术水平,为中国信息通信技术的发展做出了重要贡献。在中国的信息通信产品出口中,至少有一半以上得益于进口技术的支撑。中国加入世贸组织后,中国自美国净进口的信息通信技术产品迅速增长,从 2001 年的 110 亿美元增至 2014 年的 1410 亿美元,占中国信息通信技术净进口总额的比重从不到 10％上升到超过 60％。[②]

近期,笔者再次观察了最近几年外商在华投资项目,几乎全部是全球最先进的技术项目。2016 年跨国公司在华新设立的近百个项目中,几乎全部是最先进技术,生产的

①　调研在北京、天津和济南进行,共有 46 户企业接受了调研,被调研的企业是在当地产值和出口排名在前 20 位的外资企业。

②　Dollar D, Ganne E, Stolzenburg V, Wang Z. Global Value Chain Development Report 2019: Technological Innovation, Supply Chain Trade, and Workers in a Globalized World. World Bank Group, Washington, D C, 2019.

产品不少是全球首发的新品。2019 年，总投资额达 100 亿美元的巴斯夫(广东)新型一体化生产基地项目落地；特斯拉上海超级工厂作为首个外商独资整车制造项目，总投资500 亿元；埃克森美孚惠州独资项目、浙江平湖中意直升机项目、英国石油 100 万 t 醋酸项目等都在加速落地。这些都是这些跨国公司全球最大规模、技术和产品最先进的投资项目。

投资于上海的特斯拉电动汽车项目，不仅在中国生产了最流行最先进的车型，而且实施了本土化的产业链开发，特斯拉国产 Model 3 为我国带进许多国际先进的配套企业，如图 1-3 所示。

图 1-3　国产特斯拉 Model 3 供应链①

同时，特斯拉也在我国国内选择和培养配套企业。以前特斯拉仅有一家动力电池供应商，即日本的松下电池，但松下电池并不愿意跟随特斯拉在中国设立电池工厂，这就迫使特斯拉要为它在中国的工厂选择动力电池供应商。经过特斯拉的甄选，已在中国设立动力电池工厂的韩国动力电池企业 LG 化学率先入选，随后全球最大的中国动力电池企业宁德时代同样入选。2020 年 7 月开始，特斯拉采用宁德时代生产的电池用于 Model 3 和 Model Y。

1.3　推动科技全球化发展的因素分析

科技全球化是一种客观的历史进程，有其必然的发展规律，具有来自技术、企业、产业、国家、国际关系等层面的各种因素，并影响着科技全球化的进程和特点。

1.3.1　技术发展特点的变化

1. 技术升级速度与创新方式的变化

自 20 世纪 90 年代以来，随着以信息技术为代表的现代技术的发展，使技术升级的

---

① 图片来源：百度网站。

速度大大加快,新技术和新产品研发费用也不断上升,而产品生命周期却在不断缩短。在信息产业中,每隔一年甚至更短的时间就有一轮新的技术与产品出现。技术发明企业或首先使用技术的企业,其利润往往来自产品问世的第一年甚至更短的时间,此后产品的价格有可能会迅速下降。即使在半导体行业这种巨额投资的行业中,每隔3年左右就有新一代芯片投产,巨额投资如果不能迅速回收,就会造成巨额亏损(见专栏1-2)。这意味着一个公司在技术上将不再能够领先其主要竞争对手好多年。现在,技术领先者和技术追随者的差距标志已不再以年来衡量,而是用月,有时是用星期。有时,一个技术领先者甚至将在取得某一突破后不久就转让技术许可给它的主要竞争对手,这样就进一步缩短了差距。因为售出一个许可至少可以收回研究费用的一部分。[①]

专栏 1-2 半导体产业的技术特点和技术全球应用的内在要求

半导体产业的基本特点是技术开发周期短、投资强度高、市场扩张快(产品多样性和生命周期短),要求大规模生产以有效降低成本;具有高风险、高收益和高度国际化的特点。

(1)集成电路产品平均每3年更新一代,加工技术越来越高级,设备投资越来越贵。20年来平均每4年投资额就翻一番,70年代3英寸生产线为0.25亿美元,现在8英寸生产线为10亿美元,12英寸生产线为20亿~30亿美元。全球平均设备投资占销售额的20%以上。

(2)但是,20年来单位芯片的平均售价只有轻微的上涨,市场容量则以几何级数扩张(20多年来,世界半导体销售额也是平均每4年翻一番)。巨额设备投资也只有靠大规模产量才能收回。因技术升级快,设备折旧期至多5年,故芯片制造成本中,设备折旧费和在制品占用资金占了主要部分。这一方面促进了市场竞争的国际化,同时也造成全球市场的周期性波动和国际间的贸易摩擦。

(3)由于研发与建线费用越来越高,为分担风险,分享利益,必须在国际范围内寻求合作(如美国的 SEMATECH,SIA,欧洲的 IMEC),从而使微电子产业成为一种特殊的国际性产业。

(4)半导体和软件产业一样,人才和知识是最重要的资产。产业各环节(设备、设计、制造、营销)都需要高素质的专业人员,而产品的不断升级所带来的巨大收益,又推动高科技人才薪酬的上涨,推动了国际性的人才竞争。

资料来源:科技发展战略研究小组. 中国科技发展研究报告(2001)——中国技术跨越战略研究[M]. 北京:中共中央党校出版社,2002:203.

2. 技术系统的复杂性增加

随着科技进步速度加快,技术系统的复杂性迅速增加,致使任何企业都难以独立全部掌握与之相关的前沿技术和专门能力。即使是大企业也不能在确保高效率、低成本

[①] 资料来源:中国机器人产业联盟;机器人网;中国智能化网等.

的前提下,对于自身产品所需的技术进行完整的研究与开发,这就产生了两种互补的趋势。一方面,越来越多的企业强调发挥自己的科技优势,即它们无法再追求完整地掌握一个产品生产过程中各个环节所需的技术,而是根据自身的综合实力和比较优势,将自身的科研力量集中于生产过程中的某些环节,将产品价值链的其他环节的科研活动留给其他企业。另一方面,企业在技术研发中的分工愈细化,企业间就会产生愈密切的技术联系和互相依赖,形成企业之间超越国界的研发网络。跨国公司将越来越多环节的技术活动从本企业中分离出来,纳入到企业间国际技术合作和创新网络中。这种变化促使每个企业都趋向于专业从事原来产业链条中某个或某些个价值节点,即更细致的技术分工开始形成。分工的变化又会带来企业间产生更加密切的生产与技术联系,形成全球性产业和技术合作网络,从而推动了经济全球化的进程。

近 20 年来,汽车工业设计和生产已转向模块化。例如 2013 年,尼桑将一种名为“通用模块族”的设计方案引入到几款关键车型的生产线上。该方案的目标就是重新配置生产系统,以降低成本,同时保持产品线的多样性。它增加了标准化的通用组件的比例,可以在不同的模型之间共享,同时也通过大量购买通用组件来降低成本。大众也设计出了“模块化横向矩阵平台”,以开发各种不同的产品,包括其标准车型(如高尔夫),以及豪华车型(如奥迪)。现代汽车在其全自动装配系统的帮助下,大规模外包其主要汽车零部件,包括驾驶舱和底盘。总之,模块化使公司能够将任务(设计、生产、装配和销售)分解,此时,汽车产业在多国之间进行技术研发和制造分工就具备了可行性。①

3. 信息技术的发展促进了科技全球化成本的降低

近年来,信息通信技术的飞速发展为科技全球化提供了技术支持。一方面,全球信息与网络技术的发展使得信息传输费用大大下降,通信技术的进步使得技术大规模转移和研发活动在空间上分解成为可能。另一方面,信息网络技术的发展为数据交换、合成模拟、结果分析等处理技术提供了便利,改进了交易手段,减小了技术资源、研发资源流动的障碍,并且降低了由于跨国转移而增加的费用。同时,由于信息通信技术在全球生产、技术与研发网络中的应用,技术、研发可以与生产和销售等环节更好地远距离沟通。

4. 同行业中竞争企业的数量明显增加

随着世界经济全球化和一体化的加强,越来越多的新产品是在美国、日本和发达的西欧国家同时开发的(比如笔记本电脑、光盘和电子照相机)。与此同时,产品的生产日趋分散化,一种新产品的某些部件可能是在成本要素和劳动技能综合起来最有利的地方生产的。此时,最新的技术也不具备独家垄断的性质。与此相对应的另一个趋势,是随着水平性分工体系的形成,以及全球通信与运输技术的不断进步,那种以往大企业具有明显优势的竞争格局发生了变化。在一个水平性全球分工网络中,中小企业也能够从事高质量的某个环节,从设计、制造、物流到专业服务这样一些过去需要依靠大公司

---

① Dollar D, Ganne E, Stolzenburg V, Wang Z. Global Value Chain Development Report 2019: Technological Innovation, Supply Chain Trade, and Workers in a Globalized World. World Bank Group, Washington, D C, 2019.

拥有的资源才能完成的工作,中小型企业都能参与其中。因此,除极少数由大企业垄断的行业外,绝大多数行业中相互竞争的企业数量明显增加。

例如,在人工智能领域行业中竞争企业的数量呈现持续增长态势。国内人工智能企业数量在 2004 年以后稳定增长,由 2001 年的不到 100 家增长到 2017 年的 600 多家,行业内竞争进一步加剧。这些都反映出在全球化局势下,更多的企业能够参与到相关的行业竞争中。竞争者增加,市场竞争激烈,为了尽快提高技术水平,引入外部技术来源是一个重要手段。

5. 跨国企业内部知识传播的有利因素

当今世界,不同产业、不同技术之间的相关性越来越强,在这个知识体系之外的研发和创新,很难获得相关条件的支持并将其产业化。跨国公司作为一种全球布局的组织体系,能够将不同国家中的研究机构和研究人员结成网络,设置相应规则或运作模式,降低互动成本,简化验证程序,增加信任以便交流,促进了知识的融合与创新的互嵌。在其全球创新网络内部,交易成本较低,匹配程度提高,降低了企业和研究组织内部的交易成本。这些因素使跨国公司成为新知识国际溢出中最重要的组织类型和网络平台。

1.3.2 全球化带来人们消费观念和消费结构的趋同

生产和技术全球化的一个重要背景,是消费需求的趋同。如果一个国家对产品和服务的消费有特殊要求,全球化的技术和产品就不能适应其要求。近些年来,随着全球消费观念的传播、信息技术的普及以及全球制造的低成本,各国之间对产品和服务需求的差距在缩小。一些发展中国家虽然人均收入总体上还处于低水平,但消费"全球性标准化产品",如汽车、电脑、手机等产品的能力开始形成并较快增长。

各国之间不仅对制造业产品的需求"全球化",一些服务消费需求也在迅速"全球化",这是服务业跨国公司全球化程度迅速提高的重要背景。银行业中的跨国企业,其业务的全球化程度很高。以花旗银行为例,虽然其总部设在美国,但这家银行是一个全球性的企业,自喻为金融服务领域中的可口可乐或麦当劳,有一半以上的收入在北美以外地区获得。个人银行业务是花旗银行业务的两大主要支柱之一。其个人银行业务战略的基本信念是:各地的人们都有同样的财务需求——这种需求随着人们生活经历和生活水平的提高而扩大。开始时,客户需要最基本的服务——支票账户、信用卡、助学贷款等。随着人们收入的增加,他们会要求增加房屋抵押贷款、购车信贷等。随着客户财富的进一步积累,证券组合管理和房地产投资规划成为优先考虑的问题。正是这种在相似收入水平上的"消费口味"趋同现象,使跨国服务企业可以采用标准化的技术给全球客户提供同样的服务。

1.3.3 全球并购市场的形成

20 世纪 90 年代以来,全球并购迅速发展。据联合国不同年份的《世界投资报告》显示,企业间并购行为在 1980—1999 年的 20 年间以年均 42% 的速度增长。其中,跨国并购的数量占 1/4 左右,由 1987 年的 875 起增加到 1999 年的 6 000 起,并购价值超过 10 亿美元的巨额跨国并购由 1987 年的 14 起增加到 1999 年的 109 起。跨国公司在并购国外企业后会对现有资源在全球范围内进行重新整合,被并购企业的技术能力和研发资源被纳入跨国公司的全球研发体系,并根据跨国公司的全球战略部署在世界范围内进行重新配置。

　　Dalton 和 Serapio(1999)的研究表明,外国公司收购美国公司对于公司在美国的研发支出乃至美国整体研发数据都有重要的影响。由于外资集中于高新技术产业,如制药和生物技术,在这些行业中这种影响更明显。已有大量的案例证明,跨国公司在并购国外企业之后,推出新技术和新产品的速度明显加快。企业希望通过扩张,使自身有更大的规模分摊研发费用(Tidd、Bessant、Pavitt,2000)。企业还可借助跨国并购加速技术进步和产品结构调整。2004 年联想成为中国第一大 PC 生产商,但其笔记本主要集中在中低端,高端产品缺乏,产品附加值较低。后来通过并购 IBM 的 PC 业务,由 ThinkPad 填补了高端产品在联想集团产品结构中的空白,从而优化了产品结构,扩大其国内外的市场占有率(薛安伟,2020)。吴先明和苏志文(2014)研究了中联重科并购意大利 CIFA、展讯并购美国 Quorum-Systems 等 7 个典型跨国并购案例,分析后发现,企业是针对其技术缺口开展的技术寻求型海外并购,将发达国家先进技术优势与本企业技术研发能力融合,不仅实现了技术追赶,而且推动了战略转型,从而帮助跨国公司形成较强的国际竞争力。唐晓华和高鹏(2019)关于跨国并购动因的研究指出,获取技术为动因的跨国并购包括横向并购和纵向并购两种模式。横向并购的主要目的是从海外先进企业获得自己目前不具备且短期内难以研发获取的技术,减少研发的时间和成本,提升产品溢价能力和企业竞争力;纵向并购的主要目的则是获取产品的核心技术和研发能力,从而提升产品设计和生产能力及其在全球价值链中的地位。在这两种模式下,企业可积极利用技术扩散效应,迅速提升技术水平、获取核心技术并节省大量的长期研发经费投入。

1.3.4　技术先进企业具有推动科技全球化的内在动力

1. 理解和适应全球不同国家用户的需求,扩大海外市场

　　对掌握先进技术的企业来说,技术全球化提供了通过理解和适应不同国家用户的需要来扩大企业海外市场的机会。企业在用户集中的国家建立研发机构,发现用户需要,适应用户需要,是促进创新和占领市场的有效手段。有些公司通过介入用户技术和产品的早期开发过程,与用户共同发展,并借此形成自身技术优势,这种现象在网络型技术,如无线通信技术中表现得最为明显。特别是其中的用户定制,跨国公司能够利用供应商所提供的专门技术来形成自己的专业优势,所以早期介入相当普遍。

　　这种通过理解和适应海外用户需求扩大市场的科技全球化行为,应该与企业海外市场的扩张成正相关的关系。国外已有许多学者对这一问题做过研究,Mansfield、Teece 和 Romeo(1979)、Lall(1979)、Hischey 和 Caves(1981)的研究表明,跨国公司的海外研发支出占公司研发总支出的比重与海外分支机构占公司总销售额的比重呈显著

的正相关。"在海外分支销售比重一定的前提下,海外销售越集中,建立具有规模经济效益的海外研发机构的可能性越大"(Hischey、Caves,1981)。

不仅先进市场的用户信息具有重要意义,而且各个特定市场上的用户信息也有各自的价值。特别是像中国这样国内市场巨大、消费颇具特性的发展中大国,这个市场上的用户信息更是十分重要。江小涓(2002)通过研究跨国公司在中国的研发行为就发现,许多跨国公司在中国设立研发机构,一个重要的目的是发现这个潜在大市场中用户的特殊需求。在一些"技术上意义细小而市场意义巨大"的需求方面,包括用户对产品外观和颜色方面的特色需求,还有对一些产品价格性能比的要求,不在当地设立研发机构是不易理解到的。

2. 追随客户型企业的投资方式

许多追随客户型的大型跨国公司对于东道国的投资,是以东道国市场为目标,在当地建立了大规模的制造基地。对于加工组装型的技术密集产品来说,产品的竞争力在很大程度上取决于零部件供应商和从事 OEM、ODM 制造企业的竞争力,即取决于这些相关企业在供货时间、产品质量、成本控制等方面的竞争力。如果当地企业不能满足要求,跨国公司就会对那些原先在海外为其生产零部件和从事贴牌生产的企业提出要求,希望它们也前往其投资的国家进行投资,共同制造在当地市场上最具有竞争力的产品。这是从事零部件制造和 OEM、ODM 制造的跨国公司海外投资的重要原因。

跨国公司投资从某种意义上讲,是跨国公司全球化策略的具体表现。国际化企业在全球范围内开展业务遵循的是"追随客户"策略。当跨国公司在某区域投资后,是希望把自己原先熟悉的,也是全球统一的商业模式复制到该区域,包括跨国公司的客户链。这些客户既包括为跨国公司提供中间产品的生产商,也包括为跨国公司提供物流、仓储、采购、咨询、会计和金融的生产性服务商。追随策略在从某种程度上回避了东道国市场、法规、经济、文化等不确定因素带来的高风险和高成本。以昆山的自行车产业为例,集群中有多家为捷安特等跨国公司提供物流和采购服务的机构。生产性服务企业的加入,使外生型集群的结构更加完善,产业体系更加健全。[①]

3. 全球技术和研发资源的利用

企业从事创新活动,可以利用海外的技术和研发资源。当东道国有较强的技术和研发能力时,母公司通过在东道国设立研发机构,能够有效地利用当地的科技资源。这种科技资源的利用,与当地生产、营销和顾客的关系密切,有利于提高创新的适应性。20 世纪 90 年代以来,以寻求技术资源为目的的跨国并购加速了跨国公司科技全球化的进程,通过并购当地企业,跨国公司可以迅速进入东道国市场并相应地整合被并购企业的资源。近年来,许多企业通过并购海外企业的方式获取技术,这种以寻求利用全球技术资源为目的的跨国并购的数量和规模日益扩大,这种方式已成为科技全球化的重要途径。

一些海外研发机构采取本地支持模式,将研发机构的服务范围定位在产品目前的市场或投资生产的地区,相应的研发机构主要承担产品改进或流程调整的研发工作。

---

① 张宇薇. 基于跨国公司投资的产业集群形成与升级研究[D]. 南京财经大学,2007.

海外研发机构的主要服务定位于以下几方面：一是特定地区现有的产品市场和生产流程；二是特定地区或更大区域的可预见的将来市场；三是集团公司长期竞争力的培养和提升。满足海外市场不同消费需求和海外生产流程调整的需求是分散研发的主要目的之一，也是跨国公司海外研发选址考虑的重要因素。[①]

1.4　不同行业科技全球化的特点

1.4.1　科技全球化程度与贸易全球化、生产全球化程度密切相关

不同产业的全球化程度有很大的差别，许多因素决定着这种差别。最重要的因素包括研发费用、产业的竞争特点，不同国家市场的差别化程度，产品及零部件的运输成本，规模经济的显著性，原材料供给的分布格局，品牌的重要性，等等。

那些市场全球化、制造全球化的产业，也正是科技全球化程度最高的产业。许多研究表明，全球化程度相对较高的行业有化学和医药行业、家用电子行业、信息和通信产业等。Meyer、Krahmer 和 Reger(1999)的研究表明，在世界研发投资最高的 21 家公司中，有 7 家公司属于化学与制药行业，其中有 6 家公司海外研发费用的支出占总研发投入比例为 50% 左右。[②] 在美国公司中，医药行业和汽车行业是研发全球化程度最高的行业，其海外研发投资占总研发费用的比例分别为 33.2% 和 27.1%，而行业的平均水平为 13%，见表 1-3。

表 1-3　美国部分行业海外研发与国内研发费用的比例（1997）[③]

行　　业	海外研发费用/百万美元	国内研发费用/百万美元	海外研发费用占国内研发费用的比例/%
所有行业	13 156	101 202	13.0
医药	3 845	11 586	33.2
汽车	3 722	13 758	27.1
食品饮料	353	1 787	19.8
工业化学	559	4 970	11.2
洗化用品	146	2 092	7.0
工业机器	1 235	18 393	6.7
计算机	532	12 787	4.2
电子和电工设备	1 309	22 747	5.8

一些近期的研究表明，以电子信息产业为代表的"新经济"逐步成为国际劳动分工的产业主体(李健，2011)。21 世纪以来，城市经济在以制造业为中心向结构轻型化和

[①] 赵明. 跨国公司分散性全球研发的管理模式研究[J]. 科学与科学技术管理，2008(05)：14-18.

[②] Meyer，Krahmer，Reger. New perspective on the innovation strategies of multinational enterprise: Lessons for technology policy in Europe[J]. Research Policy，1999，28(60).

[③] 资料来源：美商务部报告 1999A，37 页，转引自《中国科技发展研究报告》研究组(2000)。

经济服务化转变的同时，日益表现出显著的以知识信息为中心的创新经济特点（王桂新，2012）。在全球化进程深入推进的背景下，无论在研发投入层面，还是在研发产出层面，跨国公司研发机构在研发主体的诸项构成中正日趋占据主导地位。在研发投入层面，企业是全球范围内研发活动的主要执行者，而其中跨国公司更是承担了全球企业研发的绝大部分，是全球研发当仁不让的"主力军"。一系列的调查数据证实，时至2009年，全球研发支出最大的1 000家公司（绝大多数为跨国公司）的研发投入更是占据了全球所有企业研发投入的81%，并占全球研发支出总额的一半以上（Jaruzelski、Dehoff，2009），一些跨国公司的年度研发支出金额甚至超过大部分国家经济体。而在研发产出层面，跨国公司同样是全球范围内研发创新的主要源泉。

21世纪以来，跨国公司海外研发活动在东道国的作用持续增强，研发投资的速度不断加快。如图1-4所示，根据联合国贸发会2005年的调查，从全球海外研发机构的行业分布情况来看，化学行业的研发最为国际化，达40%以上；制药、电子、汽车等行业紧随其后，研发国际化程度也超过或接近30%。

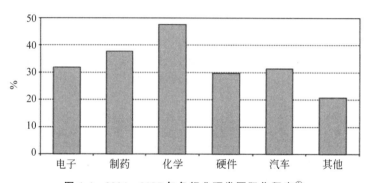

图1-4　2004—2005年各行业研发国际化程度①

1.4.2　高新技术产业的全球化程度最高

高新技术产业是全球化程度最高的产业，这是由高新技术产业本身特点所决定的。高新技术产业是典型的资金、技术密集型产业，而且技术变化快，因此研发投入极其高昂。通过市场全球化，生产全球化和科技全球化才能分摊巨额研发费用。

根据《美国标准产业分类》，可将电子、电气设备和计算机归为电子与电气设备类，将制药和医疗保健归为制药类，这是两个最主要的高新技术产业。1998年，全球100家最大的跨国公司中，这两个行业中的企业的平均跨国程度指数分别为55.9%和65.3%，高于全部行业55.4%的平均水平。这个数值的含义是，对于许多大型跨国公司来说，国外资源、国外市场和国外雇员的重要性已经超出其母国，成为典型的全球化公司。②

高新技术产业也是全球化指数最高的行业。全球化指数是摩根士丹利公司对全球

---

① 资料来源：联合国贸发会议2005年《世界投资报告》，UNCTAD survey.

② 江小涓.高新技术产业利用外资的意义、现状与政策建议[J].中国工业经济，2001(2)：55-63.

主要上市公司进行评价时使用的一项指标，所依据的标准是企业的非国内收益表现。指标主要表明：非国内收益比例高的企业，全球化程度高；非国内收益低的企业，全球化程度低。按此标准衡量，2000 年，医药行业和高新技术行业，分别排在最具全球性行业的第一位和第三位。高新技术产业，特别是信息技术产业也是贸易程度最高的产业，国际贸易额增长很快。从 20 世纪 90 年代末期开始，电子信息产品的贸易额已超过汽车、纺织品和农产品这 3 类传统大宗贸易产品。

与高新技术产业跨国指数高、全球化指数高和贸易指数高相对应，这些行业的研发全球化程度也是最高的。制药行业是研发全球化程度最高的行业，OECD（2000）公布的数据表明，30％的美国研发在美国境外进行，而美国境内研发中的 49％是由外国公司承担的。根据美国商务部的调查（Dalton、Serapio，1999）表明，在美国境内的外国研发机构中，制药和生物是规模最大的行业，电子信息行业、生物与制药和化学行业是在美国境内外资研发机构数量最多的。例如，电子信息行业的外资研发机构有 242 家，生物与制药行业有 116 家，化学与橡胶行业有 115 家。

1.4.3　传统产业中科技全球化的程度也在提高

在一些传统制造业中，全球性水平分工体系也在形成。以汽车行业为例，在很长时期内，汽车工业是典型的垂直一体化的产业，正如汽车产业的创始人亨利·福特所说，"是从铁矿到汽车"。由于美国不扶植零部件企业，所以从零部件生产到整车组装都由汽车公司自己来完成。即使到 20 世纪 80 年代，美国主要汽车制造企业的零部件的自制率仍达 60％～70％。

20 世纪 60 年代以来，日本汽车产业得到迅速发展，其分工水平要明显高于美国，但仍然是垂直分工体系。汽车产业的垂直分工格局是：第一级是具有自我技术开发和设计能力、进行零部件组成的企业；第二级是进行冲压、电镀和机加工协作的企业；还有第三级、第四级协作企业。由于日本企业表现出来的强大竞争力，这种多级垂直分工模式在全球汽车业中得到迅速推广。

自 20 世纪 90 年代末期以来，由于竞争加剧和产品升级换代加快，全球汽车产业开始迅速推进跨国水平分工体系的形成，各汽车制造巨头之间开始联手从事研发、设计和制造。

美国通用、德国大众和日本丰田三大汽车公司就汽车及其零部件的设计、开发系统通用化问题进行合作。自 2001 年开始，汽车和零部件设计开发用的计算机，3 家公司可以相互连接，以共同开发汽车零部件。目前丰田与通用已在共同开发燃料电池电动汽车（FCEV）等，新一代汽车环保技术领域进行合作，在 ITS 道路交通系统、环保、汽车安全部件通用化等领域进行合作，合作范围将拓展到汽车通信领域。

20 世纪 90 年代末期，雷诺与日产开始全面广泛的合作。双方于 1999 年 7 月开始共同开发适用于微型轿车的 B 共同平台。在 2001 年，共同开发运用第二个适用于中型轿车的 C 共用平台。B 和 C 共用平台将为雷诺与日产赢得显著的节支收效。双方规划在 10 年左右的时间，建立起双方共同使用的 10 个共用平台和 8 个发动机系列，用来生产风格迥异的雷诺和日产汽车。2001 年，雷诺与日产宣布，两家公司即将在欧洲建立汽车共同销售网，以便降低经营成本，增强竞争力。共同销售网将在德国、法国、英国、西班牙、意大利、荷兰、瑞士等 7 个欧洲国家设点，并将两家公司在这 7 个国家的原销售点进行整合。这一计划将使两家公司销售人员的数量大大减少。

更为典型的案例是庞蒂亚克、莱曼汽车的全球制造体系。其品牌汽车的研发、制造和销售分在 7 个国家。由美国福特汽车公司牵头，分工生产传动装置、自动驱动桥、燃油泵、燃料喷射系统、后轴零件和转向系统零件等；德国负责整车设计；韩国生产 1.6 升发动机、制动器零件、轮胎、电器配件、车身外壳部件、挡风玻璃、电池等；加拿大生产传动装置和自动驱动桥；澳大利亚生产 2.0 升发动机；法国生产手动驱动桥；日本生产金属板；新加坡生产无线电装置；最后在韩国组装成整车，面向全球销售。

不仅整车制造商之间开始进行跨国水平分工体系的建设，零部件制造商之间也呈现同样的趋势。2000 年，汽车轮胎两大制造商美国固特异轮胎橡胶公司和法国米其林集团公司签署协议，共同开发新一代安全轮胎。由两个世界最大的原配轮胎供应商联手推出一种安全轮胎，这将获得市场认可和用户广泛采用的更大机会。与此同时，汽车零部件的跨国公司越来越多，且跨国分工水平逐渐提高。2008 年《财富》杂志公布的世界 500 强中，有 33 家汽车企业，其中零部件生产商有 13 家，其中最大的是德国的罗伯特·博世（在世界 500 强中排名第 101 位）。随着科学技术水平的提高和全球化的发展，汽车产业全球化生产呈现出一些新趋势，其中包括互补性专业化和供应链协作模式。以丰田公司为例，在拓展全球经营的同时，国内继续完善设计、试验、生产设施等环节；并且成立金融服务公司和丰田学院，以构建国际化大公司的完整结构。截至 2008 年 3 月底，丰田在 27 个国家或地区有 53 个整车或零部件生产工厂。这些生产工厂的区域性整合形成了劳动分工体系，使区域内部各个要素能更加顺畅地流动，丰田充分地利用各个地区的比较优势，合理地配置了价值链的各环节，实现了功能转型升级。[①]

最近几年，随着自动驾驶和网联汽车的出现，再次推动了汽车行业的新一轮全球创新合作。汽车制造商和科技公司之间的协作正开始改变该产业的创新布局。人工智能、数据分析及大量连接设备和组件正在重塑行业的商业模式，即走向服务和所谓的"平台经济"。然而，无论是传统汽车公司还是进入这个领域的数字和智能公司，目前都不具备生产高标准无人驾驶车辆所需的全部技术。现有汽车制造商的核心竞争力大多体现在大规模制造、机械工程和跨越数千个监管环节，它是数十年积累的隐性知识和专门技术的结晶。科技公司的技术优势在于硬件和软件，尤其是车辆自主所需的深度学习和实时控制算法。为了增强研发能力，汽车企业之间、科技公司之间以及汽车企业和科技公司之间的合作广泛展开。这种合作有一部分是在不同经济体之间展开的，这再次推动了似乎处于静态的汽车业的再次全球合作。2018 年，全球汽车制造商戴姆勒—克莱斯勒和宝马宣布，它们将结成新的长期伙伴关系，共同开发自动驾驶技术；同时，本田与通用汽车也在通力合作，而大众正在与福特就无人驾驶车辆联盟进行谈判。[②]

---

① 黄莹. 全球生产网络与中国汽车产业升级研究[D].厦门大学，2009.
② 世界知识产权组织（WIPO）. 2019 世界知识产权报告：创新版图，地区热点和全球网络[R].

以上分析表明，在经济全球化、科技全球化的背景下，全球范围内有大量包括先进技术在内的要素跨国界流动。随着 5G、云计算、大数据、人工智能等新一代技术的广泛应用，科技全球化的内在推动力还在加强，全球技术分工合作的趋势更加明显。一个国家、一个产业和一个企业的发展，在很大程度上取决于能否有效利用世界范围内的一切机会，集成全球优势生产要素，形成自身的竞争力。

参 考 文 献

[1] 阿尔斯通与中电装备签署合作协议为中国智能电网开发特高压技术[J].电气应用,2011(21).

[2] 陈劲,尹西明,蒋石梅.跨国并购视角下,吉利整合式创新"逆袭"之路[J].清华管理评论,2019,000(003).

[3] 程建华.技术引进对国家经济自主性的不利影响及原因[J].发展改革理论与实践,2018(08).

[4] 杜群阳.跨国公司 R&D 资源转移与中国对接研究[D].浙江大学,2006.

[5] 胡志坚.国家创新系统：理论分析与国际比较[M].北京：社会科学文献出版社,2000.

[6] 黄莹.全球生产网络与中国汽车产业升级研究[D].厦门大学,2009.

[7] 江西众加利.江西众加利与 Minebea Intec Gmb H 签订战略合作和技术开发合作协议[J].衡器,2018,047(011).

[8] 江小涓.高新技术产业利用外资的意义、现状与政策建议[J].中国工业经济,2001(02).

[9] 江小涓.中国的外资经济：对增长、结构升级和竞争力的贡献[M].北京：中国人民大学出版社,2002.

[10] 李健.世界城市研究的转型、反思与上海建设世界城市的探讨[J]. 城市规划学刊,2011(03).

[11] 唐晓华,高鹏.全球价值链视角下中国制造业企业海外并购的动因与趋势分析[J].经济问题探索,2019(3).

[12] 王桂新. 转型与创新——上海建设世界城市持续驱动力之探讨[A]. 北京大学、北京市教育委员会、韩国高等教育财团.北京论坛(2012)文明的和谐与共同繁荣——新格局·新挑战·新思维·新机遇："世界城市精神传承——经验与创新"城市分论坛论文及摘要集[C].北京大学、北京市教育委员会、韩国高等教育财团：北京大学北京论坛办公室,2012.

[13] 吴先明,苏志文.将跨国并购作为技术追赶的杠杆：动态能力视角[J].管理世界,2014(04).

[14] 熊建明,汤文仙.企业并购与技术跨越[J].中国软科学,2008(05).

[15] 薛安伟.后全球化背景下中国企业跨国并购新动机[J].世界经济研究,2020(02).

[16] 英飞凌、IBM、特许半导体、三星和飞思卡尔扩展技术合作联盟协议将协作开发和制造 32 纳米半导体产品[J]. 电子与电脑,2007(06).

[17] 张丽英. 技术并购与技术创新[J].技术经济与管理研究,2013(03).

[18] 张宇薇. 基于跨国公司投资的产业集群形成与升级研究[D]. 南京财经大学,2007.

[19] 赵明.跨国公司分散性全球研发的管理模式研究[J].科学与科学技术管理,2008(05).

[20] Barry J，Kevin D(2009). Profits Down，Spending Steady：The Global Innovation 1 000[OL]. Retrieved September 23，2020，https://www. strategy-business. com/article/09404a? gko=2f550.

[21] Bas C L，Sierra C. Location versus home country advantages in R&D activities：some further results on multinationals' locational strategies[J]. Research Policy，2002，31(4).

［22］Dalton D H，Serapio M G，Yoshida P G. Globalizing Industrial Research and Development［J］. 1999(9).

［23］Mansfield E，Teece D，Romeo A. Overseas Research and Development by US-Based Firms［J］. Economica，1980(46).

［24］Meyer，Krahmer，Reger. New perspective on the innovation strategies of multinational enterprise：Lessons for technology policy in Europe［J］. Research Policy，1999(28).

［25］OECD. Globalization of Industrial R&D：Policy Implications［R］. Working Group on Innovation and Technology Policy，1998(6).

［26］OEC. The creative society of the 21st century/OECD Forum For the Future［R］. Paris：Organization for Economic Co-operation and Development，2000.

［27］Pari P，Modesto V. Patterns of internationalization of corporate technology：location vs. Home country advantages［J］，Research Policy，1999(28).

［28］Hirshey R C，Caves R E. Research and Transfer of Technology by Multinational Enterprises［J］. Oxford Bulletin of Economics and Statistics，1981(43).

［29］Lall S. The international Allocation of Research Activity by US Multinationals［J］. Oxford Bulletin of Economics and Statistics，1979(41).

［30］Tidd，Joe，Jone B，Keith P. 创新聚集——产业创新手册［M］. 陈劲，等译. 北京：清华大学出版社，2000.

第 2 章 技术引进与我国产业发展、技术升级和竞争力提升

中华人民共和国成立初期,现代产业基础极其薄弱。我国引进大量先进设备和技术,建立起了现代产业体系和国防工业体系,形成了许多重要产品生产能力,对经济建设、人民生活和国防建设发挥了基础性支撑作用。改革开放以来,我国抓住全球化特别是科技全球化快速发展的机遇,引进大量先进技术设备,吸收带来先进技术的外资企业,推动人才双向培养和流动,了解学习国外先进的经营理念、管理和营销模式。我国的产业结构水平和技术水平以及创新能力迅速提高,国际竞争力不断增强。

2.1 引进设备与现代工业基础的形成和提升

中华人民共和国成立后的前 40 年,我们较快建立起了新中国的现代产业体系。这个成就很大程度上是在引进先进技术设备的基础上取得的,开放发挥了关键作用。[①]

2.1.1 成套设备引进奠定现代工业体系

中华人民共和国成立初期,我国工业的产出能力和技术水平都很低,不能制造任何重要的机器设备。20 世纪 50 年代,我国从苏联和东欧国家引进大量设备和技术。60 年代,又从一些西方国家引进较多先进设备和技术。表 2-1、表 2-2 是 20 世纪 50 年代我国从苏联和东欧国家引进的成套项目的总体情况及若干代表性项目。表 2-3 是 20 世纪 60 年代我国从发达国家引进的部分设备和装置。

表 2-1　20 世纪 50 年代引进的 156 个重点项目中民用项目 106 项(实际施工)

行　　业	项　目　数	代表性项目
煤炭工业	25	阜新海州露天矿 抚顺西露天矿 抚顺东露天矿 铜川王石凹立井 鹤岗兴安台 10 号立井
石油工业	2	兰州炼油厂 抚顺第二制油厂

① 江小涓.新中国对外开放 70 年[M].北京:人民出版社,2019.

续表

行　　业	项　目　数	代表性项目
电力工业	25	阜新热电站 抚顺电站 重庆电站 丰满水电站 大连热电站
钢铁工业	7	鞍山钢铁公司 武汉钢铁公司 包头钢铁公司
有色金属工业	13	白银有色金属公司 哈尔滨铝加工厂一、二期 云南锡业公司 洛阳有色金属加工厂
化学工业	7	吉林氮肥厂 兰州氮肥厂 太原氮肥厂
机械工业	24	长春第一汽车厂 富拉尔基重机厂 洛阳拖拉机厂 哈尔滨锅炉厂一、二期 武汉重型机床厂
轻工业	1	佳木斯造纸厂
医药工业	2	华北制药厂 太原制药厂

资料来源：马泉山.中国工业化的初战：新中国工业化回望录（1949—1957）[M].北京：中国社会科学出版社，2015；陈东林.20世纪50—70年代中国的对外经济引进[J].上海行政学院学报，2004（06）：69-80.

表2-2　20世纪50年代引进的156个重点项目中军工项目44项（实际施工）

时期	行　　业	项目数	代表性项目
"一五"	航空工业	12	112厂：沈阳飞机工业集团 113厂：西安航空动力控制工程有限公司 120厂：哈尔滨东安发动机集团 122厂：哈尔滨飞机工业有限集团 320厂：南昌航空工业集团
"一五"	电子工业	10	719厂：四川成都新兴仪器厂 738厂：北京有线电厂 782厂：陕西宝鸡长岭机器厂 784厂：四川成都锦江电机厂 786厂：陕西西安黄河机器制造厂

续表

时期	行　业	项目数	代表性项目
"一五"	兵器工业	16	245 厂：太原北方兴安化学工业有限公司 447 厂：内蒙古包头第二机械制造厂 768 厂：北京大华无线电器材厂 843 厂：西安北方秦川集团有限公司 844 厂：西安东方集团有限公司
"一五"	航天工业	2	111 厂：沈阳航天新光集团 211 厂：首都航空机械公司
"一五"	船舶工业	3	407 厂：河南洛阳柴油机集团有限公司 408 厂：陕西兴平柴油机厂 431 厂：渤海船舶重工有限公司
"二五"	"二五"军事工业	1	874 厂：山西侯马平阳机械厂

资料来源：互联网公开资料整理；马泉山. 中国工业化的初战：新中国工业化回望录（1949—1957）[M]. 北京：中国社会科学出版社，2015.

表 2-3　20 世纪 60 年代从发达国家引进的部分设备和装置

项 目 名 称	规　　模	进口国别	建设地点	金额/万美元
1. 第一套维尼纶设备	年产 1.1 万吨	日本	北京	2 309
2. 以天然气为原料的合成氨设备	年产合成氨 10 万吨	英国	泸州	810
3. 全循环法尿素设备	年产尿素 16 万吨	荷兰	泸州	607
4. 重油气化制合成氨车间和合成塔内件	相当于年产 5 万吨合成氨所需要合成气的能力	意大利	兰州	426
5. 催化重整及芳香烃抽提联合装置	年处理原料油 10 万吨	意大利	抚顺	528
6. 转口援阿的合成氨设备	年产合成氨 5 万吨	意大利		1 425
7. 丁醇、辛醇成套设备	年产 7 500 吨丁醇、辛醇	法国	吉林	267
8. 干式乙炔发生器	每小时产乙炔 1 100m³	日本	北京	25
9. 原油裂解和烯烃分离装置	年产乙烯 3.6 万吨、丙烯 2.2 万吨	联邦德国	兰州	1 144
10. 聚乙烯设备	年产 2.8 万吨	英国	兰州	1 213.5
11. 第二套维尼纶设备	年产 1.8 万吨	日本	贵州	2 650
12. 聚丙烯设备	年产 5 000 吨（塑料 3 000 吨，纤维 2 000 吨）	英国、联邦德国	兰州	655
13. 丙烯腈设备	年产 1 万吨	英国、法国	兰州	1 328
14. 聚丙烯腈纤维厂	年产 8 000 吨	英国	西北	1 000
15. 硝酸磷肥设备	年产 13 万吨	法国	四川	366

续表

项目名称	规模	进口国别	建设地点	金额/万美元
16. 五千米深井钻机	2套	法国	四川和华北	330
17. 磁带地震勘探仪	磁带地震仪13套,磁带地震资料自动解释回放中心装置1套,特种轻型钻机6台及其附属设备	法国	华北、四川	230
18. 第一套顶吹氧气转炉	容量50吨2座	联邦德国、奥地利、法国、日本	太钢	1 300
19. 大型炼钢电炉	容量50吨、60吨各1座	日本	太钢	300
20. 铜矿井下采矿设备	日采矿量2 000吨左右	瑞典	大冶铜山口	700
21. 稀有金属材料厂	年产钽、铌、钨、钼、锆及其合金1 000吨和管、板、丝、箔加工能力2 000吨	日本	北京、陕南	600
22. 精密线绕电阻及电位器制造设备	年产各种功率阻值的电阻器1 000万只,各种电位器100万只	英国、法国	咸阳	44
23. 实心电阻、实心电位器制造设备	年产各种功率阻值的电阻器3 000万只、电位器1 500万只	法国	咸阳	30

资料来源:牛建立.二十世纪六十年代前期中国从西方国家引进成套技术设备研究[J].中共党史研究,2016(07):46-56.

以这些引进设备和技术为核心,20世纪60年代我国较快形成了现代工业体系。

一是原材料工业和基础化学工业,如制造合金钢、无缝钢管、大型钢材等行业,能够生产的钢材品种由1952年的180多种增加到1957年的370多种。钢材自给率由解放初期不到10%上升到1957年的80%以上。有色金属工业中建立了铝及其他有色金属的冶炼和加工产业。60年代还引进了氧气顶吹转炉炼钢、大型电炉炼钢、合金钢冶炼等金属冶炼和加工技术,以及新型建筑材料、半导体材料的制造技术等。

二是重要机器设备制造业,包括新增了高效率机床、自动化高炉、平炉、联合采煤机、发电设备等几十类新产品,机器设备自给率由中华人民共和国成立初期的20%左右提高到1957年的60%左右。

三是交通设备和电子工业等制造业。形成了重型汽车制造业,还建立了航空工业,已经能够批量生产喷气式飞机,并试制了多用途的民用飞机。无线电和有线电产业也初具规模,已经能够制造包括收发报机、自动电话交换机在内的通信设备。后来还引进了24t柴油载重卡车的制造技术等。

四是基础化学工业。20世纪50年代建立了生产高级染料、工业和航空油漆、塑料、磷肥、抗生素、飞机轮胎及特种橡胶制品等产品的部门,化工产品品种增加了近1 000种。20世纪60年代强调支农工业和轻工原料产业,又引进了维尼龙成套设备、合成氨成套设备、聚乙烯成套设备及化肥生产成套设备、石油加工联合装置成套设备等。

2.1.2　新一轮引进与工业体系扩展提升

20 世纪 70 年代初期,我国开始从发达国家引进先进成套技术设备,引进对于 70 年代中后期以及 80 年代中国经济发展产生了重要影响。以 1972 年 8 月国务院批准从联邦德国、日本引进一米七轧机为开端,70 年代中后期成为我国引进大型成套设备和先进技术的又一个高峰期。1973 年 1 月,国家计委向国务院提交了《关于增加进口设备、扩大经济交流的报告》,提出了从国外进口 43 亿美元的成套设备和单机的方案,即"四三方案",之后又陆续追加了若干项目,总额达到 51.4 亿美元。到 1977 年,实际对外签约成交达 39.6 亿美元。引进的项目包括:13 套以天然气或轻油为原料的年产 30 万吨合成氨和 48 万吨尿素的大型化肥成套设备装置、4 套大型化纤设备、3 套大型石油化工设备、1 套烷基苯工厂、3 个大型电站、43 套综合采煤机组、武钢一米七轧机,以及透平压缩机、燃气轮机和贝斯发动机项目。这批引进项目全部是针对我国经济建设和生产中急需并有原料基础的薄弱环节,绝大多数为基础工业项目,生产技术也大多是当时世界较为先进的。

这些项目中的一部分在 1976 年以前建成,到 1979 年年底,绝大部分建成投产,在我国石化、钢铁、机械和能源等基础工业中新增了一批关键骨干企业,使一些国内急需的产品产量成倍增加。例如,13 套大型化肥成套设备项目,1974 年以后陆续建成投产,到 1976 年,我国合成氨新增生产能力 558.4 万吨,当年化肥产量达到 524.4 万吨,较比 1970 年增长 1.2 倍。乙烯产量 1970 年为 1.51 万吨,1976 年已经增加到 13.35 万吨。

20 世纪 70 年代后期再次出现了大规模技术引进。1976 年 10 月,我国结束了 10 年之久的"文化大革命",各方面要求加快发展的愿望强烈,社会压力很大。1977 年 7 月,国家计委向国务院提出了以后 8 年引进新技术和成套设备的规划,中共中央政治局原则批准了这个规划。规划提出,在"五五"后 3 年和"六五"计划期间,除抓紧把"四三方案"项目尽快建成投产外,再进口一批成套设备、单机和技术专利,其中包括支农工业方面的化肥农药生产设备,轻工业所需的石化、乙烯、化纤、合成洗涤剂原料设备,燃料、动力、原材料工业的新技术和成套设备等。汇总这些项目,8 年共需外汇 65 亿美元,国内配套投资 400 亿元人民币。当时预计,在 20 世纪 70 年代末至 80 年代初引进项目建设高峰期间,每年约需基建投资 80 亿～90 亿元,占年度基建总投资的 1/5 左右,相对规模已经很大。

表 2-4 是"四三方案"中的部分成套项目列表。

此后引进规模进一步扩张,当时被列为重点建设行业的煤炭、冶金、化工等工业部门,都提出了以引进项目为重要内容的高指标规划。结果是仅 1978 年一年,中国就签约了 22 项大型引进项目,它们是:投资 48 亿美元和 70 亿元人民币的上海宝山钢铁厂、大庆石油化工厂、山东石油化工厂和北京东方红化工厂各一套 30 万吨乙烯生产装置、南京石化总厂两套 30 万吨乙烯装置、吉林化学工业公司一套 11 万吨乙烯关键设备、浙江化肥厂和新疆化肥厂及宁夏化肥厂各一套 30 万吨合成氨装置、山西化肥厂 30 万吨合成氨装置、100 套综合采煤机组、德兴铜基地、贵州铝厂、上海化纤二期工程、仪

表 2-4 "四三方案"中的部分成套项目

类别	项目名称	年生产规模	累计投资/亿元	建设地址	引进国	签约时间	立项时间	建成投产时间
大化纤	天津石油化纤厂	对二甲苯6.4万吨、苯2万吨、对苯二甲酸二甲酯9万吨	10.37	天津	日本、联邦德国	1975年	1977年9月	1981年8月
大化纤	辽宁石油化纤总厂	化纤原料13万吨	24.15	辽宁辽阳	法国、意大利、联邦德国	1973年	1974年8月	1981年9月
大化纤	上海石油化工总厂	化纤原料10.8万吨、化纤5.2万吨	20.79	上海金山卫	日本、联邦德国	1973年	1974年1月	1978年5月
大化纤	四川维尼纶厂	化纤4.5万吨、醋酸乙烯9万吨、甲醇9.5万吨、乙炔2.6万吨	7.20	四川长寿	法国、日本	1973年	1974年8月	1979年12月
石化	北京石油化工总厂	乙烯30万吨、高压聚乙烯18万吨、聚丙烯8万吨	23.70	北京房山	日本、联邦德国、美国	1972年	1973年8月	1976年12月
石化	吉林化学工业公司	乙烯11.5万吨、乙醇10万吨、丁苯橡胶8万吨、辛醇5万吨、正丁醇6590吨	2.09	吉林	日本、联邦德国	1975年	1976年12月	1983年12月
石化	北京化工二厂	氯乙烯8万吨、聚氯乙烯2.5万~7.5万吨	1.39	北京九龙山	联邦德国	1973年	1974年10月	1977年7月
大化肥	沧州化肥厂	合成氨30万吨、尿素48万吨	2.39	河北沧州	美国、荷兰	1973年	1973年7月	1977年12月
大化肥	辽河化肥厂	合成氨30万吨、尿素48万吨	3.48	辽宁盘山	美国、荷兰	1973年	1974年6月	1977年12月
大化肥	大庆化肥厂	合成氨30万吨、尿素48万吨	2.43	黑龙江大庆	美国	1973年	1974年5月	1977年6月
大化肥	湖北化肥厂	合成氨30万吨、尿素48万吨	2.45	湖北枝江	美国、荷兰	1973年	1974年10月	1979年8月
大化肥	洞庭湖化肥厂	合成氨30万吨、尿素48万吨	2.50	湖南岳阳	美国、荷兰	1973年	1974年4月	1979年7月
大化肥	泸州天然气化工厂	合成氨30万吨、尿素48万吨	2.40	四川泸州	美国、荷兰	1973年	1974年4月	1977年3月

续表

类别	项目名称	年生产规模	累计投资/亿元	建设地址	引进国	签约时间	立项时间	建成投产时间
大化肥	赤水河天然气化工厂	合成氨 30 万吨、尿素 48 万吨	2.73	贵州赤水	美国、荷兰	1973 年	1976 年 1 月	1978 年 12 月
大化肥	云南天然气化工厂	合成氨 30 万吨、尿素 48 万吨	2.77	云南水富	美国、荷兰	1973 年	1975 年 1 月	1977 年 12 月
大化肥	栖霞山化肥厂	合成氨 30 万吨、尿素 52 万吨	2.98	江苏南京	法国	1974 年	1974 年 9 月	1978 年 10 月
大化肥	安庆化肥厂	合成氨 30 万吨、尿素 52 万吨	3.01	安徽安庆	法国	1974 年	1974 年 3 月	1978 年 12 月
大化肥	广州化肥厂	合成氨 30 万吨、尿素 52 万吨	3.14	广东广州	法国	1974 年	1974 年 12 月	1982 年 10 月
大化肥	齐鲁第二化肥厂	合成氨 30 万吨、尿素 48 万吨	2.47	山东淄博	日本	1973 年	1974 年 4 月	1976 年 7 月
大化肥	四川化工厂	合成氨 30 万吨、尿素 48 万吨	2.61	四川成都	日本	1973 年	—	—
大型电站	大港电厂	2×25 万 kW	4.50	天津北大港	意大利	1973 年	1974 年 12 月	1979 年 10 月
大型电站	唐山陡河电厂	2×32 万 kW	5.30	河北唐山	日本	1973 年	1973 年 12 月	1978 年 3 月
大型电站	元宝山电厂	1×30 万 kW	3.92	内蒙古赤峰	法国、瑞士	1973 年	1974 年 9 月	1978 年 12 月
钢铁	武汉钢铁公司 1.7 米轧机	冷轧板 100 万吨、热轧板 100 万吨、硅钢 7 万吨	38.9	湖北武汉	日本、联邦德国	1974 年	1972 年 3 月	1978 年 12 月
钢铁	南京钢铁公司氯化球团	硫酸渣氯化球团 30 万吨	1.00	江苏南京	日本	1976 年	1978 年 1 月	1980 年 12 月
钢铁	南京烷基苯厂	正构烷烃 5 万吨、直链烷基烃 5 万吨	2.21	江苏南京	意大利	1975 年	1976 年 10 月	1981 年 12 月

资料来源：江小涓.新中国对外开放 70 年[M].北京：人民出版社，2019；陈东林.20 世纪 50—70 年代中国的对外经济引进[J].上海行政学院学报，2004(06)：69-80.

征化纤厂、平顶山帘子线厂、山东合成革厂、兰州合成革厂、霍林河煤矿、开滦煤矿、彩色电视项目等。

2.1.3 再次引进与工业体系的发展与升级

十一届三中全会之后，我国实行改革开放政策。从技术引进看，这个时期的引进仍然以先进设备为主，但在引进方式、引进重点等方面也出现了明显的变化。

1. 继续较大规模引进国外先进技术设备

从 1980 年到 1989 年的 10 年间，大多数年份关键和成套设备引进合同的成交金额在各类方式技术引进合同总金额中所占的比重都保持在 70% 左右，甚至更高。表 2-5 是 1981—1990 年我国按引进方式划分的技术合同数量及成交金额的具体情况。

表 2-5　1981—1990 年我国按引进方式划分的技术合同数量及成交金额

	年份	1981	1982	1983	1984	1985	1986	1987	1988	1989	1990	合计
成套设备	合同/项	11	29	66	76	236	195	184	137	159	71	1 164
	占比/%	15.07	29.90	30.14	22.89	28.57	26.07	31.67	31.35	48.48	30.60	30.05
	金额/亿美元	0.51	2.26	2.14	3.83	20.98	32.98	19.64	28.65	25.55	3.95	140.49
	占比/%	43.97	62.26	38.01	40.27	65.58	73.57	65.91	80.75	87.44	31.00	68.87
关键设备	合同/项	9	17	34	52	178	126	80	71	31	32	630
	占比/%	12.33	17.53	15.53	15.66	21.55	16.84	13.77	16.25	9.45	13.79	16.27
	金额/亿美元	0.09	0.20	0.32	1.97	3.37	2.23	1.30	1.54	1.60	1.03	13.65
	占比/%	7.76	5.51	5.68	20.72	10.53	4.97	4.36	4.34	5.48	8.08	6.69
技术许可	合同/项	37	34	85	138	314	306	235	169	96	100	1 514
	占比/%	50.68	35.05	38.81	41.57	38.01	40.91	40.45	38.67	29.27	43.10	39.09
	金额/亿美元	0.45	0.28	1.12	1.85	2.42	4.20	3.50	4.77	1.48	2.26	22.33
	占比/%	38.79	7.71	19.89	19.45	7.56	9.37	11.74	13.44	5.07	17.74	10.95
顾问咨询	合同/项	3	2	13	11	22	31	24	19	14	9	148
	占比/%	4.11	2.06	5.94	3.31	2.66	4.14	4.13	4.35	4.27	3.88	3.82
	金额/亿美元	0.01	0.01	0.08	0.07	0.09	0.13	0.10	0.28	0.06	0.05	0.88
	占比/%	0.86	0.28	1.42	0.74	0.28	0.29	0.34	0.79	0.21	0.39	0.43
技术服务	合同/项	4	8	13	33	32	46	30	27	13	5	211
	占比/%	5.48	8.25	5.94	9.94	3.87	6.15	5.16	6.18	3.96	2.16	5.45
	金额/亿美元	0.03	0.78	1.83	1.27	0.13	2.36	0.16	0.14	0.38	0.03	7.11
	占比/%	2.59	21.49	32.50	13.35	0.41	5.26	0.54	0.39	1.30	0.24	3.49

续表

	年份	1981	1982	1983	1984	1985	1986	1987	1988	1989	1990	合计
合作生产	合同/项	5	4	5	21	38	34	25	10	11	12	165
	占比/%	6.85	4.12	2.28	6.33	4.60	4.55	4.30	2.29	3.35	5.17	4.26
	金额/亿美元	0.04	0.09	0.10	0.52	4.97	1.36	5.10	0.10	0.07	5.38	17.73
	占比/%	3.45	2.48	1.78	5.47	15.54	3.03	17.11	0.28	0.24	42.23	8.69
其他	合同/项	4	3	3	1	6	10	3	4	4	3	41
	占比/%	5.48	3.09	1.37	0.30	0.73	1.34	0.52	0.92	1.22	1.29	1.06
	金额/亿美元	0.03	0.01	0.04	略	0.03	1.57	略	略	0.08	0.04	1.80
	占比/%	2.59	0.28	0.71	略	0.09	3.50	略	略	0.27	0.31	0.88
合计	合同/项	73	97	219	332	826	748	581	437	328	232	3 873
	金额/亿美元	1.16	3.63	5.63	9.51	31.99	44.83	29.80	35.48	29.22	12.74	203.99

资料来源：康荣平，杨英辰.新中国技术引进 40 年述评[J].管理世界，1991(06)：174-180.

　　在我国进口商品中，机电产品进口占有较高比重。机电产品的主要部分是生产资料，成套设备和机器仪表占主要部分。进口比重如表 2-6 所示。

表 2-6　20 世纪 80 年代进口商品结构变化

年　　份	机电产品/%
1985	43.6
1986	45.1
1987	40.2
1988	37.5
1989	38.0

资料来源：江小涓.新中国对外开放 70 年[M].北京：人民出版社.2019.

2. 开辟新的引进方式和渠道

　　这个阶段我们进入了改革开放阶段，在以外汇购买先进技术设备这种传统方式之外，技术引进的方式和渠道等出现了以下一些新的特点。

　　首先，合作生产、补偿贸易、设备租赁等方式广泛开展。具体表现为国外企业提供设备、产品设计、原材料等，在国内生产产品然后出口。这些设备、设计、原材料等，往往高出国内企业的水平，因此相当于用引进的先进设备技术生产更高水平的产品。合作生产的数据在表 2-7 中已有体现，此表是 1984—1990 年间补偿贸易、设备租赁的具体情况。

表 2-7 1984—1990 年补偿贸易、设备租赁变化

年 份	项目/个	补偿贸易 金额/万美元	国际租赁 金额/万美元
1984	310	16 167	—
1985	—	26 034	—
1986	—	31 302	—
1987	—	42 773	1 790
1988	—	53 241	15 638
1989	—	47 475	7 198
1990	—	20 265	5 108

资料来源：中国统计年鉴.

其次，是通过吸引外资或引进先进技术设备。表 2-8 展示了 1978—1990 年利用外资的详细情况。我国从 1979 年起允许外商在华直接投资，至 1989 年年底累计批准建立外商投资企业约 2.2 万家，协议外商投资额总计 337 亿美元。[1] 这 2 万多项外商投资约有一半是针对制造业，它们引进了较多的先进技术设备，成为这个时期国内产业技术水平提升的一个来源。不过，从总体上看，这个时期外资项目不多，规模不大，影响有限。从 20 世纪 90 年代开始，吸收外资才是我国引进先进技术的重要开端。这一点我们将在后面部分重点分析。

表 2-8 1978—1990 年我国利用外资情况

年份	项目/个	其中：外商直接投资 项目/个	实际使用外资 金额/亿美元	其中：外商直接投资 金额/亿美元
1978—1982	947	920	130.60	17.69
1983	690	638	22.61	9.16
1984	2 204	2 166	28.66	14.19
1985	3 145	3 073	47.60	19.56
1986	1 551	1 498	76.28	22.44
1987	2 289	2 233	84.52	23.14
1988	6 063	5 945	102.26	31.94
1989	5 909	5 779	100.60	33.92
1990	7 371	7 273	102.89	34.87

资料来源：中国统计年鉴.

注：上表所列年份中，实际使用外资包含对外借款。

---

[1] 武超.关于我国吸收外商直接投资的分析[J].管理世界,1991(3)：72-80.

3. 一些重点行业依靠进口设备技术快速发展

20 世纪 80 年代,我国的能源原材料产业、制造业和运输业,技术普遍落后,产能水平低,严重限制了我国的工业化进程。我国积极寻求并大力引进国外能源与电力、运输等行业的技术,以及机械、冶金、家用电器、计算机等多个领域的国外先进技术。[①]

下面以火电设备和铁路机车的技术引进为例进行分析。

我国大型火电设备的技术引进在 20 世纪 80 年代出现了重要进展。至 1980 年,国家进出口委、计委、经委发布《关于安排 300MW、600MW 大型火电设备的技术引进和合作生产项目有关事项的通知》,开始了技术引进工作。1980 年 9 月 9 日和 11 月 21 日,一机部分别与美国 WH(西屋)和 CE(燃烧工程公司)签订了汽轮发电机组和锅炉的技术转让与购买部分零部件合同,规定引进 300MW 和 600MW 火电机组制造技术的内容包括科研发展、产品设计、制造工艺、质量保证和生产技术管理,以及电站系统工程、人员培训,工厂技术改造和技术咨询,考核机组的高度、安装、运行和维修等。提供的图纸资料包括薄膜底图 2 套、微缩胶卷 2 套、技术资料 4 套、成熟的计算机程序 176 项。80 年代的火电设备引进决策,开创了我国火电装备制造的新纪元,当时的中国的火电装备进入了世界前列。[②]

铁路机车的技术引进在 80 年代也有重要进展。铁道部于 1983 年派出了电力机车技术考察组赴欧洲进行技术考察,前往英国、瑞士、瑞典、法国四个电气化铁路技术比较先进的欧洲国家。这次考察使我们认识到,要短期内全面提高国产电力机车水平,很有必要引进国外的先进技术。[③] 通过国际投标,我国从 1986 年开始较大规模引进了多种机型的电力机车,其中包括,欧洲五十赫兹集团生产的 8K 型电力机车。8K 机车共 150 台,其涉及的技术转让推动了国产电力机车的技术配套,加快了技术发展。[④]

4. 重视通过引进技术改造现有企业

20 世纪 80 年代,我国的技术引进从单纯为新建扩建企业服务,转变为同时重视为企业技术改造服务,希望通过技术的引进能够有效服务于现有企业技术改造以及提升工业生产水平。当时新的认识是,我们的"技术开发工作要有一个转变",在坚持自力更生的同时,还要"把引进技术放在发展生产技术、改造现有企业的重要位置上来"。[⑤] 进行技术改造也是要"促进现有企业的现代化,把整个国民经济转移到新的技术基础上来"。[⑥]

这个时期我国出台了多项优惠政策,为引进技术改造现有企业提供了良好的环境。1983 年财政部、海关总署发布了《关于从国外引进技术改造项目的技术、设备减、免关税和工商(统一)税问题的通知》,以鼓励引进国外先进技术,促进企业技术改造和产品

① 何保山.中国技术转移和技术进步[M].北京:经济管理出版社,1996.
② 程钧培.中国重大技术装备史话 中国火力发电装备制造[M].北京:中国电力出版社,2012:8-9.
③ 刘友梅,高道行,陈步秋.对欧洲四国电力机车的技术考察[J].电力机车技术,1984(02):1-11.
④ 刘友梅.引进电力机车技术的积极作用与吸收消化的设想[J].机车电传动,1990(03):1-5.
⑤ 王丹莉.新中国技术引进的历史检视[J].中共党史研究,2019(7):51-64.
⑥ 相重光.企业技术改造与引进先进技术[J].国际商务研究,1983(4):1-5.

升级换代,提高综合经济效益,加速我国社会主义现代化经济建设。其中明确表示,企业为进行技术改造而引进的先进技术(包括设计、工艺、诀窍、数据、经验、方法、研究成果等技术资料、蓝图、手册、说明书),以及按技术转让合同必需随附的仪器、设备,免征进口关税和工商(统一)税;企业为进行技术改造,生产、制造新设备、新产品所必需引进的关键仪器和设备,减半征收进口关税和工商(统一)税。这个时期,许多企业通过引进技术改造了现有生产线,使得产量大幅度上升,质量大幅度提高。

例如,从"六五"中期到"七五"期间,通过引进技术和主要加工设备,衡器行业的技术改造和技术引进步伐逐步加快。如长春衡器厂(引进美国利维尔公司称重传感器生产技术)、沈阳衡器厂(引进美国威姆公司料斗秤制造技术)、武汉衡器厂(引进美国拉姆齐公司动态轨道衡制造技术)、长沙衡器厂(引进美国杰维公司定量包装秤生产技术)四厂,作为国家"六五""七五"计划重点技术改造项目,总投资逾5 000万元;"七五"期间国家划给衡器行业的技改投资达8 000多万元(不包括地方投入),这是中华人民共和国成立来投资力度最大的一次,当时技术引进立项9个。这些项目从"七五"末期陆续收效,对增加电子衡器的产量和品种,满足改革开放后各行业生产迅速发展的需要,以及推动衡器行业的技术进步起到了重要的作用。[①]

2.2 引进外资与产业竞争力的提升

2.2.1 外商投资企业引入先进技术成为国内产业技术高地

20世纪90年代,国内政策法规的完善与投资环境的优化提升了对外商投资的吸引力。自1992年邓小平"南方谈话"掀起第二波对外开放浪潮,跨国公司在华投资进入高速发展阶段。1992年1年新设立外商投资企业数已超前13年总和[②],自1993年中国成为发展中国家利用外商直接投资金额最多的国家,也是全球仅次于美国的第二大外商直接投资流入国。截至2000年年末,外商投资企业数量已达到20.3万户,来自美国、欧盟和日本跨国公司的投资逐渐占据重要位置。

在20世纪80年代,我国外商直接投资以中小型项目为主。从总体上看,这些企业的技术水平仅略高于我国企业的平均水平,这与当时我们国内产业技术水平及配套能力有关。90年代以来,伴随外商投资规模扩大,外商来源也发生了变化,外商在华投资企业的技术水平有了很大提高,也带动了国内技术发展。10年间,大型跨国公司的投资项目大多数进入我国产业结构升级过程中正在大力发展的产业。跨国公司投资最密集的行业有微电子、汽车制造、家用电器、通信设备、办公用品、仪器仪表、制药、化工等行业,均为技术、资金密集型的行业。行业增长速度与外商投资表现出明显的相关性,即外商投资企业占工业增加值比重较高的行业增速相对较快,较典型的包括普通机械制造业、电子及通信设备制造业、交通运输设备制造业等。

① 中国衡器协会.中国衡器工业发展史[EB/OL].2003-05-01.
② 商务部国际贸易经济合作研究院.跨国公司投资中国40年[EB/OL].2019-10-19.

　　20 世纪 90 年代初期以后，跨国家用电器巨头纷纷前来我国投资，成为我国家用电器行业对外开放新的重要标志。外资家电企业在中国固定资产投资、家电产品工业总产值、出口份额和国内市场销售份额、新产品的开发和研发经费投入等方面都具有重要的地位，在电冰箱、洗衣机、空调器、微波炉、制冷压缩机等主要家电和关键零部件产业中，外资家电企业的地位尤为突出。

　　自 20 世纪 90 年代中期以来，发达国家跨国公司向海外转移先进技术的速度大大加快，技术研发出来后很快在其全球生产体系内使用，产品同步推向全球市场。以计算机产业为例，无论是最新设计出来的芯片、最新制造的液晶显示器，还是最新推出的操作软件，近几年都是无间隔地在全球不同国家同步制造和同步使用，而不是只限于国内。在信息产业和其他技术升级较快、产品更新较快的产业中，除极少数独家垄断的技术外，这种先进技术和产品向海外转移的趋势已经较为普遍。且自 90 年代中期，跨国公司开始在我国设立独立的研发机构。1994 年，加拿大北方电讯公司在北京投资成立了合资研发中心，即北京邮电大学——北方电讯电信发展研究中心，其是在中国设立的首家独立研发机构。同年，SMC 中国有限公司与清华大学合作，设立了清华—SMC 气动实验室。此后，跨国公司在华设立的研发机构逐年增多。

　　外商投资企业成为这一时期的重要技术来源，绝大多数跨国公司提供了母公司的较为先进的技术，其中一部分还填补了国内技术空白。2000 年后更是引进了较多的国际先进技术。

　　这种行为是如何产生的呢？

　　2000 年到 2001 年，笔者主持过一个系列的调研项目，对北京、上海、深圳、苏州 127 家跨国公司在华投资企业进行了访谈和问卷调研，企业的技术水平是调研的重要内容之一。调研的结果表明，以母公司的技术为参照，大多数跨国公司提供了母公司的最先进或比较先进的技术，其中，使用母公司比较先进技术的企业最多，有 57 户，占总数的45%；使用母公司最先进技术的企业次之，有 53 户，占总数的 42%。两者相加，使用母公司最先进和比较先进技术的企业占总数的 87%。有 17 户企业使用了母公司的一般技术，仅占总数的 13%。当以国内技术水平作参照时，外商投资企业的技术被划分为填补国内空白技术、国内先进技术和国内一般技术。被调研企业中，引进国内空白技术的企业共 83 家，占总数的 65%；其余为使用先进技术的企业 44 家，占总数的 35%。没有企业使用属于国内一般水平的技术。外商投资企业之所以开始转移最先进和比较先进技术，主要是因为国内市场竞争已经比较激烈，特别是外商在华投资企业之间的竞争激烈，不使用先进技术，就无法在竞争中立足和获胜。在外商投资企业转移先进技术问题上，笔者做过多次调研，外资企业的一致观点是竞争需要。

　　以汽车制造业为例，到 2000 年年底，当时的九大汽车集团全部在我国有大规模的投资。通用集团的投资项目有上海通用汽车公司、金杯通用汽车公司、长安铃木公司、昌河铃木公司、江铃公司、庆铃公司、北京轻型汽车公司、北铃专用车公司、南亚公司、南京依维柯公司和云雀公司。大众集团的投资项目有一汽大众公司和上海大众公司。福特集团的投资项目有江铃公司、长安福特公司和海南马自达公司。丰田公司的投资项目有天津丰田公司和四川丰田客车公司。戴姆勒—克莱斯勒集团的投资项目有北京吉普公司、亚星奔驰公司、北方奔驰公司、湖南长丰公司、沈阳飞机公司、东南汽车公司、沈阳航天发动机公司和起亚悦达公司。本田公司的投资项目有广州本田公司。雪铁龙—标致集团的投资项目有神龙公司。雷诺日产集团的投资项目有三江雷诺公司、郑州日产公司、杭州东风日产柴公司。宝马公司的投资项目有沈阳华晨宝马公司。还有后来国内新形成的奇瑞、吉利、中华等几家自主品牌制造商。中国汽车市场的激烈竞争局面已经形成。竞争性的市场格局迫使企业加速新产品、新技术的开发和引进，并不断降低成本和价格。现在美国高调提出所谓的强迫转让先进技术，这不符合实际情况。

此后竞争更加激烈，外商投资企业持续提高引进技术的等级。2016年跨国公司在华新设立的近百个项目中，几乎是最先进技术，生产的产品不少是全球首发的新品。2019年，总投资额达100亿美元的巴斯夫（广东）新型一体化生产基地项目落地。特斯拉上海超级工厂作为首个外商独资整车制造项目，总投资500亿元。埃克森美孚惠州独资项目、浙江平湖中意直升机项目、英国石油100万吨醋酸项目等都在加速落地。这些项目都是这些跨国公司全球最大规模、技术和产品最先进的投资项目。

2.2.2 外商投资企业提供核心零部件支撑本土企业提升技术水平

经过多年的改革开放，我国本土企业得到较快发展，总体水平较快提升。这个过程中，引进或由外商投资企业提供零部件发挥了重要作用，支撑了产品整体水平达到先进。

以家电行业为例，21世纪初，我国本土已经出现了世界排名靠前的家用电器大型跨国企业。这些企业都借助全球化来打造自主品牌，引进国内和国外技术与企业研发相结合，全球采购零部件和关键设备，利用国内低成本劳动力，发挥大规模制造的优势，从而生产出具有国际竞争力的家电产品。

以我国家电行业的排头兵企业海尔为例，海尔利用其在家电全球分工链条中的比较优势地位，以自我为主组合和配置全球资源（包括技术、资本等）的能力大大增强，从而更深入地参与到国际分工体系中。海尔的商用空调技术来自三菱重工；作为供应商之一的日本东芝一直参与海尔的产品设计；日本三洋电机公司是提供冰箱压缩机和空调压缩机的主要厂商之一。表2-9是2002年我国代表性家电企业电冰箱关键零部件、原材料和设备参与国际分工的情况汇总，其中电冰箱压缩机全部来自国内外资企业，电脑板芯片全部来自进口，温控器从国内外协厂采购，特种钢材从国外进口（荣事达全部进口；海尔进口比重为八成，外协厂采购占二成），主要设备也主要依靠进口，企业自制的产品只有电脑板程序，绝大多数零部件、关键设备和原材料来自进口、国内外资企业和国内外协厂。这些表明，从外商投资企业采购的零部件，支撑了我国家用电器产品总体上达到国际先进。

表 2-9　2002 年我国代表性家电企业电冰箱关键零部件、原材料和设备来源

单位：%

	荣 事 达 集 团				海 尔 集 团			
	企业自制比率	进口比率	国内外协厂生产比率	国内外资企业提供比率	企业自制比率	进口比率	国内外协厂生产比率	国内外资企业提供比率
电冰箱压缩机	0	0	0	100	0	0	0	100
电脑板芯片	0	100	0	0	0	100	0	0
电脑板程序	100	0	0	0	100	0	0	0
温控器	0	0	100	0	0	0	100	0
替代用制冷剂	0	100	0	0	0	100	0	0
特种钢材	0	100	0	0	0	80	20	0
主要设备	0	100	0	0	0	90	10	0

资料来源：江小涓主持的课题调研。

再以汽车产业为例，我国汽车产业技术水平的提升也得益于外商投资企业核心零部件及其技术的供给。随着世界上最大的跨国汽车公司全部进入我国，21 世纪初世界著名的汽车零部件厂商也纷纷来华投资建厂，或与国内零部件厂进行技术合作。包括德尔福、博世、伊顿、米其林在内的世界著名汽车零部件跨国公司相继进入我国，带来先进的技术和管理。其中，全球最大的汽车零部件制造商德尔福公司，自 1994 年进入我国，10 年内在我国投资 4.5 亿美元，拥有 14 家企业、一个技术中心和一个培训中心，在我国年销售额近 5 亿美元；全球第二大汽车零部件生产商博世，建立了覆盖全中国的规模化零部件分销网络，拥有 150 多家售后维修服务站；伟世通公司在我国成立了 5 家合资企业，专门生产汽车零部件；日本电装公司在天津、烟台、重庆等地建立了多家独资、合资企业。这些跨国公司先进的技术实力、丰富的运作经验带动了我国零部件产业水平的提升。

通过技术引进和技术改造，许多合资、独资企业得到快速发展。到 2003 年，我国汽车及零部件产业与国际水平的差距已经大为缩小，初步形成了具有一定竞争力的汽车及零部件制造体系。除满足国内市场需求外，部分汽车及零部件产品也已进入国际市场，汽车及零部件出口呈现逐年递增态势。2003 年，我国汽车及零部件出口总额达 47.1 亿美元，同比增长 34.4%。其中，汽车（包括成套散件）出口 4 亿美元，同比增长 64.3%；零部件出口 43.1 亿美元，同比增长 32.1%。[①] 我国汽车电器、制动器、铝车轮、汽车线束、等速万向节、刹车片等汽车零部件已在世界占据重要份额，且汽车及零部件产品已逐步由劳动密集型、资源密集型向较高技术含量与附加值产品转移。

---

① 吴勇.扩大我国汽车产品出口的探讨[J].上海汽车,2005(6)：9-10.

2.2.3 外商投资带动高技术制造与研发机构加速发展

外商投资高技术产业所带来的技术外溢效应,对国民经济发展起到巨大的推动作用。外商投资企业在我国高技术产业中,无论是企业数、从业人员数、研发投入的人员和经费支出,以及新产品开发的项目数、经费支出和销售收入、有效发明专利数都占据重要地位。外商投资企业的研发活动对于技术引进和技术创新有显著的正向影响。在制造业吸收外资整体规模略有下降的背景下,高技术制造业成为稳定制造业吸收外资规模、提升制造业外资质量、优化制造业外资结构的主要力量。外商投资企业通过设备和技术进口、直接在华设立研发中心、产品链条的技术延伸、面向协作企业的技术援助、人员培训等方式创造了技术溢出,对我国的技术进步发挥了重要促进作用。

2010 年后,我国进一步放宽一般制造业的准入门槛,不断优化外商投资结构和质量,大力吸收先进制造领域的外商投资,制造业逐步向高端化迈进。近年在数字经济蓬勃发展的背景下,全球跨国企业在高技术产业的投资与经营面临前所未有的机遇与挑战,数字技术对当前跨国企业国际范围内投资经营带来颠覆性的影响。

我国持续强调创新对经济增长的驱动作用,鼓励高技术产业外商投资的政策出台频繁,积极引导高技术产业投资。商务部《中国外商投资报告》显示,2016 年高技术产业引进外商投资占整体引进外商投资的比重达 19.33%,比 2012 年提高了 4.94 个百分点。2013 年以来,高技术产业引进外商投资年均增长 10.97%,外商投资企业高新技术产品进出口规模年均增长 10.4%,出口规模年均增长 17%,均高出全国平均水平,外商投资的研发中心达到 2 400 多家。

1. 高技术制造业

商务部《中国外商投资报告》指出,2007 年至 2016 年,高技术制造业累计设立外商投资企业 14 985 家,累计使用外资 6 315.12 亿元人民币(约合 978.49 亿美元)。以2015 年至 2018 年为例,据商务部统计,电子及通信设备制造业是高技术制造业中吸收外资规模最大的行业,2015 年实际投资占高技术制造业比重达到 75.5%,2016 年和2017 年的占比有所下降,但 2018 年占比依然达到 65.1%。除此之外,2018 年高技术制造业中吸收外资较多的是医药制造业和医疗仪器设备及仪器仪表制造业,分别达到9.5% 和 19.6%;计算机及办公设备制造业、信息化学品制造业和航空、航天器及设备制造业的占比较低,分别占 4.8%、0.3% 和 0.7%。见表 2-10。

表 2-10　2015—2018 年我国高技术制造业中吸收外资规模各行业占比

单位：%

高技术制造业	2015 年占比	2016 年占比	2017 年占比	2018 年占比
医药制造业	14.9	22.9	21.6	9.5
航空、航天器及设备制造业	1.0	0.4	0.8	0.7
电子及通信设备制造业	75.5	66.7	64.7	65.1
计算机及办公设备制造业	4.9	2.5	3.8	4.8

续表

高技术制造业	2015 年占比	2016 年占比	2017 年占比	2018 年占比
医疗仪器设备及仪器仪表制造业	3.5	7.5	8.8	19.6
信息化学品制造业	0.2	0.1	0.4	0.3

资料来源：商务部外国投资管理司. 中国外商投资报告(2016)、中国外商投资报告(2017)、中国外商投资报告(2018)、中国外商投资报告(2019).

2. 高技术服务业

2007—2016 年,高技术服务业累计设立外商投资企业 27 389 家,实际使用外资金额 3 827.69 亿元人民币(约合 593.08 亿美元)。其中,吸引外资占比最大的是信息服务业,其次是研发与设计服务业以及科技成果转化业,3 个行业实际使用外资合计占高技术服务业的 90% 以上。

以 2015 年至 2017 年为例,如表 2-11 所示,2015 年 3 个类别实际使用外资合计占高技术服务业 95.7%,2016 年占比达到 97.4%,2017 年占比达到 98.5%。2017 年,高技术服务业吸引外资规模大幅提高,新设立外商投资企业 5 990 家,同比增长 81.9%;实际使用外资金额 260.7 亿美元,同比增长 106.4%。外资在高技术服务业中前 3 行业进一步聚集。

表 2-11　我国高技术服务业中吸收外资规模各行业占比(2015—2018)

单位：%

高技术服务业	2015 年占比	2016 年占比	2017 年占比	2018 年占比
信息服务	55.4	67.3	80.4	62.9
电子商务服务	0.4	0.7	0.6	1.2
检验检测服务	0.1	0.1	0.7	0.2
专业技术服务业的高技术服务	1.7	1.1	0.2	0.6
研发与设计服务	18.8	11.1	5.5	8.9
科技成果转化服务	21.5	19.0	12.6	22.8
知识产权及相关法律服务	0.8	0.3	0.1	2.3
环境监测及治理服务	1.2	0.4	0.5	1.2

资料来源：商务部外国投资管理司；中国外商投资报告(2016)、中国外商投资报告(2017)、中国外商投资报告(2018)、中国外商投资报告(2019).

2.2.4　外商投资企业扩大我国研发规模和提升水平

外商投资企业在全国规模以上工业企业中的研发人员投入和研究经费投入、有效发明专利数及产品和工艺创新等方面都占据可观的比重,一些方面高于全国平均水平。外商投资企业技术效应持续外溢,带动了中国技术变革和创新。2016—2018 年的实际情况,如表 2-12 及图 2-1 所示。

表 2-12　2016—2018 年我国及外商投资的企业的研发情况

年　　份	指　　标	全　　国	外商投资企业
2016 年	研发人员全时当量/人年	2 702 489	616 551
	研发经费/万元	109 446 586	24 192 846
	有效发明专利数/件	769 847	147 314
2017 年	研发人员全时当量/人年	2 736 244	616 592
	研发经费/万元	120 129 589	25 899 497
	有效发明专利数/件	933 990	162 920
2018 年	研发人员全时当量/人年	2 981 234	654 003
	研发经费/万元	129 548 264	26 827 792
	有效发明专利数/件	1 094 200	186 344

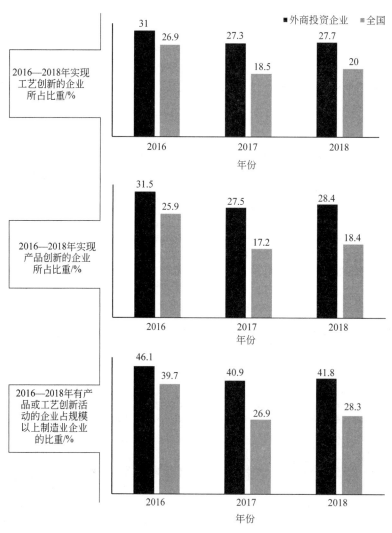

图 2-1　2016—2018 年外商投资企业对全国规模以上制造业企业产品和工艺创新贡献度

资料来源：国家统计局. 2017 中国统计年鉴, 2018 中国统计年鉴, 2019 中国统计年鉴.

注：外商投资企业各项数据包含港、澳、台投资企业数据。

通过 2016—2018 年的数据可以看出,外商投资企业在全国规模以上工业企业中的研发人员投入和研究经费投入占比均在 20％以上,有效发明专利数占比接近 20％。外商投资企业具有产品和工艺创新活动、实现工艺创新或产品创新所占比重均高出全国平均水平。从整体来看,外商投资企业成为带动我国技术向更高水平创新迈进的组成部分和重要驱动力。

2.3　引进技术与自主创新能力的成长

2.3.1　引进技术产生广泛外溢效应[①]

近年来,利用外部技术资源已经产生了明显的技术外溢效应,包括技术示范和管理示范效应、竞争效应,合作效应、配套效应、技术应用效应等,如表 2-13 所示。

表 2-13　外资企业外溢效应的主要方式

技术外溢的类型	具体的外溢途径	典 型 表 现
人力资本外溢效应	境内人才流动	人才从境内外资企业流向本土企业
	跨境人才和资本流动	境外人才随外资流入而进入本土企业
示范效应	产品和技术示范	外资企业提供的新产品观察学习机会
	管理示范	观察和模仿外资企业管理方式
	产品开发导向	外资企业提供的技术和市场导向
竞争效应	技术竞争	与外资企业竞争迫使本土企业加快新产品和新技术开发
	成本和管理竞争	与外资企业竞争迫使本土企业创新体制和管理模式
合作效应	合资合作经营	内外资企业分享对方优势
	产品配套	国内配套企业获得技术指导、品质控制和市场渠道等多种益处
技术应用效应	提供核心部件	外资企业为本土企业提供核心零部件

1. 人力资本外溢效应

外商投资企业的人力资本外溢效应,主要表现在两个方面。

(1) 境内外资企业人力资本向本土企业流动。外资企业所具有的技术和管理等方面的优势,但无法脱离其人力资源而完全物化在设备上,因此必定要和人力资源的开发结合在一起。随着国内企业的成长,人力资本在外资企业和内资企业之间的流动已成为必然,这是外资企业技术外溢,特别是核心技术能力外溢的重要途径。较早时期的案例是 2002 年年初,已任英特尔中国研究中心主任和首席研究员职务的颜永红,与其他 6 位同在英特尔任职的核心技术人员一道,辞去在英特尔的任职,与中国科学院声学研

① 江小涓.新中国对外开放 70 年[M].北京:人民出版社,2019.

究所共同组建了一个团队成员平均年龄只有 30 岁的科研机构——中科信利语音实验室。此后高水平技术和管理人才流动频繁。据笔者的两次调研，到 2004 年年底，"世界500 强"在华投资企业中已有近 200 位副总经理以上级别的技术和管理人才转到本土企业工作；到 2006 年 9 月，被调研过的 400 多家企业中，约有一半企业有高级技术主管离职，其中转到其他外资企业、转到本土企业和自己创业的各占约 1/3。一家跨国公司中国区总裁在谈到公司大量高级人才离职时，认为公司已经成为中国 IT 产业最好的人才基地。[①] 之后，流动更加频繁。据笔者主持的一项对服务外包企业的调研表明，到2006 年年底，超过 2/3 的外资研发机构有部门经理以上的骨干流动，其中约有一半进入本土企业。与制造业需要有昂贵设备配置才能增强技术实力不同，许多服务业中人力资本是技术的主要载体，人员流动的溢出效应更加突出。现在，随着国内企业实力的提高，人才的双向流动更为活跃。据笔者 2018—2019 年间对上海、天津和苏州约 60 家外商投资企业的调研表明，几乎所有企业在 3 年之间，都有高管层面的双向人员流动，制造业流入多，服务业流出多，从总体看，流出流入规模大致相同。

（2）境外人力资本随外资进入本土企业。21 世纪初以来，我国有大量海外留学，已有较好从业经验和研发能力的人员，随着海外资本的进入回到本土创业。遍布全国多个开发区的"海外留学人员创业园"或类似园区，吸引了大量携带海外资金回国创业的海外留学人员，到 2006 年 8 月，这类人力资本人数已超过 1.6 万人。开发出我国第一块具有中国自主知识产权、世界领先的百万门级超大规模 CMOS 数码图像处理芯片"星光一号"的中星微电子有限公司，总裁和一批技术骨干均为海归精英，其中有 20 多位是来自英特尔、SUN、IBM、惠普、KODAK 等世界知名大公司的资深软硬件、多媒体及网络技术专家。建立了中国自己的 3G无线通信标准 SCDMA 的信威公司的两位创始人陈卫和徐广涵，分别来自摩托罗拉公司半导体部和德州大学奥斯汀分校，公司的研究团队也有多名海外归国人员。

2. 示范效应

示范效应是通过技术示范、管理示范和产品开发导向等几种形式实现。技术示范是指外资企业所使用的先进技术会通过设备、产品、人员接触、客户技术资料等有形和无形的方式，对国内企业产生示范影响。管理示范是指跨国公司引进的管理经验，为国内其他企业提供了"眼见为实"的学习机会。据我们对本土汽车企业的调研表明，合资企业的经营和发展模式，使本土企业理解了如何为寻求低成本和市场份额而将分布在全球的生产、营销、技术开发网络连成一个高效运转的整体。在改革开放初期，国内外企业管理水平差距较大，这种示范效应很明显和普遍。

目前，国内企业总体管理水平较高，并且还出现了一大批在国内外都堪称标杆或灯塔的先进企业。例如，截至 2020 年 1 月，世界经济论坛分三批发布了新一批灯塔工厂名单，共有 44 家企业入选。其中 2020 年 1 月公布的 18 家工厂中，有 6 家来自于中国，分别是海尔、宝钢、福田康明斯、强生、宝洁、潍柴。至此，全球灯塔工厂网络已拓展至44 家，这些领跑第四次工业革命的灯塔工厂分布于全球各地的各个行业。它们通过优

---

① 新浪科技.陈永正首谈吴世雄跳槽：微软成 IT 业黄埔军校[EB/OL].2005-09-07.

化业务流程,改变了生产部门的工作方式和技术应用方式,实现了运营系统的创新,为日后建立企业层面的现代化运营体系提供了成功范例。

在这 44 家灯塔工厂构成的全球灯塔工厂网络中,有超过 70% 的企业是第一次入选,也有部分企业像海尔、施耐德、宝洁一样已经拥有了两座灯塔工厂。自 2018 年首批灯塔工厂公布以来,海尔、富士康、上汽大通、宝钢、潍柴先后入选,在中国的 5 家企业中,海尔为世界贡献了两座灯塔工厂。

3. 竞争效应

外资企业是国内市场上新的有力竞争者,使原先处于国内领先甚至垄断地位的企业为了保持市场竞争力,必须提高技术开发的速度和提升技术水平。实践表明,与外资企业竞争的压力,是国内通信设备、交通运输设备、工程机械、电站设备等行业中的内资企业不断提升技术水平的重要推动力。在我国一些服务行业中,由于对外资开放较晚,国内企业改进服务和提高效率的压力不大,与国外先进水平相比差距较大。随着我国金融、保险、电信服务、批发零售等行业对外开放的程度不断加深,这些行业提高效率和改善服务的进程明显加快。

4. 合作效应

(1) 建立合资企业。通过建立合资企业或其他合作方式,跨国公司和本土企业可以优势互补,共同提高竞争力。其中最重要的是外资企业的技术优势、品牌优势、国外市场渠道优势与本土企业的成本优势、本土市场理解能力和渠道优势的结合。

(2) 配套效应。大量本土企业与外资企业的产品配套,在稳定的配套关系中,外资企业的有关技术能力会向国内配套企业转移,方式包括提供相应的技术标准和技术援助等。笔者曾经分两次调研过 101 家外资企业的国内配套情况,其中有 73 家企业对国内配套商提供技术帮助,占样本企业 72%。按照出现的频率,这 73 家外商投资企业帮助国内配套企业提高技术水平和产品竞争力的主要方式依次为:提出新的质量标准、提供技术帮助、帮助开发所需技术、共同出资开发所需技术,引导企业原先在海外的配套商与中方配套企业合资,见表 2-14。

表 2-14　外商投资企业为我国配套企业提供技术帮助的主要方式(样本数:73 家)

提供帮助的方式	应答的企业数/家	占样本企业的比例/%
提出质量标准	60	82.2
提供技术帮助	51	69.8
帮助开发所需技术	17	23.3
共同出资开发技术	7	9.5

2018 年特斯拉进入中国,既带来海外高水平配套供应商,也选择了多家国内配套企业。目前已有华域汽车、拓普集团、宁波华翔(供应内外装饰)、三花智控、旭升股份、均胜电子、福耀玻璃、黛美股份、新泉汽车、友升铝业、长盈新能源等多家企业进入其供应链之中。

5. 技术应用效应

国内许多制造企业在最终产品组装集成和零部件制造中达到了较高水平甚至达到

世界先进水平。但也有一些国内配套企业提供的关键零部件、原材料和加工工艺达不到质量要求，使整个产品的质量和档次下降。如果依赖大量的进口零部件和原材料，又会使产品的成本大幅度上升。外资企业提供的核心零部件，提高了国内最终产品生产企业的产品质量和技术档次。我国家用电器、汽车、计算机、通信设备、工程机械等行业最终产品质量和技术水平的提高，在很大程度上与外资企业提供的高质量关键部件直接相关。例如，压缩机是电冰箱和空调器中技术最复杂的关键零部件，决定着国内企业最终产品的质量。笔者主持的一项研究表明，我国压缩机行业的迅速发展，外商投资企业是主力。以空调压缩机为例，到 2000 年，按产量排名的国内前 8 家压缩机生产企业中，外资企业占了 6 家，这 6 家企业占国内产量的 86％，从最终产品生产企业的角度看，外商投资企业提供的核心零部件不可或缺。

服务业对外开放也产生了显著的技术应用效应。最突出的是生产性服务业对制造业提升档次的支撑作用。专业化服务供给不足和水平不高，是我国制造业技术含量和附加值不高的一个重要原因。服务业对外开放，使国内制造企业可以从外部获得高质量的专业服务。对外资设计服务企业的调研表明，有 77％的企业认为专业化服务推动了中国制造企业提高竞争力，主要表现在 6 个方面：改善经营手段和提高技术创新能力、吸收新的经营理念、提高了企业效率、快速进入国际市场、加速创建品牌、降低成本。对外资软件企业的调研表明，本土用户企业通过提升客户服务、改变经营模式和增强灵活性等三种方式获得技术溢出效应的比例达到 70％、57％和 55％。

2.3.2　进入跨国公司全球创新链与自主创新能力水平提升

据世界专利组织的研究表明，从 1990 年开始，跨国公司开始将其研发网络向全球扩展，让其海外机构中从事越来越多的研发活动，特别是将研发外包给中国、印度和东欧国家等中等收入发展中经济体。这些海外研发最初的主要目的，是调整技术以适应当地市场的需求，但其中一些随后会转向尖端研发——与高收入经济体的研发相当，并为全球市场开发新产品。其中，中国庞大的国内市场和生机勃勃的商业氛围，极大地吸引了与研发相关的外国直接投资。20 世纪 90 年代以来，来自美国的外向研发增加了 5 倍多，导致美国公司有外国发明人参与的专利比重大大增加。1970 年至 1980 年间，美国公司申请的专利中只有 9％有外国发明人参与；到 2010 年左右，这一比例已经上升到 38％，主要的参与方是中国和印度。

由于加入全球创新网络，以及中国研发投入的持续增加，中国自主研发能力明显增强。据世界专利组织的研究表明，在 1970 年至 2000 年间，美国、日本、德国和西欧经济体申请的专利占全世界所有专利的 90％左右。此后，上述四方所占比重明显下降，其他国家所占比重快速上升，几乎占全部专利的 1/3。其中，增长最为明显的就是中国，从 2000 年占比 2％，上升到 2015 年超过 15％，如图 2-2 所示。

2.3.3　技术引进与自主创新的相互促进：中国的特点与优势

在我国不断加强技术自主创新能力的同时，技术引进所产生的大量外溢效应，会进

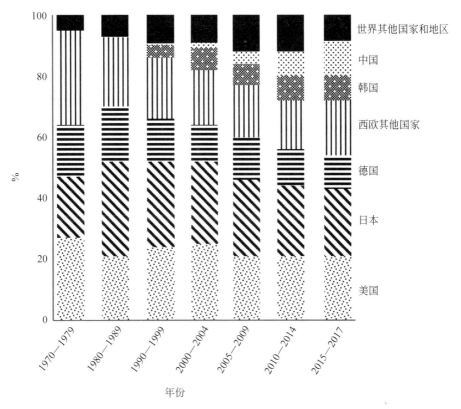

图 2-2　主要经济体专利占全球比重的情况

资料来源：世界知识产权组织.2019 年世界知识产权报告［R］.日内瓦：世界知识产权组织,2019.

一步推动我国产业技术创新能力的提升。我们引入外部技术资源和融入全球经济分工体系,是从中低档次加工制造环节开始的。近年来,许多产业中技术引进和技术创新良性互动的基础持续深化,使我国相当一部分产业自主开发能力持续加强,并且具备了在商业上获得成功的更大可能性。我国技术引进与自主创新之间的良性互动主要体现在以下几方面。

1. 国内市场的扩张和大规模制造能力的形成

由于中国国内市场规模巨大,出口也达到较大规模,因此国内制造业的规模也在迅速扩张。我国工业已经实现历史性跨越,我国工业增加值从 1992 年的 1 万亿元人民币增长至 2018 年的 30 万亿元人民币,制造业增加值占全球的份额提高到 28％以上,成为全球工业增长的重要驱动力。在世界 500 多种主要工业产品当中,有 220 多种工业产品中国的产量占据全球第一。[①] 大规模制造能力的形成,表明中国具备了投入巨额资金从事研发的条件之一,因为巨额的研发费用可以被分摊到大规模的生产能力上,从而使产品在成本上具有了竞争力,研发投资的回收更有保障。

---

① 中国网.工信部：去年我国工业增加值突破 30 万亿元 220 多种工业产品产量居全球第一［EB/OL].2019-09-20.

例如中石油克拉玛依石化公司,30 多年来克服了环烷酸腐蚀等研发难关,终于攻克了环烷基稠油深加工这道世界级难题,于 2019 年建成了全世界单厂最大规模环烷基润滑油生产基地。其中,风城油田超稠油先导试验作为重大试验项目之一,由中石油新疆油田公司联合中石油勘探开发研究院等单位,投入科研经费 40 亿元人民币,组织 1 600 余人攻坚克难,终于研发出"强非均质超稠油双水平井 SAGD"等 4 项关键稠油热采新技术。中石油生产规模较大,研发的稠油深加工技术应用领域市场广阔,因此尽管有大规模的研发投入,但单位产品分摊的开采费用将低于单位产品的价格,这就会为企业带来利润。正如企业人员指出:"虽然开采难度大,但新疆油田的稠油开采是可以实现盈利的,如果加上深加工环节的收益,利润就更可观了。"[①]又如,浙江巨石集团产能规模逐年提升,是其推动关键技术研发的条件之一,其"高性能玻璃纤维低成本大规模生产技术与成套装备开发"项目推动了玻纤技术的进步。公司副总裁曹国荣说:"研发新配方需要功底加运气,我们花了 3 年时间,尝试了上百种配方,花费了几千万元才得以成功。"[②]2007 年,浙江巨石集团在成都市青白江区建设 50 万 t 玻纤新材料基地,是全球最大的玻纤生产基地,当时预计年总产能达到近 70 万 t 的规模,实现年利润 10 亿元。在研发大规模投入后,巨石集团能够将研发成本分摊到大规模的生产能力上,仍然可以实现研发投资的有效回收。

2. 极有活力的企业群体

外资进入的早期,面对的主要竞争对手是中国的国有企业。由于体制机制、历史负担、相关政策等多方面原因,国有企业在与外资企业竞争中有时处于不利地位,有些行业中的排头兵企业许多在竞争中处于下风,有不少被挤垮。以洗涤用品行业为例[③],20世纪 90 年代中期,跨国巨头大规模进入我国投资,包括美国宝洁、英荷联合利华、德国汉高等跨国公司。这些公司都是名列"世界 500 强"的跨国巨头。1999 年,联合利华总资产 280 亿美元,总销售额 440 亿美元;宝洁公司总资产 321 亿美元,总销售额 381 亿美元,其中海外销售 184 亿美元。而我国洗涤用品行业 1999 年的总销售额也仅为 192.82 亿元人民币,约折 23 亿美元,[④]全行业产值仅为联合利华公司的 1/19,宝洁公司的 1/17。规模如此悬殊,致使当时国内存在许多观点,认为跨国公司大规模进入,中国洗涤用品行业将会受到严重冲击,甚至会"全军覆灭"。

但是,局面很快改变。由于看上去无可抵挡的优势,外商投资企业将其产品价格定在高位。合资企业对中方原有品牌的促销力度很小,市场影响呈现下降局面,而合资企业大力促销的外方品牌产品,由于价格居高不下,国内市场占有率上升缓慢。这种状况给国内一些原先居于"第二梯队"的企业提供了扩张机遇。一批改制后的上市企业、股

---

① 中国石油天然气集团有限公司.中国石油建成全世界单厂最大规模环烷基润滑油生产基地[EB/OL]. 2019-11-21.

② 新玻网.巨石集团高性能玻璃纤维创新技术荣获国家技术奖[EB/OL].2019-10-06.

③ 江小涓.中国的外资经济:对增长、结构升级和竞争力的贡献[M]. 北京:中国人民大学出版社,2002.

④ 这里的洗涤用品行业是指我国工业统计分类中的"肥皂及合成洗涤剂制造业",统计口径为国家统计局使用的"分地区轻工业系统独立核算工业企业",数据由国家统计局提供。洗涤用品行业产品很多,为了使口径一致并具有可比性,本文以洗衣粉为例。

份制企业、集体企业和民营企业抓住机遇,迅速发展。仅仅几年后,在 2000 年洗衣粉产量排名前 4 位的企业中,排名第一、第三和第四位的企业分别是南风公司(国有控股上市公司)、全力公司(集体企业)和纳爱斯公司(股份制企业),占据了市场的多数份额。

从总体看,进入新世纪以后,除了极少数技术垄断型行业外,国内企业与外资企业的竞争已经不处于劣势,在市场竞争中双方此起彼伏。外商投资企业在我国工业增加值中所占的比重从 2006 年的 28% ,已经下降到 2018 年的 23% 。研究表明,我国国内市场容量巨大,本土企业有许多现实和潜在竞争优势,即使是跨国巨头,想要在中国市场上取得垄断地位并借此长期获得垄断利润绝非易事。只要进入的技术壁垒不是特别高,本土企业就能够在竞争中与跨国公司共同生存和发展。那种仅凭跨国公司规模巨大,仅凭其自身存在获取垄断地位的意愿,就臆断国内企业必然被挤垮的观点,既不符合市场经济的基本规律,也不符合中国市场开放的实情。

3. 配套产业和相关产业集群的形成

我国一些技术上成功的高科技项目,长期不能实现产业化,或者产业化之后产品的竞争力不强,一个重要的原因是国内没有高质量、低成本的配套产业集群。虽然有了核心技术,但企业在国内采购不到质优价廉的配套投入品,如果靠进口,在成本上就会失去了竞争力。因此,配套产业集群的形成,是一项技术复杂,零部件较多的新产品在核心技术突破后能够迅速产业化的重要条件。几十年来,随着跨国公司在我国制造出较多的新产品,其配套产业在我国也得到长足发展,其中一些重要产品的配套体系已经达到或接近国际水平。此时,一些国内企业在核心技术上如果有所突破,则能较快实现产业化。例如,晶能光电、中节能晶和照明与南昌大学联合研发的"硅衬底高光效 GAN 基蓝色发光二极管"项目,成功开辟了全球第三条 LED 技术路线,荣获 2015 年度"国家技术发明奖"一等奖,并在江西快速实现产业配套。以"南昌光谷"建设为契机,晶能光电、联创光电等 LED 龙头企业已形成了从衬底材料、外延片、芯片制造到封装及应用的完整产业链,为新技术的应用落地提供了良好的配套条件。据统计,江西全省 LED 产业链条相关企业有 200 多家。据江西省工信委统计,2017年全省 LED 产业实现主营业务收入 439.6 亿元,同比增长 35.9% 。江西 LED 产业进入快速增长窗口期。[①] 又如,河北方铭光电科技公司在安检光电子元件及阵列的设计及加工方面处于同行业前列,其在廊坊市永清县产业新城建设的安检光电子元件的研发和生产基地,就是依托当地配套条件,联动周边电子信息产业形成了"研发→孵化→生产→销售"全产业链集群。

4. 国内企业从引进集成到自主创新的能力增强

集成能力是一个企业能够有效整合内部外部资源的能力,与单项能力如研发能力、制造能力或营销能力相比,集成能力的要求更高,需要在市场竞争中长期磨炼才能够形成。国内一些企业在过去一些年中,寻求多种技术来源,开拓多层次的市场需求,尝试多种营销方式,探索多种企业内部管理模式,经过多年积累,企业集成国内外优势资源

---

① 王敏.今日 LED 产业 江西风景独好[EB/OL].2019-01-02.

形成自身竞争力的能力在不断提高，已知道如何组合各种要素以获得较强的市场竞争力。随着经济全球化的进展，企业的集成能力比以往任何时期都更加重要，国内企业集成能力的提升，是企业以我为主组合资源进行技术创新和开发新产品的重要基础。

例如，立讯精密早期凭借与富士康紧密的关系，为其提供相应的配套服务。从配套开始，立讯精密逐步积累其产品生产和技术研发经验，目前，立讯精密已是苹果AirPods 的主力供应商，并且已经获得 Apple Watch 的代工资格，未来有望代替富士康成为苹果手机代工制造的主要厂商。1999 年时，立讯精密的主营业务是连接线、连接器，几乎是富士康的复制品。现在，立讯精密营收攀升到 2020 年的 92.5 亿元规模，净利润增长到 74 亿元，增长速度极快。业务链也从单一的连接线、连接器，扩张到消费电子、智能硬件、物联网设备、汽车电子的全产业链，平台格局已经形成。在积累技术能力后，立讯精密已经可以在融资并购和研发创新的驱动下进行关键技术创新。[①]

随着大量国外资金和技术资源的利用，越来越多的高技术、高附加值的产品在我国国内制造。虽然其起始阶段主要由外商投资企业制造，但国内企业通过配套，或通过更多的技术溢出渠道，对这些产品技术的理解能力和应用能力不断提高，包括了解每项技术以何种方式与哪些技术相关联，了解市场对技术的需求特点，了解最佳配套产业的分布、技术水平和成本水平，了解如何在技术水平和成本要求之间寻求平衡点等。总之，通过先进技术产品在国内的制造和使用，国内企业对技术本身以及技术在市场上获得成功所需要条件的理解在不断加深，这些知识大部分都是需要在实践中观察和积累的隐含知识，没有与市场相联系的本土制造能力，仅仅以技术开发为源头推进产业化，上述知识的获得比较困难。在国内企业获得这些与"核心"技术能力相关的"外围"技术能力之后，企业进行关键技术创新就具有了有效的产业载体。

经过 40 年的技术引进与自主创新，我国产业技术水平迅速提升，整体已经进入全球第一方阵。从 2018 年开始，世界经济论坛与麦肯锡合作，评选全球灯塔工厂。其中，中国上榜企业最多，达到 11 家，占比 1/4。这充分表明了 40 年来我国企业的发展与进步，如表 2-15 所示。

表 2-15　世界经济论坛与麦肯锡合作评选的 44 家灯塔工厂列表

（截至 2020 年 1 月）

工　厂　名　称	所属行业	工　厂　地　址	公布时间
宝山钢铁	钢铁制品	中国	2020 年 1 月
海尔沈阳冰箱互联工厂	电器	中国	2020 年 1 月
强生 DePuy	医疗设备	中国	2020 年 1 月
宝洁	消费品	中国	2020 年 1 月

---

① 林蔓.立讯精密："代工厂"窘境不改市场中长期认可[J].股市动态分析.2021(14)：50-51.

续表

工 厂 名 称	所 属 行 业	工 厂 地 址	公 布 时 间
潍柴	工业机械	中国	2020 年 1 月
上汽大通 C2B 定制工厂	汽车制造	中国	2019 年 7 月
丹佛斯商勇压缩机工厂	工业设备	中国	2019 年 1 月
富士康	电子设备	中国	2019 年 1 月
博世	汽车零部件	中国	2018 年
海尔中央空调互联工厂	家用电器	中国	2018 年
西门子工业自动化产品	工业自动化	中国	2018 年
汉高	消费品	德国	2020 年 1 月
爱科	农业设备	德国	2020 年 1 月
宝马集团雷根斯堡工厂	汽车制造	德国	2019 年 1 月
UPS Fast Radius	工业自动化	德国	2018 年
强生视力健	医疗设备	美国	2020 年 1 月
Zymergen	生物技术	美国	2019 年 7 月
葛兰素史克	制药	英国	2020 年 1 月
雷诺集团	汽车	法国	2019 年 7 月
施耐德电气	电子元件	法国	2018 年
Rold	电子元件	意大利	2019 年 1 月
拜耳生物制药	制药	意大利	2018 年
Sandvik Coromant	工业设备	瑞典	2019 年 1 月
塔塔钢铁	钢铁制品	荷兰	2019 年 1 月
诺基亚 5G 工厂	电子设备	芬兰	2019 年 7 月
Arcelik	家用电器	罗马尼亚	2019 年 7 月
强生 DePuy Synthes	医疗设备	爱尔兰	2018 年
宝洁 Rakona	消费品	捷克	2018 年
Petkim	化学品	土耳其	2020 年 1 月
福特奥特桑工厂	汽车制造	土耳其	2019 年 7 月
雷诺集团	汽车	巴西	2020 年 1 月
MODEC	油气	巴西	2020 年 1 月
通用电气医疗	医疗	日本	2020 年 1 月
日立奥米卡工厂	工业设备	日本	2020 年 1 月

续表

工 厂 名 称	所 属 行 业	工 厂 地 址	公 布 时 间
浦项制铁	钢铁制品	韩国	2019 年 7 月
英飞凌	半导体	新加坡	2020 年 1 月
美光	半导体	新加坡	2020 年 1 月
塔塔钢铁	钢铁制品	印度	2019 年 7 月
施耐德电器 Batam 工厂	电子元件	印度尼西亚	2019 年 7 月
Petrosea	采矿	印度尼西亚	2019 年 7 月
联合利华	消费品	阿联酋	2020 年 1 月
沙特阿美天然气厂	天然气处理	沙特阿拉伯	2019 年 1 月

资料来源：笔者根据互联网公开资料及相关报告整理。

分析表明，改革开放初期，国内企业以中低档加工制造为起点参与国际竞争，在大量利用国内外两种技术资源加快发展 40 多年后，正在逐步向更高附加值、更高技术含量的加工制造环节和技术开发延伸，不断提升我国在全球产业与技术分工格局中的地位。各企业加大研发投入，不断开发核心技术，自主创新能力也不断提高。现在，科技全球化仍然在推进，我们要更好地利用这个机遇，使技术引进和自主创新的良性互动关系不断向更高水平推进。

参 考 文 献

[1] 百度百科.8K 型电力机车[EB/OL].2015-11-27.

[2] 程钧培.中国重大技术装备史话 中国火力发电装备制造[M].北京：中国电力出版社,2012.

[3] 陈东林.20 世纪 50-70 年代中国的对外经济引进[J].上海行政学院学报,2004(96).

[4] 国家统计局社会科技和文化产业统计司,科学技术部创新发展司.中国科技统计年鉴 2017[M].北京：中国统计出版社,2017.

[5] 国家统计局社会科技和文化产业统计司,科学技术部创新发展司.中国科技统计年鉴 2018[M].北京：中国统计出版社,2018.

[6] 国家统计局社会科技和文化产业统计司,科学技术部创新发展司.中国科技统计年鉴 2019[M].北京：中国统计出版社,2019.

[7] 何保山.中国技术转移和技术进步[M].北京：经济管理出版社,1996.

[8] 江小涓.新中国对外开放 70 年[M].北京：人民出版社,2019.

[9] 江小涓.中国的外资经济：对增长、结构升级和竞争力的贡献[M]. 北京：中国人民大学出版社,2002.

[10] 刘友梅,高道行,陈步秋.对欧洲四国电力机车的技术考察[J].电力机车技术,1984(02).

[11] 刘友梅.引进电力机车技术的积极作用与吸收消化的设想[J].机车电传动,1990(03).

[12] 立讯精密工业股份有限公司.公司介绍[EB/OL].2020-08-12.

[13] 牛建立.二十世纪六十年代前期中国从西方国家引进成套技术设备研究[J].中共党史研究,

2016(07)：46-56.

[14] 商务部国际贸易经济合作研究院.跨国公司投资中国 40 年[EB/OL].2019-10-19.

[15] 商务部外国投资管理司.中国外商投资报告（2016）[Z].北京：中华人民共和国商务部,2016.

[16] 商务部外国投资管理司.中国外商投资报告（2017）[Z].北京：中华人民共和国商务部,2017.

[17] 商务部外国投资管理司.中国外商投资报告（2018）[Z].北京：中华人民共和国商务部,2018.

[18] 商务部外国投资管理司.中国外商投资报告（2019）[Z].北京：中华人民共和国商务部,2019.

[19] 世界知识产权组织.2019 世界知识产权报告[EB/OL].

[20] 王丹莉.新中国技术引进的历史检视[J].中共党史研究,2019(7).

[21] 王敏.今日 LED 产业 江西风景独好[EB/OL].2019-01-02.

[22] 武超.关于我国吸收外商直接投资的分析[J].管理世界,1991(3).

[23] 吴勇.扩大我国汽车产品出口的探讨[J].上海汽车,2005(6).

[24] 相重光.企业技术改造与引进先进技术[J].国际商务研究,1983(4).

[25] 新浪科技.陈永正首谈吴世雄跳槽：微软成 IT 业黄埔军校[EB/OL].2005-09-07.

[26] 新玻网.巨石集团高性能玻璃纤维创新技术荣获国家技术奖[EB/OL].2019-10-06.

[27] 中国衡器协会.中国衡器工业发展史[EB/OL].2003-05-01.

[28] 中国石油天然气集团有限公司.中国石油建成全世界单厂最大规模环烷基润滑油生产基地[EB/OL].2019-11-21.

[29] 中国网.工信部：去年我国工业增加值突破 30 万亿元　220 多种工业产品产量居全球第一[EB/OL].2019-09-20.

第 3 章　国际技术贸易以及发展中国家面临的机遇和挑战

3.1　国际技术贸易发展概况

20 世纪后半叶以来,随着科学技术的迅速发展和经济一体化进程的加快,各国的相互依存程度日益加深。而随着经济全球化的推进,科技全球化的趋势也不断加强。自 20 世纪末开始,各国企业越来越多地利用外部资源,使技术和研发能力实现了大规模的跨国转移,也使科技发展的相关要素在全球范围内实现优化配置。在近二三十年中,高科技和资本货物贸易、外商直接投资、许可贸易等几种主要的技术贸易形式快速地带动了全球科技进步。而近年来国际贸易中出现的一些新的促进因素,也为全球科技的发展带来了一些前所未有的机遇和挑战。

3.1.1　几种主要的技术引进形式

一直以来,国与国之间在科学技术方面的贸易往来主要是通过高科技和资本货物贸易、外商直接投资、许可/合资以及人才流动几方面来实现的[①]。这些技术引进的渠道尽管各自独立,但在某种程度上是优势相互关联、相辅相成的。

1. 高科技和资本货物贸易

国际贸易在知识产权和科技的跨国传播方面起着至关重要的作用。一方面,在商品交易的过程中,商品中所蕴含的一些技术也得到了传播。另一方面,减少法律、法规和政治上的贸易壁垒,特别是减少具有高技术含量商品的贸易壁垒,对降低技术的获取成本起着尤为重要的作用。

鉴于贸易在促进发展技术转让方面有着明显的影响,世界贸易组织在其《与贸易有关的知识产权协定》的第 66.2 条中提出:"发达国家成员应鼓励其领土内的企业和组织,促进和鼓励向最不发达国家成员转让技术,以使这些成员创立一个良好和可行的技术基础。"[②]世贸组织希望提高贸易的开放程度,以降低技术转让壁垒,从而促进发展。近年来,全球高技术产品贸易总额略有波动,但总体而言还是呈上升趋势。根据联合国商品贸易统计数据库中的数据表明,2012 年全球高技术产品贸易出口额为 2.24 万亿美元;2017 年该数字上升到了 2.69 万亿美元。与此同时,高技术产品贸易占商品贸易的

---

①　UNCTAD. Transfer of technology and knowledge-sharing for development: Science, technology and innovation issues for developing countries (UNCTAD/DTL/STICT/2013/8) [R]. New York and Geneva: United Nations Publications,2014.

②　世界贸易组织. 与贸易有关的知识产权协定[EB/OL]. http://ipr. mofcom. gov. cn/zhuanti/law/conventions/wto/trips.html,2017.

比重也有所上升：2011 年，全球高科技产品出口额占全部商品出口额的 18.7%，2018
年上升到了 20.8%，如图 3-1 所示。最近 10 年中，许多发展中国家也积极参与到高技
术产品贸易中。从 2011 年到 2018 年，包括中国在内的中等收入国家的高科技产品出
口额占全部商品出口额的比例从 18.2% 上升到了 22.26%，虽然其间略有波动，但总体
还是呈稳步上升的趋势，如图 3-2 所示。

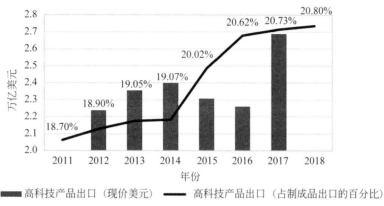

图 3-1　全球高科技产品出口总额占全部商品出口额的比例

图 3-2　中等收入国家高科技产品出口额占全部商品出口额的比例

　　另外，除了减少贸易壁垒促进技术转让之外，贸易的开放性也需要与一个国家识
别和吸收技术的政策相匹配。而且，技术引进方也需要积极提高能够适应和使用进
口技术的人员能力，以更有效地利用进口技术。因此，发展中国家也应当不断改善自
身的生产能力和管理能力，并刺激创新以达到国际标准，从而提高其在全球市场上的
竞争力。

2. 外商直接投资

　　外商直接投资可以在东道国经济的发展过程中发挥重要作用。除了提供资本、带
动就业以及在某些情况下使当地合作伙伴参与国际价值链之外，外商直接投资还是技
术和知识产权转让的渠道。但是，外商直接投资在发展中国家的成功与否也取决于该

国在经济和政策方面的接受能力。

通常而言，外商直接投资的技术溢出是通过示范效应、劳动力流动、纵向联系和跨国公司研发活动的国际化实现的。示范效应是在本地公司通过模仿或逆向工程从外国公司获取知识或技术的过程中实现的。劳动力流动是指前跨国公司员工受雇于本地公司或在本地建立自己的公司时，通过当地经济中人员的自然流动而产生的技术转移。纵向联系指的是当本地公司作为供应商参与跨国公司价值链时发生的技术转让。出于满足必要的技术规格和质量标准的需要，作为供应商的本地公司经常需要改善其产品和服务，包括采用先进的技术和改进的做法，从而带动自身的发展。纵向联系也可以指外国供应商为国内买家提供服务时所产生的技术转让。而研发国际化的趋势使跨国公司越来越多地在发展中国家建立研发机构，以适应当地市场的需求，从而带动当地经济技术发展。

根据联合国贸易和发展会议（UNCTAD）的数据表明，2019 年全球外商直接投资总额近 1.4 万亿美元，如图 3-3 所示。虽然较 2018 年有小幅下降，但专家预测其总体趋势还将会上涨。从结构来看，美国仍然是吸引外商投资最多的国家（地区），其 2019 年引入的外商投资为 2 510 亿美元。中国紧随其后，在 2019 年吸引到了 1 400 亿美元的外商直接投资，比上一年增加了 10 亿美元。在发展中国家中，巴西和印度也进入到了吸引外商投资最多的前 10 个经济体中，如图 3-4 所示。[①] 联合国贸易和发展会议的数据还显示，近年来发展中经济体的外商投资流入额一直呈增长的态势，并且已经吸引了全球超过一半的外商直接投资。

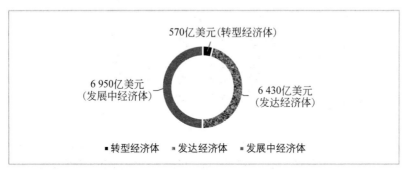

图 3-3　2008—2019 年全球外商投资净流入总额

然而值得发展中国家注意的是，无论采用何种技术转移方式，如果东道国（地区）缺乏人力资本，跨国公司则无法参与当地雇佣或与当地公司合作，从而导致知识和技术溢出的机会减少。此外，联合国贸易和发展会议在 2013 年的一项报告中指出，尽管外商直接投资对发展中国家有着潜在的收益，但是这种收益不是自动产生的，它还需要东道国（地区）具有配套的政策以规避外商直接投资所带来的潜在风险，同时最大限度地提

---

① UNCTAD. Investment trends monitor，Issue 33 ［R］. Geneva：United Nations Publication，2020.

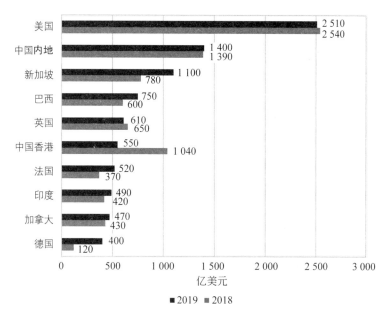

图 3-4　2019 年全球吸引外商投资的前 10 名经济体

资料来源：联合国贸易和发展会议，Investment trends monitor，Jan 2020，Issue 33.

高参与全球价值链的积极影响。[①] 因此，对于东道国（地区）来说，关键的问题是如何制定政策以吸引可带来明显发展成果的外国直接投资。

3. 许可贸易

许可贸易是国际技术转让的重要模式。许可是使公司内部开发的知识产权得以在外部使用，而全球活跃的企业则可以跨越国界转移其知识产权，从而获得利用外部市场的机会。但是，当潜在合作伙伴之间在获取信息和知识的能力以及谈判能力方面存在巨大差异时，则会给合作带来严重的困难。从被许可方的角度来看，需要对产品的增长潜力和市场规模做出判断，并且对自身的人力资本和服务基础设施做出评估，从而使自身适应授权的产品或生产技术，并将其推向市场。对于许可人来说，获得特许权使用费的需求将激励他们承担潜在问题的风险，例如将上述特许权使用费返还、产品泄漏到非许可市场中以及专有技术的逆向工程等风险。在很多情况下，许可作为技术转让的一种方式，与技术在地区可用性以及对适应和学习新技术的支持政策息息相关。为了使这种技术转让模式能够良好运作，各国则需要发展自己的创新系统，而公司则需要获得足够的技术吸收能力。

目前，全球知识产权跨境许可收入仍然主要集中在美国、欧盟和日本等发达国家和地区，如图 3-5 所示。根据美国国家科学理事会的数据，2016 年全球知识产权跨境许可总收入为 2 720 亿美元。虽然美国所占的全球份额近 10 年来有所下降，但它仍然是最

---

① UNCTAD. World Investment Report 2013 - Global Value Chains：Investment and Trade for Development. United Nations publication［R］. New York and Geneva：United Nations Publications，2013.

大的知识产权出口国。2016年美国知识产权出口额占全球总量的45%,欧盟占比24%,日本占比14%。而对于发展中国家而言,其知识产权许可收益则非常低,例如在2016年,中国和印度的全球知识产权出口份额占比都不足0.5%。[①]

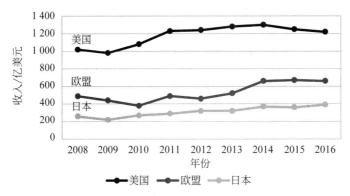

图3-5 2008—2016年美国、欧盟、日本知识产权出口收入

资料来源：美国国家科学理事会摘自世界贸易组织数据

4. 人才流动

除以上3点以外,人力资本也是一个国家从技术贸易和技术转让中获益的关键因素。发展中国家的人才外流是一个早已引起关注的现象。受过良好教育的专业人员永久性地移民他国必然会造成一个国家的人力资本流失,并且降低其接受新技术的能力。因此,发展中国家应当建立起有效的国家创新系统和积极的政策支持,为本国科技人才创造良好的就业机会和环境,同时吸引来自发达国家的科技人才前来传授和交流经验,从而提高本国的技术吸收能力。近几十年来,发展中国家越来越多地将学生和科技工作者送往国外学习。与此同时,这些国家更应该制定和完善人才交流方面的政策,在立足本国的人才和外派的人才之间搭建起沟通和交流的平台,使外派的人才更好地将国外先进的技术传播回自己的国家。

3.1.2 近年国际技术贸易新的促进因素

近年来,随着跨国公司全球生产链的扩展,还出现了除上述几种传统模式之外的技术贸易新方式。在研发全球化的过程中,全球创新网络的出现便是一个促进国际技术贸易发展的重要因素。全球创新网络包括跨国公司、初创公司、大学和研究所,甚至是基金会、非政府组织以及政府机构在内的多种参与者。在这样的网络中,参与者可以通过专业化的分工和相互之间的协作获得收益。

如今,越来越多的企业和政府将参与全球创新网络视为提高自身竞争力、促进经济增长和获取新技术的重要推动力。世界各国在研发方面的投入都越来越多,而且产生了很多跨国投资。在过去的20年中,全球各个地区在研发方面的投入都在上升,而东

① National Science Foundation. Science & Engineering Indicators 2018 [DB/OL]. https://www.nsf.gov/statistics/2018/nsb20181/report.

亚是上升最快的地区。如今越来越多的研发工作跨越了国界。例如,从 1990 到 2015 年间,来自不同国家和地区的学者和研究人员合作发表的科技类论文比例从占科技论文发表总数的 10% 增加到了 25%。而且,全球在研发方面投入最多的大公司中有 94% 都开展了海外研发工作。①

与此同时,近年来大学、政府实验室以及基金会之间产生了越来越多的跨界基础研究合作,而企业则参与到了最终产品的开发中。这种合作趋势反映出了世界各地科学技术能力的增强,以及对科技创新更加友好的政策环境。各国政府越来越多地将科学技术视为国家长期战略的重要组成部分,并且在促进科技发展方面投入了更多的资金。这些投入所产生的一个重要成果便是促进了越来越多的跨国团队合作,以及政府和社会资本间的合作。②

以信息通信技术为例,全球创新网络的形成在很大程度上推动了智能手机的发展。过去的 20 年中,在国际分工和协作的推动下,信息通信产品已经从加拿大的黑莓、日本的 NTT DoCoMo 和芬兰的诺基亚生产的早期型号发展到了美国的苹果、韩国的三星和中国的华为为代表的先进型号。在此过程中,印度、以色列和英国等国家都通过各自擅长的技术领域加入到了信息通信技术的全球创新网络中。除大公司外,政府、科研机构等多种参与者都在这个创新网络中发挥了重要作用。

全球创新网络为促进技术贸易和帮助发展中国家获取基础知识和应用成果提供了很大的空间。而对于发展中国家而言,关键的问题便是如何更好地融入这些创新网络中。

3.2　发展中国家在全球技术贸易中
面临的机遇和挑战

科技全球化是技术发展和产业分工格局变化的必然结果。对于发展中国家而言,如何发挥"后发优势",引进先进国家的先进技术加速自身的发展成为了一项重要的课题。自 20 世纪 90 年代以来,发达国家的跨国公司向境外转移先进技术的速度大大加快,发展中国家引进先进技术的可能性也随之增加。许多研究表明,在发展中国家里,参与全球化和没有参与全球化的国家在经济增长方面存在着明显的差异。③ 因此,对于发展中国家而言,参与科技领域的国际分工合作,积极应对技术贸易中的机遇和挑战是提高自身经济水平、缩小同发达国家之间差距的必经之路。

---

① Huawei Europe. Global Innovation Networks Drive Wealth and progress,2018 [EB/OL]. https://huawei.eu/press-release/global-innovation-networks-drive-wealth-and-progress.

② World Intellectual Property Organization. International Technology Transfer:An analysis from the perspective of developing countries [R]. Geneva:United Nations Publication,2014.

③ 江小涓. 新中国对外开放 70 年 [M]. 北京:人民出版社,2019.

3.2.1 发展中国家在技术贸易中面临的挑战

今天,经济和科技全球化高速发展,世界各国的联系空前紧密,但是由于发达国家和发展中国家之间在经济发展水平、政治制度、科研能力等方面都存在着一定的差异,发展中国家在引进先进技术方面仍然面临着一些挑战。

1. 人力资源缺乏

缺乏新兴科技领域的专业人才是阻碍许多发展中国家接纳吸收新技术的一个重要因素。与发达国家相比,发展中国家由于经济和科技发展的相对滞后往往缺乏能够熟练理解并运用新技术的科技工作者。例如,根据经济合作与发展组织(OECD)最新的数据显示,2018年法国每千名从业人员中就有10.9名科研人员,日本的这项数字为9.8;美国为9.2;而中国只有2.4(如图3-6所示)。中国的科研人员数量在近年来虽然有不小的增长,但与发达国家相比还有着较大的差距。此外,对于发展中国家而言,政策制定者以及企业管理者也往往有一定认知上的局限性,难以认识到新技术可以为本国经济、科技带来的价值,也难以预测科技创新发展的趋势以及可能带来的溢出效应,从而错失一些技术引进的良机。

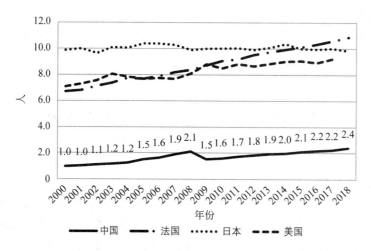

图 3-6　2000—2018 年每千名从业人员中研究人员数量

资料来源：OECD 数据库

2. 技术局限

发展中国家往往缺乏引进新兴技术所需要的基础设施以及经费。与发达国家相比,发展中国家的政府在科技研发方面的投入仍然偏低,在质量控制体系以及管理能力方面也相对较弱。例如,从经济合作与发展组织所统计的各国研发总支出占GDP的比例数据来看,2018年美国的研发总支出占GDP的2.8%;德国为3.1%;日本为3.3%;中国为2.2%(如图3-7所示)。总体而言,近年来各国在研发方面的投入都有一定的增长,一些新兴发展中国家的涨幅较大,但与发达国家相比还有一定提升的空间。此外,由于技术上的局限,发展中国家对于如何最大限度地利用已有的技术,并且如何将其改进等方面也存在一定的困难。

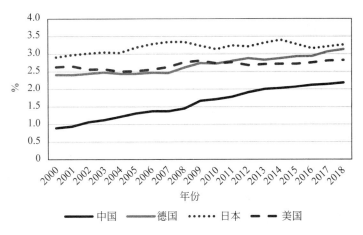

图 3-7 2000—2018 年各国的研发总支出占 GDP 比例

资料来源：OECD 数据库

3. 信息局限

信息的缺乏往往会为发展中国家参与国际技术贸易带来一定的阻碍。与发达国家相比，发展中国家的对外开放程度相对较低，因此对国际科技研发领域的信息掌握不够全面，使本国科技创新方面的工作难与国际接轨。与此同时，许多发展中国家内部的学术界、工业界以及制造单位之间缺乏交流合作，因此难以合理有效地利用资源，从而影响科技成果的转化。

4. 制度方面的局限

许多发展中国家在技术引进以及科技创新方面都缺乏完善的政策。法律法规的含糊不清以及支持性政策的缺失会对新技术引进形成一定的障碍。此外，许多发展中国家不稳定的政治和经济状况也为技术引进带来了不小的挑战。

3.2.2 发展中国家的机遇

为了克服以上这些局限、充分利用外部资源以融入科技全球化的浪潮并促进自身发展，发展中国家可以把握以下几个方面的机遇。

1. 完善促进技术转让的国际政策

自 20 世纪 60 年代开始，随着发展中国家在国际舞台上扮演的角色愈加重要，许多多边国际组织也出台了督促发达国家向发展中国家转移先进技术、以促进共同发展的相关政策。以环境能源领域为例，由于发展中国家更加容易受到气候变化的冲击，而科技创新又是减轻气候变化所带来的影响的关键要素，因此在《联合国气候变化框架公约》中有多处提到发达国家应向发展中国家转让技术以应对气候变化。例如，第四条"承诺"中提到："发达国家缔约方和其他发达缔约方应采取一切实际可行的步骤，酌情促进、便利和资助向其他缔约方特别是发展中国家缔约方转让或使它们有机会得到无害环境的技术和专有技术，以使它们能够履行本公约的各项规定。在此过程中，发达国家缔约方应支持开发和增强发展中国家缔约方的自生能力和技术。有能力这样做的其他缔约方和组织也可协助便利这类技术的转让。"①此外，《京都议定书》框架下的清洁发展机制（Clean Development Mechanism，简称 CDM）也是一项致力于帮助发达国家向发展中国家转让清洁能源技术的重要机制。

然而，需要指出的是，尽管促进技术转让的国际机制和政策日益增加，发展中国家仍然面临着一些挑战。例如，发展中国家自身的科技发展水平和对新技术的吸收能力也会对技术引进产生重要的影响。②发达国家在知识产权保护方面的一些政策也会对其向发展中国家转让技术产生一定的阻力。③因此对于发展中国家来说，除了与发达国家合作并且提高自身科技创新水平以外，加强南南合作、与其他近年来在科技创新方面进步较快的发展中国家取长补短也尤为重要。

2. 结合自身情况，引进技术促进本土产业结构升级

近年来，科技创新发展成就突出的发展中国家大多将引进先进技术与自身情况相结合，促进了本土产业结构升级。以农业为例，联合国贸易和发展会议在其《2010 年技术和创新报告》中提到，在发展中国家，农业的发展取决于能否通过技术和创新提高包括小农户在内的所有农户的生产力。④因为在发展中国家，小农户通常在农业经营主体中占绝大多数，但他们又面临着农业技术匮乏和生产效率低下等困难。而且小农户面对外部冲击的适应能力较弱，因此也不愿承担风险，从而降低了其使用和探索新技术的意愿。在这种情况下，发展中国家的政府部门应当在引进外部先进技术的同时，建立起一个将这些小农户也纳入到其中的科技创新机制，使农业技术和生产力得到全面的发展。

此外，本土的知识、技术水平、实践能力在创新技术的产生、获取和使用中起着核心的作用。但是在发展中国家，许多本土和传统知识所产生的创新常常被官方的创新支持系统所低估甚至忽视。⑤因此，技术引进需要与当地特殊的经济和社会背景以及本土创新成果相结合。成功的技术转让取决于良好的知识流动机制，以及将引进技术与

---

① 联合国. 联合国气候变化框架公约，1992 [EB/OL]. https://www.un.org/zh/documents/treaty/files/A-AC.237-18(PARTII)-ADD.1.shtml.

② Glachant M, Ménière Y. Project Mechanisms and Technology Diffusion in Climate Policy [J]. Environmental and Resource Economics，2011(49)：405-423.

③ United Nations. Synthesis report on best practices and lessons learned on the objective and themes of the United Nations Conference on Sustainable Development，note by the Secretariat (A/CONF.216/PC/8) [R]. New York：United Nations Publication，2011.

④ UNCTAD. Science，technology and innovation indicators for policymaking in developing countries：an overview of experiences and lessons learned. Investment，Enterprise and Development Commission Multi-year Expert Meeting on Enterprise Development Policies and Capacity-building in Science，Technology and Innovation (STI) (TD/B/C.II/MEM.1/CRP.1) [R]. Geneva：United Nations Publication，2010.

⑤ UNCTAD. Transfer of technology and knowledge-sharing for development：Science，technology and innovation issues for developing countries (UNCTAD/DTL/STICT/2013/8) [R]. New York and Geneva：United Nations Publications，2014.

本土创新体系相融合的能力。发展中国家如果能够完善科技创新政策,将本土的知识资源与国外引进技术相结合,则可以吸引更多的投资,从而提高科技创新能力。

3. 获取一些新技术的途径增多、成本降低

对于发展中国家的企业来说,除了技术贸易和吸引外资这两种传统的获得外部资源的方式外,科技全球化还提供了利用外部资源获得核心技术的更多途径。例如收购兼并拥有核心技术的境外企业、与国外企业建立技术开发联盟、委托第三方专业研发和设计机构进行技术开发和产品设计等。[①]

同时,近年来一些新技术的普及也降低了发展中国家获取外部资源的成本。在这方面,自由可开放源代码软件(Free and Open-source Software,简称 FOSS)的使用便是一个很好的例证。开源软件作为一种源代码可以任意获取的计算机软件,使计算机领域的科技工作者能够更加方便地设计和开发世界先进的软件。因此,对于发展中国家来说,开源软件的使用可以为本国科技创新带来诸多便利。例如,它可以减少对价格昂贵的进口专有技术以及附带各种保密协议的 ICT 咨询服务的依赖;通过其开放的代码和公共许可证,开源软件可以促进知识共享、技术转让以及在知识和技术的开发使用方面的各种合作,从而提高发展中国家对于新技术的吸收能力。另外,由于对开源软件的程序进行翻译和更改无需获得原始开发者的许可,此类软件可以轻松地进行本土化,以适应各个国家和地区不同的语言、文化、商业和法规的需求。近年来,许多发展中国家都开展了利用开源软件提高自身科技创新能力的倡议。例如,沙特阿拉伯自 2013 年起开展了一项名为"MOTAH"的鼓励使用开源软件并且利用开源软件促进阿拉伯语软件开发的国家项目,并由此促成了许多阿拉伯语软件的开发(如搜索引擎 Naba、形态分析器 Alkhaleel、阿拉伯语交互式词典、阿拉伯语文章评分器等)。此外,沙特阿拉伯还利用开源软件帮助政府实施电子政务,并且鼓励中小企业也使用开源软件以提高生产力。[②]

3.3　发展中国家技术贸易的典型案例

在经济和科技全球化的浪潮中,经济发展相对滞后的国家往往存在着"后发优势",即吸收利用先进国家发明的技术加速发展。有资料表明,自 20 世纪 90 年代以来,随着发达国家跨国公司向境外转移先进技术加快,一些与全球经济融合较深的发展中国家的经济增长速度尤为明显。参与全球化的发展中国家在近几十年来的发展速度远超没有充分参与全球化的国家,而且两者之间的差距越来越大。[③] 然而发展中国家在参与全球化中所面临的既有机遇,又有挑战,在这一部分里我们选取了几个发展中国家引进

---

① 江小涓. 新中国对外开放 70 年[M]. 北京:人民出版社,2019.

② UNCTAD. Transfer of technology and knowledge-sharing for development:Science, technology and innovation issues for developing countries (UNCTAD/DTL/STICT/2013/8) [R]. New York and Geneva:United Nations Publication,2014.

③ 江小涓. 新中国对外开放 70 年 [M]. 北京:人民出版社,2019.

技术促进自身发展的典型案例。

3.3.1 南非的汽车行业

南非的汽车行业起步于 20 世纪 20 年代。在 90 年代之前，该行业都受到了南非政府高度的贸易保护。几乎所有在南非销售的车辆都是在当地组装的，因此汽车零部件产业在此期间取得了一定的发展。尽管在种族隔离时代有许多的外国汽车制造商在南非建有工厂，但大部分的工厂实际上只是装配厂，而且只为当地市场服务。这种高度的贸易保护主义所带来的低产量在 80 年代末变得尤为明显，使整个南非的汽车行业呈现效率低下且高度内向型的态势。

1995 年，南非政府通过了"汽车业发展计划(Motor Industry Development Programme,简称 MIDP)"，旨在降低汽车行业的进口关税并逐渐取消当地配额要求，以吸引外资并引进技术。"汽车业发展计划"中的进出口互补政策为出口商提供了许多支持，即其所产生的大量进口信贷可抵消随着汽车和零部件进口量的增加而产生的进口关税。因此在相对较短的时间内，汽车行业从受到高度保护的状态转变为高度面向出口的状态。

"汽车业发展计划"实施后，更多外国公司的进驻也为南非本土的汽车行业带来了机遇，并且提高了整个汽车行业的专业化程度，本土汽车行业也开始大规模地参与国际合作。而南非汽车业在技术引进上所面临的一些机遇和挑战也我们带来了以下方面的启示。

(1) 进口机械设备：根据南非政府的一项调查表明，南非制造业高达 65％ 的创新是购买外国机械、设备和软件，汽车行业也是如此。[①] 购买外国公司的机械设备来获取更先进的技术是南非汽车行业在 20 世纪 90 年代之后加速发展最直接的动力。

(2) 技术协议和许可：许多南非本土的汽车公司认为许可是获得新技术的最经济有效的方式。在 2009 年，许可外国技术的汽车公司的特许权使用费仍然占销售收入的 2.2％。[②] 但过高的特许权使用费也不利于行业的发展，并且对出口造成一定的制约。

(3) 跨国公司的作用：20 世纪 90 年代开始，南非的许多企业也加入到了国际产业链中以获得高新的技术并打入国际市场。但是许多公司获得技术升级的主要方式是通过从国外进行技术转移，并没有促进自主研发。在提高技术和生产能力的压力下，许多企业通过合资的方式获取国外技术。汽车行业日益国际化还带来了一些非正式的技术转移，例如在南非的组装厂和零部件生产厂工作的外国技术专家和顾问的数量也在增加。许多研究表明，创新型公司往往是本土公司或是由被动外国投资者拥有的公司。而跨国公司对其子公司的技术或能力进行升级或降级的决定是服从于集团的全球战略

---

① UNCTAD. Studies in technology transfer：Selected cases from Argentina，China，South Africa and Taiwan Province of China (UNCTAD/DTL/STICT/2013/7) ［R］，New York and Geneva：United Nations Publication，2014.

② Kuriakose S，Kaplan D，Tuomi K. Channels of constraints to technology absorption. In World Bank，Fostering technology absorption in Southern African Enterprises ［R］. Washington：World Bank，2011.

的,有时反而会产生对子公司不利的决策。^① 因此在很多情况下,当本地零部件生产厂受到跨国公司的控制时,现有的研发机构会缩减规模甚至关闭。但是,这些公司并没有因此而进行技术降级,因为关闭正式的研发机构可能会伴随着新的专业产品和工艺技术的引进,从而依靠这些引进的技术使东道国公司与世界接轨。而通过全球采购,本土公司也可能停止或缩减其研发活动。^② 因此,跨国合作在南非的汽车行业里也成了一把双刃剑。

(4) 质量标准:南非标准局(South Africa Bureau of Standards,简称 SABS)在维持质量标准方面扮演着的关键角色。SABS 成立于 1945 年,是法定机构,在南非汽车行业中发挥着重要作用,其主要功能是确保零部件和系统符合相关标准。而且 SABS 的运输实验室是全球 60 个此类认证机构之一。南非汽车基准测试俱乐部(South African Automotive Benchmarking Club,简称 SAABC)是一个私人资助的非营利性机构,旨在提供基准测试服务,以促进汽车零部件产业满足国际标准。此外,还有许多政府与企业合作成立的汽车工业发展中心也为维护汽车行业质量标准作出了很大的贡献。

(5) 教育和培训:教育和培训系统对于提高引进技术的吸收能力很重要。南非在教育系统上的缺陷导致青年失业率高,且缺乏实用性。南非汽车行业内部对培训的投资也相对较低。技能短缺反映在技术人员、工匠、专业人员和管理人员的高技能溢价中。而无法解决技能短缺问题是对技术转让和升级的重大限制。^③

3.3.2　阿根廷的生物技术

阿根廷的生物技术在发展中国家可以算是发展比较成功的。阿根廷是采用生物技术较早的国家之一,并且现在仍然是拉美地区生物技术领先的国家之一。但是,其引进技术的速度和方式还不足以促进发展内生性生物技术能力,因此也难以使国家成为领先的新兴生物技术经济体之一。而多个国家和地区,例如韩国新加坡等虽然在采用生物技术并在生物技术上进行投资方面比阿根廷晚几十年,但是它们的生物技术却已经处于世界领先地位。

在 20 世纪 80 年代和 90 年代,阿根廷至少在两个主要领域中相对较快地采用了生物技术:人类和动物健康以及农业。在人类和动物健康方面,主要的生物技术采用是仿制药公司,这些公司开始生产第一代和第二代生物制药产品,例如重组胰岛素、人类和动物生长激素以及干扰素等。其中最先进的产品是生物仿制单克隆抗体以及高分子

---

① Barnes J, Kaplinsky R. Globalization and the death of the local firm? The automobile components sector in South Africa [J]. Regional Studies, 2000, 34(9): 797-812.

② Lorentzen J. The absorptive capacities of South African automotive component suppliers [J]. World Development, 2005, 33(7): 1153-1182.

③ UNCTAD. Studies in technology transfer: Selected cases from Argentina, China, South Africa and Taiwan Province of China (UNCTAD/DTL/STICT/2013/7) [R]. New York and Geneva: United Nations Publication, 2014.

量生物制剂。在这种情况下,阿根廷大多数生物制药的价格都比该区域的其他国家低。在农业领域,生物技术的发展很大程度上是得益于从跨国公司获得转基因种子和其他相关农业投入,并由此产生了重大的经济和社会影响。农业生产力提高了,随之一起提高的是生产税和出口税所带来的联邦收入。而阿根廷的农业技术若想进一步提高的话,还需要减少对外国技术依赖,发展适应当地农业特点的转基因性状(例如抗旱性),并开发更适合当地口味和市场的农作物品种。[①]

阿根廷生物技术行业的发展,很大程度上归功于大量有资质的人力资源和研究能力,以及许多私营企业的努力。其技术引进的主要机制包括:

(1)经常与外国科研机构合作开展学术研究;

(2)从外国公司购买转基因种子和技术;

(3)20 世纪 90 年代外国在制药行业的直接投资;

(4)本土公司收购和建立专门的生物技术公司;

(5)与本地和国外研究机构进行稳固的研发合作;

(6)大学和业界合作培养有专业技能的学生,并且学生毕业后进入本地生物技术公司工作。

阿根廷对生物技术的发展和监管的持续性政策支持促进了这些技术的传播。总体而言,政府对阿根廷生物技术发展的投入还是相对较少。尽管政府采取了一些支持性的措施,但提高自身生物技术的研发能力却并不是政策支持的重点。许多政府计划(包括 FONCYT、FONTAR 和 FONARSEC)虽然旨在鼓励合作研究、加强大学与产业之间的技术转让,但近年来这些项目的资金投入却在减少。总的来说,政府对生物技术的投资近年比较有限,而企业生物技术能力的发展很大程度上其实要归功于是私营企业的投资和支持。

阿根廷生物技术产业的发展是靠模仿创新结果,这也是企业最普遍、投入少、成本低、速度快且成效好的创新策略。例如,大多数阿根廷本土的制药公司正在进行逆向工程,以了解最初生产此类药物或培育此类克隆动物的过程,并生产出廉价生物仿制品。对于寻求获得新技术和建立技术能力的公司和国家来说,模仿性创新通常是创新的初级阶段。但是,这种方法不足以推出在国际市场上有竞争力的新产品。因此,今天的阿根廷制药公司的产品仍然是在以价格优势与同类产品竞争,而缺乏有竞争力的核心技术。

阿根廷生物技术行业的发展为其他在生物技术领域鼓励技术转让和提高自主研发能力的国家提供了许多启示。

(1)当地高质量的人力资源和强大的研究能力仍然是生物技术企业发展的良好基础。政府应当在这些领域制订长远并且合理的规划,并提供持续性的支持。

(2)较宽松的监管有助于推动技术转让和模仿创新。但是,随着国内研发能力的

---

① UNCTAD. Studies in technology transfer：Selected cases from Argentina，China，South Africa and Taiwan Province of China（UNCTAD/DTL/STICT/2013/7）［R］. New York and Geneva：United Nations Publication，2014.

提高,政府可能需要重新考虑改变此类软法规,从而使本地公司能够在法规更为严格的国家中进行竞争,并且鼓励本地研发投入。

(3) 阿根廷从模仿创新到技术前沿的产品开发,离不开其在高素质人力资源和研发基础设施方面的飞跃。与此同时,大量的财政投入也是必不可少的。而仅仅依靠企业进行投资是不够的,尤其是在融资困难且成本高昂的情况下,企业很难进行此类投资。因此,政府和公共部门的支持对于发展更复杂的生物技术能力至关重要。

(4) 仅仅依靠鼓励生物技术传播的公共政策还不足以促进国内技术能力的提升,与之配套的还应该有强有力的财政投入来支持本地的研发和创新活动。

(5) 国内外私营企业和研究机构之间的紧密协作网络对于阿根廷生物技术知识和能力的发展有着重要的意义。合作升级和共享研发基础设施,从而使研究与行业需求相关并使生物技术适应当地情况,至关重要。

3.3.3　巴西和中国在能源行业的投资和技术转让

近年来技术转让和技术贸易方面的南南合作也逐渐兴起。除中国外,其他一些新兴发展中国家,例如巴西、印度等在高新技术的发展上也不容小觑。而发展中国家相互合作、取长补短对于各自在节约研发成本、加快研发速度方面也有着十分积极的作用。

当前,全球投资、创新和技术转让的格局正在发生深刻变化,其主要趋势有两个:第一,新兴经济体的国内创新能力不断增强;第二,新兴经济体之间的投资流量正在增加。这些趋势为全球技术转让和合作开辟了新的途径。在这种情况下,中国和巴西两大新兴经济体之间的双边关系尤为重要:2005 年至 2012 年,巴西能源部门吸收了来自中国的 182 亿美元投资。[①] 直到目前,巴西仍然是中国能源投资的最大目的国之一。在来自中国投资激增的同时,中巴经贸和政治关系在过去十多年中也迅速增强:2004 年,中国和巴西成立了中巴高层协调与合作委员会,包括 2006 年的能源和采矿分委员会。中国于 2009 年成为巴西最大的贸易伙伴。近年来,巴西和中国的国有石油公司签署了多项合作协议[②],里约热内卢联邦大学也和清华大学之间签署了合作协议。

中国和巴西之间的合作是发展中国家取长补短的一个典型案例。两国之间最明显的互补性是巴西拥有中国所缺乏的化石燃料资源,而中国拥有可以使化石燃料技术得以发展的资金。此外,在过去的几十年中,巴西国有石油公司(Petrobras)在深水勘探和生产领域发展出了领先的技术能力,而中国的国有石油公司则缺乏该领域的专业知识。在风能方面,巴西拥有世界上最高的容量系数,具有巨大的市场潜力,但缺乏自己的风能技术和部署经验。中国正在成为拥有核心技术能力的独立风力涡轮机供应商,从而成为对巴西风力发电场的有巨大吸引力的组件供应商和潜在投资者。在输电领

---

① Joerg H,Dennis B(International Energy Agency). Energy investments and technology transfer across emerging economies: the case of Brazil and China [R]. Paris: International Energy Agency,2013: 6.

② 例如中国石油化工股份有限公司(Sinopec)与巴西国有石油公司 Petróleo Brasileiro S.A.(Petrobras)之间的协议,以及中国三峡集团和巴西国有电力公司 Centrais Elétricas Brasileiras (Eletrobras)之间的协议等。

域,可再生能源和负荷中心的地理分布相似性构成了在巴西电网的实质性升级和扩展中使用中国超高压输电技术的潜力。

然而,中巴之间尽管在能源领域的投资持续增加、双边合作不断,但中巴之间的技术转让尚未充分发挥潜力,并面临若干挑战。例如在深水油领域,鉴于巴西国家石油公司缺乏在该领域的专业知识,使公司没有动力与中石化分享其技术。长远来看,巴西和中国应当利用学术渠道开展更多的合作。从中短期来看,巴西国家石油公司对提高其炼油能力的需求可能会为两国之间建立互利关系创造潜力。在风能领域,两国间的技术转让很大程度上仅限于从中国进口的涡轮机,而这种进口也是在最近才开始,并且立即导致巴西介入了有关知识产权的法律纠纷中。但是,两国在这方面的共同利益仍然很明显:巴西希望从中国购买(或在巴西制造)低成本或高效的设备来促进其蓬勃发展的风能行业,而中国则可以通过合作研发来建立服务于该市场的比较优势,使中国组件更加适应巴西特定的市场环境。在所有领域,关于增加技术转让的高级别协议的目标尚未实现。而且在一些领域中,由于双方的能力水平差异很大,合作也比较难以展开。此外,中国和巴西都战略性地运用当地成分要求和技术标准来促进工业发展,并确保直接投资与相应的政策目标保持一致。但是,这些当地成分要求和技术标准对双边技术交流造成了一定的障碍,例如阻碍了开发银行获得融资,从而使项目无法展开。为了解决这个问题,两国都同意减少这种障碍。

中巴之间另一个有意义的技术合作领域是在《联合国气候变化框架公约》方面。中国和巴西处于发展和采用多种技术转让方式、并对国际层面更广泛的技术转让协议产生影响的独特位置上。由于中国和巴西都有资格从附件一的发达缔约国中筹集资金,因此双方即可以从互相的技术转让中受益,同时也可以利用发达国家提供的国际资金。此外,如果两个国家都参与其他发展中国家的项目,那么双方使用自己的技术提出的项目的融资也可能有资格获得减排信用。

在能源技术领域不断扩大的合作关系,可能对中国和巴西在引领与其他新兴国家就能源和气候领域的对话上做出贡献。从长远来看,这种关系有可能发展成重要的双边技术伙伴关系。尤其是在风能和输电等领域中,商业利益有望继续推动合作。这种合作的增加可以促使清洁能源技术在新兴经济体中更快地部署,从而为缓解气候变化提供新途径。而且,新兴经济体之间的合作也可能有助于提高全球技术标准的多样性。

3.4　从全球视角看中国技术贸易的发展

科技全球化使发展中国家有更多的机会利用全球技术资源促进自身发展。在改革开放后的几十年里,中国也积极参与到了科技和经济全球化的浪潮中,以多种途径大量利用外部资源,并使之产生良好的技术外溢效应,提升了本土的创新能力。[①] 近年来中

---

① 江小涓. 新中国对外开放 70 年 [M]. 北京：人民出版社,2019.

国在信息通信技术(以下简称 ICT)产品和服务、数字交易、研发等方面都获得了较快的发展。

3.4.1　ICT 产品和服务

在过去的 20 年中,发展中国家居民使用 ICT 的机会越来越多。ICT 的发展和传播对发展中国家人民的生活产生了巨大的影响。例如,移动电话近 10 年得到了出人意料的快速发展,并且在发展中国家获得了广泛的应用,大大方便了这些国家居民的生产、生活。在这种情况下,许多国家和国际组织开始思考,如何利用 ICT 在发展中国家促进减贫、提高医疗卫生条件及教育水平。

近年来中国在 ICT 方面的发展也非常迅速。以 ICT 服务贸易为例,根据联合国贸易和发展会议的数据,在 2005—2019 年间,中国在全世界 ICT 服务贸易出口额中的占比从 1.3% 增加到了 8.5%,如图 3-8 所示。与其他几个国家相比较之后我们发现,印度在 ICT 服务贸易出口中一直有着较大的贸易额,中国的 ICT 服务贸易出口额在这些年间的增幅较大,并且在 2018 年超过了美国,如图 3-9 所示。在 ICT 服务贸易进口方面,中国在 2012—2019 年间也有着较大的增幅,并且在 2016 年之后超过了日本。

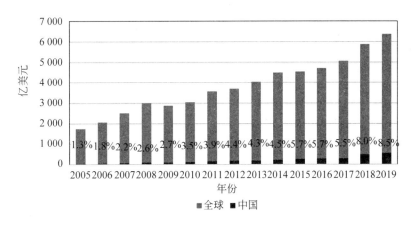

图 3-8　2005—2019 年我国占世界 ICT 服务贸易出口额的比例

前文中提到,ICT 对减贫、医疗卫生及教育等方面都有着积极的影响。例如,ICT 可以创造大量的就业机会。根据世界银行的报告,在中国、印度、菲律宾等亚洲国家,近年来 ICT 外包服务为女性创造了许多就业机会。在印度和菲律宾,女性已经分别占 IT 服务和资讯科技服务(IT-enabled services)专业技术工人总数的 30% 和 65%。而且,这两个国家还有大量的女性从事高薪的 IT 工作。[①] 在教育方面,ICT 在改善欠发达地区的基础教育状况上也作出了巨大的贡献。以中国为例,在《教育信息化十年发展规划(2011—2020)》实施期间,ICT 让许多偏远地区的学生也享受到了优质的教育资源,从

---

①　World Bank. Information and Communications for Development 2009: Extending Reach and Increasing Impact [R]. Washington, DC: World Bank, 2009.

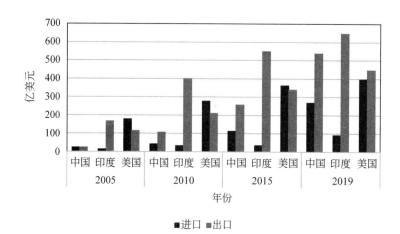

图 3-9 2005—2019 年 ICT 服务贸易进出口国际比较

资料来源：联合国贸易和发展会议数据库

而获得了更多改变自身命运的机会。[①]

从以往的经验来看，一方面，通过改善获得信息的渠道，ICT 可以帮助发展中国家解决各种经济和社会问题。但另一方面，值得注意的是，ICT 的使用并没有在不同地区和社会群体之间平等地分配。因此，由于不平等的信息获取条件而导致的数字鸿沟，同时可能导致不平等现象扩大，这是今后中国在推广 ICT 时应当重视的一个问题。

3.4.2 数字服务贸易

根据联合国贸易和发展会议的定义，数字服务贸易指的是可以通过 ICT 网络远程提供的服务。联合国贸易和发展会议的数据还显示，数字服务贸易现在产生的价值是 ICT 服务的 5 倍。[②] 在全球范围内，数字服务增长迅猛。2005—2018 年间，全球数字交付贸易出口规模从 1.2 万亿美元增长到了 2.9 万亿美元，增长接近 1.5 倍。[③] 2018 年，全球数字交付贸易出口在整个服务贸易出口中占比达到了 50.15%。[④]

从国家角度来看，发达国家在数字服务贸易的影响力上仍然大大超过了发展中国家。根据中国信息通信研究院的报告《数字贸易发展与影响白皮书（2019 年）》，在 2018 年，"发达经济体在数字服务贸易、服务贸易、货物贸易的国际市场占有率分别达到

---

① Delponte L, Grigolini M, Moroni A, Vigneti S, Claps M, Giguashvili N. ICT in the developing world, European Parliament. Science and Technology Options Assessment[EB/OL], 2015. http://www. ep. europa. eu/ stoa.

② UNCTAD. Digital service delivery shows potential for developing world [EB/OL], 2019. https://unctad. org/en/pages/newsdetails.aspx? OriginalVersionID=2035.

③ 联合国贸易和发展会议数据库 [DB/OL], https://unctadstat. unctad. org/wds/ReportFolders/reportFolders. aspx? IF_ActivePath=P,15912&sCS_ChosenLang=en

④ 中国信息通信研究院. 数字贸易发展与影响白皮书（2019 年）[R]. 北京：中国信息通信研究院，2019：20.

76.1%、67.9%和 52%。其中,2018 年美国和欧盟的数字服务出口规模分别达到 4 667.2亿美元和 1.4 万亿美元,在世界数字服务出口中的合计占比超过 65%。"[①]尽管发达经济体在 2018 年的全球数字可交付服务出口总额中仍然占 76.1%,但其份额已经与2005 年的 85%相比下降了不少,这表明发展中国家正在抢占全球市场的更大份额。实际上,在过去 10 年中,出口增长最大的是亚洲的发展中经济体:联合国贸易和发展会议的报告显示,亚洲的发展中经济体在 2005 年至 2017 年间的总体年增长率为 11%。数据还显示,在服务出口总额中,ICT 服务份额最高的 10 个国家中有 4 个是最不发达国家。[②] 从经济发展的角度来看,这些数据显示了数字技术对发展中国家从事数字化服务的企业的潜力。

近年中国在国际数字服务贸易中的参与也日渐增多。联合国贸易和发展会议的数据显示,在 2005—2018 年间,中国大陆在全世界数字服务贸易出口额中的占比从 1.5%增加到了 4.5%,如图 3-10 所示。在与其他几个发达国家和发展中国家的比较中我们可以看出,美国仍然在数字服务贸易的进出口中遥遥领先。但中国大陆的数字服务贸易出口额在 2017 年开始超过了日本,并在 2018 年达到基本与印度持平,如图 3-11 所示;数字服务贸易进口额也呈现增长的趋势,并于 2018 年超过了日本。

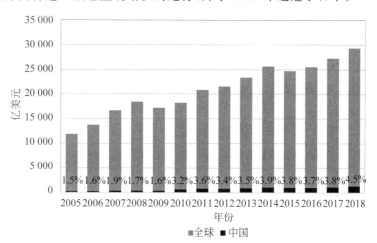

图 3-10　2005—2018 年中国占世界数字服务贸易出口额的比例

从趋势上来看,数字服务贸易在今后仍然会持续迅速的发展。首先,数据已经成为新的关键生产要素。与其他生产要素相比,数据资源可复制、可共享、无限增长和供给的特点为经济的可持续增长和发展提供了基础与可能。而且全球大数据产业的发展也为数字服务贸易带来了新的发展机遇。其次,服务的可贸易性逐渐增强,根据世界贸易组织的预测,2040 年服务贸易占世界贸易的比重将上升至 1/3,比现在增长 50%。与此同时,随着信息通信技术的发展与应用迅速降低了跨境服务贸易的成本,使全球服务

①　中国信息通信研究院. 数字贸易发展与影响白皮书(2019 年)[R]. 北京:中国信息通信研究院,2019:20.

②　UNCTAD. Digital service delivery shows potential for developing world [EB/OL]. 2019. https://unctad.org/en/pages/newsdetails.aspx? OriginalVersionID=2035.

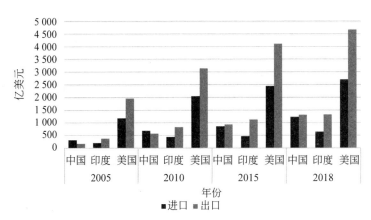

图 3-11 2005—2018 年数字服务贸易进出口国际比较

资料来源：联合国贸易和发展会议数据库

市场变得更加高效。但是，数字服务贸易也将给各国带来一定的挑战。例如，随着数字服务跨境发展，数字服务的供给者和消费者身处不同国境内，将使数字治理问题变得更为复杂。① 对于中国而言，如何充分利用数字服务贸易带来的机遇、应对好其对传统产业造成的挑战、提高数字治理能力是今后的一项重要课题。

3.4.3 研发

从全球范围来看，一直以来研发都主要集中在欧盟、美国和日本。在发展中国家内，研发也主要集中在每个地区相对较少的一部分国家中，例如"金砖国家"（巴西、俄罗斯、印度、中国和南非）。但是近年来，全球研发分布正在发生变化。这主要反映在各国研发总支出（Gross Expenditures on R&D，简称 GERD）、国际索引的科学出版物的数量以及发展中国家的专利等活动中。②

从研发投入的角度来看，根据美国国家科学基金会的数据表明，从 2000 年到 2015年，全球研发投入总额大幅增长，从 7 220 亿美元增长到了 19 180 亿美元。③ 15 年间全球研发的年平均增长率达到了 6.7%。从结构来看，美国依旧是研发资金投入最多的国家。2015 年，美国的研发投入为 4 970 亿美元，占全球研发投入资金总额的 26%，而中国以 4 090 亿美元的投入资金位居第二，占全球总额的 21%，比欧盟整体的研发投入额高 3 860 亿美元。在这 15 年间，全球研发投入总量增加超过 2.5 倍，说明各个国家和地区间知识密集型的经济竞争增强。尤其是东亚、东南亚和南亚地区的研发投入明显增长，全球占比从 25% 增长到了 40%。④ 中国近年来也保持着强有力的研发增长态势，在

① 中国信息通信研究院. 数字贸易发展与影响白皮书（2019 年）[R]. 北京：中国信息通信研究院，2019：22.

② OECD. Measuring R&D in developing countries（DSTI/EAS/STP/NESTI（2011）5/FINAL）[R]. Paris：OECD Publications，2012.

③ National Science Foundation. Science & Engineering Indicators [DB/OL]，2018. https://www.nsf.gov/statistics/2018/nsb20181/downloads.

④ 蔡郁文，刘灿. 全球主要国家（地区）研发投入与产出的比较分析 [J]. 中国科学基金，2018（4）：442.

2010—2015 年间的研发投入以 13.9％的年均速率增长。[①] 从研发投入强度[②]来看，2015 年以色列位居榜首，占比 4.3％。韩国近年也跻身世界研发投入强度最大的国家之一，位居第二，占比 4.2％。其他一些研发投入强度较大的国家和地区还包括瑞士（3.4％）、日本（3.3％）、瑞典（3.3％）、奥地利（3.1％）、中国台湾地区（3.1％）、丹麦（3％）、德国（2.9％）、芬兰（2.9％）。[③] 2015 年中国研发占 GDP 比例为 2.1％，排名第 13。[④] 而经济合作与发展组织的数据还显示，中国的研发总支出占 GDP 比例在进入 21 世纪后也大幅增长，从 2000 年的 0.89％增长到了 2017 年的 2.19％[⑤]，是全世界研发投入强度增速最快的几个国家之一。

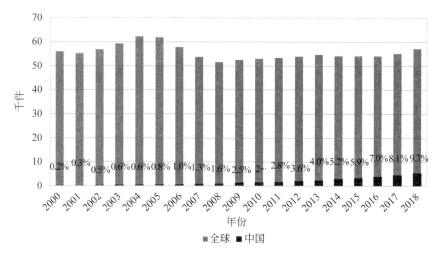

图 3-12　2000—2018 年我国占世界三方同族专利数的比例

从研发产出来看，根据经济合作与发展组织的数据表明，中国的三方同族专利数近年来也有较大幅度的增长，其占世界三方同族专利的份额从 2000 年的 0.2％增长到了 2018 年的 9.3％，如图 3-12 所示。[⑥] 在同行评议科技论文方面，2016 年排名前 5 的论文产出大国分别为中国（占全球 18.6％）、美国（占全球 17.8％）、印度（占全球 4.8％）、德国（占全球 4.5％）和英国（占全球 4.3％）。2006—2016 年这 10 年间，全球科技论文发表数量每年以 3.6％的增长率增长，发展中国家每年的增长率是 8.6％，而中国每年的增长率为 8.4％。从科技论文的国际引用量来看，发达国家的被引用量仍然领先于发展中国家，但发展中国家的被引用量也高速增长。2004—2014 年，美

①　蔡郁文,刘灿. 全球主要国家(地区)研发投入与产出的比较分析 [J]. 中国科学基金,2018(4)：442.

②　即全社会研发投入与国内生产总值之比(GERD/GDP)。

③　蔡郁文,刘灿. 全球主要国家(地区)研发投入与产出的比较分析 [J]. 中国科学基金,2018(4)：442.

④　蔡郁文,刘灿. 全球主要国家(地区)研发投入与产出的比较分析 [J]. 中国科学基金,2018(4)：442.

⑤　OECD, Gross domestic spending on R&D [DB/OL], 2020. https://data.oecd.org/rd/gross-domestic-spending-on-r-d.htm # indicator-chart

⑥　OECD, Triadic patent families [DB/OL], 2020. https://data.oecd.org/rd/triadic-patent-families.htm # indicator chart

国产出的科技论文被国际引用的比例从 47.0％ 增长到了 55.7％，欧盟整体的引用份额从 43.7％ 上升到了 48.1％，而中国学者的论文被引用比例则从 2004 年的 42.2％下降到了 2014 年的 37.7％。从被引用次数位居前 1‰ 的论文来看，美国高水平论文数仍然世界领先，这 10 年间 1‰ 高被引论文指数稳定在 1.78～1.97，欧盟从 1.04 增长到了 1.28，中国从 0.49 增加到了 1.01，增长率较大。① 科技论文被引用的情况说明，中国的科技成果在质量上与发达国家和地区还存在着一定差距，因此我们应该努力提高科技成果的质量。

3.4.4　新兴科技产业

最近 10 年全球科技发展迅猛，涌现出了很多新兴的科技产业，中国也积极地参与到了这些产业的研发与贸易中。

1. 人工智能

以人工智能为例，其发展将在有效降低劳动成本、优化产品和服务、创造新市场和就业等各个方面为人类的生产和生活带来前所未有的转变。② 如今，世界上越来越多的政府、企业和组织都开始认识到人工智能在经济和战略上的重要性，并逐渐从国家战略和商业活动上涉足人工智能。根据德勤研究的预测，2025 年世界人工智能市场将超过 6 万亿美元，2017—2025 年复合增长率将达 30％，如图 3-14 所示。从行业来看，市场规模较大的传统领域，例如制造业，通信、传媒及服务，自然资源及材料将继续领跑。③ 同时，教育领域人工智能技术的增长速度也不可小觑。

中国的人工智能产业发展也十分迅速，④据不完全统计，到 2018 年年底，中国大陆各地人工智能企业超过 1 000 家。⑤ 范围内人工智能企业最为密集的地区为京津冀、珠三角、长三角。但值得注意的是，尽管中国人工智能产业的发展强劲，人工智能企业数量已经位列全球第二，然而在基础研究、芯片、人才等方面的许多指标上仍与全球领先地区存在一定差距，如表 3-1 所示。⑥

---

① 蔡郁文,刘灿. 全球主要国家(地区)研发投入与产出的比较分析 [J]. 中国科学基金,2018(4)：448.

② 德勤. 中国人工智能产业白皮书（2018）[R/OL]，2018. https://www2.deloitte.com/content/dam/Deloitte/cn/Documents/innovation/deloitte-cn-innovation-ai-whitepaper-zh-181126.pdf.

③ 德勤. 中国人工智能产业白皮书（2019）[R/OL]，2019：29. https://www2.deloitte.com/content/dam/Deloitte/cn/Documents/technology-media-telecommunications/deloitte-cn-tmt-ai-report-zh-190919.pdf

④ 2018 年"世界电信和信息社会日"工信部发言。

⑤ 清华大学中国科技政策研究中心. 中国人工智能发展报告 2018[R]. 北京：清华大学中国科技政策研究中心,2018：40.

⑥ 德勤. 中国人工智能产业白皮书（2019）[R/OL]，2019. https://www2.deloitte.com/content/dam/Deloitte/cn/Documents/technology-media-telecommunications/deloitte-cn-tmt-ai-report-zh-190919.pdf.

表 3-1　全球人工智能市场规模

		中　国	全球领先地区
数据		• 拥有全球最大规模的移动互联网用户 • 中国已经推出国家标准《信息安全技术个人信息安全规范》,严格程度低于 GDPR	• 用户更加看重个人隐私 • 欧洲政府出台 GDPR,从政策层面划分数据使用权与所有权,美国可能紧随其后
硬件	芯片	• 中国控制着几乎一半的市场价值,在高端芯片领域严重依赖进口 • 在半导体设备、材料、制造环节落后	• 日本是半导体材料、高端设备和特殊半导体的重要产地 • 韩国在高带宽存储器和动态随机存取存储器市场居于绝对的领先地位
	机器人	• 与世界先进水平差距较大,核心技术依赖进口 • 缺乏原创	• 日本机器人技术仍处于世界前列 • 欧美和日本则掌握了上游位置的高端芯片涉及的技术
技术	NLP	• 92 家 NLP 企业 • 融资 122.36 亿元 • 6 600 名员工	• 美国 252 家企业 • 美国融资 134.67 亿元 • 美国拥有 20 200 名员工
	机器视觉	• 146 家企业 • 融资 158.30 亿元 • 1 510 名员工	• 美国 190 家企业 • 美国融资 73.20 亿元 • 美国拥有 4 335 名员工
	语音识别	• 36 家企业 • 融资 30.87 亿元	• 美国 24 家企业 • 美国融资 19.31 亿元
应用	驾驶	• 中国在汽车传感技术、AI 硬件与软件、互联技术 V2X 与无人驾驶测试方面呈现全面追击的态势	• 美国拥有深厚的技术积淀 • 美国在软件和硬件方面领先优势明显,呈现三足鼎立（NVIDIA、INTEL 和 IBM）的状态;软件方面则以谷歌最为突出,更依赖于基础技术本身
	人工智能教育	• 人工智能技术在中国的应用仍然处于发展的初期,以 ToC 为主	• 人工智能技术在教育行业的应用在国外的发展更早 • 人工智能教育产品在欧美国家的渗透程度更深,发展更为完善,并取得显著成效 • 发挥教学辅助作用,无法完全取代教师作用

资料来源：牛津大学人类未来研究所,腾讯研究院,德勤研究. 全球人工智能发展白皮书(2019).

在人工智能的发展上,中国面临的机遇和挑战是并存的。根据德勤研究的报告表明,2018 年底,中国网民规模已经达到 8.29 亿,其中手机网民占比 98.6%。[①] 巨大的网民规模意味着中国企业拥有着更庞大、更复杂且多维度的数据量,为人工智能技术的算法升级及应用场景提供了良好的基础。中国也是全球芯片需求量最大的市场,但值得引起重视的是,我们的高端芯片仍然依赖进口。现阶段中国从美国进口的集成电路芯片价值已经高于 2 000 亿美元,远远超过了原油进口额。中国半导体行业也正在以高

---

① 中国互联网络信息中心. 第 43 次《中国互联网络发展状况统计报告》[R],北京：中国互联网络信息中心,2019：19.

增长率蓬勃发展，但关键零部件仍需大量从西方国家进口，自给自足率不到20%。[①] 同样的还有机器人产业。在大量资金和政府政策的支持下，中国机器人产业的增速已经是全球第一，但关键零部件例如精密减速机、控制器、伺服电机等在很大程度上仍然依赖进口，其中全球精密减速器市场大半被日本企业占据；而在软件的稳定性、响应速度、易用性等方面也与发达国家有着一定差距。就美国而言，由于其人工智能底层技术实力更为雄厚，在语音识别、机器视觉的基础算法等方面都远超中国；但中国在语音识别技术上近年来快速发展，已经更胜美国一筹。而且，中国在人工智能应用上呈现追击态势，在无人驾驶、人工智能教育等方面已经与美国等发达国家接近。

总体而言，人工智能正在重塑各行各业。中国应当继续吸取发达国家经验，积极参与人工智能技术的国际贸易，并提高自主创新能力。

2. 物联网

物联网近年来也迅速成为促进全球经济增长的新动力，为提高生产率、进行创新和建立新市场创造了不少良机。[②] 物联网在自身创新发展的同时与工业相融合，还推动了传统产品和服务向网络化、智能化发展，使产业体系得到了重构和升级。[③]

2008—2018年这10年间，全球物联网产业规模从500亿美元增长到了近1 510亿美元。物联网行业渗透率也从2013年的12%增加到了2017年的29%以上，当时预计在2020年有超过65%的企业和组织将使用物联网产品和方案。[④] 在这种情况下，物联网的发展推进了新的技术演进，并且促进了企业数字化转型等方面的新的业务变革。根据中国信息通信研究院的报告《物联网白皮书（2018）》表明，目前全球物联网应用出现了三大主线：一是消费性物联网，即"物联网与移动互联网相融合的移动物联网"[⑤]；其创新高度活跃并且孕育出许多消费类应用；二是生产性物联网，即"物联网与工业、农业、能源等传统行业深度融合形成行业物联网，成为行业转型升级所需的基础设施和关键要素"[⑥]；三是智慧城市的飞速发展，"基于物联网的城市立体化信息采集系统正加快构建，智慧城市成为物联网应用集成创新的综合平台"[⑦]。这三大主线在各个方面都改变了人们以往的生活方式。

近年来中国的物联网也加速进入了"跨界融合、集成创新和规模化发展"的新阶段。在2018年中，中国物联网总体产业规模达到了1.2万亿美元。公众网络M2M连接数总计5.4亿个，并且已经设立了江苏无锡、浙江杭州、福建福州等5个物联网特色的新

① 德勤.中国人工智能产业白皮书（2019）[R/OL]，2019：54. https://www2.deloitte.com/content/dam/Deloitte/cn/Documents/technology-media-telecommunications/deloitte-cn-tmt-ai-report-zh-190919.pdf.

② 埃森哲（Accenture）.物联网：推动中国产业转型（2015）[R/OL]. https://www.accenture.com/_acnmedia/Accenture/Conversion-Assets/DotCom/Documents/Local/zh-cn/PDF_3/Accenture-How-IOT-Can-Drive-Growth-In-China-Industries-CN-final.pdfla=zh-CN.

③ 中国信息通信研究院.物联网白皮书（2018）[R].北京：中国信息通信研究院，2018.

④ 中国信息通信研究院.物联网白皮书（2018）[R].北京：中国信息通信研究院，2018：2-3.

⑤ 中国信息通信研究院.物联网白皮书（2018）[R].北京：中国信息通信研究院，2018：12.

⑥ 中国信息通信研究院.物联网白皮书（2018）[R].北京：中国信息通信研究院，2018：13.

⑦ 中国信息通信研究院.物联网白皮书（2018）[R].北京：中国信息通信研究院，2018：13.

型工业化产业示范基地,而产值超过 10 亿元人民币的骨干企业已经超过 120 家,同时新制定的行业标准也达到了 81 项。① 截至 2019 年,中国的物联网专利申请数达到了41 845 个,已经超过美国(37 595 个),成为物联网专利申请数最多的国家,如图 3-13 所示。② 但与此同时,中国的物联网产业发展仍然面临着一些挑战,例如核心基础能力薄弱、高端产品依赖国外程度高、原始创新能力不足、产业整合和引领能力不足等问题。此外,近年来物联网安全问题也日益突出。③ 因此,如何保证物联网健康有序地发展是中国今后还应继续思考的问题。

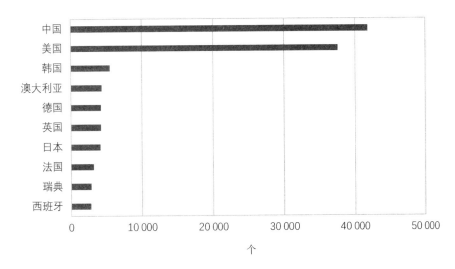

图 3-13　截至 2019 年物联网专利主要申请国家专利数

资料来源:IPlytics GmbH,Patent litigation trends in the Internet of Things

3.5　结　　论

综上所述,对于发展中国家而言,利用技术贸易积极参与经济和科技领域的全球分工合作,吸收先行国家的先进技术和经验是提高本国经济水平、缩小与发达国家差距的必经之路。④ 而综合上述案例表明,发展中国家推动技术贸易的同时还需要注意以下几个方面:

(1)发展中国家的政府应对技术贸易有着更多政策上的支持以及财政上的投入,同时也需要完善技术贸易方面的法律法规。

(2)在引进技术的同时将技术与本地需求和经济、社会、文化特点相结合,从而在

---

①　中国信息通信研究院. 物联网白皮书(2018)[R]. 北京:中国信息通信研究院,2018:37.

②　IPlytics GmbH. Patent litigation trends in the Internet of Things [EB/OL], 2019. https://www.iplytics.com/de/report-de/patent-litigation-internet-of-things/.

③　中国信息通信研究院. 物联网白皮书(2018)[R]. 北京:中国信息通信研究院,2018.

④　江小涓. 新中国对外开放 70 年 [M]. 北京:人民出版社,2019.

当地获得可持续的发展。

（3）重视本土的科技创新，将本土科技创新与国外技术引进相结合。

（4）技术引进应当与大力推动自主研发相结合，过度依赖外部技术无法使本土的科技创新获得长足的发展。

（5）产学研相结合，使不同社会分工在功能与资源优势上协同发展。

（6）重视南南合作，与其他发展中国家交流经验、取长补短。

（7）促进科技领域的人才流动，在外派学习交流的科技人才与引进的科技人才之间建立起交流合作的机制。

参 考 文 献

[1] 埃森哲（Accenture）. 物联网：推动中国产业转型［R/OL］，2015. https://www.accenture.com/_acnmedia/Accenture/Conversion-Assets/DotCom/Documents/Local/zh-cn/PDF ＿3/Accenture-How-IOT-Can-Drive-Growth-In-China-Industries-CN-final.pdfla＝zh-CN.

[2] 蔡郁文，刘灿. 全球主要国家（地区）研发投入与产出的比较分析［J］. 中国科学基金，2018(4).

[3] 德勤. 中国人工智能产业白皮书［R/OL］，2018. https://www2.deloitte.com/content/dam/Deloitte/cn/Documents/innovation/deloitte-cn-innovation-ai-whitepaper-zh-181126.pdf.

[4] 德勤. 中国人工智能产业白皮书［R/OL］. 2019. https://www2.deloitte.com/content/dam/Deloitte/cn/Documents/technology-media-telecommunications/deloitte-cn-tmt-ai-report-zh-190919.pdf

[5] 江小涓. 新中国对外开放 70 年 ［M］. 北京：人民出版社，2019.

[6] 联合国. 联合国气候变化框架公约.［EB/OL］，1992. https://www.un.org/zh/documents/treaty/files/A-AC.237-18(PARTII)-ADD.1.shtml.

[7] 清华大学中国科技政策研究中心. 中国人工智能发展报告 2018［R］. 北京：清华大学中国科技政策研究中心，2018.

[8] 世界贸易组织. 与贸易有关的知识产权协定［EB/OL］，2017. http://ipr.mofcom.gov.cn/zhuanti/law/conventions/wto/trips.html.

[9] 中国互联网络信息中心. 第 43 次中国互联网络发展状况统计报告［R］. 北京：中国互联网络信息中心，2019.

[10] 中国信息通信研究院. 数字贸易发展与影响白皮书（2019 年）［R］. 北京：中国信息通信研究院，2019.

[11] 中国信息通信研究院. 物联网白皮书（2018）［R］. 北京：中国信息通信研究院，2018.

[12] Barnes J，Kaplinsky R. Globalization and the death of the local firm? The automobile components sector in South Africa ［J］. Regional Studies，2000，34(9)：797-812.

[13] Delponte L，Grigolini M，Moroni A，Vigneti S，Claps M，Giguashvili N. ICT in the developing world. European Parliament. Science and Technology Options Assessment. ［EB/OL］，2015. http://www. ep. europa. eu/stoa.

[14] Glachant M，Ménière Y. Project Mechanisms and Technology Diffusion in Climate Policy ［J］. Environmental and Resource Economics，2011，49：405-423.

[15] Huawei Europe. Global innovation networks drive wealth and progress［EB/OL］，2018. https://

huawei.eu/press-release/global-innovation-networks-drive-wealth-and-progress.

［16］IPlytics GmbH，Patent litigation trends in the Internet of Things［EB/OL］，2019. https://www.iplytics.com/de/report-dc/patent-litigation-internet of things/.

［17］Joerg H，Dennis B(International Energy Agency). Energy investments and technology transfer across emerging economies：the case of Brazil and China［R］. Paris：International Energy Agency，2013：6.

［18］Kuriakose S，Kaplan D，Tuomi K. Channels of constraints to technology absorption. In World Bank，Fostering technology absorption in Southern African Enterprises［R］. Washington：World Bank，2011.

［19］Lorentzen J. The absorptive capacities of South African automotive component suppliers［J］. World Development，2005，33(7)：1153-1182.

［20］OECD. Measuring R&D in developing countries（DSTI/EAS/STP/NESTI（2011）5/FINAL）［R］. Paris：OECD Publications，2012.

［21］UNCTAD. Digital service delivery shows potential for developing world［EB/OL］，2019. https://unctad.org/en/pages/newsdetails.aspx? OriginalVersionID＝2035.

［22］UNCTAD. Investment trends monitor，Issue 33［R］. Geneva：United Nations Publication，2020.

［23］UNCTAD. Science，technology and innovation indicators for policymaking in developing countries：an overview of experiences and lessons learned. Investment，Enterprise and Development Commission Multi-year Expert Meeting on Enterprise Development Policies and Capacity-building in Science，Technology and Innovation（STI）（TD/B/C.Ⅱ/MEM.1/CRP.1）［R］. Geneva：United Nations Publication，2010.

［24］UNCTAD. Studies in technology transfer：Selected cases from Argentina，China，South Africa and Taiwan Province of China（UNCTAD/DTL/STICT/2013/7）［R］. New York and Geneva：United Nations Publication，2014.

［25］UNCTAD.Transfer of technology and knowledge-sharing for development：Science，technology and innovation issues for developing countries（UNCTAD/DTL/STICT/2013/8）［R］. New York and Geneva：United Nations Publications，2014.

［26］UNCTAD. World Investment Report 2013 - Global Value Chains：Investment and Trade for Development. United Nations publication［R］. New York and Geneva：United Nations Publications，2013.

［27］United Nations. Synthesis report on best practices and lessons learned on the objective and themes of the United Nations Conference on Sustainable Development，note by the Secretariat（A/CONF.216/PC/8）［R］. New York：United Nations Publication，2011.

［28］World Bank. Information and communications for development 2009：Extending Reach and Increasing Impact［R］. Washington，DC：World Bank，2009.

［29］World Intellectual Property Organization. International technology transfer：An analysis from the perspective of developing countries［R］. Geneva：United Nations Publication，2014.

第4章 科技创新要素全球配置与技术贸易实现机理

科技创新要素全球配置,既是由科技创新要素本身的开放流动属性所决定,同时也是经济全球化、科技全球化的必然结果。在知识经济与范式变革时代,全球价值链分工不断深化、保护主义制约影响加剧,科技创新要素全球配置呈现新的特点与趋势,引领技术贸易实现形式与机制创新,为此也提出新的公共政策改革挑战。

4.1 科技创新要素全球配置必然性与技术贸易的多种实现

4.1.1 科技创新要素及其开放流动属性

1. 对科技创新与科技创新要素概念的认识

科技创新是在创新[①]、技术创新[②]等概念上的新发展,是科学、技术和创新活动彼此协同演进速度加快、程度加深,衍生出的新概念,目前没有统一的定义。在知识经济社会,随着信息技术发展与跨界融合加深,科技创新更多成为各创新要素交互作用下的一种复杂涌现,更多成为科学研究、技术进步与应用创新协同演进下的一种复杂涌现,同时也是这个三螺旋结构共同演进的产物[③]。

科技创新要素是构成科技创新发生的基本单元,是催生科技创新的资源与资源组合能力的统称,其内涵随科技创新活动深化、科技创新范式演进、经济社会发展而拓展,目前没有统一的科技创新要素分类。广义来说,知识经济社会的科技创新要素,不仅包括科技创新主体(人与组织,例如科技人员和企业家等、科研单位和新型研发创新组织等)、科技资金、科技设施与条件、信息数据等资源要素,还包括科学与技术知识(含科技成果实体或经验凝聚的知识)、体制环境等有助于更好组合资源,完成科技创新价值市场化实现的能力要素。狭义地说,科技创新要素重点包括科学与技术知识、科技创新主体(人与组织)、科技资金、科技设施与条件、信息数据,及组合机制。

信息通信技术的快速发展其与跨界融合,为科技创新活动中的人、财、物等要素资

---

① 指美籍经济学家熊彼特创造性提出的创新概念。他在1912年《经济发展概论》中,首次将创新定义为"生产函数的变动",并在1939年《商业周期》中全面提出创新的概念及理论。他认为,创新是生产要素和生产条件的"新组合"。虽然熊彼特有关创新的概念内涵非常丰富,有些与技术有关,有些无关,但其最核心内涵是"科学研究成果的第一次商业化"。

② 技术创新概念,在罗斯托(W. W. Rostow)首次提出,伊诺斯(J.L.Enos)1962年《石油加工业中的发明与创新》首次直接明确定义的基础上,经历了几个标志性的发展阶段,定义角度不尽相同,并未形成共识。包括美国国家科学基金会(NSF)《1976年:科学指示器》对技术创新的定义及其对之前概念的扩展、弗里曼(C.Freeman)在1982年《工业创新经济学》中从经济学角度定义技术创新,以及强调技术创新是科技与经济一体化的双螺旋结构等。

③ 宋刚,等.复杂性科学视野下的科技创新[J].科学对社会的影响,2008(2):28-32.

源的配置方式、配置内容、配置组合、配置结果等带来多重变化,同时也带来要素资源管理及其制度设计的重塑。

2. 要素流动背后的逻辑与开放流动必然性

科技创新各要素的流动,既是科技创新得以发生的内在要求,是科技创新资源得以更优化配置的基础,也是适应经济社会不断提出新挑战的结果。

从科学动力学的角度看,科学的本性是"处于一种持续的流变状态中",科学问题的解决越来越需要不受地域、学科限制的跨学科贡献,"研究的执行者和资助者必须以这种科学动力学来驱动科学组织"①。其中,对于控制传染病大规模流行、全球变暖、资源枯竭等国际社会共同面临的科学难题,更是需要跨国界的多学科有机组合。围绕这些科学问题,不同地域的科学家、不同学科领域的科学知识、不同地域不同主体的科技资金、开放共享的科技设施与条件积极介入,广泛进行资源配置优化,以期更好更快解决问题,为相关应用研究与对策形成奠定基础,造福更广泛区域,这是科学活动的规律。

从技术认识论的角度看,技术无论被定义为"制造一种产品的系统知识,所采用的一种工艺或提供的一项服务"②,还是"为达到某种目的的方法,以及创造与使用这种方法所需要的知识"③,它的基础都是技术知识,因为方法、工艺、服务的开发都取决于知识。技术知识的本性是流动性而非静态性,这种流动性为技术知识迁移,最终形成和实现物化产品化等奠定基础④。包括技术产品制造、技术交易、技术学术讨论交流等技术实践活动事实上都是技术知识流动的载体,技术知识流动推动了技术革新、技术进步与经济增长。另一方面,技术知识也可以以一种不容易或不允许传播的形式存在,这主要包括技术实践中的沉默知识、为保持竞争优势或国家安全而进行人为保护的技术知识⑤。

从技术知识流动的内在属性看,技术实践中的沉默知识属于流动或传播相对缓慢的,对专有技术与竞争优势形成非常重要的技术知识,而为保持竞争优势或国家安全进行人为保护的技术知识,如果不是属于沉默知识,一般来说自身仍然具有较强的技术知识流动性属性,因此,破解或改变人为保护的这类技术知识的流动受阻从理论上来说是有途径的。另一方面,如何加速关键核心技术与产业领域的沉默知识的流动及获取,是经济与科技全球化背景下,私人与国家获取竞争力更关注的一个焦点。

从技术创新过程看,以技术进步与应用创新"双螺旋"共同演进的技术创新,是不同技术要素的有机结合。在新技术、新产品、新发明的研发过程中,它内在要求不断进行不同领域的科学与技术知识的复合与融合,市场需求与科学技术的最大范围自由流动

---

① ［美］科学、工程与公共政策委员会.科学技术和联邦政府:新时代的国家目标［M］.北京:科学技术文献出版社,1999:50.

② WIPO . Licensing Guide for Developing Countries［M］.WIPO Publication,1977:17.

③ ［美］约翰•阿利克,等.美国21世纪科技政策［M］.北京:国防工业出版社,1999:23.

④ 林润燕.技术知识流动的基本因素与内在逻辑［J］.东北大学学报(社会科学版),2017(3):227-231.

⑤ ［美］约翰•阿利克,等.美国21世纪科技政策［M］.北京:国防工业出版社,1999:31.

能够提高获得这种复合与融合的可能性以及由此产生的潜在利益[①]；在新技术、新产品、新发明从产生到实用化的过程中，它内在要求在不同的研究开发阶段，频繁发生广泛区域范围的市场需求与新技术、新产品、新发明不断交流反馈，从而获得更有广泛市场竞争力的创新成果[②]。

在知识社会环境下，科技创新活动作为钱学森开放的复杂巨系统的特征更为显著。在开放的复杂巨系统的科技创新活动中，一方面，任何一个研发主体将其需要的全部技术由自己开发都是困难的，而且是没有必要的，科技创新活动的跨领域跨区域跨国界合作以及衍生的国际范围相关主体的彼此依存，正在增加人类可获得的潜在利益。另一方面，知识社会与信息技术快速发展，加速了经济社会形态的演化，传统意义的实验室的边界以及创新活动的边界正在逐步消融，创新范式正在嬗变，大规模生产时代以生产为中心的创新模式正在演进，其中一个方向是向以开放交互为基础、以人为本的创新模式转变，而开放流动属性下科学技术知识得以不断复合与融合，科技创新的复杂涌现特性为此提供了新的机遇。2006 年 11 月欧盟启动的 Living Lab 网络创新探索较早展现了这种变化的一角。Living Lab 欧盟探索被认为是欧盟"知识经济"中最具激发性的模式之一，这种以信息通信技术为依托，广泛链接各类主体，以用户为中心的创新是 Living Lab 研发推广新产品、新技术应用乃至构建社会创新基础设施的根本出发点。每一个 Living Lab 从建立之初就是在 Living Lab 网络上分享信息和经验的一个节点，跨境项目可以很容易与其他 Living Lab 共同发起。近年来，全球范围 Living Lab、Fab Lab（个人制造实验室、创客），以及我国 AIP（"三验"应用创新园区）等典型创新 2.0 模式不断涌现，渗透领域不断扩展，创新机理演化加快。这些新模式既是新技术经济范式下科技创新要素开放流动的产物，也是新型科技创新的重要载体。这些载体对科技创新要素的获取与分享没有地域的约束，对于创新产业发展，改进人民生活福祉，提升国家综合实力都具有极大的推动作用。

专栏 4-1　Fab Lab 的开放与交互创新

Fab Lab 即微观装配实验室（Fabrication Laboratory），是美国麻省理工学院（MIT）比特与原子研究中心发起的一项探索。

Fab Lab 是一个快速建立原型的平台，用户通过 Fab Lab 提供的硬件设施以及材料、开放源代码软件和由 MIT 的研究人员开发的程序等来实现他们想象中产品的设计和制造。每个 Fab Lab 的开发过程、创新成果并非是独立的，而是在整个 Fab Lab 网络中通过各种手段（如视频会议）进行共享，这是 Fab Lab 开放创新的要诀。Fab Lab 开发的全过程需要有技术文档记录，以方便知识与创新的传播和分享。

[①]　日本通商产业省编.产业科学技术的动向与课题：面向全球技术共生[M].北京：中国环境科学出版社，1998：51.

[②]　日本通商产业省编.产业科学技术的动向与课题：面向全球技术共生[M].北京：中国环境科学出版社，1998：51.

　　每一个 Fab Lab 会配置一台或多台个人计算机，这些计算机用来整合实验室中的其他工具。此外，为了向 Fab Lab 用户群提供封装好的工具，MIT 媒体实验室的草根创新小组（GIG）提供了"罗汉塔"系统。"罗汉塔"由若干不同的基本功能模块构成，用户可以利用"罗汉塔"开展自己的实验活动，而且也能构建自己的工具。"罗汉塔"系统本身就是一个集中体现 Fab Lab 研究和实践活动精神的例子，即"利用 Fab Lab 设备制造出的新的 FabLab 设备"。

　　2001 年第一个 Fab Lab 在美国波士顿建立，第一间 Fab Lab 由美国国家科学基金会（NSF）拨款建造，这种创新模式很快向全球扩散。第一家国际 Fab Lab 建立在哥斯达黎加，之后，挪威、印度、加纳、南非、肯尼亚、冰岛、西班牙和荷兰等国先后建立了遵循类似理念和原则的实验室。

　　Fab Lab 倡导用户根据当地自然条件展开全流程创新活动，例如 Fab Lab 模式在挪威的不同自然条件下催生了若干无线通信应用以方便用户。同时在 Fab Lab 中产生的发明都具有被商业化的潜力，Fab Lab 基金投资机构用多种组合投资，包括 micro-VC 方法加速其商业化。

　　什么将成为人类实现创新的下一个支点呢？Fab Lab 的理论与实践为我们勾勒出一幅值得期待的图景。

资料来源：核心内容改编自宋刚等.Fab Lab 创新模式及其启示[J].科学管理研究，2008(6)：1-4。

4.1.2　科技创新要素全球配置的多种形态开辟了技术贸易发展空间

　　科技创新要素内在的开放流动属性，为全球配置科技创新要素提供了内在动力。经济全球化与科技全球化程度加深，尤其是创新 2.0 时代的来临，为全球配置科技创新要素带来更多更大的可能性。

　　20 世纪中后期以来，经济全球化与科技全球化是给全世界带来越来越广泛、越来越深刻变化的主要力量。经济全球化"成为生产要素在全球范围的广泛流动和实现最佳配置的过程"，科技全球化促使"科技发展的相关要素在全球范围内进行优化配置"，以及"技术和技术创新能力大规模跨国界转移"[①]，为科技创新要素全球配置开辟了更多更大空间。在科技创新要素开放流动属性的牵动下，经济和科技全球化及其深化，甚至包括在这进程中某些国家某些领域逆全球化的活动，都极大丰富科技创新要素全球流动与配置的实现形式。科技创新要素中，包括科学与技术知识、人与组织、科技资金、科技设施与条件、信息等要素及其组合，呈现出显著的全球配置与多形式实现特征，各类技术贸易由此丰富了自身的实现形式。

　　1. 从无偿到有偿，科学技术知识以多种方式进行全球流动和配置

　　科学技术知识的全球流动配置是科技创新要素全球配置的核心，以参与方对其经济权益要求的角度进行分类，从无偿到有偿可以分为四大类别，包括：国际科技交流、

---

① 　江小涓等.全球化中的科技资源重组与中国产业技术竞争力提升[M].北京：中国社会科学出版社，2004：1。

技术援助、本国技术的跨国商业化、技术贸易(即技术知识跨国交易)。其中每一类别又有多种具体形式,且彼此交互影响。

(1) 国际科技交流

国际科技交流是无偿的科学技术知识全球流动方式,同时也为科学技术知识以资源形态进入配置环节奠定基础。国际科技交流主要包括：国际科技会议、交换科技情报、资料和仪器样品;举办国际科技展览会、培训、合作研究;出国访问、考察和工作交流等,纳入统计的主要有科技考察访问、国际科技会议、合作研究、培训、国际科技展览会及其他。国际科技交流过程中,参与主体的科学技术知识得到共享或转移,为通过科技创新实践获得其价值的市场实现打下基础。也就是说,如果存在相关的市场需求,无偿的科学技术知识全球流动可以为后续技术知识产品化、商业化奠定基础。各主体在无偿的国际科技交流中发现合作契机、互补关键点,为推进技术知识及其市场实现提供深度了解、精准合作及针对性贸易。

21 世纪以来,全球范围的国际科技交流合作越来越频繁和深刻,我国参与国际科技交流的频次与深度均有显著增加。2005—2018 年,在可统计的国际科技交流中,我国参与数从 34 961 项增长到 183 473 项,年均增长 13.57%,其中出国交流从 19 132 项增长到 122 776 项,年均增长 15.37%,高于来华交流增长的 10.81%,如图 4-1 所示。同时在所有国际科技交流中,出国交流增速较快,出国合作研究增速最快,达到 18.17%[①]。显示我国以更加积极的态势参与国际科技交流。

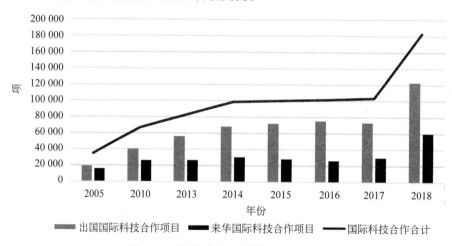

图 4-1 我国参与国际科技交流趋势图

资料来源：中国科技统计年鉴(2019).

(2) 国际技术援助

国际技术援助是促进受援国科技与经济社会发展的重要形式,属于无偿或有一定附加条件、一定优惠条件的科学技术知识全球流动配置方式。它包括：派遣技术人员、

---

① 基础数据来源于国家统计局,科学技术部编.中国科技统计年鉴 2019[M].北京：中国统计出版社,2019年,经计算获得。

专家到受援国提供技术服务;帮助受援国培训科技人员;提供奖学金,接受受援国留学生;提供物资和设备,帮助受援国建立科技馆、技术推广平台等①。在国际技术援助活动中,相关主体的科学技术知识得到共享或转移,并为寻找和发现市场需求,形成技术成果并实现商业化奠定基础。在国际舞台上,中国曾更多作为技术援助受援国,从国际组织,以及以色列、德国、美国等获得过难能可贵的技术学习与技术能力提升机会,近年更多是以技术援助输出国的角色,在"一带一路"沿线、东盟、拉美等地区开展国际科技活动。近期发达国家贸易保护主义兴起,深入挖掘国际分工贸易中的技术援助作用,持续推进技术援助,成为活跃国际科技活动,加速科技创新要素全球流动与配置更为重要的一种形式。

（3）本国技术的跨国商业化

本国技术的跨国商业化,是科学技术知识全球流动配置走向有偿的重要类型,有两种突出的表现形式,一是跨国专利申请,二是高技术产品进出口。跨国专利申请,目的是成为专利申请国的专利权人,为在未来占领专利申请国的市场奠定基础。专利获批,该技术即在专利保护的地域成为私人资产受到保护,其他主体如需获得、使用该技术需要支付报酬。这种形式中,通过进出口活动,携带技术实现了技术的跨国商业化。它虽然不是以技术为标的物的直接技术贸易,但蕴含其中的科学技术知识进行了跨国转移与配置,事实上属于广义的技术贸易。

20 世纪中后期以来,本国技术的跨国商业化快速发展,科学技术知识的全球流动与配置加速。一是全球范围的跨国专利申请明显增多,显示全球科学技术知识流动明显加快。一项有关经济合作与发展组织（OECD）国家本土专利、非本土专利（是指外国发明者在本国申请的专利）、外部专利（是指本国发明者在海外申请的专利）的趋势统计表明,20 世纪 80 年代中后期开始,外部专利、非本土专利与本土专利相比,前两者出现非常显著的较快增长。其中,外部专利在 1985—1995 年为 13.3％ 的年均增长率,非本土专利为 9.3％ 的年均增长率,以上两项显著高于本土专利 2.7％ 的年均增长率②。21 世纪以来,OECD 有关三方同族专利的统计显示,全球三方同族专利申请每年均在 5 万件以上,部分年份超过 6 万件,持续保持较高水平。其中,我国是增幅最快的国家,从 2000 年的占比 0.2％,快速增长到 2017 年的占比 8.1％③,如图 4-2 所示。显示 21 世纪以来,全球科学技术知识流动配置一直保持较高水准,我国参与全球科学技术知识流动与配置的深度在显著增强。二是高技术产品进出口快速增长。联合国贸发会议（UNCTAD）的一项统计显示,高技术产品出口占世界出口的比例从 1976 年的 8％ 上升到 2000 年的 23％。1985—2000 年,在所有产品中,信息通信技术

---

①　俞剑平. 全球经济合作学[M].杭州:浙江大学出版社,2001:99.

②　[挪]詹·法格博格,[美]戴维·莫利,[美]理查德·纳尔逊.牛津创新手册[M].北京:知识产权出版社,2009:316.

③　OECD 数据库.

产品的出口年增长率是最高的[①]。近 20 年来，尽管国际局势风云变幻，全球金融危机、中美贸易摩擦等多种不确定因素先后出现，我国高技术产品进出口仍保持持续较快增长，其中，计算机与通信技术、电子技术等领域的贸易增长显著高于其他领域。我国高技术产品进出口贸易总额从 2000 年的 895.5 亿美元，快速增长到 2018 年的 14 085.65 亿美元，年均增长 16.54％，共增长了 14.73 倍，其占商品贸易的比重已经达到 30.5％[②]，如图 4-3 所示。

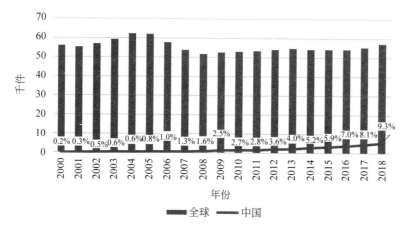

图 4-2　全球三方同族专利保持较高水平，中国占比显著增长

资料来源：OECD。

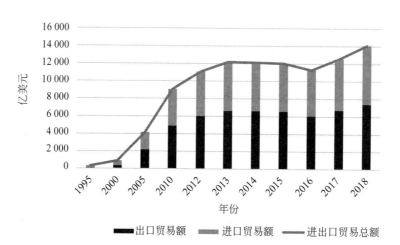

图 4-3　我国高技术产品进出口持续较快增长

资料来源：中国科技统计年鉴 2019。

①　［挪］詹·法格博格，［美］戴维·莫利，［美］理查德.纳尔逊.牛津创新手册［M］.北京：知识产权出版社，2009：315.

②　国家统计局、科学技术部.中国科技统计年鉴 2019［M］.北京：中国统计出版社，2019，经计算获得.

（4）技术贸易

技术贸易是以无形的技术知识为标的物开展的跨国交易活动，是典型的有偿的科学技术知识跨境流动配置方式。参与技术贸易的各主体在完成跨国的新技术、新产品、新发明多种形式交易时，科学技术知识在相关主体中得到共享或转移，这是市场需求与知识内在开放流动属性进行匹配，由此产生的利益及潜在利益。技术贸易形式除许可贸易、技术服务与咨询、特许经营之外，较多呈现融入其他类型经济活动中的共生形态，包括与合作生产、工程承包、国际 BOT 相结合的技术贸易，并含有知识产权和专有技术许可的设备买卖，国际直接投资与国际并购中的技术转让、授权等，以及随信息通信技术与创新形态而快速发展的数字服务贸易、ICT 服务贸易，电商机制下的技术贸易新形态，创新 2.0 模式下的无国界技术学习与贸易等。

技术贸易因交易标的物是无形的技术知识，且这些技术知识有较多是融合在其他经济活动中实现的，因此不易有相对完整准确的统计，国际通行的国际技术收支数据我国也没有真正纳入统计。但从我国登记的技术市场跨境成交情况看，我国技术贸易增速仍是显著的，跨境的科学技术有偿流动与配置较为活跃。以技术向境外输出为例，2010 年在技术市场登记的技术输出中，跨境合同数为 1 098 项，金额为 277.20 亿元人民币，2018 年为 2 535 项，金额为 560.18 亿美元，年均分别增长 11.3%、9.19%[①]，高于这一时期的经济发展速度。

许可贸易是非常重要的技术贸易形式，也是科学技术知识跨国流动、共享与配置优化渠道非常清晰的一种类型。许可贸易可分为专利许可、商标许可、计算机软件许可和专有技术许可等形式。从我国情况看，21 世纪以来，许可贸易增长较快，在我国技术贸易中的占比持续提高。以技术引进中的许可贸易变化为例，2006 年各类许可贸易合同金额合计 94.52 亿美元，占全部技术引进合同金额的 42.83%；2014 年为 193.38 亿美元，年均增长 9.36%，占比增加到 62.15%；2018 年为 239.44 亿美元，与 2014 年相比，年均增长 5.49%，增速较 2006—2014 年降低，但占比增加到 79.44%[②]。

适应数字经济与服务经济的新型技术贸易形式近年发展较快。2016 年数字产品贸易几乎贡献了全球 22.5% 的经济增长，因此技术知识全球流动配置速度、强度均不容忽视。UNCTAD 的一项统计表明，近 10 年来，全球经济相对低迷期间，数字服务贸易与 ICT 服务贸易增速显著，其中我国增速最快、占比明显提升。这说明：以 ICT 技术与服务承载的技术知识能够持续较快在全球流动与配置，给更多国家（地区）带来更多利益，我国参与技术知识流动与配置的水平也明显提高。全球数字服务贸易产值 2005 年为 11 794.3 亿美元，2018 年达到 29 314.0 亿美元，增长了 1.49 倍；ICT 服务贸易 2005 年为 1 750 亿美元，2018 年达到 5 682.5 亿美元，增长了 2.25 倍。我国在这两类技术服务贸易中的占比也在显著增加，在全球数字服务贸易中，我国占比从 2005 年的

---

①　国家统计局，科学技术部编.中国科技统计年鉴 2019［M］.北京：中国统计出版社，2019，经计算获得。由于多种原因，在技术市场登记的技术向境外输出数明显低于实际数，此处是同口径的比较。

②　国家统计局，科学技术部编.中国科技统计年鉴［M］（2006—2019 年各有关年份）.北京：中国统计出版社 2006—2019 年，每年鉴抽出 1 个数据，经计算获得。

1.5%提高到 2018 年的 4.5%；在全球 ICT 服务贸易中，我国占比从 2005 年的 1.3%提高到 2018 年的 8.0%[①]，如图 4-4 所示。

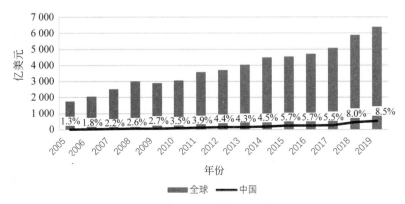

图 4-4　我国占全球 ICT 服务贸易出口额增进情况

资料来源：UNCTAD。

2. 从科技人员到科研组织，科技创新主体全球流动配置增强

大量数据表明，无论是科技人员还是各类科技创新组织，参与全球科技流动与配置的程度均在加深。规模巨大的科技人员出国留学或移民；科技人员与科技创新组织全球流动，积极参与国际科技合作交流，开展多种类型的技术贸易等，都是重要的科技创新主体资源全球配置的重要实现方式。

一是科技人员流动加快，参与各类国际科技合作的人员快速增长。科技人员的国际流动是科技创新要素全球配置的重要方式。以我国参与国际科技交流合作人次变化为例，2005 年，据统计我国参与国际科技交流的有 125 247 人次，到 2018 年快速增长到 508 356 人次，如图 4-5 所示，年均增长 11.38%[②]。在纳入统计的国际科技交流中，一年 50 万人次参与，加之更广泛的未纳入的跨国科技交流，带来的科学技术要素从知识到技术成果国际流动，效应是巨大的。二是近年多国加大科技人才引进力度，加速科技人才资源全球配置。美国、澳大利亚、德国和英国等通过技术移民制度吸引高技能人才；韩国和马来西亚等对高层次人才给予补贴或税收优惠；新加坡和印度设立国家猎头，全球搜寻高科技人才。近期在贸易保护主义抬头的背景下，各国对科技人才的争夺进一步加剧。英国 2019 年 9 月改革放宽签证限制，鼓励优秀留学生在英国发展，2019 年 12 月，鲍里斯获连任后宣布，英国脱欧后将取消英国杰出精英签证每年 2 000 人的配额限制，吸引顶尖科学家来到英国工作，引导更多特别优秀人才移民英国。德国 2019 年 6 月通过《技术工人移民法案》，2020 年 3 月 1 日生效，吸引欧盟以外技术人才。三是企业、高校科研单位、新型科技研发与创新组织等创新主体的跨国科技创新活动日趋活跃，增加了其他类型科技创新要素全球配置的深度与广度。我国高校 R&D 经费对境

① 全球数字服务贸易数、ICT 服务贸易数的基础数据源于联合国贸发会议（UNCTAD）数据库，经计算获得。

② 国家统计局，科学技术部.中国科技统计年鉴[M].北京：中国统计出版社，2019.

外机构支出 2011 年为 2.43 亿元,2018 年上升到 10.1 亿元,年均增长 22.57％。2018
年,在全部规模上工业企业中,有 30.76 万家企业开展了技术创新活动,所占比重为
40.8％。外商投资企业和港澳台资企业创新较为活跃,开展技术创新的企业占比分别
为 51.3％和 51％,均高于内资企业的 39.9％①。企业跨国(境)科技创新活跃,增强了相
关科技创新要素全球配置的深度,也增强了企业竞争力。PCT 专利申请有利于企业认
清技术优势与差距,更有效力在全球范围配置科技要素,完成其经济任务目标。近年
来,经济发展强劲的发达国家(地区)与新兴经济体国家(地区)这一指标均保持增长,我
国 PCT 专利申请量增长速度更快。2005 年我国 PCT 专利申请量只有 2 503 件,2018
年已达到 53 352 件,年均增长 26.54％,成为国际社会仅次于美国 PCT 专利申请量
56 156 件的国家,如图 4-6 所示。

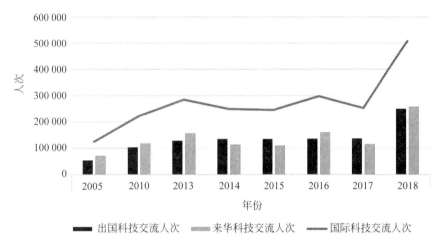

图 4-5　我国国际科技交流人次较快增长
资料来源:中国科技统计年鉴(2019)。

3. 从间接到直接,科技资金的全球流动与配置加快

科技资金全球流动配置有直接和间接之分。从主体来看,在全社会研发投入中,企
业投入、其他机构包括金融资本投入的全球直接流动配置约束较少,而各国政府科技资
金投入只有少量能够跨行政管理区域、跨国界进行配置,近年这类投入因跨国资助、政
府间合作等探索,在一些国家有所增加但总额仍较少。以美国国立卫生研究院(NIH)
的跨国资助为例,美国 NIH 是联邦政府最大的民用科技投入机构,每年 300 多亿美元
研发资助,年度部署中,年均 80％资助 NIH 院外项目,其中海外研发每年有数亿美元,
新设代码为 D43、F05、G11、T37、U2R/U2G 的,是专门针对国际申请者设计的②,同时
在其最重要的资助类别 R01 资助中还有少量支持境外科研机构,但总体仍只占很小比
例。另一种政府科技资金全球配置的形式是政府间合作资助。越来越多国家或地区政

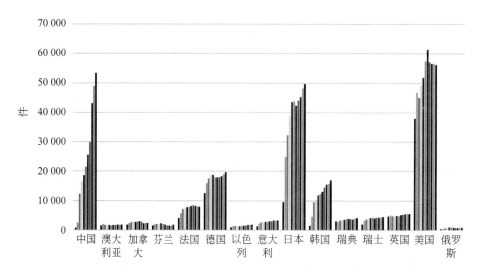

注：每个国家专利申请数量竖线表示的年份(从左至右)分别是：2000年、2005年、2010年、2011年、2012年、2013年、2014年、2015年、2016年、2017年、2018年。

图4-6　主要国家PCT专利申请量增长情况

资料来源：WIPO Statistics Database

府参与政府间科技合作资助。以我国为例，目前我国已与160个国家或地区建立了科技合作关系，与部分国家或地区探索了联合资助。例如我国自然科学基金分别与美国NIH、美国国家科学基金会(NSF)合作资助两国科研人员申报合作项目；国家重点研发计划在总结原国合专项组织实施的基础上，设立"战略性国际科技创新合作"重点专项。2019年，国家重点研发计划"战略性国际科技创新合作"重点专项发布指南，支持经费1.5亿元，并要求各项目的国际出资落实比例应达到30％(含)以上(包括实物出资和现金出资)。通过与其他国家政府资金或其他机构资金合作实现了政府资金跨国资助科技活动。总体来说，各国(地区)政府主体的科技创新资助仍大部分用在本国(地区)科技创新活动中，政府科技资金更多只能借助受其资助的科技创新主体，以及与其合作的其他资金，包括其他国政府资金、企业资金、金融资本等，在知识性的国际科技合作交流、资金性的跨国技术贸易、资本性的跨国并购技术流动中，间接参与全球科技要素流动与配置活动。

　　企业及其他主体投入的科技资金，包括R&D投入、技术贸易支出、新产品进出口支出等，能够更多在全球范围进行直接流动与配置。近20年来，我国"规上企业"(规模以上企业)在技术获取方式中，技术引进经费一直保持在350亿～470亿元之间，显著高于购买国内技术支出，如图4-7所示。2018年，在中国大陆的规上外商投资企业和港澳台资企业R&D经费内部支出保持持续增长，合计2682.78亿元，对大陆境内研究机构及高校支出R&D经费合计181.85亿元；规上工业企业新产品出口中，外商投资企业和港澳台资企业贡献了17 571.87亿元，占全部规上工业企业新产品出口额的比例为51.4％，略高于内资企业；高等院校R&D经费外部支出中，对境外机构的R&D支出达到10.1亿元，占高校全部R&D外部支出的8.72％。企业、高校等创新主体近年不断增多、频繁多样的跨国科技活动投入，显示国际科技流动与资源配置仍在加深加快。

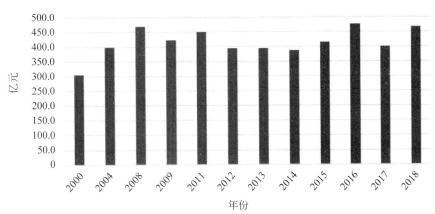

图 4-7　我国"规上企业"引进国外技术经费变化情况

资料来源：2019 年中国科技统计年鉴。

企业国际直接投资(FDI)是科技创新要素全球流动与配置的重要方式。大量研究显示，FDI 有明显的技术溢出[①]。FDI 技术溢出或者说在 FDI 中科技创新要素配置的机制，大致可概括为：外企示范效应；外企带动的关联效应；人员培训效应等。企业对外直接投资(FDI)，同样也是科技创新要素全球流动与配置的重要方式。学者 Kogut 与 Chang 1991 年的一项研究发现，日本在美投资企业主要集中在研发密集型产业，而且多选择合资方式，以获取美国技术为目标[②]。我国学者江小涓研究发现，国内有实力的企业"走出去"，到科技资源密集的地方设立研发机构或高技术企业，是利用国外科技资源的一种有效形式[③]。学者赵伟、古广东和何元庆研究表明，OFDI 带来的科技创新要素流动与配置，主要通过 R&D 费用分摊、研发成果反馈、逆向技术转移和外围研发剥离来实现[④]。

专栏 4-2　国家自然基金委员会与美国家科学基金 NSF 联合资助科学研究

　　根据国家自然科学基金委员会(NSFC)与美国国家科学基金会(NSF)的双边合作协议，2010 年启动双方的联合资助研究。2012 年开始，双方在材料科学、计算机、环境可持续性、生物多样性(含遗传多样性、物种多样性、功能多样性)、组织变革与创新等领域，联合资助中美两国科学家开展研究。

　　① 　最早发现并提出技术溢出的是美国经济学家麦克道格尔(Mac Dougall)，他在分析 FDI 的一般福利效应时提出。见 The Benefits and Costs of Private Investment from Abroad: A Theoretical Approach[J] Economic Record，36，13-35.

　　② 　转引自邹玉娟.发展中国家对外直接投资、逆向技术转移与母国技术提升[J].经济问题，2008(4)：105-108.

　　③ 　江小涓.我国对外投资的战略意义与政策建议[J].中国外汇管理，2000(11)：8-9.

　　④ 　赵伟，古广东，何元庆.外向 FDI 与中国技术进步：机理分析与尝试性实证[J].管理世界，2006(7)：53-60.

　　此类联合研究，要求中美双方合作者应有较好的合作基础和潜力，围绕科学问题开展研究。研究项目执行期一般设定为 3~5 年，每个细分领域每年设立一般不超过 3 个。在资助方式上实行定额补助式，中美双方分别出资。此类项目对项目负责人作出规定，规定要求：

　　（1）中美双方申请人须就合作进行充分沟通协商，分别向 NSFC 和 NSF 提交申请，对于单方提交的申请将不予受理；

　　（2）美方合作者须按照 NSF 发布的项目申请指南中的具体要求进行申报；中方申请人要求正在承担或承担过国家自然基金 3 年期项目；

　　（3）双方申请人须就合作内容及知识产权等问题达成一致，并签署合作协议。

　　此类联合研究目前仍然保持活跃。中美双方科学资助机构建立合作研究机制，就两国共同关心，甚至是国际社会共同关心关注的科学问题持续开展合作研究并取得成效，充分体现了科技创新要素全球流动配置的内在必然，并为更多族群分享科技创新美好成果奠定基础。

4. 从联合研制到开放共享，科技设施与条件全球配置加速

　　科技设施与条件为科技创新提供研究手段和物质技术基础，在一定约束下，更大范围联合开发、开放共享，以及更大范围共用才能焕发其生命力。随着世界各国科技创新活动的日趋活跃，科技设施与条件从联合研制到开放共享，全球配置显著加快。具体分析如下。

　　一是，多主体联合研发、全球采购以及向跨国用户提供开放共享的大科学工程及其他重大科技设施设备明显增多。大科学工程作为多学科、多机构合作研发的实验设施，其复杂程度、经济成本、实施难度、协同创新的多元性等往往超出一国之力，需要国际科技创新合作来实施，由此它也成为世界科技强国利用全球科技资源、提升本国创新能力的重要合作平台。多年来，美、德、法、俄及欧盟等国家（地区）和国际组织积极组织了数十个国际大科学计划和大科学工程，携手解决人类社会面临的共同挑战，推动了国际科技创新和进步。我国近些年来参与了人类基因组计划（HGP）、国际热核聚变实验堆计划（ITER）、国际地球观测组织（GEO）和平方公里阵列射电望远镜（SKA）等国际大科学计划和大科学工程，推动了我国在基础理论研究、重大关键技术突破等方面逐步实现了由学习跟踪向并行发展的转变。与此同时，我国也相继启动建设了同步辐射光源（BSRF）、全超导托卡马克核聚变实验装置（EAST）、500 米口径球面射电望远镜（FAST）等数十个国家重大科技基础设施，为我国牵头组织国际大科学计划和大科学工程积累了经验，奠定了基础。对大科学装置或其他科技设施来说，开放共享既能有效实现其价值又能对其功能进行完善提升，进一步增进这些设施的价值。美国能源部直接将其管理的重大科技基础设施定义为"用户装置"（user facility），79% 的用户来自能源部之外。澳大利亚明确规定，"重大设施应广泛地服务于研究和创新体系，而不仅仅服务于设施的投资机构"[①]。

---

　　① 陈娟，等.重大基础设施的开放管理[J].中国科技资源导刊，2016(7)：6-13.

二是,各国对作为重要科研条件的生物种质资源及科学数据,在开发、开放共享方面有一定的约束,但难以阻挡其内在的开放共享属性。与其他科技设施、条件的性质一致,生物种质资源及科学数据同样具有多方使用才能更好挖掘其价值的特征,但由于它们还具有其他属性,例如生物种质资源涉及区域遗传秘密,科学数据涉及某些区域领域的隐私安全等,各国对它的开发、开放与共享利用都较为谨慎,需要处理好保护与共享利用的关系。这两种科技要素的开放流动受约束,不是基于它们本身的流动缓慢属性,而是人为设限。因此,即使是在各国政府多重约束限制下,生物种质资源、科学数据仍能以多种方式泄露、超出限制地扩散,这是科学技术流动开放性属性的自然诉求体现,应成为这一领域公共政策取向应关注并解决的问题。

三是,不同类型的科技基础设施与条件,包括专用、公共、公益科技设施等,适用于不同的开放共享方式。对于专用研究设施,共享主要体现在建立合作组(往往是国际合作组)进行科学数据共享和协作研究。例如,我国大亚湾反应堆中微子实验是一个以我为主、多国参与的重大国际合作项目,按照国际惯例,成立了国际合作组,设施获取数据在合作组内共享,开展协同研究,于 2012 年发现了一种新的中微子振荡,震惊了国际物理界。对于公共实验设施,它属于为多学科研究提供强大研发平台的设施,受其开放机时和条件限制,需要对申请者进行较严的评审。这类设施用户广泛,用户产出成果的能力直接反映了设施的建设水平以及开放共享的成效。对于公益科技设施,其特性决定了设施本身即可获得海量的数据,根据权限的不同,可分为完全开放、部分开放、有偿开放等[①]。同时,现代信息技术发展为这些科技设施与条件实现开放共享提供了有效手段和方法。比如,美国国家强磁场实验室(NHMFL)通过其门户网站为用户提供实验申请和数据共享服务,用户可以看到自己的实验安排,而且对设施所有时段的实验安排均可查看,体现了 NHMFL 开放共享的公平和透明。此外,实验室还要求用户及时反馈在磁体和系统上取得的实验成果,实现成果的对外开放共享。为鼓励更多的用户使用美国国家强磁场实验室的磁体和设备,实验室设立了首次用户支持计划和访问科学家计划,吸引用户来此开展工作并给予荣誉。

4.2　科技创新要素全球流动和配置呈现新特点

4.2.1　与国际贸易范式变化结合,全球流动配置迈入新阶段

国际贸易是各类可贸易要素全球优化配置的关键性桥梁。在知识经济社会中,各国科技创新需求显著增长,全球范围寻求高水平科技创新要素的动力明显增强。同时,快速发展的数字经济及其深度作用下的全球价值链分工,带来国际贸易范式新变化,为各相关主体精准辨析、挖掘科技创新各要素包括细分要素的核心优势,有效地将科技创新要素各种优势配置到需求各方奠定基础。在这个过程中,科技创新要素全球配置的深度及其影响力得到增强。

① 陈娟,等.重大基础设施的开放管理[J].中国科技资源导刊,2016(7):6-13.

20 世纪 90 年代以来,全球价值链快速发展,改变了国际生产体系与模式,改变了传统国际贸易的国际分工基础,带来了新国际贸易范式的兴起。对于这种变化,各国及相关各界虽然在国际分工性质的认识上有一定差异,例如,有学者认为这是以要素分工为基础的新国际贸易,指出各国目前是以要素优势而不是产品优势参与国际分工、国际竞争和国际合作[①];有学者将这种新型国际分工称为产品内国际分工[②]、价值链分解[③],以及垂直专业化、生产分离等,由此带来对当今国际贸易内容、贸易重点、公共政策着力点等一些认识差异,但全球价值链分工代表的国际生产新趋势,以及国际贸易发展的新基础已渐获共识。从本质来看,不同于传统的国际贸易对资源禀赋的要求,基于全球价值链分工的国际贸易,其核心要义是高度专业化[④]。世界银行在其《2020 世界发展报告:在全球价值链时代以贸易促发展》中指出,高度专业化能够提升效率,在埃塞尔比亚,参与全球价值链的公司的生产率是参与标准贸易的类似企业的 2 倍多,并表示其他发展中国家也有类似的显著增长。显然,在新的国际贸易范式下,企业或其他组织在全球价值链分工下竞争,需要精确找出自身核心优势,做到高度专业化,以此寻求对自身最有利的分工位置。新的生产技术,以及各有关组织的科技创新,总体来说能够增加其高度专业化的实现程度,增加它们的竞争优势,甚至催生全新的贸易商品和服务。对这些主体来说,科技创新要素全球流动与配置的需求变得特别迫切。

另外,在全球价值链分工背景下,世界各国不同程度卷入到全球的价值关联中。世界银行 2015 年的一项研究显示,世界各国不同程度参与了全球价值链关联,北美大陆、日本、欧盟、北欧主要国家创新活跃,价值链关联度高。包括中国、韩国、印度、其他东南亚国家、部分中亚国家等,较深地介入先进制造与服务的全球价值关联中,只有极少数国家(主要分布在非洲)处于低参与度状态。同时,尽管发达国家、优势企业更多处于高附加值的价值链环节,处于微笑曲线的两端,发展中国家、低水平企业更多处于低附加值的加工制造等价值链低端,然而,由于全球价值链分工,各主体在贸易中更关注价值链各个环节上的优势主体,价值链各环节上的优势主体未必都是发达国家、优势企业,发展中国家、较低水平企业在一些具体环节上也存在核心优势,从而在这些环节的国际贸易中占据有利位置,并可能通过向贸易方学习,获取技术外溢,逐步向价值链更高环节攀升。在新的国际贸易范式下,能够维护或增加其竞争优势,维护或提升其价值链分工位置的要素,成为各类主体争夺的核心所在。生产技术以及相关的科技创新各要素,是生产要素中的最大变数,也是影响各主体价值链分工位置改变的最大变数,各主体对其的迫切争夺,为这些科技创新要素内在的流动开放属性及其价值增值开辟了发展空

① 张二震,戴翔.关于中美贸易摩擦的理论思考[J].华南师范大学学报(社会科学版),2019(2):62-70.

② Arndt S.Globalization and the Open Economy[J]. North American Journal of Economics and Finance(1),1997:71-79.

③ Krugman P R. Growing World Trade: Causes and Consequence[R]. Brookings Papers on Economic Activity, 1995.

④ World Bank Group Flagship Report. Trading for development in the age of global value chains.

间。因此,近年科技创新要素全球流动频率加快,全球配置实现形式增多,成为国际社会较为突出的趋势之一。

4.2.2　受科技与产业范式变革驱动,全球流动配置动力更为强劲

20 世纪末 21 世纪初,尤其是 2008 年全球金融危机以来,新的技术革命初露端倪,以信息通信技术(ICT)为基础的新技术—经济范式开始形成,这是一种库恩式的"范式",它界定了"正常的"创新实践模式与界域,在这一套技术的扩散期,会逐渐对各类主体产生影响,并对遵循这些原则的主体许以成功。[①]这种被英国著名演化经济学家克里斯托夫·弗里曼称为"元范式"(meta-paradigm)的变迁,近 20 年来,越来越深刻地影响全球经济社会各个层面,带动一整套完整的社会—制度框架(socio-institutional framework)重构[②],科技创新要素全球流动与配置的动力得到更多释放。

当前,科技创新与产业发展的范式变革正在加速。它有三层内涵。一是以 ICT 为基础的技术—经济范式(元范式)带来的,包括科技创新革命性变化在内的一整套新规则和新惯例的加速发生。科学发展进入新的大科学时代,"小科学"的突破式创新也因技术基础设施优化更易实现;前沿技术正在形成多技术群相互支撑、齐头并进的链式变革,科技创新各要素多元深度融合,人—机—物三元融合加快,带来经济社会领域逐渐发生革命性变化。二是作为科学思维与科学习惯展现的范式正在科技创新与产业变革的领域兴起变革。大数据与智能化逐步成为新的科学研究范式,科研体系向"开放科学"转型,新一代人工智能技术加速发展,与大数据、物联网、增强现实(AR 技术)、区块链等技术相互促进,有望成为产业发展的技术基点。产业的范式革命也正在到来,产业结构、产业组织形态、产业创新模式受到网络化、智能化的系统改造,颠覆性创新以革命性方式对传统产业产生"归零效应",全球产业格局与竞争格局正在重塑,科技创新各要素都更深地介入到这种范式变迁中。三是作为用成功经验的工具或模式来展现的范式,在科技产业变革获得爆发性发展的背景下,不断被复制,并应用到更多领域,加速了科技创新要素全球配置,并带来更多配置形式、内容、结果。从工业革命以来的科技与产业变迁经验看,科技创新与产业发展的范式变革,将成为加速科技创新要素流动配置,重塑全球实力格局的契机。

从动力机制形成上看,在没有范式革命的常态时期,科技创新要素全球配置主要来源于它自身的开放流动属性、各相关主体对其全球流动配置的需求程度,以及科技创新得以更好发生的规律性要求。在全球范围的范式革命逐渐拉开帷幕的时期,这种动力机制发生了变化。

变化之一是激励其加速流动配置的力量与约束其正常流动配置的力量同时在增强。相关主体不同程度意识到范式变革正在带来的现实与潜在影响,更加重视从科技

---

① ［英］卡萝塔·佩蕾丝.技术革命与金融资本——泡沫与黄金时代的动力学[M].北京:中国人民大学出版社,2007: 14.

② ［英］卡萝塔·佩蕾丝.技术革命与金融资本——泡沫与黄金时代的动力学[M].北京:中国人民大学出版社,2007: 2.

创新要素全球流动与配置中获利。一方面，这些主体不断创新获取科技创新要素的手段，增强各种激励，全球范围抢夺科技人才与科技创新组织、引入更多跨国科技资金与科技设施等，并在产业价值链关键环节的科技创新要素配置上耗费大量精力进行争夺。例如，美国、澳大利亚、德国、英国、韩国、马来西亚、新加坡、印度等国制订了科技人才争夺计划，我国也先后出台了"千人计划""万人计划""创新人才专项""杰青"等人才支持扶持计划等。即使国际贸易局势风云变幻，但有意愿参与全球技术贸易的企业仍层出不穷，全球技术贸易与高技术产品贸易总量增加，跨国公司跨国并购速度加快。2019年国际贸易统计显示，在2018年贸易紧张和经济政策不确定性急剧上升的背景下，与技术贸易直接关联的计算机服务出口增长17%、信息与通信技术服务出口增长15%，均大大超过2018年全球贸易3%的增长速度。这种对科技创新要素流动的迫切需求一定程度能够加快其流动与配置速度。另一方面，范式变革带来的格局调整巨大可能性和技术产业走向不确定性，使得某些主体借助其技术优势或其他要素优势，保护主义抬头，在国际科技交流、国际贸易、投资甚至人才领域构建多种约束条件，限制科技创新要素自由流动与配置，强化对本国技术垄断优势的保护。例如，在中美、日韩贸易摩擦中，高技术产品出口管制成为发达国家的重要制裁手段；美国、德国、英国以及欧盟均加大外资审查力度，限制外资对本国优势企业投资；英国和德国等发达国家通过完善签证、移民制度加强了对国际人才争夺，与此同时，我国人才回流计划遭遇来自美国的阻力[①]。综合来看，激励争夺与约束阻止的力量此消彼长，如果势均力敌，则科技创新各要素自身的开放流动属性激发程度如何或成为其全球配置能否实现的最大可变因素，而从政策面来看，这种情况关注度远不够。

变化之二是范式变革带来和即将带来的科技创新要素全球配置方式、内容、组合、结果的新变化，对全球产业链分工中不同位置的各主体来说，不可预测性显著增多。在范式变革的这种影响下，各主体无论是正向激励还是反向约束，能够有效发挥作用的偏少。这种范式变革带来的或长或短时间自由放任，将是各主体在范式变化快速阶段最终不得不采取的态度。因此，科技创新各要素在这一阶段的全球配置更多是遵循市场规律、科技活动规律、全球价值链分工需求与要素本身的开放流动属性情况。这个时间窗口能够持续多长时间难以预测，一旦相关主体找到激励或约束的路径与方法，这个时间窗口就不再存在。

4.2.3　制约能力不足，科技创新要素全球配置继续加速

全球价值链分工、科技创新与产业发展的范式变革，增强了科技创新要素全球配置的市场需求、动力释放方式与渠道，科技创新要素内在开放流动属性在创新2.0下更加强劲。从演化规律来看，制约要素全球配置的客观因素实际受到削弱。同时，各国政府与各国经济影响和控制科技创新要素全球配置的能力，多方作用此消彼长，中长期来看，影响和控制能力受到削弱。

---

① 赵志浩、卢志勇.国际技术溢出：获取路径与对策探讨[J].国际经济合作，2020(1)：78-89.

1. 知识产权约束科技创新要素开放流动配置的作用没有增加反而缩小

包括专利在内的知识产权是保护科技创新,防御技术产品市场受到掠夺,通过授予技术产品拥有者一定时期的"独占"权,同时鼓励拥有者公开研发创新成果,进而推广应用的一种制度。它对科技创新要素流动与配置的影响,主要通过保护或激励科技创新要素的产品化(含产品与形成某领域产品的方法)及其市场实现达到目的。

在国际贸易视角下,世界贸易组织的《与贸易有关的知识产权协定》(TRIPs)是迄今为止对各国知识产权法律和制度影响最大的国际条约。其中对技术贸易影响尤为突出的是,计算机软件和数据文件进入专利保护,保护期为 50 年;过程技术进入专利保护,如发生争执,被告方需出示证据证明该产品的生产过程不同于被专利保护的某项过程技术[①]。上世纪 90 年代以来,各类贸易协定数量整体上呈现数量的增加,如图 4-8 所示。学者 Shin 等发现,知识产权扮演贸易壁垒的角色,会阻碍发展中国家向发达国家出口,促进发达国家向发展中国家出口[②]。随着国际贸易进出口总额中产品、服务贸易的技术进出口含量日益增多,知识产权壁垒逐渐成为非关税壁垒的主导形式之一。我国商务部的一项调查显示,我国每年约有 70% 左右的外贸出口企业遭遇到国外技术型贸易壁垒限制,其中大多与知识产权有关。2017 年以来,尤其是 2018 年以来,以 2018 年 3 月 22 日,美国宣布对中国征收 500 亿美元的关税并采取其他惩罚措施为标志正式拉开帷幕的中美贸易战中,知识产权扮演着至关重要的角色。为此,国内各界从不同角度探讨如何突破知识产权壁垒的问题,强调要更加重视知识产权布局,更加重视知识产权价值交易与运用,力图化解与知识产权壁垒相关的危机。

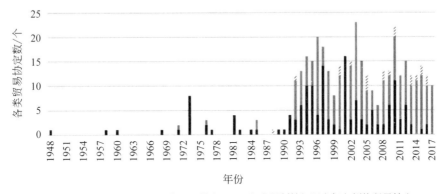

图 4-8　1994—2018 年贸易协定签署情况

知识产权在贸易领域的约束与影响力,源于它对技术产品或方法持有人的法律赋权。它的约束直接影响科技创新要素在贸易活动中的流动配置自由,以及所带来巨大

---

① 张卓元,房汉廷,程锦锥.中国经济体制改革 40 年[M].北京:经济管理出版社,2019:323-324.

② 钱馨蕾,孙铭壕.知识产权条款对全球贸易格局的影响[J].社会科学.2020(2):60-73.

的现实与潜在利益。

分解知识产权对科技创新要素全球流动配置的约束发现以下几个方面问题。

一是它对于非贸易形态下的科技创新要素流动的约束力非常有限。知识产权主要对科技创新要素产品化或商品化产生约束。大量的科技创新要素流动配置如果没有进行产品化或商品化，不发生经济交易，就难以真正用知识产权进行约束。也就是说，非经济（现金、资本等）交易的、种类丰富的国际科技交流合作，大多数情况下不能用知识产权约束。即使是合作研究，这种非常靠近有经济交易（技术贸易）的一种国际科技交流形式，也仅是双方或多方在商议确认知识产权事宜后开展合作研究，只要知识结构与研发需求互补互助并且迫切，无论其他主体如何限制，合作研究都会以各种形式继续，科学技术知识得以自由流动与优化配置。以我国开展国际合作研究的年度变化为例，在可统计的国际科技交流中，国际合作研究从 2005 年的 5 811 项增长到 2018 年的38 160 项，年均增长 15.58%，高于国际科技交流 13.57% 的平均增长率。其中，出国国际合作研究年均增长最快，从 2005 年的 2 341 项，增长到 2018 年的 20 507 项，增长率达到 18.17%，如图 4-9 所示。而国际合作研究，尤其是有企业参加的国际合作研究，是合作双方深入了解，形成技术知识产品并开展技术贸易活动的重要基础。

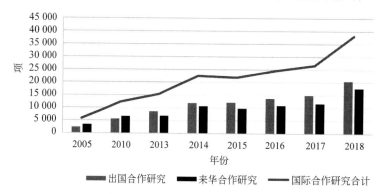

图 4-9　我国开展国际合作研究持续增长情况

资料来源：中国科技统计年鉴(2019).

二是知识产权对贸易形态下的科技创新要素流动的约束力能够进一步分解，其中一些产业、一些技术领域受知识产权约束偏弱。20 世纪 80 年代的"耶鲁调查"、CMU调查等均表明，专利权保护在不同产业中的效力是不同的。"耶鲁调查"显示，计算机领域专利权保护只有 3.43，药品制造领域达到 6.53，差异较大，最高值为 7[①]。换句话说，从产业自身演进规律来说，存在一些高技术产业领域，因其产业技术特点，知识产权约束力能够得到更大程度化解。当然，它也由此形成另一种公共政策，即对于知识产权约束力较弱而其技术对产业竞争力、国家竞争力影响甚巨的领域，政府表现出强烈意愿介入并增强其约束力，人为改变其产业技术发展规律。而这种公共政策常常是极端的，公共政策技巧如有失误，就可能带来本地区产业技术发展的减缓甚至倒退。大量调查发

---

① ［美］乔治·戴,保罗·休梅克·沃顿.论新兴技术管理[M].北京：华夏出版社,2002：199-200.

现,知识产权仅在某些领域、某些关键技术环节、一定时期中的某些涉及国家安全的关键技术知识的流动上,因有关主体附加条款而拥有强约束力,而在其他方面,可以通过许可交易付费等,获得贸易伙伴的技术转移。

三是即使是在知识产权拥有强约束力的某些领域、某些关键技术环节,甚至是政府增强其约束力的情况下,也能借助技术路径调整、技术迭代与颠覆性创新展露的契机,以跨国并购、标准创新等手段,加速科技创新要素流动配置,将知识产权约束力进行一定程度的解除。20 世纪以来,通过技术迭代与颠覆性技术创新应用破除知识产权约束的案例层出不穷。液晶电视对显像管电视的替代,促使原显像管电视时代的大量知识产权报废;柯达公司借助数码冲印颠覆性技术应用最终一举击败富士、乐凯、柯尼卡等企业,之后它又因数字成像技术的迟于应对而于 2012 年申请破产,原有的大量知识产权保护没有能在颠覆性创新中发挥其保护作用。同时,即使没有技术迭代与颠覆性技术创新,在知识产权约束力较强的细分领域也有大量打破知识产权约束的案例,例如商用大型客机欧洲空客通过技术路径调整研发策略研制成功,并与美国波音、麦道公司竞争抢下较多市场等;制药巨头辉瑞制药在 2009 年面临专利悬崖时以 680 亿美元并购惠氏公司,获得大量专利并成功保持其产业领先权。我国维信诺企业在 AMOLED 领域具有一定程度的国际话语权,是抓住技术迭代与颠覆性创新契机,突破显示领域 OLED 日韩知识产权约束完成的,正在为消费类电子、医疗仪器、工控仪表等提供越来越多的服务,并引领开启"泛在屏"时代。

专栏 4-3　抓住机遇突破知识产权约束,获得显示技术部分话语权

——维信诺企业的 AMOLED 之路

OLED 被认为是继 CRT 和 LCD 之后的下一代显示技术,在可穿戴设备、智能手机、智能家居等多个领域有广泛应用,能够促进多方面技术变革。在万物互联时代,作为"泛在屏"重要的交互载体,拥有广阔的市场前景,是显示产业"兵家必争之地"。

维信诺,这个前身为清华大学 OLED 项目组,2001 年成立的企业,坚持深耕 OLED 领域 20 多年。从基础研究、中试生产再到大规模量产都立足于自主,掌握了高可靠性柔性改版技术、On-Cell 技术工艺、COP 封装技术等 OLED 关键技术,拥有 3 000 多项与 OLED 相关的关键专利,特别是柔性 OLED 技术达到世界领先水平。在全球 OLED 已有一定发展,日本独享材料与设备优势,韩国占据市场绝对优势的背景下,为避开知识产权约束,维信诺走出自身的技术研发产业化道路,以自主知识产权为依托,从 OLED 国际标准几乎空白的 2002 年开始,成功向国际电工委员会(IEC)提出设立 OLED 测试方法标准。2009 年正式发布第一个测试方法标准,为之后的研发产业化开辟了道路,也为我国在下一代显示技术发展方面,改变原来在 CRT 和 LCD 时代的追随者角色,拥有一定的产业话语权奠定了基础。

维信诺 OLED 产品广泛应用于消费类电子、医疗仪器、工控仪表等多个领域,在技术储备上,已实现屏下摄像头、屏下指纹、On-Cell 触控、超窄边框、通孔全面屏

等核心技术在 AMOLED 显示的应用，技术运用与下游产品始终保持前沿创新。2008 年，清华大学和维信诺依靠自主技术在江苏昆山建成了我国首条 OLED 大规模生产线，"是我国大陆在显示产业领域第一次依靠自主掌握的技术实现大规模生产"。该企业近年承担多项国家科技计划，曾荣获"2011 年度国家技术发明奖一等奖""电子信息科学技术奖一等奖""2010 年度中国国家专利金奖"等。2019 年推出了全球最窄边框的柔性 AMOLED 屏，屏占比为 96.35%。2019 年供货了全球首款环绕屏手机小米 MIXα、国内首款采用柔性 On-Cell Metal Mesh 技术的中兴 5G 手机 Axon10 Pro、全球首款柔性穿戴腕机努比亚 α 等智能终端屏幕。在车载领域，维信诺供货全球首款透明 A 柱汽车，也是全球首个创新车载显示的量产成果。

2. 新贸易保护主义阻碍动力与能力不足，数字经济条件下难以抵挡技术溢出

随着全球竞争加剧，不同于传统贸易保护主义对本国幼稚性产业的保护，以美国为代表的部分国家或地区新贸易保护主义抬头，采取措施限制技术外流，科技创新要素全球流动与配置受到人为因素干扰。美国、德国、英国、欧盟加大外资审查力度，限制外资对本国优势企业投资，如表 4-1 所示；英国和德国等发达国家通过完善签证、移民制度加大对国际人才争夺；美国加强技术出口管制，并直接针对中国发展的高新技术领域，2019 年 5 月把华为公司等 70 家企业列入美国出口管制"实体名单"，10 月新增 28 家，2020 年 5 月再增 33 家，明确规定美国企业不能对进入实体名单的企业出口产品和技术。

表 4-1　美国、德国、英国、欧盟加大外资审查力度

国家/地区	外资审查政策	政策变动或制定政策核心要点
美国	2018 年 8 月 13 日批准《外国投资风险评估现代化法案》（FIRRMA）	• 扩大"关键技术"审查范围，新增"新兴技术"，包括半导体、人工智能、网络安全等 • 美国商务部每两年向 CFIUS 提交中国在美 FDI 专门报告，并要求对"中国制造 2025"计划内对美投资进行分析
德国	2017 年 7 月 12 日修订《对外贸易和支付条例》 2018 年 12 月 19 日修订《对外贸易和支付条例》	• 审查范围扩大到关键基础设施及相关领域，能源、水资源、信息技术等关键基础设施以及为这些行业提供软件、通信、云计算服务的产业都将受欧盟严格审查 • 外资审查时间延长至 4 个月 • 将欧盟以外外资并购审查门槛由 25% 股权下调至 10%
英国	2018 年 6 月 11 日修订《企业法》 2018 年 7 月 24 日发布《国家安全与投资白皮书》	• 军品和军民两用品、多用途计算机硬件和量子技术 3 个关键领域外资并购门槛从 7 000 万英镑降至 100 万英镑 • 规定外资安全审查触发事件，包括收购企业超过 25% 股权；收购对企业产生重大影响或控制；拥有企业 25% 以上股权并进一步收购或施加影响等

续表

国家/地区	外资审查政策	政策变动或制定政策核心要点
欧　盟	2019 年 3 月 5 日批准《关于建立欧盟外国直接投资审查框架的条例》	• 重点考虑投资对如下方面影响：关键基础设施，包括能源、交通、通信、媒体、数据处理或存储、航空航天、国防等；关键技术及军民两用物品，包括人工智能、机器人、半导体、网络安全、航空航天、国防等

资料来源：赵志浩，卢志勇.国际技术溢出：获取路径与对策探讨[J].国际经济合作 2020(1)：78-89.

多国限制高技术出口，阻碍相关科技创新要素全球流动配置，在数字经济与全球价值链分工的影响下，其限制举措，更多是在全球价值链片段分工合作需求不够强烈的情况下发挥作用，总体的技术外流控制难以得到加强。

一是国际数字服务经济逆势快速发展，是全球价值链分工需求与科技创新要素自由流动属性结合，为实现价值最大化，冲破包括国家界限、区域限制、准入壁垒等多种限制的重要佐证。从综合数据来看，2018 年国际贸易总增长率为 3%，其中与高技术贸易直接关联的计算机服务、信息通信服务分别增长 17%、15%，带动商业服务贸易强劲增长 8%，远高于全球产业发展增速与全球 GDP 增速[①]。数字服务经济持续较快增长，全球数字服务贸易达到 2 931.4 万亿美元。2020 年上半年全球因新冠疫情等突发因素服务贸易遭受重创，而我国高端服务外包一枝独秀，新兴数字化服务和研发等生产性服务快速增长。上半年，我国企业承接离岸信息技术外包(ITO)、业务流程外包(BPO)、知识流程外包(KPO)执行额分别为 1 170.3 亿元、471.4 亿元和 1035.6 亿元，同比分别增长 3.4%、23.8%和 13.5%。云计算服务、人工智能服务、区块链技术服务等新兴数字化服务离岸执行额同比增长 186.3%[②]。

二是数字经济与数字技术越来越深刻地影响全球贸易构成与科技创新要素流动配置方式，为打破国家界限、区域限制、准入壁垒提供了现实的物质基础。物联网、人工智能、3D 打印和区块链正在深刻改变我们的国际贸易交易方式、交易对象和交易内容。依托信息通信技术，国际贸易中的全球价值链分工与服务得以再造，全球价值链数据化，无数相关平台和应用纳入数字贸易中。麦肯锡的一项研究发现，从 2005 年到 2017年，跨境带宽流量增长了 148 倍，大量的通信和内容沿着这些数字路径传播，与外国运营、供应商和客户互动相连接。例如，截至 2019 年 6 月，阿里巴巴国际站在全球有超过2 000 万名的活跃买家，有超过 200 万名的支付买家，有 14 万家的中国供应商[③]；贸易对象数字化，数据和以数据形式存在的商品和服务可贸易程度大幅提升，数据显示，2018 年全球数字服务贸易构成中，占比最高的 3 类是工程研发、保险金融、知识产权[④]，这些均为可数字交付程度较高的服务。各国技术出口管制的举措在新的数字贸易形式下，因技术知识标的物的数据化与片段化改造，以及供求双方的直接交易等，难以追踪，

①　World Trade Organization. World Trade Statistical Review[R]，2019.
②　商务部.中国商务年鉴[M].北京：中国统计出版社，2011，2019.
③　中国信息通信研究院.数字贸易发展与影响白皮书[R]. 北京：中国信息通信研究院，2019：9.
④　World Trade Organization. World Trade Report 2019，The future of services trade[R]，2019.

如果不做粗暴武断物理隔离,躲避这种技术特点发挥作用,难以实现真正的管制。在新的贸易形式下,科技创新要素自由开放流动与最优配置内在诉求更容易得到实现。综合来说,新贸易保护主义出口管制举措,在数字经济与数字技术深度影响下,如全球价值链所需诉求强烈,没有施加其他来源的约束力,科技创新要素全球自由流动配置趋势难以阻挡。做强价值链筑链需求,是实现科技要素全球自由流动的有效途径。

4.3 科技创新要素全球配置新特点下的技术贸易实现

4.3.1 技术贸易内涵与外延的扩展

1. 通常意义的技术贸易

一般来说,技术贸易被理解为以无形的技术知识为标的物的跨国交易活动。尽管没有统一的定义,但从统计的角度看,主要包括专利技术许可或转让贸易,专有技术许可或转让贸易,技术咨询与技术服务,蕴含在计算机软件进出口、商标许可、合资生产、合作生产等内部有技术交易的跨国活动,为实施以上内容的成套设备、关键设备与生产线买卖等。

2. 广义的技术贸易

技术贸易的标的物技术知识,作为一种知识形态是无形的,它蕴藏在一些实体或物化品中参加跨国境活动。这些活动,不是直接以技术知识为标的物进行的交易,而是将技术知识蕴含在产品、服务等实体或物化品中,通过跨国境活动(不一定是跨国境交易),最终实现技术知识的跨国境交易转移。这些跨国境交易,或者说是本国技术的跨国商业化,可称为广义的技术贸易。例如,跨国境专利申请,申请人申请并获得跨国境专利授权后,该技术进入私人资产状态并受到保护,全球范围的其他主体如需获得该技术及其背后的科学技术知识,都需要通过交易实现,其中有些是经济交易,有些是其他利益的让渡。例如,高技术产品进出口,通过进出口活动,这些在本国属于产品形态的高技术制成品,实现了技术的跨国境商业化,蕴含其中的科学技术知识进行了跨国境流动与配置。

3. 技术贸易新形态

随着科技创新要素全球配置与全球价值链分工的快速演进,尤其是信息与数字技术的大规模广泛应用,技术贸易新形态不断涌现,为贸易双方带来了巨大直接与潜在收益,传统的技术贸易内涵与外延得到了扩展。国际并购中的技术转让、许可授权与合作生产,为某些不易流动配置的技术知识跨国自由流动开辟了新渠道;数字服务贸易、ICT 服务贸易中的跨国技术转让、许可等,将线下贸易转到线上,创造了新的技术贸易形式与内容,并将难以贸易的技术知识载体转化为容易贸易的技术知识载体,提升了技术贸易多方面的影响力;创新 2.0 模式下的无国界共有平台技术学习与实时交易等技术贸易新形态,构建了技术知识全球流动配置的新模式,为提升科技创新要素配置效率,增强技术贸易效能打开了无限空间。

4.3.2　信息与数字技术、全球价值链分工全面改造技术贸易

1. 信息与数字技术创造更多的技术贸易实现形式与实现内容

信息通信技术具有开放性、全球性、极强的跨界融合特性,对基于技术知识或产品的交易产生变革性影响,已经脱离了主流新古典经济学静态均衡所能解释的范畴,正在创造一个新的发展空间。同时数字技术在信息通信技术支持下,加快传统系统数字化,不断颠覆原有的商业模式,创造出新的商业模式。

多项研究表明,信息化正在同时带来合作研究、合资企业、咨询、不同形式的许可授权和技术协议、共享数据库、无数缄默的非正式合作等日益增多[①]。由于信息是"经过组织化而加以传递的数据",它可以既对交易进行支持,也可以是交易的本身,而数字可以将原有的技术知识数字化。因此,在信息与数字技术改造下,技术贸易的贸易方式、贸易内容等发生变化,贸易成本大幅度降低,效率提高。更重要的是,作为贸易标的物的技术知识,能够通过新的编码数据化改造,更容易传递。一是可以尽力填平受让方因技术吸收能力、其他阻碍等而影响的技术贸易实现进度与质量,增强贸易双方共享或转移技术知识带来的实效;二是一定程度缓解技术知识自由流动配置与人为阻挠的矛盾,让科技创新要素自由流动配置,获得更优价值。

2. 全球价值链分工与范式变革,加速催生全新的技术贸易品种与服务

有国际学者调研发现,参与全球价值链分工的主体生产率更高,能获得较一般贸易参与者更高的利益[②]。2019 年全球贸易报告与 2020 年世界发展报告显示,受近年经济不景气的大环境影响,全球贸易和价值链增长放缓,但国际贸易额中仍有 57% 来自全球价值链(仅指贸易中间品在价值链内完成)。

在国际贸易范式变革,科技与产业范式变革的多重压力下,全球价值链与要素分工对价值链各环节核心竞争力的要求更高,对各主体专业化程度要求更高。对各主体来说,需要将分工更加细致,能够在专、精、优、廉等方面要求更高的全球价值链更好匹配,选择出更具优势的可贸易技术及其产品片段,才易于寻找到对自身最有利的分工位置。为此,需要改进优化技术贸易内容、形式、流程等。这种改造,是贸易各方携带的科技创新要素寻求优化配置的过程,易于催生全新的贸易商品和服务。世界银行的一项统计表明,2017 年,65% 与新技术有关的贸易属于 1992 年尚不存在的类别[③]。

4.3.3　数字化的各类技术贸易拓展了科技创新要素全球流动配置的空间

1. 数字化的技术贸易增强了科技创新要素的全球流动配置属性

数字化的技术贸易打破了传统的技术贸易结构与形式,消减了科技创新要素自由

---

①　[英]克里斯·费里曼,等.光阴似箭——从工业革命到信息革命[M].北京:中国人民大学出版社,2007:340.

②　World Bank Group. Trading for development in the age of global value chains[R]. 2020 World Development Report.

③　World Bank Group. Trading for development in the age of global value chains[R].

流动配置的阻碍。一是线上技术交易活动范围广泛,受约束法规制度少。数字化的技术贸易将贸易各方从线下转到线上,互联网上的相关主体可以通过数据电子文件的方式买卖专利技术、技术秘密、电脑软件,进行技术咨询和服务,进行知识产权转让和使用许可。在互联网的世界中,"信息可以自由流动",知识产权等约束力开始瓦解[1]。二是打破国界与边界,加速科技创新要素跨国自由流动与配置。数字化的技术贸易持续发展,成功地将技术贸易推入到一个几乎没有国界与边界的领域。一定程度打破了不同国家和地区之间的无形阻碍。据海关一项统计显示,2015—2017 年,通过海关跨境电子商务管理平台的零售进出口总额年均增长 50% 以上。三是线上线下相结合,丰富了技术贸易形式与结构。数字技术贸易以数据电子文件为交换手段,综合选用将有形商品的间接贸易和无形商品的直接贸易为基本业务,加速改变了技术贸易的形式和结构。同时,与信息及数字技术紧密结合的创新 2.0 模式,线上线下的共享科技创新资源、开放研发、创新产品商业化等,均不受国界与区域限制,正在形成新的技术贸易形式。四是技术贸易的新载体——虚拟企业非常活跃,为科技创新要素跨国实现最优配置奠定基础。虚拟企业是一些独立的厂商、客户,甚至是同行的竞争对手,借助信息技术联成的临时性网络组织[2],是跨国技术交易中非常活跃的载体。这种组织通过虚拟的任务导向的合作,更加有效地共享信息、技术知识,并满足市场对技术及其产品的多样化需求,有效实现科技创新要素的无障碍流动与更优配置。

2. 间接技术贸易深入发掘了科技创新要素全球流动配置的潜力

按照参与方权益要求,科技创新要素流动依次为无偿的国际科技交流,无偿或一定附加条件的技术援助,拥有权益诉求并交易取酬的本国技术跨国境商业化(广义技术贸易),以及以技术为标的物的跨国境技术贸易(狭义技术贸易)。

从科技创新要素全球流动配置的视角看,除极少数科技活动外,大多与最终的技术贸易能够发生直接或间接联系。国际科技交流尽管是无偿的,没有以技术为标的物的跨国境交易,但它的多种形式与技术贸易均可能发生联系,是带动科学技术知识流动,促进技术价值发现与增值的载体。例如,企业参加的国际科技交流活动,包括国际科技会议、交换科技情报资料、培训、出国考察、合作研究等,相关主体在这些交流中发现合作契机,为精准开展技术贸易提供了深度了解。技术援助事实上让渡了其中的权益,与技术贸易的距离更近。本国技术跨境商业化可以看作是广义的技术贸易,它们不是以技术为标的物,但是参与主体拥有私人产权并通过完成交易取酬,蕴藏其中的技术知识会随之因转移或共享而得到价值实现。因新技术快速发展形成的技术贸易新形式,例如数字技术贸易,它可能是以技术知识为标的物的狭义技术贸易,可能是广义的技术贸易,不是以技术知识为标的物的交易,但最终蕴藏期间的技术知识得到市场实现并实现转移/共享。因此,从激励科技创新要素全球自由流动配置的角度出发,在全球保护主义甚嚣尘上的环境下,国家或其他主体全面鼓励各类国际科技交流合作,尤其是多方激

---

① [美]杰里米·里夫金.第三次工业革命[M].北京:中信出版社,2012:226.
② 高长元,等.一种创新型组织——高技术虚拟企业[M].北京:科学出版社,2014:3.

励企业参与各类国际科技交流合作,是促进技术贸易、促进参与主体科技发展、加速提升科技实力与现代化支撑能力的现实举措。

参 考 文 献

[1] [美]保罗·马利,马克·特里布尔. 技术改变世界——全球管理[M].北京:社会科学文献出版社,2014.

[2] 戴翔,张二震.要素分工与国际贸易理论新发展[M]. 北京:人民出版社,2017.

[3] [美]国家科学技术委员会.技术与国家利益[M]. 北京:科学技术文献出版社,1999.

[4] 高长元,等. 一种创新型组织——高技术虚拟企业[M].北京:科学出版社.2014.

[5] [美]乔治·泰奇. 研究与开发政策的经济学[M].北京:清华大学出版社,2002.

[6] [挪]詹·法格博格,[美]戴维·莫利,[美]理查德·纳尔逊.牛津创新手册[M].北京:知识产权出版社,2009.

[7] [美]约翰·阿利克,等.美国 21 世纪科技政策[M].北京:国防工业出版社,1999.

[8] 江小涓,等.全球化中的科技资源重组与中国产业技术竞争力提升[M].北京:中国社会科学出版社.2004.

[9] 江小涓,等.网络时代的服务型经济——中国迈进发展新阶段[M].北京:中国社会科学出版社,2018.

[10] 江小涓.新中国对外开放 70 年[M].北京:人民出版社,2019.

[11] [美]乔治·戴,保罗·休梅克.沃顿.论新兴技术管理[M].北京:华夏出版社,2002.

[12] [美]杰里米·里夫金. 第三次工业革命[M].北京:中信出版社,2012.

[13] [美]科学、工程与公共政策委员会. 科学技术和联邦政府:新时代的国家目标[M].北京:科学技术文献出版社,1999.

[14] [英]卡萝塔·佩蕾丝. 技术革命与金融资本——泡沫与黄金时代的动力学[M].北京:中国人民大学出版社,2007.

[15] [英]克里斯·费里曼等.光阴似箭——从工业革命到信息革命[M].北京:中国人民大学出版社,2007.

[16] [美]马克斯·H,布瓦索.信息空间:认识组织、制度和文化的一种框架[M].上海:上海译文出版社,2000.

[17] 日本通商产业省编.产业科学技术的动向与课题——面向全球技术共生[M].北京:中国环境科学出版社,1998.

[18] 王晓红,朱福林,柯建飞. 服务外包:推动中国服务业开放新引擎[M].广州:广东经济出版社,2019.

[19] [日]竹内弘高. 知识创造的螺旋:知识管理理论与案例研究[M].北京:知识产权出版社,2006.

[20] 张卓元,房汉廷,程锦锥.中国经济体制改革 40 年[M].北京:经济管理出版社,2019.

[21] 赵蕴华,等.服务于科技创新的专利分析——实践与案例.[M]北京:科学技术文献出版社,2015.

[22] 林润燕.技术知识流动的基本因素与内在逻辑[J].东北大学学报(社会科学版),2017(3).

[23] 钱学森等.一个科学新领域——开放的复杂巨系统及其方法论[J].自然杂志,1990(1).

[24] 宋刚等.Living Lab 创新模式及其启示[J].科学管理研究,2008(3).

[25] 宋刚.钱学森开放复杂巨系统理论视角下的科技创新体系——以城市管理科技创新体系构建为例[J].科学管理研究,2009(6).

［26］宋刚等.复杂性科学视野下的科技创新［J］.科学对社会的影响，2008(2).

［27］钱馨蕾，孙铭壕.知识产权条款对全球贸易格局的影响［J］.社会科学，2020(2).

［28］盛斌，陈帅.全球价值链如何改变了贸易政策：对产业升级的影响与启示［J］.国际经济评论，2015(1).

［29］宋保林，李兆友.技术创新过程中技术知识流动何以可能［J］.东北大学学报(社会科学版)，2010(4).

［30］夏德佳.论当代国际贸易方式创新及对我国经济的影响［J］.环渤海经济瞭望，2018(11).

［31］马述忠，等.数字贸易及其时代价值与研究展望［J］.国际贸易问题研究，2018(10).

［32］周磊，等.美国对华技术出口管制的实体清单分析及其启示［J］.情报杂志，2020(4).

［33］国家统计局，科学技术部.中国科技统计年鉴［M］.北京：中国统计出版社，2005—2019.

［34］科学技术部黄皮书第九号，中国科学技术指标［R］.北京科学技术部，2008.

［35］商务部.中国商务年鉴［M］.北京：中国统计出版社，2011，2019.

［36］中国信息通信研究院.数字贸易发展与影响白皮书(2019 年)［R］.2019(12).

［37］World Trade Organization. World Trade Statistical Review［R］，2019.

［38］World Trade Organization. World Trade Report 2018，The future of world trade：How digital technologies are transforming global commerce［R］.

［39］World Trade Organization. World Trade Report 2019，The future of services trade［R］.

［40］World Bank Group. Trading for development in the age of global value chains［R］. World Development Report 2020.

［41］Arndt S. Globalization and the Open Economy［J］. North American Journal of Economics and Finance，1997(1).

［42］Krugman P R. Growing World Trade：Causes and Consequence［R］. Brookings Papers on Economic Activity，1995.

［43］The Benefits and Costs of Private Investment from Abroad：A Theoretical Approach［R］. Economic Record，36，13-35.

［44］UNCTAD. https://unctadstat.unctad.org/wds/TableViewer.

［45］OECD.http://data.oecd.org/rd/triadic-patent-families.htm♯indicator-chart.

［46］NIH.http://grants.nih.gov/grants/funding/ac_search_results.htm.

第5章 基于技术开源的开放型技术创新：
趋势分析和若干案例

在当今逆全球化的趋势下，世界正经历百年未有之大变局，我国发展的内部条件和外部环境正在发生深刻复杂变化。在技术贸易领域，伴随着中美贸易摩擦、技术贸易保护主义思潮等新的趋势，西方国家不断对我国进行技术限制，设置技术壁垒，尤其体现在针对高新技术引进的限制和封锁，使我国技术贸易、技术应用及技术发展面临巨大的挑战。

然而，机遇与挑战共存。面对此种形势，中国作为全球最大规模的新兴经济体，凭借巨大的市场容量及经济发展潜力，在全球要素市场，无论对于资本还是人才均具有一定的吸引力。在以美国为首的发达国家针对我国进行技术封锁的形势日趋严重下，如何有效利用海外资本及优秀技术人才进行可控的技术创新成为关键性问题。为了吸引并有效利用海外资本及优秀技术人才，我国应进一步对内完善相关国家制度及治理体系，以营造有利的资本及技术人才生存发展环境；对外进行更高程度的开放，包括开放资本市场、加大人才引入力度，甚至开放包括政府数据在内的大数据资源等科研生产要素，鼓励海外资本及技术人才进入，从而推动我国整体的技术发展。

在高水平的对外开放与技术发展相结合这一领域，技术开源作为开放式创新的重要形式是有效实现途径之一。一方面，我国可以利用海外开源技术，以海外开源技术为基础，跨越技术初始研发阶段，直接站在开源技术领域的前沿推动国内技术发展，从而在提高我国基础技术水平的同时，也在国际技术发展过程中不失竞争力；另一方面，更重要的是，将我国各领域的技术，尤其是相对落后领域的技术，拿出来对外开源。利用开源项目的自组织形式，吸引海外各国人才以个人身份参与到我国所发起的开源项目建设，甚至吸引部分海外组织以资金结合人才的形式作出核心贡献。从而既能借此达到吸引海外资本及人才投入到我国技术发展进程中的目的，又避免受到西方国家以企业为对象的行政命令式技术封锁限制。

在此背景下，本章将以技术开源作为核心内容进行相关论述。

5.1 技术开源逐步涵盖商业化形成生态系统

5.1.1 技术开源思想的诞生

开源的思想诞生于自由软件以及开源软件的兴起和推广。而自由/开源软件起源于上世纪末"黑客文化"[①]和对软件私有化的抗争。

---

① Levy S. Hackers: Heroes of the computer revolution[J]. Garden City, 1984(14).

20 世纪 60 年代末，由于计算机诞生不久，软件开发尚不成熟，几乎所有软件都是科研人员独自或与企业研究人员合作编写，并根据学术界的开放与合作原则作为公共软件进行自由分享、传播。其本身并不作为商品，而仅作为硬件的附属品进行捆绑销售。为了方便用户适配不同的硬件，其允许用户自由修正错误或添加新功能。这种行为后来成为所谓的"黑客文化"，经常能够吸引有能力并愿意解决难题的技术人员。[①] 这是开源思想的萌芽时期。至 70 年代中后期，随着软硬件销售的解绑、对软件知识产权保护的规范，包括 AT&T、Microsoft 等商业企业开始将软件私有化，收取软件许可费用，通过版权、商标以及协议对知识产权予以保护。在私有化的浪潮下，科研机构人员在与商业公司合作并商业化其研究成果时也遇到商业化与开放对立的两难境地。

这种情况下，1983 年，出身于 MIT 人工智能实验室的 Richard Stallman 启动了 GNU（GNU's Not UNIX）工程，并于 1985 年创办自由软件基金会（The Free Software Foundation，简称 FSF），在业界得到广泛响应。Richard 所提到的"自由"包括 4 个层次：（1）自由使用软件；（2）自由研究程序运行机制，并根据使用者的需要自由修改程序；（3）自由与他人共享软件的复制版；（4）改进程序后自由分享程序。[②] 为确保以上 4 种自由权利，Richard 提出 GNU 通用公共授权许可协议（GNU General Public License，简称 GPL），对于自由软件的开发者，可方便地通过 GPL 授权用户。这种软件即被称为"自由软件"。随后，Linux 操作系统于 1991 年作为基于 GPL 的自由软件正式发布并迅速发展，为此后开源软件的兴起奠定了基础。

然而，在 GPL 的要求下，使用 GPL 授权的自由软件的衍生软件也必须是自由软件。而且，如果在软件的某个部分使用了 GPL 授权的代码，那么整个软件也必须用 GPL 发布。这被认为是 GPL 的"传染性"或者"病毒性"。此种要求限制了自由软件转化为私有软件的可能性，商业软件企业很难接受这种做法。[③]

于是，1998 年，Bruce Perens 和 Eric Raymond 指出了"自由软件"中存在的这一问题，并与其他优秀的黑客一起发起了"开源（Open Source）"运动，开始推广开源软件。开源软件包含了与自由软件类似的许可证内容，但倾向于对软件许可进行更少的限制。例如，对于衍生软件，许可证确保允许软件修改和继续衍生，却并不强制按照原始许可条款进行发布。此后，由于开源软件避免了自由软件的"传染性"，多种商业友好的开源许可证陆续出现。

在开源软件的推动下，开源的思想也逐步向其他技术领域渗透，如绿色环保、新能源汽车、自动驾驶、医药、知识网络建设、开源硬件等，体现出开源模式在多技术领域的普适性及促进作用。

---

① 金芝，周明辉，张宇霞.开源软件与开源软件生态：现状与趋势[J].科技导报，2016，34(14)：42-48.
② 金芝，周明辉，张宇霞.开源软件与开源软件生态：现状与趋势[J].科技导报，2016，34(14)：42-48.
③ 金芝，周明辉，张宇霞.开源软件与开源软件生态：现状与趋势[J].科技导报，2016，34(14)：42-48.

5.1.2　技术开源的含义

技术开源可以理解为一种开源式创新。Simon Grand 和 Georg von Krogh 等人提出，开源式创新代表将个体和集体层面的创新知识组合起来的一种独特模式，代表一种不同寻常的协作形态，可基于特定的许可规则，将不同个人、公司、部门，甚至不同国界的开发者组织起来去共同创造一种公共产品。在特定的许可规则下，这种开放式创新融合了自由与商业的思想，即通过自由化确保技术的转移、扩散、更新迭代，可使以社区为核心的生态系统快速形成；同时，也可以支持在特定情况下，满足技术产权拥有者的商业化诉求。

以软件领域为例，传统软件的开发基本以封闭和私有产权形式为主，软件源代码不公开，他人未经授权无法查看、改动或者进行完善。即使是获取可执行程序的复制版，也需要与软件供应商签署协议，确保不被转让或公开。这种模式在一定程度上保护了软件的知识产权，但同时也导致大范围的协作研发活动受限，提高了软件研发的成本，高错误率以及安全隐患成为潜在问题。[①] 而开源软件不同于传统软件，其通过社会化、开放式的生产方式，开发者积极分享自己的工作成果，提倡和鼓励第三方的参与。对于善用开源研发模式的企业，可大幅降低其开发软件的资金成本和时间成本，降低进入市场的门槛。

在此意义下，软件的开源可以定义为，软件所有者在一定人员范围内公开软件源代码的全部或者部分，允许受众以遵循特定开源许可协议（如 GPL、BSD、MIT 等许可协议）为前提，进行自主学习或者参与软件研发工作，同时对软件商业化行为进行规范。[②] 开放、透明、共享、协同、整合、创新、自组织是开源软件的本质和理念。[③]

5.1.3　技术开源在全球发展迅速

技术开源起源于软件开源，并优先于软件领域发展成熟。根据 The New Stack、Linux Foundation 以及 TODO Group 在 2018 年进行的一项调查表明，在全球财富 2000 强企业中，开源已在科技公司和非科技公司中变得司空见惯，其中 72% 的公司出于非商业或内部原因而频繁使用开源软件，而 55% 的公司将开源软件用于其商业化产品上。并且，59% 的接受开源计划的受访者表示，开源计划对于工程和产品团队的成功至关重要。[④] 根据 Gartner 2019 年的数据和预测，全球 95% 以上的 IT 组织（无论是否意识到）都在关键任务性 IT 工作负载中使用了开源软件；到 2022 年，IT 投资组合中开

————————

① 　熊瑞萍，万江平.开源软件的突围之路——关于开源运动的若干思考[J].科技管理研究，2009，9(3)：252-255.

② 　金芝，周明辉，张宇霞.开源软件与开源软件生态：现状与趋势[J].科技导报，2016，34(14)：42-48.

③ 　熊瑞萍，万江平.开源软件的突围之路——关于开源运动的若干思考[J].科技管理研究，2009，9(3)：252-255.

④ 　Olin，Emily. Corporate Open Source Programs Are on The Rise As Shared Software Development Becomes Mainstream For Businesses[OL]. Linux Foundation's website.

源软件的占比相对于自主开发或第三方专有解决方案将每年提高30%。[①] 截至2021年2月，GitHub（全球最大开源软件托管平台）中的软件仓库（software repository）数量已超过2.1亿[②]，其中包括接近3 800万个公开软件仓库。[③] 截至2021年2月，软件知识分享社区Stack Overflow关于开源软件的问答数量已超过1 500万条。[④] 全球如Google、Facebook等互联网巨头纷纷基于开源模式提升其软件技术能力、开发新的软件功能及产品服务。就连传统商业软件巨头Microsoft也加大了对开源世界的贡献，全面投入开源的怀抱。

尤其在云计算、大数据、人工智能、区块链等新兴领域，基于开源模式的技术创新对产业发展的影响力占据主导地位。这些新技术的不断创新，带动了OpenStack（云计算项目）、Hadoop（大数据项目）、TensorFlow（人工智能项目）、Ethereum（区块链项目）等开源项目的迅速发展，并成为各产业方向的主流。如近年来发展最为成功的开源项目之一——Apache基金会的Hadoop项目，在互联网产业的巨大发展引起海量数据革命并带动数据分析行业增长的背景下，已成为全球分布式大数据计算的主流，包括Facebook、阿里巴巴在内的多家大型互联网平台都在使用Hadoop项目中的系列产品。

在软件领域以外，也不断涌现出多种商业化开源技术实践。如在电动汽车领域，2014年6月12日，电动汽车厂商Tesla的总裁Elon Musk发表公开信，宣布Tesla所拥有的专利全部对外开放。[⑤] 尽管Musk开放技术的初衷更多出于战略性考虑，目的是促进Tesla电动汽车的销售。然而，从更广泛的意义上，也为电动汽车行业整体的发展带来机遇。Tesla通过开源其私有技术，消除电动汽车产业的技术壁垒，吸引更多厂商（特别是传统汽车制造商）进入，尤其吸引更多厂商参与建设充电桩、充电站等基础设施，以形成基础设施网络，提高电动汽车产业的生态发展水平，来迅速改变电动汽车的产业边缘地位，使之在数量与质量上形成与传统汽车产业相抗衡的竞争力。在传统汽车领域，Local Motors的Rally Fighter是世界上第一款开源设计的汽车，通过其社区内8 000成员的共同努力[⑥]，该车型在18个月内完成全新量产车设计，这一速度比传统汽车设计快约4倍。[⑦] 在医药领域，2009年3月24日，GSK（葛兰素史克）公司公布其《2008年企业责任报告》，并公开该公司的500多件已授权专利和300件专利申请内容，以共享其用于研发治疗较贫穷国家流行病的药品专利技术。[⑧] 在绿色环保领域，自

① Arun C, Driver M. What Innovation Leaders Must Know About Open-Source Software[J]. Gartner, 2019，1-2.

② GitHub网站.

③ GitHub网站.

④ Stack Overflow网站

⑤ 王东宾，崔之元.开放协作与自主创新：特斯拉开源与中国电动汽车产业的战略机遇[J].经济社会体制比较，2015(3)：1-10.

⑥ Local Motors. Local Motors Proves a Community of Car Enthusiasts Can Successfully Design, Develop and Build Open Source Vehicles for Production, the Customer-Built Rally Fighters Premier at SEMA[OL]. Local Motors's website.

⑦ Wikipedia.

⑧ 李蓓.葛兰素史克公布药品专利共享计划[J].科技促进发展，2009(03)：43-43.

IBM、Nokia、Pitney Bowes 和 Sony 联手 WBCSD（World Business Council for Sustainable Development）于 2008 年 1 月推出 Eco-Patent Commons 以来，截至 2015 年 9 月，来自全球多个行业的 11 家公司已经通过这项计划公开其创新成果，涵盖节能和资源保护、减少废物排放和再利用等领域。这 11 家公司共公开了环保专利超过 100 项，并承诺其允许他人以保护环境为目的而无偿使用这些专利所包含的技术。① 在知识网络建设方面，Wikipedia 是一个基于 Wiki 技术的多语言在线百科全书。截至 2012 年 11 月，已经有超过 3 500 万注册用户以及为数众多的未注册用户为维基百科贡献了 285 种语言超过 2 300 万篇的条目，仅美国地区就有超过 270 亿次的月度网页访问量。② 在开源硬件方面，2005 年以来涌现出多个著名项目，比如 Facebook 所设立的多个开源硬件项目、开源 3D 打印机项目，以及 Raspberry Pi、Arduino、Beagle Bone 等开源单板计算机项目。③ 其中 Raspberry Pi 自 2012 年推出以来，到 2019 年底总销量已超过 3 000 万，成为仅次于 Windows、Mac 的世界第三大计算机平台。④ 在区块链方面，几乎所有的区块链项目都是开源项目，早在 2017 年初，Github 中的区块链开源项目已经超过 10 000 个。区块链项目中较为成功的为 Bitcoin（BTC）、Ethereum（ETH）和 EOS 项目，其中 Bitcoin 为全球规模最大的数字货币，截至 2020 年 7 月，其总市值约为 1 700 亿美元，日成交量超过 150 亿美元。

5.1.4　技术开源在中国逐步成熟

在技术开源方面，中国从追随者逐步转变为开拓者，从最初的免费使用到积极贡献，再到现在已实现大量项目的引领推动。尽管与国际发展趋势类似，中国技术开源的启蒙同样从软件开源开始；但在非软件领域，也有众多积极实践。

在软件方面，作为首个真正意义上的大型自由/开源软件，Linux 于 1996 年底进入中国。在国内互联网尚不发达的情况下，少数程序爱好者建立了首批 Linux 开源社区，其中具有代表性的包括 Linuxeden、Linux 中国、LinuxSir、红联 Linux、LinuxToy、Linux 公社等。随后其他开源社区逐步兴起，包括 LUPA、开源中国（OSCHINA）、Open Source Software（OSS）、PHP China、恩信 ERP 等。时至今日，国内已有开源社区百余家。此后类似 Github 的代码托管平台兴起，包括 Gitee（码云）、OSDN、CODING、Gforge 等，其中由 OSCHINA 建立的 Gitee 涵盖了开源软件库、项目托管、代码分享、翻译等平台化社区工具；截至 2019 年底，已收录超过 11 000 个国产开源项目（仅 2019 年就收录了近 2 000 个开源项目，其中半数以上为国产项目）。⑤

从国内参与软件开源的企业看，经过 20 多年的发展，其主要参与群体也发生了很

① 肖夏.环保专利共享法律制度研究[J].时代法学，2011，09(001)：65-72.

② 王宇.开源创新企业的商业模式与授权机制研究[J].科技进步与对策，2014(01)：75-80.

③ 井仁仁.开源硬件对技术教育发展的影响研究[D].南京师范大学，2018.

④ Tung，L. Raspberry Pi has now sold 30 million tiny single-board computers[OL]. Raspberry Pi's website，2019；Barnes，R. Sales soar and Raspberry Pi beats Commodore 64. Raspberry Pi's website，2017.

⑤ 2019 中国开源生态报告[EB/OL].开源中国网站.

大改变。最早主要以中科红旗和中国软件为代表的国资企业为主。随后随着开源生态的扩大，诞生了多家开源商业公司或者开源项目，包括 Kyligence、PingCAP、Rainbond、SequoiaDB(巨杉数据库)、DCloud、ThinkPHP、禅道、Deepin、Choerodon 等。从 2005 年起，互联网、通信领域重量级企业也陆续加入到开源软件的开发及应用中来，进入了以大型企业为主导的阶段。截至 2019 年 4 月 1 日，如表 5-1 所示，国内 7 大技术企业，包括百度、阿里巴巴、腾讯、华为、美团、360、小米在 GitHub 中共有 51 个账号，原创贡献超过 2 800 个项目。[①] 其中有多个项目贡献给国际顶级基金会(如 Linux 基金会，贡献 13 个项目；Apache 软件基金会，贡献 9 个顶级项目，并且仍有 10 个项目在孵化中)。[②]

表 5-1　GitHub 中国大型技术企业统计数据(截至 2019 年 3 月 22 日)

企 业 名 称	GitHub 账户数/个	项目数/个	原创项目数/个
百度	13	746	685
阿里巴巴	16	1243	1002
腾讯	4	131	130
华为	8	247	218
美团	3	131	92
360	5	221	204
小米	2	113	108

资料来源：开源社网站

在大型企业的参与下，中国对国际软件开源社区贡献逐年增多，其中中国开发者对 Linux 内核贡献在最新 4.2 版本中位列国籍排行榜的第一位；中国开发者在 GitHub 中的贡献度已连续 5 年位列仅次于美国的第二位。[③] 除此以外，我国开发者在 OpenStack、Hadoop、MySQL 等项目社区中也越来越活跃。在开源基金会方面，我国企业在几家国际大型开源基金会中逐步占据主要地位，如在 Apache 软件基金会里有 1 家白金会员，1 家黄金会员，3 家白银会员；[④]在 Linux 基金会里有 2 家白金会员，3 家黄金会员，27 家白银会员；[⑤]在云原生基金会里有 3 家白金会员，6 家黄金会员，18 家白银会员；[⑥]在 OpenStack 基金会里有 2 家白金会员，8 家黄金会员。[⑦]

我国在数个非软件领域的技术开源也有明显进展。如中国科学院 2017 年推出的

①　开源社.2019 中国开源年度报告[EB/OL].开源社网站.

②　开源社.2019 中国开源年度报告[EB/OL].开源社网站.

③　GitHub. The State of the OCTOVERSE. GitHub website[OL]，2019.

④　白金会员包括腾讯云，黄金会员包括华为，白银会员包括阿里云、百度、浪潮。

⑤　白金会员包括华为、腾讯，黄金会员包括阿里云、百度、微众银行，白银会员包括浪潮、中国移动、中国联通、中国电信等企业。

⑥　云原生基金会白金会员包括阿里云、华为、京东，黄金会员包括蚂蚁金服、百度、浪潮、金山软件、腾讯云、中兴通讯，白银会员包括中国移动、中国联通、滴滴等企业。

⑦　OpenStack 基金会白金会员包括华为、腾讯云，黄金会员包括九州云、中国移动、中国电信、中国联通等企业。

专利"普惠"计划。中国科学院下辖的各科研院所拿出近千件专利构造专利池,涉及生物、物理、电子、化学、机械等领域,共有 200 家企业加入该计划,其中每家企业可以在专利池中任意选择 20 件专利被免费授权使用。① 在芯片领域,国内芯片厂商瑞芯微(Rockchip)在 2017 年将旗下旗舰级芯片 RK3399 对应的 Linux 系统正式开源。② 2019 年 8 月,华为宣布对其鲲鹏处理器全面开放鲲鹏主板和整机参考架构。③ 在自动驾驶领域,在 2017 年 7 月 5 日的百度 AI 开发者大会上,百度发布自动驾驶平台 Apollo 的开源项目,代码公开在 GitHub 平台上,遵守 Apache-2.0 开源协议。目前基于 Apollo 的小度车载操作系统每天为 1 000 万＋用户提供导航服务,每年伴随用户行驶超过 10 亿公里,每个月语音交互达 1 500 万次。截至 2020 年 4 月,百度已经与 60 多个品牌车企合作,量产车型已达到 400 多款。④⑤ 2020 年 4 月,国内领先的人工智能芯片厂商——地平线机器人同样采用开放战略,将其基于自研 AI 芯片的 AI 开发平台开放,赋能开发者、合作伙伴,旨在形成产业生态,促进 AI 芯片产业发展。

　　技术开源在国内的快速发展,也得益于我国政府的不断支持。早在 1999 年,由信息产业部组织召开的"Linux 与中国软件产业"大型研讨会,是政府部门首次对中国发展开源技术给予的支持行为。随后,在政府主管部门指导下,中国首个开源软件组织——中国开源软件推进联盟于 2004 年正式成立。在产业政策方面,政府从"十五"计划开始在历次五年计划中持续对技术开源进行政策支持。如在"十五"计划中开始加大对包括 Linux 操作系统及其应用软件在内的开源软件研发、产业化、测评及人才培养的支持。⑥ 在《信息产业"十一五"规划》中,提到"组织开展基于 Linux 系统的电子政务示范、中间件与嵌入式系统开发及产业化、行业大型应用软件系统开发与推广应用工程"。⑦ 在《软件和信息技术服务业"十二五"发展规划》的"发展重点→基础软件"部分提到"支持开源软件开发和应用推广,加快形成基于开源模式的产业生态系统"。⑧ 在《"十三五"国家战略性新兴产业发展规划》中,在"大力发展基础软件和高端信息技术服务"部分提到"支持开源社区发展"。⑨ 在教育部新课标《普通高中课程方案和语文等学科课程标准(2017 年版)》中的高中信息技术课程结构部分,将"开源硬件项目设计"设置为选择性必修模块之一。在 2016 年印发的《软件和信息技术服务业发展规划(2016—2020 年)》中明确提出"发挥开源社区对创新的支撑促进作用,强化开源技术成果在创新中的应用,构建有利于创新的开放式、协作化、国际化开源生态";提出"软件

　　① 胡波.专利共享行为研究[J].知识产权,2019(12).
　　② 瑞芯微电子.瑞芯微 RK3399 宣布系统开源,进入百余种行业市场![EB/OL].瑞芯微电子公司网站.
　　③ 杨鲤萍.华为"鲲鹏"硬软件重大开源! 这大概是华为第一次大规模开源[EB/OL].雷锋网.
　　④ 李震宇.Apollo 三周年 百度副总裁李震宇：行至半山不止步,中流击水再出发[EB/OL].车云网.
　　⑤ 开源派.百度的开源自动驾驶平台 Apollo[EB/OL].开源派网站.
　　⑥ 熊瑞萍,万江平.开源软件的突围之路——关于开源运动的若干思考[J].科技管理研究,2009,9(3)：252-255.
　　⑦ 信息产业部.国家信息产业部发布信息产业"十一五"规划[EB/OL].中华人民共和国中央人民政府网站.
　　⑧ 工业和信息化部.《软件和信息技术服务业"十二五"发展规划》发布[EB/OL].工业和信息化部网站.
　　⑨ 国务院.国务院关于印发"十三五"国家战略性新兴产业发展规划的通知[EB/OL].中华人民共和国中央人民政府网站.

'铸魂'工程","构筑开源开放的技术产品创新和应用生态。支持企业、高校、科研院所等参与和主导国际开源项目，发挥开源社团、产业联盟、论坛会议等平台作用，汇集国内外优秀开源资源，提升对开源资源的整合利用能力。通过联合建立开源基金等方式，支持基于开源模式的公益性生态环境建设，加强开源技术、产品创新和人才培养，增强开源社区对产业发展的支撑能力。"在 2017 年印发的《促进新一代人工智能产业发展三年行动计划（2018—2020 年）》中提到，以人工智能"开源开发平台初步具备支撑产业快速发展的能力"为目标，以"开源开放平台"作为核心基础之一，"针对机器学习、模式识别、智能语义理解等共性技术和自动驾驶等重点行业应用，支持面向云端训练和终端执行的开发框架、算法库、工具集等的研发，支持开源开发平台、开放技术网络和开源社区建设，鼓励建设满足复杂训练需求的开放计算服务平台，鼓励骨干龙头企业构建基于开源开放技术的软件、硬件、数据、应用协同的新型产业生态。到 2020 年，面向云端训练的开源开发平台支持大规模分布式集群、多种硬件平台、多种算法，面向终端执行的开源开发平台具备轻量化、模块化和可靠性等特征。"在 2018 年印发的《工业互联网发展行动计划（2018—2020 年）》的第六部分"产业生态融通发展行动"的行动内容中提到："支持龙头企业、技术服务机构开展开源社区、开发者平台和开放技术网络建设，面向工业APP 开发、协议转换等共性技术和人工智能等新兴技术，打造汇聚开发者、开发工具和中小企业的开放平台，组织开发者创业创新大赛"，并在其中提出"在 2020 年前，建设1~2 个跨行业跨领域开发者或开源社区"的目标。[①] 在此政策下，中国信通院已经联合浦发银行等 10 余家金融机构及华为、腾讯等多家科技公司，共同成立了金融行业开源技术应用社区，孵化特定行业开源项目。

5.1.5 技术开源生态系统是技术开源走向成熟的体现

自然生态系统指在自然界一定的空间内，自然环境、生物群落与非生物群落共同构成的统一整体，并且通过自然环境与生物群落之间、生物群落之间、生物群落与非生物群落之间的协调互动，使得系统结构趋向稳定。[②] 类比于自然生态系统，在开源技术生态系统中，同样包括环境、系统成员以及要素资源三个部分。其中环境包括政治环境、经济环境、社会环境、技术环境、自然环境以及法律环境等。而系统成员可类比于自然生态系统中的生物群落，是技术开源生态系统中具有行为能力的主体，可以分为研究、开发和应用等三大群落[③]，具体主要包括政府机构、技术企业、行业协会、开源技术社区、开源基金会、金融与投资机构、中介服务机构、高校及科研单位、个人用户等。要素资源类似于非生物群落，是指支撑技术开源产业发展的文化、信息、技术、资金等要素资

---

① 工业和信息化部.关于印发《工业互联网发展行动计划（2018—2020 年）》和《工业互联网专项工作组 2018 年工作计划》的通知[EB/OL].工业和信息化部网站.

② 张振鹏,刘小旭.中国文化产业生态系统论纲[J].济南大学学报（社会科学版）,2017(27)：123.

③ Papermaster S G, Proenza L M. University-Private Sector Research Partnerships in the Innovation Ecosystem[C]. Executive office of the president washington dc president's council of advisors on science and technology.

源。以上环境、系统成员以及要素资源之间存在协调互动关系，以形成了技术开源生态系统。

　　自然生态系统的可持续运转的基础是其中的能量流动、物质循环、信息传递。技术开源生态系统同样具备类似的能力：知识传递、技术扩散、信息循环，在此基础上推动技术创新、组织创新和管理创新，最终实现产业的优化和升级。在确保多样性的前提下，通过知识、技术、信息的交互，逐步形成自主选择、协同进化的效果，实现生态系统的自适应与自我修复功能，使生态系统具备维持稳定性的能力。在实现稳定性的基础上，通过复制、选择和变革等机制，保证生态系统的不断学习和进化，产业发展壮大。在生态系统的运转过程中，系统成员间除了竞争关系外，更重要的表现是合作共生关系，通过合作提高整个生态系统的生存能力。这种"竞争共生"关系，可以提高生态系统内的资源利用效率，增强系统活力和持续发展的生命力，也就是增强整个产业可持续发展的能力。尤其对于企业来说，生存是企业最基本的目标，在这样一个生态系统内，企业能够以较低成本从外部获取自身所不具备的资源，使企业在保证生存的前提下维持尽量小的规模，从而降低运营成本。

　　以开源软件为例，在软件项目开发的策略上，为利用开源生态的优势，越来越多的公司和组织，甚至是以自主研发为主的传统企业，都参与到开源软件的创建、开发和维护中，形成数个领域的优质项目。这些项目主要由科技企业驱动，围绕开源软件技术或平台搭建业务模型；利益相关者之间相互协作、利益彼此关联，形成了各种"开源软件生态系统"。① 具体来说，目前较为成功的开源软件生态系统主要以该开源项目社区（如 Linux、OpenStack、Kubernetes、Chromium 等项目社区）为核心，或者以 GitHub、GitLab 等大型开源项目托管平台为核心，由核心贡献企业驱动，往往核心贡献企业也是将开源项目产品化、服务化、商业化的核心企业，辅以其他企业级贡献者、商业化企业、个人贡献者、个人使用者、学校、政府等机构和组织，最终在该类型软件市场实现开源项目占据该领域可观市场份额的市场格局；该开源项目成为该领域事实标准；由核心商业化企业服务客户实现商业化运作，形成经济效益；学校、企业及个人作为项目使用者培养人才，形成充足劳动力资源；政府从政策上鼓励和规范开源技术发展，促进开源生态形成。比如，Red Hat 作为开源项目的核心贡献者以及商业化企业，其 2019 财年收入为 34 亿美元。如果从生态系统的角度以 Red Hat 核心产品与服务——RHEL（Red Hat Enterprise Linux）为例，仅在 2019 年全球商业收入中有 10 万亿美元与使 RHEL 上的软件和应用程序相关，且数字的增长速度是全球经济平均增长速度的两倍。受 RHEL 支持的商业活动，每年将为其客户带来超过 1 万亿美元的经济效益（包括收入增加与成本下降的总和）。2019 年，以 RHEL 为核心的生态系统（包括 RHEL 上所使用的第三方软件费用、RHEL 所依赖的硬件费用、相关服务费用、Red Hat 软件和生态系统软件的转售毛利）收入超过 820 亿美元，这意味着 Red Hat 公司收入每增加 1 美元，生态系统获得收入 21.74 美元。而同年 Red Hat 及其生态系统共雇佣近 90 万

---

① 金芝,周明辉,张宇霞.开源软件与开源软件生态：现状与趋势[J].科技导报,2016,34(14)：42-48.

名员工，在其客户中，使用 RHEL 上的软件、硬件和服务的 IT 专业人员超过 170 万人。[①]

5.2 技术开源是国际技术转移新的有效方式

5.2.1 国际技术转移

所谓国际技术转移，是指一国的技术开发能力通过各种方式被另一国（地区）所使用、吸收、复制和改进的过程。[②] 国际技术贸易、外商直接投资、知识产权扩散是国际技术转移的三大主要路径和方式。

其中国际技术贸易，是指商业性国际技术转让（即有偿国际技术转让），即不同国家的企业、经济组织和个人，按一定商业条件转让或许可使用某项技术或者提供技术咨询或服务的交易行为。[③] 国际技术贸易是经济体间技术转移和扩散的一条重要渠道。国际技术贸易又可以分为技术进口与技术出口。其中技术进口包括中间品进口以及技术直接引进。在中间品进口方面，国内企业通过进口中间品，从而在本国的生产过程中使用中间品进行生产。这样，一方面可以利用进口中间品本身所蕴含的技术知识或技术研发成果，解决国内技术短缺的问题，提高企业生产能力；另一方面，在国外技术确实具备优势，且应用范围广泛已形成规模经济的情况下，引进中间品不仅可以节省本国企业的研发成本，甚至使用进口中间品的成本还低于本国企业同类产品，节省生产成本，即可以理解为中间品的进口对本国企业产生了技术"溢出效应"。[④] 而技术直接引进是国际技术贸易另一种主要形式，是技术知识在国家（地区）间转移、扩散的最直接的方式，主要包括许可证贸易、咨询和技术服务、合作生产等三种方式。技术直接引进的技术"溢出效应"更为明显，可有效促进技术引进国的技术创新能力的提升。一方面，技术直接引进可对技术引进国相应技术领域的技术知识水平和技术成果的提升产生积极有效的影响；另一方面，技术直接引进将带动技术引进国上下游产业链、人力资源、市场需求整体发展，刺激技术引进国在产业领域的二次创新或适应性创新，利用创新诱导反应机制，促进技术创新能力和技术水平的提升。[⑤] 此外，在技术出口方面，对于技术及市场相对落后的国家或地区，由于国外技术和市场更加成熟，包括成熟的产品标准以及成熟的客户需求，国外客户通常会对出口产品提出比国内客户更高的质量和技术标准，反向刺激国内企业进行产品改良及技术创新。另外，技术相对落后国家或地区的企业也存在"边出口边学习"的可能性。在某些情况下，为了得到高质量且低成本的产品，境外客户通常会授权其供应商部分或全部的产品设计方案和技术许可，为技术引进国企业提

① Anderson C，et al. White Paper：The Economic Impact of Red Hat Enterprise Linux：Trillions，Yes Trillions，of Dollars[EB/OL]，2019. Red Hat's website.

② 李平.国际技术扩散的路径和方式[J].世界经济，2006(09)：85-93.

③ 李虹.国际技术贸易[M].大连：东北财经大学出版社，2013 年：4.

④ 李平.国际技术扩散的路径和方式[J].世界经济，2006(09)：85-93.

⑤ 李平.国际技术扩散的路径和方式[J].世界经济，2006(09)：85-93.

供了学习先进技术知识及生产经验的有效途径，进一步实现技术扩散效果。①

外国直接投资是国际技术转移的另一条重要途径。由外国直接投资而引发的国际技术转移，主要通过跨国公司在东道国设立子公司，而子公司可进一步带动东道国提升技术知识水平以及技术研发、创新能力，包括直接获取并学习国外先进技术及产品并学习、国内上下游产业链与子公司合作产生的技术"溢出效应"以及跨国公司在子公司设立研发部门并带动东道国技术研发、创新能力的提升等模式，在此基础上，可进一步带动东道国在技术创新方面的生态环境改善、基础设施及人力资源提升，体现出明显的经济外部性及技术"溢出效应"。②

最后，在知识产权扩散方面，国际技术转移主要体现在专利的申请与引用。其中，专利申请是相对更加常见的形式。往往一国产品欲进入另一国市场，为保护其技术知识产权，将会主动申请市场所在国的专利保护，若市场所在国通过了该专利申请，即表明同意该技术在国内进行应用及推广。并且，市场所在国的知识产权保护机构可通过查看专利申请文件，在不违背专利保护法律法规的前提下，获取技术关键信息，在一定程度上可提升市场所在国的技术水平及创新能力。此外，专利的引用代表了技术转移的一种结果，意味着引用方认为其自身需受知识产权保护的技术与被引用技术具备关联性。通常，在评估技术转移程度时，专利引用的频率也会作为一个重要指标，海外企业所申请的专利被引用次数越多，表明技术转移越充分。③

5.2.2　技术开源为国际技术转移的有效形式

无论从技术开源的过程还是结果，技术开源都可以被视为国际技术转移的一种新的有效形式。

从过程看，尽管技术开源往往意味着免费，但技术开源仍然属于基于某种特定协议的"商业"行为，是一种商业化的技术流动。事实上，除特定协议以外，技术开源的相关合作并不排斥商业化行为的出现，甚至当商业化行为出现时，能够更加快速地促进相应开源技术项目的发展和成熟、促进技术在参与方内部更加快速地流动。更进一步，技术开源往往通过开源许可协议对其知识产权实现保护，如违反协议的知识产权部分将侵犯知识产权所有人的权利，知识产权所有人有权提起诉讼。因此，技术开源也是专利或者更广义上的知识产权的申请与引用的一种特殊形式。结合以上技术贸易及知识产权的申请与引用两个方面的考虑，表明技术开源是国际技术转移的一种特殊形态，是技术贸易以及知识产权的申请和引用两种形式在特定条件下的组合形式。

从结果看，技术贸易作为国际技术转移的一种方式，以最终通过技术转移促进技术引进国的技术和经济发展的结果作为衡量标准，技术开源同样是全球技术扩散、技术转移的一种有效方式。由于基础技术知识的开放，技术开源可使大部分国家的技术产业处于同一水平线上，全球可以保持一致的前进步伐；发达国家在特定技术领域具有的技

---

① 李平.国际技术扩散的路径和方式[J].世界经济，2006(09)：85-93.
② 李平.国际技术扩散的路径和方式[J].世界经济，2006(09)：85-93.
③ 李平.国际技术扩散的路径和方式[J].世界经济，2006(09)：85-93.

术和知识产权的优势在一定程度上变得不明显，而发展中国家在特定技术领域的技术和产品则可以迅速发展，跟上技术前沿发展脚步。一些缺乏核心技术的国家可以通过开源技术项目掌握底层和关键技术，一些缺乏自主技术能力的企业也可以借助开源社区迅速推出具有最新技术的产品。在科研及教学领域，开源技术有利于促进学术界的交流，在技术前沿领域聚集更多的力量。比如在云计算、大数据、人工智能等领域，在开源技术的帮助下，我国无论是在产业界还是在科研界都有了巨大的进步和发展。在人才市场方面，开源技术有利于为市场培育大批拥有共同技术基础的人才，增进技术落后国家技术人才市场发展。[①] 所以，从结果的角度，也可将技术开源视为国际技术转移的一种新形态。

基于以上判断，将技术开源作为国际技术转移的新的有效形式来研究具有重要的意义。尤其在中国仍作为大部分技术领域的赶超国，逐步与美国等技术输出国产生越来越多的贸易摩擦的今天，技术开源是受到贸易摩擦影响较小的一种技术转移方式，我国应该重视国内在这一领域的发展。

5.3 案 例 研 究

目前技术开源在软件领域发展已较为成熟，而在非软件领域，如硬件领域发展尚浅，因此本章节内容主要以软件类开源项目与企业积极开源为主，而就非软件领域发展进行简略介绍。

5.3.1 成功开源项目

1. Linux 开源 PC 操作系统

Linux 操作系统诞生于 1991 年，起源于芬兰赫尔辛基大学的一位大学生 Linus Torvalds 所编写的计算机操作系统。当时主流的操作系统为 MS-DOS 系统、UNIX 系统以及 Minix 系统。其中 MS-DOS 系统为 Microsoft 所开发的商业操作系统，是对源代码进行知识产权保护的专有软件。UNIX 系统诞生于 1970 年，发展初期，版权由 AT&T 公司所有。为了促进 UNIX 系统推广使用，推动系统发展，AT&T 公司以低廉的价格甚至免费授权给高校或研究机构进行教学或者研究使用，这一行为大大促进了 UNIX 的发展。但在 20 世纪 70 年代末期，AT&T 决定回收版权，特别要求禁止向学生群体提供 UNIX 系统源代码，至此 UNIX 系统源代码完成私有化。随后，阿姆斯特丹自由大学计算机科学系教授 Andrew Tanenbaum 为教学用途编写了一个类 UNIX 的小型系统——Minix，并且要求该系统只能用于教学使用，其功能不满足商用需求且不允许用作任何商业用途。在此环境下，Linus 不满于现有主流操作系统，在兴趣的驱使下阅读并学习了 Minix 的源代码，并利用所掌握到的操作系统核心程序设计理念和设计思想开始逐步完成 Linux 系统的设计和开发工作，并于 1991 年 10 月在 comp.os.

---

① 梅宏，周明辉.开源对软件人才培养带来的挑战[J].计算机教育，2017(1)：2-5.

minix 新闻组发布 Linux 系统 0.02 版本。该版本系统仅有 1 万行左右的代码，麻雀虽小五脏俱全，它能够完成操作系统的基本功能（与之对比，最新的 Linux 5.6 版本内核代码量为 3 300 万行①）。随后于 1994 年 3 月，Linux 1.0 版本正式发布。Linus 决定针对 Linux 系统采用 GNU GPL 协议并将其开源，尽管从源代码角度限制了其商业化的应用范围，但是其允许企业通过提供服务的方式进行商业化应用。②

由于 Linux 的免费性质且允许任何人参与修改 Linux 的源代码并通过提供收费服务的模式用于商业用途，吸引了大量编程爱好者及企业贡献者参与优化、扩展 Linux 系统代码，使得 Linux 的能力迅速增强。在短短 10 年间，已经被视为有望与 Microsoft 的 Windows 操作系统相抗衡的操作系统。

从 2005 年到 2016 年，共有来自 1 300 多家公司的 14 000 多名个人开发人员为 Linux 内核项目做出贡献。③ 尽管截至 2020 年 5 月，Linux 操作系统在以 PC 机为主导的计算机全市场中的市场份额仅为 1.68%，位于第 3 位，远低于前 2 位的 Windows 的 77.04% 以及 OS X 的 18.38%。④ 但是，Linux 在多个市场领域已经确立了绝对优势。⑤ 在电信领域，服务于运营商数据中心的运营商级 Linux（CGL）计划于 2002 年启动，尽管当时数据中心操作系统市场由 UNIX 主导，95% 以上的电信应用程序运行在 Solaris 系统（UNIX 操作系统的衍生版本之一）上，但经过 5 年的努力，Linux 在电信领域与 UNIX 处于同等地位。如今，Linux 被认为是运营商数据中心和云服务操作系统的最佳选择。在金融市场，纳斯达克、伦敦证券交易所、东京证券交易所以及其他大多数金融交易所目前都在 Linux 上运行。纽约泛欧交易所是全球最大的交易所，它同样基于 Linux 系统，该系统每秒可生成 150 万个报价并处理 25 万个订单，可在 2 毫秒内提供每笔交易的确认。在云计算领域，截至 2017 年，90% 的公有云工作负载在 Linux 上运行，超过 75% 的使用云的企业将 Linux 作为其云平台主要操作系统。在嵌入式系统领域，Linux 拥有嵌入式系统市场份额的 62%。在智能手机领域，基于 Linux 的 Android 系统在 2017 年初取代 Windows 成为连接互联网设备中使用最多的操作系统。⑥ 在超级计算机领域，2018 年和 2019 年，Linux 连续两年在全球最快的 500 台超级计算机中

①　Wikipedia.

②　李伦.Linux 及其伦理意蕴[D].湖南师范大学，2002.

③　The Linux Foundation. The Linux kernel - the core of the Linux operating system - is the result of one of the largest and most successful cooperative software projects ever attempted[EB/OL]. Linux Foundation's website，2016.

④　StatCounter. Desktop Operating System Market Share Worldwide[EB/OL]. StatCounter website，2020.

⑤　The Linux Foundation. The Linux kernel - the core of the Linux operating system - is the result of one of the largest and most successful cooperative software projects ever attempted[EB/OL]. Linux Foundation's website，2016.

⑥　The Linux Foundation. The Linux kernel - the core of the Linux operating system - is the result of one of the largest and most successful cooperative software projects ever attempted[EB/OL]. Linux Foundation's website，2016.

的使用率达到 100%。^① 在 Web 服务器（即网站服务器）领域，截至 2019 年 6 月 27 日，全球所有 Web 服务器中的 30.2% 使用 Linux 系统，超过使用 Windows 系统的数量占比（29.4%）；而全球访问排名前 100 万的 Web 服务器中 35.6% 使用 Linux 系统，领先使用 Windows 系统的数量占比（30.3%）5 个百分点^②，均显示出 Linux 在 Web 服务器领域占据较为主要的位置。

在 Linux 系统商业化方面，Red Hat 首屈一指。Red Hat 成立于 1995 年，由以销售 Linux、UNIX 软件的附件和书籍为主要业务的 ACC 公司以及创建并销售 Linux 发行版——Red Hat Linux 的 Ewing 公司合并而成，其主要业务为将 Linux 等开源项目商业化，并提供配套的收费性支持服务。依托以 Red Hat Enterprise Linux（RHEL）系统为代表的开源项目（包括平台、中间件、云计算、应用开发、存储、自动化及管理等方向）以及 Red Hat 最早提出的"订阅"商业模式^③，截至 2019 年 6 月，Red Hat 已经连续 69 个季度实现营收增长。^④ 根据 IDC（International Data Corporation）的数据报告显示^⑤，RHEL 操作系统在 2018 年全球企业付费操作系统市场占据超过 33% 的份额，增长超过 14%，仅次于 Microsoft 47.8% 的份额。2018 年 10 月，IBM 宣布以 340 亿美元的价格收购 Red Hat（双方自 1999 年起即开始战略合作），并表示 Red Hat 将作为 IBM 混合云团队独立运营。

2. Android 开源移动操作系统

除 Linux 系统以外，不得不提建立于 Linux 技术基础上的在移动领域占据领先地位的系统，那就是 Android 操作系统。

Android 公司于 2003 年 10 月由 Andy Robin 等几位创始人在美国创立。Android 公司成立的初衷是为数码相机开发一种先进的操作系统，随后由于相机市场规模不足以支撑其商业目标，转而开发与诺基亚手机的 Symbian 操作系统以及 Windows 移动操作系统相竞争的手机操作系统。2005 年 7 月，Google 花费 5 000 万美元的价格将 Android 公司收购，随后经过 3 年的开发和改进，由 Robin 领导的团队基于 Linux 内核开发出了一款移动设备操作系统，并于 2008 年 9 月发布了第一款运行 Android 系统的商用智能手机 HTC Dream。^⑥ 从 2008 年至今，Android 操作系统几乎以每年发布一个新版本的速度更新迭代，截至 2021 年 6 月已经推出了第 12 个版本。^⑦

---

① Prakash A. Linux Runs on All of the Top 500 Supercomputers，Again! [EB/OL]. It's FOSS website，2020.

② Comparison of the usage statistics of Linux vs. Windows for websites[EB/OL]. W3techs website，2019.

③ 在开源软件本身免费的前提下，用户可以通过付费订阅，获得每一版本产品一定时间内的技术服务支持。这种支持包括但不限于系统升级、管理、维护，安全性和技术认证支持，以及其他硬件和软件支持。

④ Red Hat 公司网站.

⑤ Belanger S，Subramanian S. Worldwide Server Operating Environments Market Shares，2018；Overall Market Growth Accelerates[OL]. Red Hat's website，2019；IDC. Worldwide Server Operating Environments Market Shares[OL]. Red Hat's website，2019.

⑥ Wikipedia.

⑦ Android 开发者网站.

自 2008 年首版 Android 系统发布以来,搭载 Android 操作系统的手机销售量及市场份额迅速增长,图 5-1 所示,其中手机季度销售量从 2009 年第一季度的 58 万台,持续增长到 2018 年第二季度的接近 3.3 亿台,搭载 Android 手机操作系统的手机销量稳居全球第一位,同期全球销量第二位的苹果手机,季度销售量仅为 4 472 万台。市场份额方面,在 2012 年 1 月时,搭载 Android 操作系统的手机已经与苹果手机并驾齐驱,占比分别为 23％ 和 24％。然而,截至 2019 年 12 月,Android 手机的市场份额已经上升到 74％,同期苹果手机的市场份额几乎与 2012 年保持一致,占比仅为 25％。

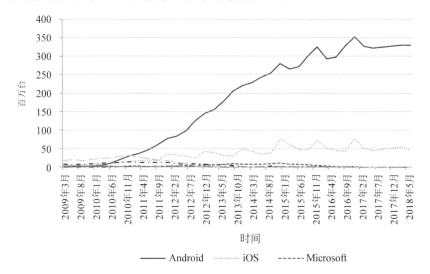

图 5-1 2009—2018 年全球主要操作系统智能手机销售量(季度数据)

资料来源：Statista 网站

不仅如此,Android 操作系统也在平板电脑领域大放光彩。截至 2020 年 5 月,使用 Android 操作系统的平板电脑在全球的市场份额已经达到 40％ 左右(同期 iPad 的市场份额为 60％ 左右),并且仍保持一定的上升趋势。

自从 Android 操作系统发布以来,中国众多移动设备厂商受益,包括华为、小米、OPPO、vivo 等国产手机品牌强势崛起。从图 5-2 可以看出,截至 2020 年 4 月,采用 Android 系统的国产品牌手机市场份额总量已经超过 25％。其中华为尽管在 2019 年受到美国经济制裁,但其手机销售量仍超过 2.4 亿部,以手机销售为主体的消费者业务收入 4 673 亿元,同比增长 34％,占总营收的 54.4％。[①] 小米 2019 年销售手机约 1.25 亿部,其智能手机销售收入为 1 221 亿元,同比增长 7.3％。[②] OPPO、vivo 两个品牌在 2019 年的手机销售量均超过 1.1 亿部。[③] 可以看出,Android 系统给国产手机品牌带来巨大的市场机会。

---

① 华为投资控股有限公司 2019 年年度报告。

② 小米集团 2019 年度报告。

③ Mishra V. Global Smartphone Market - Apple Gained the Top Spot in Q4 2019 While Huawei Surpassed Apple to Become the Second-Largest Brand in CY 2019[OL]. Counterpoint website.

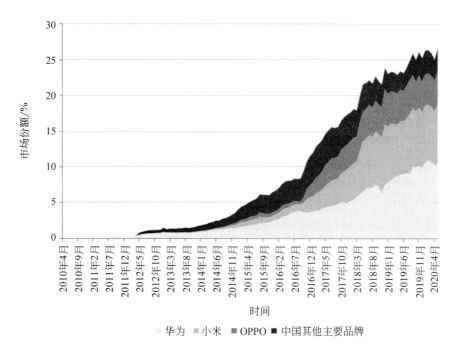

图 5-2　我国手机品牌（采用 Android 系统）销量占全球市场份额（月度数据）

资料来源：StatCounter 网站

　　在 Android 系统的使用过程中，尽管面临一定的风险，但同时也提供了巨大的业务机遇。比如 2019 年美国对华为进行经济制裁，禁止 Google 为华为提供服务。一方面，华为采取了积极应对措施——自研一款全新的开源手机操作系统作为对抗。华为于 2019 年 8 月正式发布鸿蒙操作系统，鸿蒙操作系统采用分布式架构、确定时延引擎、高性能 IPC、微内核架构、统一 IED 等技术，可实现全场景、多设备、低时延、高安全性等功能，在技术上具备超越 Android 系统的可能性。另一方面，由于开源协议的存在，确保华为仍然可以继续使用 Android 操作系统，Google 仅能在 GMS[①] 服务上与华为中断合作。在此背景下，华为于 2020 年 1 月，正式发布了 HMS(Huawei Mobile Service) Core 4.0，作为其对于 GMS 的替代品，基本上涵盖了 GMS 的主要功能。截至 2020 年 1 月，HMS Core 拥有 4 亿月度活跃用户，预计将直接为 HMS 软件服务提供商带来 4 亿新增月度活跃用户。华为的 HMS 服务覆盖全球 170 多个国家和地区，这将有效地将 HMS 生态系统推向世界，从服务中国的 13 亿用户到服务全球的 33 亿移动互联网用户。2018 年来自 Google GMS 的重要组成 Google Play Store 的收入已达到 248 亿美元，而

---

　　① Android 项目本质上由 AOSP 项目和 GMS 服务组成。其中，AOSP(Android Open-Source Project)是开源软件本身，而 GMS(Google Mobile Service)是 Google 的商业服务。GMS 服务可以分为功能性服务和支持性应用程序两部分。其中，功能性服务指用于支持移动终端的同步和推送两个主要能力的服务，而支持性应用程序指随附的 Google Family App 软件，如 Google Play Store 等。GMS 服务对 Google 至关重要，可以帮助 Google 推广产品，加强监管并产生 OEM(Original Equipment Manufacturer)费用。目前，GMS 服务已在软件和硬件供应商之间形成了强烈的用户黏性，因而难以被替代。

Apple Store 收入更是达到 466 亿美元，类比 Google Play Store 以及 Apple Store，随着 HMS 在全球的大力推广，华为商店所带来的营收相对 2020 年初将有超过 10 倍的增长空间，HMS 生态系统将受益匪浅。① 由此可以看出，机遇与风险并存，在面临业务风险的同时，也为华为未来的业务发展带来巨大的机会。

3. OpenStack 开源云计算操作系统

OpenStack 是一个云计算操作系统，可用于控制整个数据中心的海量计算、存储和网络资源池。OpenStack 与 Linux 内核和 Chromium 一起，是开发者贡献度全球排名前三的开源项目。

OpenStack 源于 NASA（美国国家航空航天局）和 Rackspace 的原创项目。2009 年，美国前总统奥巴马向所有联邦机构签署了一份备忘录，旨在打破联邦政府与所服务民众之间的参与、合作壁垒，提高联邦政府工作透明度。该备忘录被称为"公开政府指令"，在发布 120 天后，NASA 宣布了其开放政府框架，该框架概述了名为 Nebula 的共享工具。NASA 开发 Nebula 是为了加快将 IaaS(Infrastructure as a Service，公有云服务中的基础设施层服务)资源交付给 NASA 科学家和研究人员的进程。同时，云计算提供商 Rackspace 宣布将其对象存储平台 Swift 开源。

在此基础上，2010 年 7 月，NASA 和 Rackspace 以及其他 25 家公司合作启动了 OpenStack 项目，并成为以 Apache 许可证授权的自由软件和开放源代码项目。OpenStack 是一个开源的云计算管理平台项目，旨在为公共及私有云的建设与管理提供软件支持②，由多个功能组件组成。OpenStack 支持几乎所有类型的云环境，项目目标是提供实施简单、可大规模扩展、标准统一的云计算管理平台。OpenStack 通过集成多种服务提供完整 IaaS 解决方案，并且每个服务均可提供 API 供独立集成。

从 2010 年 10 月发布第一个版本 Austin，OpenStack 保持平均每半年发布一个新版本的速度，截至 2021 年 4 月已经发布 23 个版本。③ 截至 2020 年 6 月 6 日，OpenStack 在全球拥有 699 家机构贡献者，超过 10 万名社区成员，共来自 187 个国家；④代码总行数超过 2 000 万行，提交代码总次数接近 39 万次；在机构贡献者中，我国企业华为排名第 7，如图 5-3 所示，共提交代码 10 398 次，占比约为 3%。⑤

截至 2017 年底，已经有超过 1 000 万个生产环境 CPU 在使用 OpenStack。⑥ Forrester 的研究报告⑦提到"《财富》100 强企业中有 50% 以上使用 OpenStack，……而 1/3 的全球企业基础架构决策者认为，扩大开源的使用是至关重要的或高度优先的事情。"根据 451 Research 在 2019 年 9 月发布的市场监测报告，OpenStack 全球市场规模

---

①　安信证券.华为 HMS：中国"安卓"崛起的终局之战[J].股市动态分析，2020(5)：54-54.

②　Gentle A. Project of the Month：OpenStack[OL]. A Universal Cloud Front End. Dr.Dobb's website，2011-11-08.

③　Stackalytics 网站.

④　OpenStack 项目网站.

⑤　OpenStack 项目网站，Stackalytics 网站.

⑥　OpenStack. OSF Strategy & Vancouver Summit Update，2018.

⑦　OpenStack. Insights from Analysts Covering Open Stack[OL]. OpenStack's website，2018.

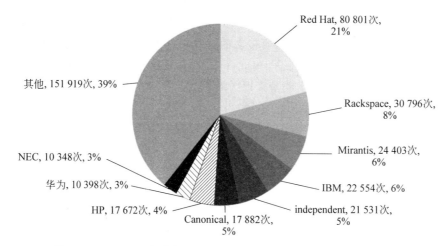

图 5-3 OpenStack 全球代码更新次数数据图（截至 2020 年 6 月 6 日）

资料来源：Stackalytics 网站

在 2023 年将达到 77 亿美元，其中亚太地区市场规模约占 1/3，且亚太地区的市场份额将在未来 4 年增长 36%。[①]

如今，中国已成为仅次于美国的 OpenStack 项目第二大贡献国，中国的开源开发者越来越受到全球的认可。而从用户数量和规模来看，中国是 OpenStack 最大的市场之一。[②] 国内 OpenStack 用户主要包括百度、腾讯、中国移动、中铁集团、中国电信、中国联通、中国银联、邮储银行和国家电网等大型企业。其中百度、腾讯、中国移动还曾凭借实现 OpenStack 的创新应用而获得开放基础设施峰会（前身为 OpenStack 峰会）的超级用户大奖，受到国际开源行业的认可。[③]

目前，在 OpenStack 基金会中，华为和腾讯云是白金会员，占白金会员总数的 1/4；而在 18 家黄金会员企业中，中国企业共有 12 家，分别是九州云、中国移动、中国电信、中国联通、易捷行云、烽火通信、新华三、浪潮、同方有云、中兴、迎栈科技、卓朗科技，占据了 2/3 的席位。另外，在资金以及技术贡献者中，中国企业也占据了重要地位。[④]

国内几家基于 OpenStack 的云计算企业的简介如表 5-2 所示。

表 5-2 我国基于 OpenStack 云计算企业简介

企业名称	成立时间	企业定位	企业成长性
海云捷迅	2010 年	海云捷迅为私有云和异构计算加速云服务商，专注于为企业提供开源的虚拟化、容器化、云计算、AI 基础服务等产品及解决方案	截至 2019 年 4 月 4 日，海云捷迅估值为 5.4 亿人民币

① 郭涛.OpenStack 创业企业的"分化之路"［N].中国信息化周报,2019.
② OpenStack Foundation. Announces First Open Infrastructure Summit In China［OL]. OpenStack's website.
③ 郭涛.OpenStack 创业企业的"分化之路"［N].中国信息化周报,2019.
④ OpenStack 项目网站.

续表

企业名称	成立时间	企 业 定 位	企业成长性
九州云	2012 年	九州云为涵盖云核心、云运营、云运维和云安全等多个领域的开源软件和服务提供商,致力于建设健康生态系统,具有整合大数据、人工智能、云管理平台、数据库、行业应用、安全等生态合作能力,为企业级客户提供云计算服务	2019 年九州云的云计算业务增长率为 35% 左右,而边缘计算业务则实现了 300% 的增长
同方有云	2013 年	同方有云(北京)科技有限公司前身为 UnitedStack 有云,成立于 2013 年 2 月,是清华同方集团旗下的云计算品牌企业,提供自下而上从基础环境建设、硬件设备到云平台操作系统、存储、大数据,以及云安全产品与解决方案,为企业提供公有云、私有云、混合云建设一站式服务	清华同方于 2017 年注资后,同方有云已为 300 余家企业提供云服务,同方有云在云服务领域营收已经达到千万元级别
EasyStack	2014 年	EasyStack 成立于 2014 年,基于 Linux、OpenStack、Ceph、Kubernetes、Docker 等一系列开源技术为企业用户提供稳定高效、开放兼容、可持续进化的新一代私有云和超融合产品	EasyStack 的创始团队来自于 IBM 中国研发中心,成立 6 年来共获得 6 轮融资。2019 年,EasyStack 完成由中国电子信息产业集团(中国电子)战略投资的数亿元 D 轮融资,是中国电子旗下唯一一家云计算(IaaS)企业。目前公司估值达到数十亿人民币
云途腾	2014 年	云途腾是一家面向企业级用户,专业提供云平台产品、云计算解决方案及服务的公司。其向企业级客户提供云平台产品交付及定制开发、超融合一体机及混合云解决方案,并提供服务咨询、架构设计、产品开发、交付运维一站式服务	云途腾于 2020 年 4 月被评为"中国私有云企业 20 强"。目前公司估值达到数十亿人民币

资料来源：企业官方网站、CSND 社区网、站长之家网站、天眼查网站、ZAKER 网

4. Chromium 开源浏览器项目及 Chrome 浏览器

Chromium 是 Google 的开源浏览器项目,于 2008 年首次发布。[①] 该项目源代码受 BSD[②]、MIT[③]、LGPL[④] 等开源许可条款的约束,Chromium 的源代码可作为 Web 浏览器的基本组成部分,经编译即可成为一个 Web 浏览器。Chromium 的用户界面以简约

---

① Wikipedia

② Berkeley Software Distribution 许可协议 2.0 版本.

③ MIT License：源自麻省理工学院的许可协议.

④ GNU Lesser General Public License：GNU(GNU's Not UNIX! 自由软件基金会)宽通用公共许可证.

为目标，因为 Google 试图使浏览器"在认知和物理上都感觉轻巧、快速"。

Google 以该项目为基础研发其 Chrome 浏览器，Chromium 为 Chrome 提供了绝大多数的源代码，包括用户界面、Blink 渲染引擎和 V8 JavaScript 引擎等。且在 Google 进一步开发下，Chrome 浏览器比 Chromium 具有更多功能。除此以外，市场上多款知名浏览器同样基于 Chromium 代码开发，包括 Microsoft Edge、Opera 和 Amazon Silk 浏览器。此外，一些非 Google 团队也基于 Chromium 代码开发并使用 Chromium 名称发布浏览器。

自 Chromium 于 2008 年发布以来，在近 12 年间，截至 2020 年 6 月，已经发布 85 个版本，以平均每年发布高达 7 个版本的速度进行更新。[①] 截至 2019 年 6 月，Chromium 项目共有超过 8 100 位贡献者，超过 81 万次代码提交，总代码行数超过 2 500 万行。[②] 根据 COCOMO 模型[③]，该代码量相当于一位具备平均能力的程序员工作 8 304 年的工作量，如果按照年薪 5.5 万美元计算，那么该项目目前的总价值大约为 4.57 亿美元。[④]

根据图 5-4 所示，自 Chromium 发布以来，经过大约 10 年时间，Chrome 作为 Google 基于 Chromium 项目研发的浏览器，其市场份额已经从 0 逐步提升到超过 60%。如果再加上 Opera、Windows Edge 等同样基于 Chromium 的浏览器，那么基于 Chromium 项目的浏览器总的市场份额已经超过 65%。浏览器服务确实能够为相关企业带来丰厚利润，根据 Opera 公司的财务报告显示，其 2019 年的营业收入为 3.35 亿美元，净利润接近 5 800 万美元。

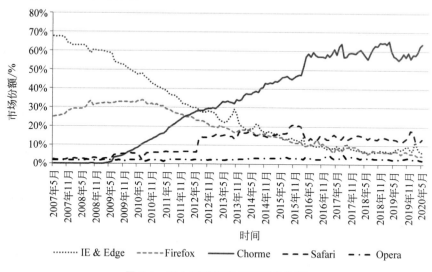

图 5-4　Web 浏览器市场份额趋势图

资料来源：W3Counter 网站

① Chromium 项目网站.
② Synopsys's Black Duck Open Hub 网站.
③ Constructive Cost Model，一种程序软件成本估算模型.
④ Synopsys's Black Duck Open Hub 网站.

　　中国国内的奇虎 360 安全浏览器也为基于 Chromium 源代码（360 浏览器具有双内核：Chromium 以及 IE 内核）而开发的浏览器。360 浏览器市场份额长期占据中国市场第一（由于国内浏览器领域的竞争，360 浏览器在 2012—2019 年间，隐藏了自身标识，因此各浏览器排行榜在此期间并未针对 360 浏览器进行统计）。早在 2012 年 7 月，360 浏览器的国内市场份额已经达到 25.32％[①]，仅次于 IE 浏览器位于第二位。经过多年的发展，至 2019 年，360 浏览器的平均月度活跃用户数[②]为 4.4 亿，市场渗透率[③]达到86.13％。[④] 根据 360 公司 2017 年上市公告显示，360 浏览器 2017 年上半年的平均月度总运行时间为 1 466.98 亿小时，平均月活跃用户数为 4 亿人，由此可知平均每个用户的月使用时间为 367 小时。显然，360 浏览器不仅拥有很高的市场份额，且对用户的黏性非常强，能够保证用户每日的使用时间都在 12 小时以上。之所以能够取得这样的成绩，一方面是因为 360 浏览器的产品设计出色，另一方面也不可忽视为其提供底层技术的 Chromium 项目。

5. Arduino 开源电子开发平台项目

　　Arduino 项目是以开源硬件产品为核心的开源技术项目，其包括开源单板微控制器和微处理器等硬件产品，也包括配套硬件产品的开源软件产品。该项目由 Arduino 公司运营，并建有相应的用户社区。截至 2020 年 2 月，Arduino 社区已经有超过 3 000 万活跃成员。[⑤]

　　2005 年，Arduino 诞生于意大利的 Ivrea 交互设计学院（Interaction Design Institute Ivrea），最初作为一种用于快速制作交互设计原型的简便工具，主要面向没有电子和编程背景的学生。作为电子设备原型制作平台，Arduino 具有费用支出低、学习成本低、使用简便、高效、执行速度快、驱动库众多、耗电量低等特点，尤其在电路控制和传感器数据收集方面具有优势。自 2005 年诞生以来，截至 2020 年 8 月，已有 24 个版本的 Arduino 开发板先后投入商业生产（其中 2 个版本目前已停产）。[⑥]

　　本着开源的精神，Arduino 项目依据开源协议创设，其硬件产品根据 Creative Commons Attribution Share-Alike 2.5 许可协议开源，而软件则根据 GNU 较小通用公共许可协议（LGPL）或 GNU 通用公共许可协议（GPL）进行开源。根据开源协议，任何人都可以免费拿到 Arduino 硬件电路板的设计图纸，并根据自己的设计工艺进行批量生产。同时，也可以参考其所提供的开源软件及文档，根据自身需求进行定制化开发和使用。

　　在开源协议基础上，Arduino 形成了包括其开发板（开源硬件）、开发工具（开源软

---

　　① StatCounter 网站.

　　② 月活跃用户数：指当月至少登录一次的设备数.

　　③ 市场渗透率：软件月活跃用户数／整体软件用户数×100％.

　　④ 360 安全科技股份有限公司 2019 年年度报告.

　　⑤ Maurizio Di Paolo Emilio. Open-source HW in the Modern Era: Interview of Arduino's CEO Fabio Violante[OL]. EE Times Europe website, 2020-02-04.

　　⑥ Arduino 项目网站.

件)、库(类库及 SDK①)、相关项目、社区、创客、企业在内的庞大生态系统。尤其是 Arduino 所拥有的类库和 SDK 资源，其数量和质量均领先于其他同类产品。

在开源协议及其生态的支持下，Arduino 具有较强的市场竞争力，利用 Arduino 进行技术创新成为众多用户的选择。目前，全球包括设计师、工程师、学生、开发人员和制造商在内的群体正在使用 Arduino 在音乐、游戏、玩具、智能家居、农业、自动驾驶等方面进行创新。尤其值得注意的是，近年来随着智能硬件的兴起，全球掀起了一种名为创客的风潮，他们使用 Arduino 及其相关的各类硬件模块，得以快速搭建多种不同功能的电子产品，如空气质量检测器、火灾报警器、智能喂猫器、物联网设备、可穿戴设备、3D 打印机、电子乐器、小型机器人以及各种飞行器等。

Arduino 可应用的范围广泛，具有广阔的市场前景。根据 Global Market Insights 的数据与预测，包含 Arduino 在内的广义单板计算机市场，2018 年全球市场规模已达到 6.2 亿美元，到 2025 年将达到 10 亿美元以上。② 除以上应用以外，Arduino 已经成为用于 IoT(物联网，Internet of Things)产品开发的流行工具，也是用于青少年 STEM③/STEAM④ 教育的最成功的工具之一。尤其在物联网市场解决方案方面 Arduino 具备极大市场潜力，根据 IDC 的预测，全球物联网收入到 2023 年将达到 1.1 万亿美元⑤，这也将为以 Arduino 为代表的单板计算机带来巨大市场机会。不仅大量社区成员将 Arduino 应用于 IoT 领域，与此同时，Arduino 公司目前也将大量精力集中于其 IoT 产品及服务——Arduino IoT Cloud 中。Arduino IoT Cloud 融合了 Arduino 的硬件、软件以及云服务，为用户提供基于云的 IoT 原型快速搭建综合解决方案。Arduino 利用其所建立的硬件和软件的生态，使用户能够快速、轻松地开发其 IoT 应用，并吸引更多的人将 Arduino 开发板用于 IoT 开发中。

在我国，Arduino 同样受到市场的重视，不仅在创客群体及 STEAM 青少年教育领域备受欢迎，而且由于其有利于降低企业的产品开发成本，很多市场化的产品也使用 Arduino 作为基础研发平台，包括小米的 Yeelight 智能灯、大疆的无人机、Pebble 智能手表、Makerbot 3D 打印机等产品。此类企业将 Arduino 定位于打造和调试产品原型机/验证机的基础平台，经过验证后，其发布的产品可以进一步使用 Arduino 的控制芯片重新设计，如用 Atmel AVR、ARM Cortex 芯片来代替。而此类芯片成本更低、体积

---

① Software Development Kit，软件开发工具包，指辅助开发某一类软件的相关文档、范例和工具的集合。

② Preeti Wadhwani, Shubhangi Yadav. Single Board Computer Market Size By Component (Solution [VME, cPCI, VPX, xTCA], Service [System Integration, Customization, Aftersales]), By Processor (ARM, x86, Atom, PowerPC), By End-Use (Industrial Automation, Aerospace & Defense, Transportation, Medical, Entertainment), By Application (Test & Measurement, Communication, Data Processing, Research), Industry Analysis Report, Regional Outlook, Growth Potential, Price Trends, Competitive Market Share & Forecast, 2019-2025. Global Market Insights website, 2019-02.

③ STEM：Science、Technology、Engineering、Mathematics.

④ STEAM：Science、Technology、Engineering、Arts、Mathematics.

⑤ IDC. Steady Commercial and Consumer Adoption Will Drive Worldwide Spending on the Internet of Things to $1.1 Trillion in 2023. According to a New IDC Spending Guide[OL]. IDC's website, 2019-06-13.

更小、功耗更小，功能与 Arduino 完全相同，使发布产品具备市场化能力。

5.3.2　中外大型企业积极开放自身技术

一方面，企业可以通过采用开源技术，保持对所用软件的影响力，迅速建立自己的产品体系，并参与到开源生态系统中，形成业务优势；另一方面，企业也积极将自主研发的技术开源，打造开源生态，提升行业影响力，发掘技术人才，通过开源实现技术与产品的快速研发，形成事实标准和商业垄断，通过提供技术支持及服务带来商业利益。

1. Google

Google 是支持开源运动的大型企业之一。Google 最早主要通过发表论文开放其内部技术，比如 2003—2006 年间的 Google File System、MapReduce 以及 BigTable 三篇论文奠定了以 Apache Hadoop 为代表的开源分布式大数据计算系统的技术基础。此外，其不仅在 GitHub 等知名开源平台、Linux 等大型开源项目中贡献代码，也不断地通过如前述 Android 操作系统以及 Chromium 浏览器等 Google 自己发布的开源项目成功积累开源项目的运营经验。其通过 Android 以及 Chromium 等开源项目，成功建立了相关的开源生态系统，形成巨大的产业优势。其中 Android 系统占据了全球智能手机接近 80% 的市场份额，据 Sensor Tower 估计，2020 年 Google Play Store 的收入将达到 347 亿美元，而到 2024 年这一收入将达到 555 亿美元，复合年增长率为 13.2%。[①] 而对于 Chromium 项目，Google 不仅借助开源社区优化了代码，而且其基于 Chromium 开发的 Chrome 浏览器已占据全球市场 60% 的份额，并通过 Chrome 中的 Web Store 及广告为 Google 带来可观收入。

在拥有开源项目运营经验后，随着 Github 等全球性开源平台的崛起，Google 于 2017 年发布了其自有开源平台 opensource.google.com，其中包含 Google 所有关于使用、发布和支持开源代码的信息。Google 发布开源代码所遵循的理念之一就是"越多越好"，由于不知道哪个项目能够找到合适的受众，所以只要有可能，Google 都会帮助团队发布代码。按照这样的思路，Google 已经在开源许可协议授权下发布了数千个项目（仅在 opensource.google.com 平台上已经放置了超过 2 000 个开源项目，且数量仍在持续增加[②]），这些开源项目分布在 100 个以上 GitHub 组织和 Google 自建的 Git 服务中，包括较大规模的产品 TensorFlow、Go 和 Kubernetes，以及较小规模的产品 Light My Piano、Neuroglancer 和 Periph.io 等。[③]

其中 TensorFlow 是由 Google Brain 团队开发的深度学习开源软件库，于 2015 年 11 月首次发布。作为全球最受欢迎的开源深度学习平台以及 GitHub 2019 年年度焦点项目，截至 2019 年底，TensorFlow 的贡献者总数量已经达到约 9 900 人，位居 2019 年年度热门项目榜单第 5 位，比较 2018 年的 2 200 人，增长 3.50%。据了解，目前在

---

① Forbes China.Sensor Tower：2024 年 App Store 和 Google Play 收入将达到 1,710 亿美元［EB/OL].福布斯中国网.

② Google 开源技术网站.

③ Google. A New Home for Google Open Source［OL]. Google website，2007-03-28.

TensorFlow 社区内,有约 2.5 万人正在为其依赖项目[①]作出贡献,例如 Numpy、Pytest 等。此外,共有约 4.6 万个代码库依赖于 TensorFlow。[②]

Kubernetes 项目由 Google 于 2014 年启动,并于 2015 年 7 月正式发布。作为云计算领域的热门开源工具,Kubernetes 甚至可以被视为容器[③]管理所需的必不可少的操作系统。Kubernetes 已经成为分布式集群管理系统和公有云/私有云容器编排领域的事实标准,目前位居 2019 年年度 GitHub 热门项目榜单第 7 位。[④]

与此同时,在 2019 年年度 Google Cloud 开发者大会中,Google 提出了混合云、数字化转型以及聚焦行业的战略,并推出 Anthos 和 Cloud Run 两大开源平台,宣布与 7 家[⑤]行业领先、以开源为核心的企业签署战略合作伙伴协议。[⑥]

2. Microsoft

2004 年之前,Microsoft 一直是开源的坚定反对者,且被开源社区视为第一大"公敌"。早在 1976 年,Microsoft 创始人 Bill Gates 发表过一封《致爱好者的公开信》(An Open Letter to Hobbyists),Gates 在信中提到,"没有人会在没有任何报酬的情况下承担软件开发的工作,难以想象有人会投入大量的时间开发、测试、排除错误、编写文档并免费发布产品。实际上,只有 Microsoft 能够通过大量投资为个人电脑开发应用软件"。[⑦]

然而,自 2004 年起,Microsoft 开始聘用开源领域的战略专家,并推出自己的开源项目。至 2008 年,在 Gates 临退休前一周所组织的关于开源软件的会议中,Gates 提出包括版权、专利、代码贡献的系统运作架构图,并留下"the company had to make the move"的嘱托。[⑧] 自此,Microsoft 加速转变为开源的拥护者。会议后不久,Microsoft 收购了一家名为 Powerset 的公司,这是一家语义搜索初创公司,是最早在 Hadoop 上提供 Web 服务的公司之一。经过短暂的中断,Microsoft 允许 Powerset 的工程师继续为开源项目贡献代码。[⑨] 同年,为提高其产品的开放性,为开发人员、合作伙伴、客户、竞争对手带来更强的互操作性、机会以及选择,Microsoft 提出了 4 个有利于实施互操作性的原则:(1)确保开放的连接;(2)促进数据的可移植性;(3)加强对行业标准的支持;(4)促进与客户和行业(包括开源社区)的更加开放的互动。[⑩] 同样在 2008 年,Microsoft 宣布向 Apache 软件基金会捐赠 10 万美元,并首次向 Apache 的项目贡献代

---

① TensorFlow 的依赖项目为以 TensorFlow 为底层技术的开源项目.
② GitHub. The State of the octoverse. GitHub website,2019-09-30.
③ 云计算中常用的标准化单元,可视为可运行应用程序的最小计算机资源环境。
④ GitHub. The State of the octoverse. GitHub website,2019-09-30.
⑤ 包括:Confluent、DataStax、Elastic、InfluxData、MongoDB、Neo4j 和 Redis Labs;数码新鲜汇.谷歌云大会第一天:宣布新的开源合作伙伴,Cloud Run 和 Anthos 等[EB/OL].百度网数码新鲜汇百家号.
⑥ 经济观察报.陈永伟.企业为什么要做开源[EB/OL]. 经济观察报微信公众号.
⑦ 经济观察报.陈永伟.企业为什么要做开源[EB/OL]. 经济观察报微信公众号.
⑧ Metz, Cade. Meet Bill Gates, The Man Who Changed Open Source Software[OL]. Wired website.
⑨ Metz, Cade. Meet Bill Gates, The Man Who Changed Open Source Software[OL]. Wired website.
⑩ Riordan, Aimee. Microsoft Makes Strategic Changes In Technology And Business Practices to Expand Interoperability - Stories[OL]. Microsoft's website.

码，表示对"Apache Way"的认可；此外，Microsoft 于同年首次向 PHP① 社区贡献代码。② 次年，Microsoft 开源主管 Sam Ramji 和他的团队使用开源软件 Zend、OpenNebula、Eucalyptus、OpenScale 以及 Hadoop 实现了类似 Amazon 的云服务。③ 2009 年 7 月，Microsoft 宣布已向其最大竞争对手 Linux 操作系统贡献 2 万行代码，开始为 Linux 内核开发作出贡献。④ 为促进开源技术发展，提升 Microsoft 产品互操作性、开放性以及实现与开源社区合作的长期承诺，Microsoft 于 2012 年成立了全资子公司——Microsoft Open Technologies Inc.⑤ 2014 年 2 月，Satya Nadella 被任命为 Microsoft 的新任首席执行官，随后在 2014 年 10 月的 Microsoft 云业务发布会上，Nadella 首次提出"Microsoft Loves Linux!"，Microsoft 开始将开源纳入其核心业务。⑥ 随后，在 Nadella 的带领下，Microsoft 执行了一系列有关开源的战略举措，包括在 GitHub 建立官方账号，将.NET 开发框架开源，变更开源技术管理架构，即关闭子公司 Microsoft Open Technologies，而在 Microsoft 总部设立开源项目办公室统筹开源项目管理工作等。⑦ 2015 年，Microsoft 参与创立了 Node.js⑧ 基金会并加入了 R 语言⑨联盟 (R Consortium)；同年，Microsoft 宣布其集成开发工具 Visual Studio Code(VSC)开源，并将源代码发布到 GitHub 上⑩，经过几年的发展，VSC 已成为最热门的开发工具之一。⑪ 2016 年，前任 CEO Ballmer 改变了对 Linux 的立场，表示他支持继任者 Nadella 的开源战略；⑫同年，Microsoft 开源了多个有影响力的项目，包括 Chakra JavaScript 开发引擎、Visual Studio MSBuild 编译引擎、Computational 网络工具套件、Xamarin 移动开发平台、PowerShell 命令行终端以及 Linux 版本的 SQL Server 数据库，Microsoft 随之成为在 GitHub 平台贡献最大的企业。⑬ 2017 年，Microsoft 加入云原生计算基金会以及 MariaDB⑭ 基金会，并开源了基于 Debian 操作系统的 SONiC 网

---

① PHP 为一种开源程序设计语言。

② Fontana，John. Microsoft Puts Up ＄100K To Support Apache Software Foundation[OL]. Network World website.

③ Metz，Cade. Meet Bill Gates，The Man Who Changed Open Source Software[OL]. Wired website.

④ Microsoft Releases 20K Opensource Code To Linux Under GPL For The First Time[OL]. Geeknizer website.

⑤ Microsoft Open Technologies Formed to Address Interoperability[OL]. Redmondmag website.

⑥ Vaughan-Nichols，Steven. How Microsoft Went From "Linux Is A Cancer." To "Microsoft Loves Linux." [OL]. Insiderpro website.

⑦ Linux 中国：林觉民，张梦华.微软开源：一场内部策反的自我革命[EB/OL].Linux 中国网.

⑧ 一种开源 JavaScript 服务器端开发框架.

⑨ 一种开源统计分析、绘图语言.

⑩ Wikipedia.

⑪ Visual Studio Code 已经是最热门的开发工具了. 百度网百家号.

⑫ Wikipedia.

⑬ Linux 中国：林觉民，张梦华.微软开源：一场内部策反的自我革命[EB/OL].Linux 中国网.

⑭ 一种开源类 MySQL 数据库.

络操作系统。[①] 2018 年，Microsoft 加入 Open Invention Network[②] 组织，并与开源社区交叉授权了 6 万项专利；同年，其开源了 Windows 操作系统中的计算器程序源代码。[③] 2018 年 6 月 4 日，Microsoft 宣布以 75 亿美元收购全球最大开源代码托管平台 GitHub（截至 2021 年 2 月 4 日，GitHub 上拥有超过 6 600 万名用户[④]）[⑤]，并承诺 GitHub 将独立运营，而此时 GitHub 尚未实现盈利。CEO Nadella 提出"We are all in on open source"的战略，并宣布已将 Microsoft Azure 云服务与 GitHub 实现了集成，通过集成形成强大的生态，提供了挑战拥有最高市场份额的 Amazon AWS 市场地位的可能性。[⑥] 2019 年 10 月，Microsoft 发布新款手机——Surface Duo，该手机并未搭载 Microsoft 自主研发的智能手机操作系统 Windows Phone，而是选择和 Google 合作，使用其 Android 系统。[⑦] 2020 年 3 月 16 日，Github 官方宣布签署收购 npm[⑧] 的协议[⑨]，并提出未来将帮助 npm 满足快速增长的 JavaScript 社区的需求。自此，Microsoft 把全球最大的开源代码托管平台（GitHub）和 JavaScript 包管理器（npm）都纳入到自己的商业版图中。

事实上，开源运动也为 Microsoft 业务的成长带来了新的机遇。随着 Microsoft 开源战略的实施，2019 年，Microsoft Azure 云服务全年市场份额已经攀升至 16.9%，仅次于 Amazon AWS 的 32.3%。并且，尽管 Microsoft 的总市值在第二任 CEO Ballmer 时代（Ballmer 在 2000 年至 2014 年间任 Microsoft CEO）从 6 000 亿美元下滑到 3 000 亿美元并保持 10 年以上，到 Nadella 时代则持续攀升至超过 15 000 亿美元，与苹果公司共同位于全球上市公司市值前两位，如图 5-5 所示，这很大程度归功于 Nadella 所提出的开源战略。

3. 阿里巴巴

自 2010 年夏天阿里巴巴开源第一个项目起，截至 2020 年 6 月 23 日，阿里巴巴共发布了超过 2 000 个开源项目，覆盖大数据、云原生、AI、数据库、中间件、硬件等多个领域，其在 GitHub 中获得 star 数超过 88 万个，共有超过 2.3 万名贡献者为其开源社区作出贡献。[⑩] 根据 OSCI 的统计，在 2016 年 1 月至 2020 年 3 月间，阿里巴巴在 GitHub 的

---

① Wikipedia.

② 一个为保护 Linux 免于诉讼而设立的开源专利组织.

③ Wikipedia.

④ GitHub 网站.

⑤ Wikipedia.

⑥ Salinas, Sara. Tech Microsoft CEO Satya Nadella Says $ 7.5 Billion Github Deal Shows, We Are All In On Open Source[OL]. CNBC website.

⑦ 徐乾昂.时隔多年微软出新手机，但这次用了安卓系统[EB/OL].观察者网.

⑧ npm 是 JavaScript 编程语言生态的软件包管理器，截至 2020 年 3 月，大约有 1 200 万开发人员使用（超过 GitHub 1/4 的规模），共提供了 130 万个软件包，每月下载次数达到 750 亿次.

⑨ 张路.GitHub 收购 npm：天下开源是一家，有个爸爸叫微软[EB/OL].雷锋网.

⑩ 阿里巴巴开源技术网站.

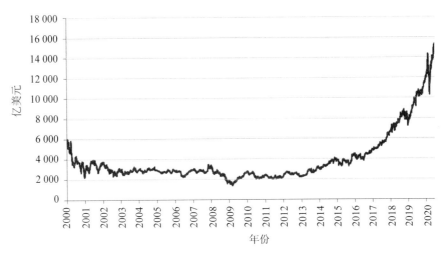

图 5-5　Microsoft 公司总市值趋势图

资料来源：Wind

总贡献度排名位列第 18 位；[①]而根据 gharchive 的统计，仅考虑 2019 年 3 月 1 日至 2019 年 10 月 1 日间 7 个月的数据，阿里巴巴在 GitHub 上贡献度排名位列第 12 位，百度和腾讯则分别列第 21、23 位。[②]

　　在 2019 年 9 月的云栖大会中，阿里巴巴首次公开其开源技术委员会，并提出赋能开源作为技术战略，完成从拥抱开源到贡献开源、自主开源，再到赋能开源的战略升级。

　　截至 2020 年 1 月，阿里巴巴在过去 10 年间受邀成为 10 多个国内外开源基金会成员。阿里巴巴积极贡献开源，不仅是 Java 全球管理组织 JCP 最高执行委员会的唯一中国代表，也是 Linux、RISC-V、Hyperledger、MariaDB、OCI 等多个基金会的重要成员。在此期间，阿里巴巴将 4 个顶级项目捐赠给 Apache 基金会，超 10 个项目进入 CNCF[③] Landscape。阿里巴巴不仅在 CNCF、OpenJDK、Linux、Apache、Spring 等开源社区积极贡献，更为重要的是在 AI、云原生、数据库、前端/移动、硬件开发等方面积极进行自主开源。

　　目前阿里巴巴的 OpenMessaging 开源项目成为首个由中国发起的分布式计算领域国际标准。[④]

4. 腾讯

　　腾讯自 2011 年起开始推广内部开源，从 2016 年开始不断将内部开源优质项目在 GitHub 发布，至 2019 年 1 月成立技术委员会并自上而下推进开源协同战略，再到

---

　　①　OSCI. Data Deep Dive：Open Source Contributor Index (OSCI) 2016—2020 Analysis[OL]. SolutionsHub website，2020-04-20.

　　②　杨立滨.2019 GitHub 开源贡献排行榜新鲜出炉！微软谷歌领头，阿里跻身前 12！[EB/OL].CSDN 社区网.

　　③　Cloud Native Computing Foundation.

　　④　贾扬清.阿里开源 10 年，致敬千万开源人[EB/OL].知乎专栏.

2019 年 6 月在 CNCF 主办的云原生技术大会上公布开源"三步走"线路图[①]，并为此成立开源管理办公室，下设项目管理委员会（针对每个项目设立项目管理委员会）、腾讯开源联盟和开源合规组三大组织，自上而下地传递腾讯开源策略，自下而上地落地开源技术生态[②]，体现出腾讯对开源的重视。

在开源社区建设方面，腾讯已经获得 OpenStack 社区、Linux 基金会、LFAI 基金会、MariaDB 基金会、Apache 基金会等多个开源组织的白金会员或白金赞助商身份，并为多个项目作出了核心贡献。如在 Apache 基金会，腾讯主导发布了 Hadoop 2.8.4、2.8.5 版本和 Spark 2.3.2 版本；其也是多个项目的核心贡献者，包括 Hadoop、Spark、Flink、HBase、Hive、MXNet、Parquet 等。腾讯游戏团队以其所研发的 TenDB 分布式关系型数据库为基础，向 MariaDB 数据库所提交的四个核心特性已经合并到 MariaDB 的主线版本中。而在 Linux 基金会，腾讯贡献了 Tars 和 TSeer 两大项目。除此以外，腾讯将其 AI 开源项目 Angel 捐献给 LFAI 基金会（Linux Foundation Artificial Intelligence Foundation 原名 LF Deep Learning 基金会）。仅在 2019 年，腾讯云向 KVM[③] 内核贡献了 40 个补丁程序，连续第二年登上 KVM 全球开源贡献榜，也成为中国唯一入选的云厂商。2019 年初，腾讯云正式发布基础设施层面四大核心技术项目，分别涵盖数据中心、网络、服务器以及自动化平台领域，并宣布将这四大技术项目全部贡献给 OCP[④] 开源社区。[⑤] 截至 2020 年 6 月，腾讯已经开源了 103 个项目，覆盖云计算、腾讯游戏、腾讯 AI、腾讯安全、小程序等领域，共为开源社区提供超过 1 300 名开发贡献者，获得 30 万以上的 star。[⑥] 值得一提的是，其中的 TH_COVID19_National 项目，即腾讯健康新冠疫情模块国际版，于 2020 年 3 月由腾讯正式开源，为全球抗击新冠肺炎疫情贡献中国科技力量。[⑦]

在内部开源方面，腾讯内部的整体代码开源率由 2019 年年初的 20% 增长至年底的 70%，代码协同共建已成为一种趋势。仅在 2019 年，腾讯内部新增协同代码库超 4 400 个，Q4 较 Q1 增长了 56.3%，其中包含 53 个公司内部重点开源项目（涉及 400 多

---

① 第一步是内部开源协同。首先拉通内部项目和组织，通过部门小团队作战或跨部门大团队作战的方式协同推进，以优化资源配置的方式集中优势寻求技术突破。随后，腾讯建立起筛选机制并将代码开放。第二步是外部代码开放。优化设计与代码结构，不断拓展落地场景，有效利用外部贡献者资源实现资源整合，构建技术影响力。第三步是社区开放治理，在这一阶段，注重大规模技术推广与应用、开发者生态体系构建、社区领袖与领导力培养、全社会研发资源的优化配置四个方面。

② 腾讯科技.首次！腾讯全面公开整体开源路线图[EB/OL].腾讯网.

③ KVM 为 Kernel Virtual Machine 的缩写，即内核虚拟机，是 Linux 下 x86 硬件平台上的全功能虚拟化解决方案。

④ OCP 为 Open Compute Project 的缩写，是由 Facebook 等公司于 2011 年发起成立的一个非营利组织。作为全球开放硬件设计领域的领导者，OCP 的使命是为大规模计算提供开源的服务器交付、存储、数据中心硬件设计等。

⑤ 腾讯科技.首次！腾讯全面公开整体开源路线图[EB/OL].腾讯网.

⑥ 腾讯开源技术网站.

⑦ 腾讯开源.在中国提供了 60 亿次服务的疫情模块向世界开源[EB/OL].腾讯开源微信公众号.

个代码库）。①

5. 华为

2019 年以前，华为参与开源项目较为低调，鲜有报道。其实在 2016 年，华为已经成为国内参与开源软件项目的领先者。华为自 2011 年开始参与开源活动，至 2016 年大致经历了 3 个发展阶段：第 1 阶段只是把开源技术视为外部引进软件；第 2 阶段则把开源视为外部协作的一种方式，研究如何与社区的技术人员、社区本身以及其他相关企业协作；第 3 阶段则要求对开源软件代码的熟悉程度如同自己所写的代码，开源被提升到战略高度来看待和管理，开源软件成为研发的重要来源。早在 2016 年以前，华为公司已经设立了专门的开源软件能力中心，并积极支持参与外部开源社区，成为 Apache 基金会、Linux 基金会、Linaro、OpenStack 等开源社区的主要成员。以 OpenStack 为例，华为已经成为其社区金牌会员，有权利参与到 OpenStack 整体架构的研究和创新变革决策。截至 2015 年 3 月，华为公司平均每月向各大开源社区贡献约 1 500 次代码提交，仅随 Red Hat、Intel 和 IBM 之后，其在社区内的活跃度与 Google、Samsung、Oracle、Microsoft 等国际知名公司并驾齐驱。②③ 2015 年，华为宣布开源其轻量级物联网操作系统 LiteOS。根据 OSCI 的统计，在 2016 年 1 月至 2020 年 3 月间，华为在 GitHub 的总贡献度排名位列第 27 名。④

自美国于 2019 年对华实施技术制裁后，华为开始高调宣传其开源计划。仅在 2019 年至 2020 年上半年，华为先后公开了其 7 大开源项目，包括鸿蒙操作系统、方舟编译器、openEular 服务器操作系统、MindSpore 计算框架、OpenGauss 数据库、移动服务生态 HMS Core 4.0 以及鲲鹏处理器主板及整机参考架构。⑤

5.4　技术开源的意义及风险点

自技术开源模式诞生以来，已涌现出众多成功案例，说明无论是直接使用开源技术还是主动开源自身技术对于技术创新和发展都具有重要意义，开源已成为全球技术创新的主流模式。与此同时，由于技术开源仍处于发展期，相关的政策制度及管理方法尚未完全成熟，技术开源在发展与应用过程中仍面临众多风险点。

① 科技热点资讯小站.腾讯发布研发大数据报告：研发人员占比高达 66%[EB/OL].搜狐网.
② 金芝,周明辉,张宇霞.开源软件与开源软件生态：现状与趋势[J].科技导报,2016,34(14)：42-48.
③ 欧建深.企业视角看到的开源——华为开源 5 年实践经验[J].中国计算机学会通讯,2016,12(2)：40-43.
④ OSCI. Data Deep Dive: Open Source Contributor Index (OSCI) 2016—2020 Analysis[OL]. SolutionsHub website, 2020-04-20.
⑤ 新智元.华为鲲鹏这片「黑土地」,滋养了最会算的开发者[EB/OL].知乎专栏;华为开源技术网站;harry_c.华为开源野心与布局[EB/OL].CSDN 社区网;Gitee.华为自主研发,openGauss 数据库代码正式开放[EB/OL].知乎专栏.

5.4.1 对技术引进、技术创新的意义

1. 有利于促进采用技术开源模式的企业及国家技术水平的提升，提升技术创新国际影响力

在使用开源技术方面，由于开源技术往往属于某一特定领域较为先进的技术，技术相对落后的企业，或者在特定领域尚未有积累的企业，如果希望尽快赶上市场前沿水平或者迅速进入技术领先行列，采用开源技术，尤其在起步阶段采用开源技术是很有效的解决方案。

在使用开源技术的基础上，技术引进企业及其他技术企业逐步开始为开源项目作贡献，甚至主动将自身技术开源，通过不断吸收国际先进开源项目的经验、不断提升开源项目参与度、不断推动开源自身技术项目并向全球推广，有助于推动企业所在国的技术水平整体发展，有利于提升企业及所属国家在技术创新领域的国际影响力。

2. 便于企业吸引、鉴别人才，有利于为市场培育人才

从微观角度考虑，技术能力需要依赖人才所经历的具体技术项目来体现，而企业作为招聘方，如果仅通过简历中对学历、项目、证书、奖项等方面的介绍，往往难以判断技术人才的真实资质和技术水平。相比于这些指标，实际的解决问题能力更为重要。事实上，能够有效解决开源技术项目遇到的问题、对开源技术项目进行有效的改进和创新，可作为证明开发者能力的一个有效途径。众多大型企业，包括 Microsoft、Google、IBM、阿里巴巴、腾讯等，不仅积极投入国际著名开源项目，甚至将自研技术项目开源，自主搭建开源项目管理平台，组建开源社区，其中部分原因就是希望通过开源项目的研发鉴别人才的实力，发现并吸引优秀人才，将所发现的人才招聘到自己的旗下。

从宏观角度考虑，开源项目的逐步推广与升级，有利于为市场培育技术人才，提高市场劳动力整体水平。同时，由于大部分人才往往更多关注于市场热门开源项目，可确保在特定技术领域的大多数人才在近似的技术方向拥有经验。这种趋势有助于人才的流动，有利于劳动力生产要素的市场化，在一定程度上，实现了劳动力要素的"云化"。

3. 有利于缩短技术研发周期

在多数情况下，通过开源协议将自身技术开放的企业，并不寄希望于拥有所有的顶尖人才，它们更希望通过开源来更好地组织全球技术人才及组织对其项目作出积极贡献，提升技术研发效率，缩短技术研发周期。例如，Google 对其 TensorFlow 机器学习平台的开源决定就是基于这种考虑做出的。Google 首席科学家 Jeff Dean 指出，传统的软件研发过于缓慢，通常是几个程序员花几个月的时间写完代码，然后上会讨论，再根据其他人的意见进行相应的修改，整个流程持续时间较长。相比之下，如果采用开源的协作开发形式，Google 的开发人员既能够实时与学术界进行协作，Google 之外的人才也能够参与 TensorFlow 源代码的编写。这样，通过对机器学习技术的分享，广泛吸引更多的技术人才参与完善 TensorFlow 系统，TensorFlow 的开发进度就大大加快了。[①]

---

① 经济观察报.陈永伟.企业为什么要做开源[EB/OL].经济观察报微信公众号.

4. 有利于企业迅速抢占市场

一般来说，开源可以大幅节约企业内部的技术研发成本，无论是资金成本还是时间成本。因此比起采用封闭模式研发的技术产品，采用技术开源模式研发的产品在对市场的拓展方面通常更为迅速。

一个典型的例子就是 Google 推出的 Android 系统。它并不是最早的手机操作系统，在此之前，诺基亚的 Symbian 系统曾一度占据手机操作系统市场份额的榜首，而苹果的 iOS 系统也要比 Android 系统出现得更早。然而，在 Android 系统出现之后，只用了很短时间就夺下了手机操作系统市场份额第一的位置。根据 Statista 发布的数据，截至 2019 年 12 月，Android 手机的市场份额已经上升到 74%，位居第二的 iOS 系统的市场份额则只有 25% 左右，而其他各种系统的市场份额加在一起只有 1%。这个例子充分说明，在抢占市场份额这点上，开源技术确实有着得天独厚的优势。一旦企业利用开源技术成功地占有较大比例的市场份额，它们就拥有了足够的战略空间，可利用自己在市场上的优势获得更加丰厚的收入。

仍以 Android 系统为例，根据 GPL 协议，这一系统的代码版权不属于任何个人和机构，因此其项目发起者 Google 并不能对其收取任何费用。然而，尽管 Google 并不直接通过 Android 系统收费，却可依赖"交叉补贴"战略完成商业化盈利。比如前文中提到，虽然 Google 对于 Android 系统采取了开源和免费的策略，但是搭载于其上的 Google 所研发的多款 APP，包括 Google 搜索、Google 浏览器等却并不开源。其中部分 APP 为收费型 APP，部分 APP 虽然免费，但是可作为流量入口，以此赚取广告费用；同时，Google 所提供的全球范围的信息推送、应用商店等服务（此类服务需要基于全球性的服务器及存储网络，大多数手机制造商没有提供此类服务的能力），同样是收费性服务。由于 Android 系统的开源和免费，大多数手机制造商选择在 Android 系统基础上进行一定程度的定制化开发作为其专有系统，伴随着这个过程，此类盈利性的 APP 被自动装入手机，且其不得不依赖于 Google 的 GMS 服务。Google 通过赚取 APP 费用、广告费用及 GMS 服务费用，不仅足以弥补为开发 Android 系统而投入的成本，还能获取可观的利润。从这个意义上看，将 Android 开源是 Google 的一个十分高明的商业策略。然而，这种商业策略带来的市场份额的快速提升也引起了一些争议。此前欧盟对 Google 发动了一系列调查和诉讼[①]，并合计开出 93 亿美元的罚单[②]，其中一个很重要的原因是 Google 利用开源 Android 系统带来的市场支配地位控制了应用市场，捆绑销售了自己的产品和服务，以致产生排除或限制竞争、降低消费者福利的违背市场公平的结果。[③]

5. 有利于形成事实技术标准，助力开源主导企业获取标准制定话语权，建立市场优势

在技术领域，掌握技术标准的企业将会获得巨大市场优势。此前，较为传统的做法

---

① Wikipedia.

② Vincent，J. Google hit with 1.5 billion antitrust fine by EU[OL]. The Verge website，2019-03-20.

③ 经济观察报.陈永伟.企业为什么要做开源[EB/OL].经济观察报微信公众号.

是,技术企业积极参与各技术标准委员会,但其门槛相对较高,往往仅有头部企业能够有机会参与。尤其对于国际性标准,在仍处于技术追赶阶段的企业并不掌握标准制定的话语权。目前,包括阿里巴巴、腾讯、华为在内的一大批国内领先技术企业都在为争夺开源技术市场而努力,其目的之一就在于技术开源使企业有机会在技术标准制定方面实现弯道超车,通过开放自己的底层技术,吸引更多的研发者在此基础上进行建设,使自己的技术标准有足够多的使用者,进而让本企业的技术标准成为整个行业的事实技术标准。这样,一方面可以为企业争取更多的直接用户,另一方面还可以通过衍生产品的丰富来吸引更多的间接用户。最终,这些企业在网络外部性效应下,可快速获取大量市场份额。[①]

因此,通过参与甚至主导大型开源技术项目,不仅有助于企业在国际技术标准制定过程中提升参与度,甚至可占据主导地位,进而促进所属国家技术标准与国际接轨,提升技术标准制定过程中的话语权。

6. 有利于提升技术开源应用国的知识产权保护水平

开源尽管在一定程度上实现了技术的免费获取,但技术开源的实现是建立在严格的知识产权协议基础上的。不同的开源协议分别在不同程度上实现了知识产权的共享和保护,同时提供了可用于商业化的条款。这样,一方面通过免费的形式,技术开源极大压缩了私有技术地下交易的空间。尤其在软件领域,在开源技术盛行的今天,盗版软件的市场空间越来越小。另一方面,技术开源也通过许可协议对技术提供有效的知识产权保护,有利于促进技术开源应用国知识产权保护水平,确保商业化对知识产权保护需求的实现。

5.4.2 使用开源技术所带来的风险点及问题

1. 项目存续及服务问题

企业在仅作为使用方应用开源技术的情况下,严重依赖开源项目的运转情况。由于开源项目的自组织形式,在没有明确的开源技术商业化企业(如 Red Hat)支持的情况下,其存续能力及持续研发迭代能力无法保障,开源技术应用企业不仅无法享受商业软件所拥有的完善技术服务体系,甚至面临研发停滞的风险。[②]

2. 个性化与统一化的矛盾

如更多考虑企业个性化的需求,开源技术项目需针对不同需求分别形成独立的分支版本,每个版本之间存在一定的区别,作为技术使用方,企业将会面临不同技术路线的选择问题以及后续的技术维护、升级成本高的问题;[③]而如果更多考虑技术产品的统一性,使企业享受到技术统一带来的技术路线选择与技术维护的便利性,又将不可避免

---

① 经济观察报.陈永伟.企业为什么要做开源[EB/OL].经济观察报微信公众号.

② 熊瑞萍,万江平.开源软件的突围之路——关于开源运动的若干思考[J].科技管理研究,2009,29(3):252-255.

③ 熊瑞萍,万江平.开源软件的突围之路——关于开源运动的若干思考[J].科技管理研究,2009,29(3):252-255.

造成企业在满足个性化需求时所受到的制约。

3. 知识产权隐患

开源技术项目往往建立在多种源技术的基础上,且开发人员众多。因此在使用开源技术项目时,企业所面对的知识产权问题将随着项目迭代升级而逐步变得复杂。当项目发展到一定阶段,将不可避免面临知识产权的风险隐患。①

4. 技术依赖风险

对国外开源技术的广泛应用可能导致技术依赖风险。如代码托管平台等开源服务方也需遵守注册地等相关司法辖区的法律法规要求,使得在贸易保护主义抬头背景下存在不容忽视的政策风险。以 GitHub 代码托管平台为例,其在使用条款中明确规定:使用 GitHub 不得违反美国或其他适用司法辖区的出口管制或制裁法律。② 一旦美国禁止 GitHub 对部分国家提供服务,那么这些国家的企业及个人将不仅无法持续性参与 GitHub 中的开源技术项目的建设,而且无法持续性享受这些开源技术项目的迭代更新成果。

5. 技术应用风险

开源技术项目往往体系庞大,技术贡献者众多,其中涉及众多技术细节。作为技术使用方,在不熟悉完整技术项目的情况下,很难识别在应用技术时将面临何种风险,甚至有可能因为盲目使用某种开源技术而造成经济、名誉等方面的损失。当然,此问题在大多数情况下,可通过技术社区的形式解决。当某一用户发现问题时,通过在社区中及时提出,引起贡献者的注意,可逐步解决风险隐患。因此,在发展成熟的开源技术项目中,此类问题较为少见。但是,当需要使用尚未完善的开源技术项目时,需要特别关注此类问题。

5.4.3　开源自身技术所带来的风险点及问题

1. 搭便车风险

开源技术在一定程度上,由于其以免费的方式向不特定对象提供技术资源,可以被视为公共产品。因此,其他企业或个人从开源社区中获得免费资源,将不可避免产生经济学领域常见的"搭便车"现象,这种行为将在一定程度上削弱开源项目技术贡献者的创新动力,使开源产品研发陷入停滞③,阻碍开源项目的健康发展。事实上,基于大量开源项目的成功事实,已有研究表明,此类搭便车问题对于开源项目的影响较为有限。④

---

　　① 熊瑞萍,万江平.开源软件的突围之路——关于开源运动的若干思考[J].科技管理研究,2009,29(3):252-255.

　　② GitHub 服务条款.

　　③ 熊瑞萍,万江平.开源软件的突围之路——关于开源运动的若干思考[J].科技管理研究,2009,29(3):252-255.

　　④ Kurzban R, Houser D. Experiments investigating cooperative types in humans: A complement to evolutionary theory and simulations[C]. Proceedings of the National Academy of Sciences, 2005,102(5): 1803-1807; Levine S S, Prietula M J. Open collaboration for innovation: Principles and performance[J]. Organization Science, 2014,25(5): 1414-1433.

2. 知识产权保护问题

对于开源自身技术项目的企业，由于对社区贡献者及技术使用者无硬性知识产权约束，且面临多地域法律法规在开源技术知识产权保护领域具有差异性的事实，使得开源技术项目在开放技术内容后，无法享受到应有的技术知识产权保护，存在知识产权被侵犯的可能性。[①] 尽管这一问题在许多成功项目中显得并不重要，因为通过开源模式带来的飞跃式技术进步所产生的收益，将远远超过知识产权被侵犯所带来的损失；但在开源技术项目尚未产生足够规模效应的情况下，仍需考虑知识产权风险。

3. 产品研发操作风险

作为开源自身技术项目的企业，往往希望借助开源模式促进其技术产品的研发工作。而为了鼓励更多技术贡献者为项目研发作出贡献，开源许可协议中往往明确写明技术贡献者不对项目产品本身承担任何责任，除非其自愿承担。在这种情况下，技术研发将面临技术贡献者在参与技术研发过程中产生的操作风险，如技术贡献者对产品技术内容产生破坏性影响，或形成不可逆的技术篡改。[②]

5.4.4 技术开源在产业环境和发展条件方面的限制

1. 产业链与生态问题

如上文所述，在个性化需求的驱使下，最初的一个开源技术项目往往会演化为多个版本，而由于没有统一的标准，多个版本将造成上下游技术产品在实现兼容性方面成本较高，从而成为制约开源技术产业链形成的重要因素。[③] 部分开源技术项目，由于贡献者与使用者数量较少，上下游产业难以生长，同样面临无法形成完整上下游产业链或健康的产业生态系统的问题。这些情况都将阻碍开源技术项目自身的发展。

当然，行业内也有相对成功的案例。其有效的做法是制定统一的标准，在核心模块限制形成多个版本并迅速扩大市场份额，形成完整上下游产业链，建立健康产业生态。如 Android 手机操作系统，由于 Google 在开源生态建设中的贡献，比如应用商店的建立、APP 研发接口标准的确立、APP 研发的推动，确保其生态系统健康发展，最终使Android 系统能够占据接近 80％的市场份额。在自动驾驶领域，特斯拉将其所持有的专利开源，其核心目的在于利用技术的开源，建立统一标准，鼓励更多的企业参与进来，建设以供电基础设施为核心的生态系统方面，促进特斯拉电动车未来的销量增长。

2. 开源技术人才及知识产权人才问题

缺乏人才是技术相对落后国家主导或参与开源项目面临的主要困难，其中包括开源技术人才、开源项目推广人才以及开源知识产权人才。在人才培养方面，技术相对落

---

① 熊瑞萍，万江平.开源软件的突围之路——关于开源运动的若干思考[J].科技管理研究,2009,29(3):252-255.

② 熊瑞萍，万江平.开源软件的突围之路——关于开源运动的若干思考[J].科技管理研究,2009,29(3):252-255.

③ 熊瑞萍，万江平.开源软件的突围之路——关于开源运动的若干思考[J].科技管理研究,2009,29(3):252-255.

后的国家缺乏教育培养能力、培育环境以及职业规划和咨询能力；①与此同时，在人才吸引方面，技术相对落后的国家也难以形成有影响力和号召力的开源技术生态。

5.5　政　策　建　议

由于技术开源在技术引进、技术创新方面具有重要意义，在当前国际国内大环境下，我国应鼓励技术开源。考虑到以上技术开源所带来的风险点和问题，以及产业环境和发展条件限制，建议采用如下政策。

5.5.1　鼓励建立良好的开源生态环境，探索"产学研用"联动模式

政府作为经济活动的重要参与方，其政策在技术发展方面具有导向性作用。推动技术开源健康发展，离不开健康、完整的开源技术生态。在技术开源发展方面，政府相关部门在制定政策、法律法规时，在特定领域，可优先考虑鼓励使用开源技术尤其是国产开源技术，刺激和鼓励企业、组织和个人投资并积极参与开源项目的研发。② 在开源技术生态建设方面，要鼓励产业界、学术界、研究机构以及普通用户形成良性互动，规范开源技术产业链运作模式，并在必要的情况下提供财政支持，形成有效激励，鼓励形成良性的开源技术生态系统，在开源技术生态系统健康发展的基础上，促进市场繁荣与技术进步。③

5.5.2　加强知识产权管理

如上所述，无论是采用开源技术或是为开源项目作贡献，还是开源自身技术，企业在知识产权领域均面临不同程度的风险。在采用开源技术时，如何有效确保不侵犯他人的知识产权，而在为开源项目作贡献或开源自身技术项目时，如何有效保护自身知识产权，都是技术开源健康发展所需解决的问题。因此，在政策上应加强技术开源相关的知识产权管理，确保开源技术的许可协议能够在现有法律框架下得到良好的支持，保障开源技术生态的健康发展。只有这样，才有可能避免上文提到的搭便车、使用开源技术过程中造成的侵权、为开源项目作贡献或开源自身技术项目所带来的被侵权等问题，形成对创新的有效激励，确保技术开源良性发展。④

---

① 熊瑞萍,万江平.开源软件的突围之路——关于开源运动的若干思考[J].科技管理研究,2009,29(3)：252-255.

② 熊瑞萍,万江平.开源软件的突围之路——关于开源运动的若干思考[J].科技管理研究,2009,29(3)：252-255.

③ 熊瑞萍,万江平.开源软件的突围之路——关于开源运动的若干思考[J].科技管理研究,2009,29(3)：252-255.

④ 熊瑞萍,万江平.开源软件的突围之路——关于开源运动的若干思考[J].科技管理研究,2009,29(3)：252-255.

5.5.3 通过社区机制加快人才培养步伐

开源社区是开源项目诞生、培育、发展的核心平台，是开源人才与其智慧产物的聚集地，是开源技术产业链不可或缺的关键环节，其在一定程度上承担了开源技术人才的培育重任。目前我国在开源技术社区发展方面仍处于初级阶段，缺乏成熟的开源技术社区[①]，且仅有的开源社区大多局限于计算机软件领域，在其他技术领域仍尚未形成堪比开源软件社区的开源技术社区。

在上述背景下，为促进我国技术产业健康发展，激发自主创新活力，我国应鼓励开源技术社区的发展，从而培养一支精干的技术开源人才队伍，促进国家整体的技术研发能力提升。在开源技术社区的发展方面，可借鉴国际大型开源技术社区依靠开源技术基金会以及主要贡献企业发展的经验。在我国开源基金会发展仍处于萌芽期、企业贡献开源技术项目仍处于探索期的现实情况下，政府有必要通过产业政策鼓励相关企业、机构、人员为开源技术社区建设提供更多支持和服务，尤其可出台鼓励及规范开源技术基金会建设的政策法规，形成政府引导、基金会支持、企业参与、社区执行的协作化开源技术发展模式。[②]

5.5.4 加强技术标准建设

技术标准建设与开源技术发展具有相互促进的关系。开源技术的发展，有利于基于类似市场竞争的模式形成事实技术标准，并有效指导行业标准及政府标准的制定工作。尤其在某些技术领域，我国可借鉴相关技术领域的关键开源项目经验，促进该技术领域国内技术标准的制定。

同时，技术标准的建立也能够持续推动技术开源的长远发展。技术标准建立后，有利于开源技术项目依照技术标准规范其技术路径，为开源技术项目的健康发展以及开源技术成功产业化奠定基础。并且，技术标准能够促进更多人员参与到符合标准的开源项目中，而淘汰不符合标准的开源项目，规范开源技术市场，促进优质开源项目研发活跃度的提升，加速开源技术产业化，推动我国开源技术项目的健康、可持续发展。

5.5.5 鼓励国内企业及个人积极将技术对外部开源

对外技术开源作为吸引海外资本及人才投入的有效手段，应通过政策予以鼓励。如在相对落后且不涉及敏感内容的技术领域，鼓励并推动相关企业及个人，尤其是相关国有企业，主动进行自主技术开源。在鼓励的同时，也应通过政策进行进一步的规范，一方面指导相关企业或个人能够有效利用开源手段进行技术创新；另一方面也借此确保此类技术能够在安全、可控范围内开源。这样不仅有利于我国进行高水平的对外开

---

① 熊瑞萍，万江平.开源软件的突围之路——关于开源运动的若干思考[J].科技管理研究,2009,29(3):252-255.

② 熊瑞萍，万江平.开源软件的突围之路——关于开源运动的若干思考[J].科技管理研究,2009,29(3):252-255.

放，促进我国技术进步，同时也有利于扩大我国在国际技术领域的影响力，在未来确立技术引领者的地位。

5.6　技术开源作为一种新的产业组织方式

从产业经济学的角度，技术开源作为一种新的产业组织方式，值得研究人员进一步推进相关的研究工作。

5.6.1　技术开源形成新的产业组织形态

技术开源本质是以社区作为核心的社会化的产业组织形式，这种社会化的产业组织形式类似于新型的平台商业模式和众包商业模式[①]，不同于传统的以企业作为核心的产业组织形式。开源社区作为某一技术产业的核心，基于一定的许可协议，将社区运营方、产品研发人员、测试人员、个人及机构用户、技术学习人员、科研教学机构、商业化企业进行社会化地整合，打破了传统上以企业为核心，将生产要素集中于企业内部，在企业内部形成完整的产品研发、测试、生产、营销、服务体系，为用户提供收费产品或服务的形式。

在这种社会化的产业组织形态中，研发人员、测试人员在自我激励下，自发地进行贡献，产品实现自我完善；技术学习人员通过社区学习基础技术，而科研教学机构不仅可以利用社区进行人才的培养，也可以通过前沿创新反哺社区；个人及机构用户在具备一定技术基础的情况下，可小成本应用技术资源；商业化企业可以较低成本获取基础技术，并在其上进一步开发构建差异化的产品以及差异化服务能力，在为大型企业级客户提供服务的同时赚取相关收益。

可将该产业组织形式理解为，由基于共同目标的、高度合作却结构松散的大众参与者所构成，大众通过对等互动来生产具有经济价值的产品及服务。[②] 其中，大众既可以是生产者又可以是消费者，既可以是个人又可以是组织[③]，其规模之巨大超过传统产业组织形式。[④] 对等互动指大众参与互动是一种自组织行为，参与者没有被预先设置层级，不受层级管理体制的约束，其参与行为主要是出于获取乐趣、自我实现等内在的或外在的动机。[⑤] 最终，大众在不依赖市场及管理者的协调下，借助于互联网或其他技术

① 罗珉，李亮宇.互联网时代的商业模式创新：价值创造视角[J].中国工业经济，2015(1)：97-109；Levine，S S，Prietula M J. Open collaboration for innovation：Principles and performance[J]. Organization Science，2014，25(5)：1414-1433.

② Levine S S，Prietula M J. Open collaboration for innovation：Principles and performance[J]. Organization Science，2014，25(5)：1414-1433.

③ Williams A D，Tapscott D. Wikinomics[M]. Atlantic Books Ltd，2014；Kane G C，Alavi M，Labianca，G.，& Borgatti，S. P. (2014). What's different about social media networks? A framework and research agenda. MIS quarterly，38(1)，275-304.

④ 罗珉，王雎.跨组织大规模协作：特征、要素与运行机制[J].中国工业经济，2007(8)：7-16.

⑤ Williams A D，Tapscott D. Wikinomics[M]. Atlantic Books Ltd，2011.

平台，自发地组织进行知识、文化、信息等产品及服务的大规模合作生产并为客户提供产品或服务。[1]

这种新型的产业组织方式，可基于互联网等技术进行跨越国界的生产要素组合，从而在组合过程中以低成本的方式实现技术的跨国转移。

5.6.2 技术开源市场化自组织方式与"经济人"假设

根据"经济人"假设，个体的所有行为都是为了自身的利益，个体是自私自利和损人利己的。Trivers[2] 的互惠利他理论揭示了个体的利他行为其实是互惠的，这本质上也体现了个体的利己性。Dawkins[3] 的著作《自私的基因》中更是强调自然选择的基本单位是自私的基因，个体的无论利己还是利他行为，都受控于自私的基因。如同 Adam Smith 在《国富论》中提出的"看不见的手"，他认为在自由市场上，"经济人"都是趋利避害的，在追求自利的过程中，最终都能满足彼此的需要进而达到共同获利，这是一种基于市场的社会资源分配方式。因此，有人提出在开源社区内，所有的参与方均是基于自身利益而形成互惠行为，自发地完成开源项目的研发及测试工作，并基于一定的许可条款，一方面吸引更多参与者加入，另一方面通过商业化的方式进一步巩固自身利益。

开源运动的发起人之一 Eric Raymond 曾写过一篇著名的文章《大教堂与集市》。在这篇文章中，他提出过一种解释：开源其实是礼物经济的一种体现。Raymond 指出，在开源社区中，并不存在必需品的稀缺，因此货币化的激励对社区成员的吸引力并不大。与之相比，在人群中的威望、荣誉要显得更加重要。要获得这些无价的"货币"，人们就需要提供自己的礼物——无私地为整个社区提供自己的智慧和力量。

相比于 Raymond 以精神回报为要义的解释，诺贝尔经济学奖得主 Jean Tirole 的解释显得更为"经济"。在和哈佛大学商学院教授 Josh Lerner 合作的一系列论文[4]中，他提出了激励技术开发人员积极投身开源项目研发的几个理由。Tirole 和 Lerner 认为，参与开源项目的研发除了能够获得 Raymond 所说的威望和荣誉，从而满足自身的心理需要外，还能为研发者带来实实在在的经济收益。一方面，开源项目的研发活动类似一个演练场，参与这些项目有助于研发人员积累有益的经验，从而使他们能够在后续的工作中表现得更好，同时获得更高的劳动报酬；另一方面，参与开源项目的研发，其实也是开发者展示自身能力的一个良好机会，只要能在这些项目中有足够好的表现，他们

---

① Benkler Y. The Networked Public Librarian[N]. The Future of Information Technology and Libraries. Maryland：American Library Association，2007-05-17.

② Trivers，R L. The evolution of reciprocal altruism[J]. The Quarterly review of biology，971，46(1)：35-57.

③ Dawkins，R. The selfish gene[M]. Oxford university press，2016.

④ Lerner J，Tirole J. Some simple economics of open source[J]. The journal of industrial economics，2002，50(2)：197-234；Lerner J，Tirole J. The open source movement：Key research questions[J]. European economic review，2011，45(4-6)：819-826；Lerner J. Tirole J. The economics of technology sharing：Open source and beyond [J]. Journal of Economic Perspectives，2005，19(2)，99-120；Lerner J，Tirole J. The scope of open source licensing. Journal of Law，Economics，and Organization，2005，21(1)：20-56.

就可以更容易地被潜在的雇主或猎头发现，这也有助于他们找到更为高薪的职位。如果我们认同 Tirole 和 Lerner 的说法，那么人们参与开源软件的研发就不是真正意义上的义务劳动，而是更多考虑延迟回报的利己行为。在实践当中，正是这种延迟的报酬体系构造了一个潜在的市场，从而让人们乐于参与无酬劳的开源项目开发工作。①

然而，由于技术开源确实体现出不同于"经济人"假设的行为特征，多位学者也提出了不同的观点。哈佛生物学教授 Nowak② 在《Science》发表了关于协作进化的评论，认为"自然合作"可视为是"突变"和"自然选择"之外的第三个进化基本原则，其从进化的角度阐明了"人类具有自然合作倾向"的观点。

由此可见，人类具备合作与自私二元性。鉴于此，学者 Benkler③ 提出了基于行政和市场之外的第三种社会资源分配方式——合作，为技术开源合作生产方式提供了理论基础。开源合作生产是基于合作的社会资源分配方式在互联网时代的表现，是生产方式在互联网时代进化所产生的新形态——具有自组织合作特征的新的资源配置方式。

5.6.3　技术开源能够有效利用市场竞争机制优化产品研发及服务

技术开源对所有权的进一步细分，将原来集中于企业内部的产品研发、测试、生产、营销、服务环节打散，形成产品研发、产品服务及营销两个主要的细分市场。

在产品研发领域，一方面开发者基于互惠心理进行广泛地合作，另一方面也基于自身对于相关经验、社区荣誉及地位、自我展示的需要，积极主动参与社区建设及产品的研发工作。在获取社区荣誉及地位、自我展示过程中，一个很重要的指标是社区贡献度的排名，该排名通常定期于社区内部公开。由此导致在开发者群体中形成一定程度的竞争关系，从而形成产品研发的自我驱动效应，以市场化的方式推动产品的迅速迭代升级。如前文提到，Local Motors 的 Rally Fighter 作为世界上第一款开源设计的汽车，其研发速度比传统汽车设计快约 4 倍。

在产品服务及营销方面，由于多数企业无须承担产品研发的核心工作，仅需在开源技术基础上进行有限度的差异化，其市场进入门槛被大幅降低，市场的进入及退出成本几乎为零，从而该市场可以视为比较理想的完全竞争市场。此种情况下，开源技术项目促进了企业间的竞争，鼓励企业在产品的服务及营销方面需要具备更强的创新能力，向客户提供差异化的服务，由此获得超额利润。如 Red Hat 在 Linux 服务领域凭借良好的服务所奠定的领先地位、国内基于 OpenStack 的多家云服务厂商间的自由竞争、Android 应用商店中的应用提供者间的优胜劣汰。

可见，技术开源能够以市场竞争的机制有效促进产品的研发及服务能力的优化。

---

① 经济观察报.陈永伟.企业为什么要做开源[EB/OL].经济观察报微信公众号.

② Ohtsuki H，Hauert C，Lieberman E，Nowak M A. A simple rule for the evolution of cooperation on graphs and social networks. Nature，441(7092)，502-505.

③ Benkler，Y. The unselfish gene. Harvard business review，2011,89(7-8)：76-85.

5.6.4　技术开源更加有利于产生内部规模经济

传统产业组织内部形成规模经济,需要在单一企业内针对特定产品实现足够大的生产规模,从而提高生产效率,降低产品的长期平均成本。技术开源一方面通过社区及大量开发者的贡献,帮助企业直接降低产品的长期平均成本,实现边际成本的最优化;同时,技术开源能够帮助企业实现从以产品为价值输出点,转变为以服务为价值输出点,使企业摆脱产品研发的负担而专注于客户服务,降低实现内部规模经济的门槛。此外,基于同一开源技术的多家服务企业,面对同样的客户群体,每家企业都几乎可以享受整个市场的规模效应,从而更加促进规模效应的形成。如 Android 系统内的 Google Play 应用商店,其中每一个应用开发者,面对的都是由全球众多 Android 系统手机品牌用户群体构成的整体用户群,可以轻松实现内部规模效应。

5.6.5　技术开源通过承担交易成本换取企业内部组织成本更大幅度的降低

根据 Coase 在 1937 年所提出的交易成本理论,企业的本质在于其通过将多种生产要素、生产环节集中于组织内部,以企业内部组织代替市场交易来实现相对交易成本更低的要素配置成本,从而实现更优的经济效率。

技术开源的出现,导致出现了相反方向的变化,即原本集中于企业内部的完整生产服务链条被分割为生产与服务两个部分,企业组织边界出现缩小的趋势。表面上看,这种变化是由于产权的分裂,即将所有权裂变为支配权和使用权[①],由此产生人与人之间的合作关系,对资源的占有不再像曾经那么重要,而对资源的使用则比以往更为重要。[②] 但实质上,是由于技术开源可以实现相对于企业内部组织成本更低的交易成本。这是源于开源模式的特性,仅存在较低程度的技术学习成本作为交易成本,可以保证交易成本几乎接近于零。尽管企业需要承担这一交易成本,却可以节省企业内部的研发、管理等内部组织成本。因此,虽然在开源技术产业领域,企业的组织边界有所缩小,其经济效率反而较高。

5.6.6　通过对开源技术的垂直整合实现范围经济

在开源技术领域,由于技术开源,提供技术产品服务和营销的企业可以较低成本聚集起同一产业链内的多种基础技术,从而通过对于开源技术的垂直整合而实现范围经济。这种垂直整合不同于传统的产业整合,传统的产业整合往往需要通过企业间的收并购来实现,资金及时间成本较高;而对于开源技术的整合,仅需在遵守开源协议的前提下,花费少量的资金及时间成本,即可完成整合,并实现范围经济。如云计算服务商综合利用 OpenStack、Kubernetes、Docker、MySQL、Hadoop、Spark 等云计算产业链中的开源项目,整合形成综合性的云计算服务,通过范围经济效应,整体降低提供云服务

---

①　姜奇平.共享经济从理论到实践的发展[J].互联网周刊,2015(16)：70-71.

②　Kelly K. The inevitable：Understanding the 12 technological forces that will shape our future[OL]. Penguin,2017.

的成本,并提升其盈利能力。同样,Red Hat 基于 Linux 操作系统,已经逐步通过提供中间件产品、云计算产品、应用开发产品、存储产品、自动化及管理产品实现了从操作系统到云计算基础设施、中间件、应用开发以及顶层自动化及管理应用等全链条的产品及服务能力,形成强大的范围经济效应,其不仅可以通过为客户提供更综合的服务能力,降低服务成本,提高收益,而且也能够通过范围经济效应进一步降低其母公司 IBM 的云计算服务的供应成本。

参 考 文 献

[1] 安信证券.华为 HMS：中国"安卓"崛起的终局之战[J].股市动态分析,2020(5).

[2] 戴国强.开源开放是构建我国人工智能创新生态的必然选择[J].中国科技财富,2017,(8).

[3] 耿航航.云智能时代,开源软件的演进历程[J].软件和集成电路,2019(6).

[4] 郭涛.OpenStack 创业企业的"分化之路"[N].中国信息化周报,2019.

[5] 胡波.专利共享行为研究[J].知识产权,2019(12).

[6] 姜奇平.共享经济从理论到实践的发展[J].互联网周刊,2015(16).

[7] 金芝,周明辉,张宇霞.开源软件与开源软件生态：现状与趋势[J].科技导报,2016,34(014).

[8] 井仁仁.开源硬件对技术教育发展的影响研究[D].南京师范大学,2018.

[9] 李蓓.葛兰素史克公布药品专利共享计划[J].科技促进发展,2009(03).

[10] 李虹.国际技术贸易[M].大连：东北财经大学出版社,2013.

[11] 李伦.Linux 及其伦理意蕴[D].湖南师范大学,2002.

[12] 李平.国际技术扩散的路径和方式[J].世界经济,2006(09).

[13] 罗珉,李亮宇.互联网时代的商业模式创新：价值创造视角[J].中国工业经济,2015(1).

[14] 罗珉,王雎.跨组织大规模协作：特征、要素与运行机制[J].中国工业经济,2007(8).

[15] 梅宏,周明辉.开源对软件人才培养带来的挑战[J].计算机教育,2017(1).

[16] 欧建深.企业视角看到的开源——华为开源 5 年实践经验[J].中国计算机学会通讯,2016,12(2).

[17] 王东宾,崔之元.开放协作与自主创新：特斯拉开源与中国电动汽车产业的战略机遇[J].经济社会体制比较,2015(3).

[18] 王峰,赵慧玲,杨明川.运营商开源策略研究[J].中兴通讯技术,2017(2).

[19] 王宇.开源创新企业的商业模式与授权机制研究[J].科技进步与对策,2014(01).

[20] 肖夏.环保专利共享法律制度研究[J].时代法学,2011,09(001).

[21] 熊瑞萍,万江平.开源软件的突围之路——关于开源运动的若干思考[J].科技管理研究,2009,29(003).

[22] 张佳佳,王新新.开源合作生产：研究述评与展望[J].外国经济与管理,2018,40(5).

[23] 张振鹏,刘小旭.中国文化产业生态系统论纲[J].济南大学学报(社会科学版),2017(27)：123.

[24] Benkler Y. The Networked Public Librarian[C]. The Future of Information Technology and Libraries，Maryland：American Library Association，2007-05-17.

[25] Benkler Y. The unselfish gene. Harvard business review,2011,89(7-8).

[26] Arun C，Driver M. What Innovation Leaders Must Know About Open-Source Software[J]. Gartner，2019.

[27] Dawkins R. The selfish gene[M]. Oxford university press，2016.

[28] Kane G C, Alavi M, Labianca G, Borgatti S P. What's different about social media networks? A framework and research agenda[J]. MIS quarterly,2014,38(1).

[29] Kelly, K. The inevitable: Understanding the 12 technological forces that will shape our future [J]. Penguin, 2017.

[30] Kurzban R, Houser D. Experiments investigating cooperative types in humans: A complement to evolutionary theory and simulations[C]. Proceedings of the National Academy of Sciences,2005, 102(5).

[31] Lerner J, Tirole J. The open source movement: Key research questions[J]. European economic review,2001,45(4-6).

[32] Lerner J, Tirole J. Some simple economics of open source [J]. The journal of industrial economics,2002,50(2).

[33] Lerner J, Tirole J. The economics of technology sharing: Open source and beyond[J]. Journal of Economic Perspectives,2005,19(2).

[34] Lerner J, Tirole J. The scope of open source licensing [J]. Journal of Law, Economics, and Organization,2005,21(1).

[35] Levine S S, Prietula M J. Open collaboration for innovation: Principles and performance. Organization Science,2014,25(5).

[36] Levy S. Hackers: Heroes of the computer revolution[J]. Garden City,1984(14).

[37] Ohtsuki H, Hauert C, Lieberman E, Nowak M A. A simple rule for the evolution of cooperation on graphs and social networks[J]. Nature, 2006,441(7092).

[38] OpenStack. OSF Strategy & Vancouver Summit Update,2018.

[39] Papermaster S G, Proenza L M. University-Private Sector Research Partnerships in the Innovation Ecosystem[C]. EXECUTIVE OFFICE OF THE PRESIDENT WAS-HINGTON DC PRESIDENT'S COUNCIL OF ADVISORS ON SCIENCE AND TECHNOLOGY,2008.

[40] Trivers R L. The evolution of reciprocal altruism[J]. The Quarterly review of biology,1971,46(1).

[41] Williams A D, Tapscott D. Wikinomics[M]. Atlantic Books Ltd, 2011.

第6章 我国信息通信技术服务贸易
发展与创新能力提升的研究

信息通信技术(Information and Communications Technology,简称ICT)产业是构建国家信息基础设施、提供网络和信息服务,全面支撑经济社会发展的战略性、基础性和先导性行业[①],包括由原材料供应、信息通信设备制造、通信技术服务与开发、电信运营商及其他终端客户在内的完整产业链和供应链。当前,全球进入数字经济时代,ICT产业已经成为国民经济和社会发展的重要基础和产业贸易竞争力的重要标志,也是各国抢占新一轮科技革命和产业革命制高点竞争最激烈的关键性行业之一,在各国都具有重要战略地位。ICT是我国对外开放较早的产业,改革开放以来,我国ICT产业通过开展技术引进、承接国际服务外包、利用外资、对外直接投资等多种方式的服务贸易,高效组合全球信息技术创新资源,成为ICT产业技术积累的主要来源和自主创新的重要基础。由此可见,我国ICT产业实现从无到有、从小到大、从弱到强的跨越式发展,已经具备较强国际竞争力,其发展路径与技术贸易密不可分。通过对这一产业的研究,对于理解一个产业如何通过技术贸易获得外溢效应、提升自主创新能力具有典型意义。

6.1 我国信息通信技术服务贸易发展的主要阶段

我国信息通信技术服务贸易发展大致可以分为以下四个阶段。

6.1.1 以吸引跨国投资为主导的起步阶段(20世纪90年代初期至2000年)

20世纪80年代,伴随着我国开启改革开放的伟大历史进程,全球ICT跨国公司不断扩大对华投资。并通过引进技术、市场采购、设立研发中心、业务培训、外包服务等不同方式释放技术外溢效应,为我国ICT产业带来了先进技术和经营管理理念,加快了技术升级和产品迭代,并为服务贸易迅速起步奠定了重要基础。

1. 跨国公司成为我国ICT产业发展的主导力量

20世纪八九十年代,全球主要ICT企业先后进入中国市场,如阿尔卡特、富士通、西门子、爱立信、北方电信、摩托罗拉、朗讯、诺基亚等。我国很快成为这些跨国公司的重要国际市场,2000年摩托罗拉、爱立信、诺基亚在华业务分别占其全球业务量的13%、13%和10%。[②] 2000年我国电子及通信设备、计算机整机及外设领域实际利用外资额分别达45.9亿美元和4亿美元,移动电话和集成电路领域实际利用外资额分别

---

① 工业和信息化部.信息通信行业发展规划(2016—2020年)(工信部规〔2016〕424号)[S],2016.
② 江小涓等.全球化中的科技资源重组与中国产业技术竞争力提升[M].北京:中国社会科学出版社,2004.

达 2 182 万美元和 9 108 万美元。外资企业在我国 ICT 产业中占绝对主力，2000 年电子及通信设备外资企业占全部工业增加值比重达 65.39%。通过大力吸收跨国投资带动了我国 ICT 产业高速增长，1991—2000 年间我国电子及通信设备制造业的年均增速达 22.37%；截至 2000 年电子及通信设备制造业累计设立外资企业 4 440 家，实际利用外资额 265.36 亿美元，外资企业出口额约占整个行业的 80%。[①] 其中，外资企业的移动电话产量占比 77.45%，国内市场销售量占比 60.63%，出口量占比 98.98%。集成电路制造业累计设立外资企业 293 家，实际利用外资额 13.67 亿美元，外资企业国内销售额占比 51.5%。[②]

2. 跨国公司在华研发中心不断释放技术创新动能

ICT 跨国公司在进行制造业投资的同时逐步设立研发机构，以满足针对我国市场新产品开发的需求，如表 6-1 所示。跨国公司在华研发机构有三个突出特征：一是在跨国公司全球研发体系中地位不断升级。起初主要进行应用研究直接服务于本土市场，通过科研和生产一体化增强市场竞争力，后期则兼顾全球战略布局，从事基础研发的机构数量逐渐增加。我国不仅为跨国公司产品提供了巨大市场，而且为其研发活动提供了丰富的智力资源，许多跨国公司将在华研发中心进行升级，为区域或全球市场提供新技术。如，微软大中华区技术支持中心升级为微软亚洲技术支持中心。二是技术创新成果丰硕。到 2000 年三资大中型电子及通信设备制造企业拥有发明专利 248 项，在该行业中占比 20.44%，为我国 ICT 产业提供了关键技术支撑。[③] 如，自 1995 年以来，微软中国研发中心为我国市场提供了中文版的 Windows 95、Office 95、Windows 98、Office 97、Windows NT3.51 和 4.0 版本等一系列软件产品；英特尔技术发展（上海）有限公司完成的近 100 项研发成果全部推向市场；朗讯中国贝尔实验室人均研究产出已经超过美国贝尔实验室。三是以本土科研人员为主。跨国公司在华设立的研发机构，除少量高级研究人员来自国外，大多数在国内招聘。在高薪和高福利吸引下，大批科研人员从国内科研机构、企业和大学加入跨国公司。如，微软中国研究院的 60 位中国研究人员中，20 位研究员有海外留学背景，40 位副研究员大部分是中国各著名高校的博士。朗讯公司旗下贝尔实验室的 500 名科研人员中，96% 具有博士和硕士学位。[④] 此外，随着跨国公司 ICT 制造业转移对本土化设计服务的需求增加，跨国公司继续转移设计服务。1990—1999 年间世界 500 强在华设计机构有 15 家，涵盖了通信、集成电路、软件、计算机、视听产品、家电等领域。[⑤]

---

① 商务部.中国外商投资报告 2003[R].2003.
② 商务部.中国外商投资报告 2003[R].2003.
③ 国家统计局，科学技术部.中国科技统计年鉴 2001[M].北京：中国统计出版社,2002.
④ 新浪网.外资研发中心中国遍地开花[EB/OL].2000-10-23.
⑤ 王晓红.中国设计：服务外包与竞争力[M].北京：人民出版社,2008.

表 6-1　截至 2000 年 ICT 跨国公司在华设立的部分研发机构

隶属公司	研 发 机 构
摩托罗拉	1993 年：摩托罗拉全球软件集团中国软件中心 1994 年：摩托罗拉寻呼机部中国研发中心 1995 年：摩托罗拉全球电信解决方案部中国网络方案技术中心北京分部、摩托罗拉半导体数字基因实验室中国部（基础研究）、摩托罗拉亚洲区先进技术中心（基础研究）、摩托罗拉联合单片机应用中心 1996 年：先进人机通信技术联合实验室 1998 年：摩托罗拉苏州半导体设计中心、摩托罗拉移动电话部中国研发中心 1999 年：摩托罗拉中国研究院（基础研究）、摩托罗拉个人通讯部北京研发中心、单片机研发中心、摩托罗拉全球电信解决方案部中国网络方案技术中心成都分部 2000 年：摩托罗拉嵌入式系统开发实验室（基础研究）、摩托罗拉全球电信解决方案部中国研发中心、摩托罗拉能源系统集团天津设计中心、摩托罗拉中国研究中心
微软	1995 年：微软中国研发中心 1998 年：微软大中华区技术支持中心、微软中国研究院（基础研究） 1999 年：微软亚洲技术支持中心
爱立信	1997 年：爱立信上海研发中心 1999 年：爱立信研究院北京分部（基础研究） 2000 年：爱立信/中国电信科学技术研究院研发中心、北京爱立信移动通信有限公司研发中心
朗讯	1997 年：贝尔实验室上海分部、北京分部（基础研究） 1998 年：朗讯通讯软件部亚太研究中心 1999 年：朗讯宽带网络研发中心 2000 年：贝尔实验室基础科学研究院（中国）（基础研究）
诺基亚	1998 年：诺基亚中国研究中心（基础研究）
富士通	1998 年：富士通研究开发中心有限公司（基础研究） 2000 年：富士通软件研发中心（西安）

资料来源：作者根据相关资料整理而得。

3. 跨国公司进行技术转移的主要方式

通过对 1999 年以前我国移动电话行业研究表明[①]，这一时期跨国公司的技术溢出以行业间溢出为主，本土企业通过与跨国公司发生上下游产业链关联，接触和学习生产、管理和技术知识。一是直接技术转让。通过合资合作的方式本土企业从跨国公司获得技术，合资企业在母公司的技术支持下迅速实现量产能力。二是本地化采购。为跨国公司提供配套服务成为许多本土企业进入全球产业链的重要起点。为了使产品质量达到要求，跨国公司需要持续对本土配套企业进行经营管理和技术培训，帮助本土企业提高技术水平和管理能力。三是通过合作研发带动本土研发力量提升。跨国公司在华研发中心主要有独资及委托国内科研机构开发和联合开发三种形式。如，摩托罗拉、诺基亚、朗讯、惠普等企业都与国内高校和研究机构建立了长期战略伙伴关系。四是人

---

① 陈涛涛.外商直接投资的行业内溢出效应[M].北京：经济科学出版社,2004.

力资本外溢效应。跨国公司通过聘用本土员工、技术培训等方式为我国 ICT 产业培养了大批技术管理人才。许多在外资企业、研发机构工作的本土科研及管理人员日后"跳槽"，自己创立了技术公司或加入本土企业。20 世纪 90 年代本土 ICT 企业的创始人许多有跨国公司从业经历，如，文思信息的陈淑宁、软通动力的刘天文、海隆软件的包叔平、海辉软件的李远明等。

专栏 6-1　摩托罗拉的中国本土化进程

1992 年摩托罗拉在华设立第一家公司，同步开始本地化采购，与本地供应商建立合作关系，推动配套产品国产化。为达到标准零部件质量要求，帮助本地供货商制定设备升级计划，改进生产工艺，建立质量控制系统和提高管理水平。到 2000 年摩托罗拉的本地供应商达 700 多家，从国内采购的配套产品及服务 8.76 亿美元，其境外机构从国内采购 5.2 亿美元，在华生产的产品国产化率达 65%。其次，公司实施多种培训计划帮助中国员工掌握国际管理能力，并提供参加国际会议和到海外学习的机会。1993 年 7 月设立的摩托罗拉大学对中方员工、供应商、分销商、客户及政府官员提供培训，到 2000 年培训年均达 1 万人次。1994 年实施中国强化培训计划（CAMP）大幅提高了管理人员本地化率，到 2001 年本地管理人员占比达 72%。1996 年 6 月公司在天津生产基地成立培训中心，对员工、供应商和分销商进行培训。1997 年 4 月公司与国家计委达成协议，实施 5 年对 1 000 家国有企业管理人员和供货商进行培养的计划，这是第一个外企明确提出帮助国有企业发展的项目。再次，加强研发合作推进技术本地化。摩托罗拉在我国业务发展的同时进行研发布局，1993 年成立的摩托罗拉全球软件集团中国软件中心，是跨国公司在华设立的第一家研发机构，到 2000 年摩托罗拉在华设立研发机构 16 家。同时，摩托罗拉与我国高校、科研院所和企业开展了许多项目合作。如，与中科院计算机研究所联合设立先进人机通信技术联合实验室，与南京大学建立高级材料联合研究组，与北京大学建立半导体联合实验室，与清华大学建立微电子联合实验组及摩托罗拉-大唐合作项目、摩托罗拉-金鹏合作项目等。

4. 技术引进和技术外溢效应促进本土 ICT 企业迅速成长

跨国公司在技术研发、规范、标准等方面具有显著示范作用，本土企业通过"干中学"和引进消化吸收再创新快速提升了技术创新能力。以"巨、大、中、华"①为代表的我国 ICT 企业在与外资合作竞争中逐渐发展壮大。90 年代中后期国内一批新锐企业，如北大方正、联想等效仿跨国公司建立了研发机构，形成自主创新能力。尤其是国内电子信息技术领域专利申请量迅速增长，1997—2000 年期间国内企业专利申请量增长率分别为 5.44%、13.11%、38.13% 和 43.02%，而同期国外企业专利申请量增长率分别为

---

① 巨龙、大唐、中兴、华为四家企业。

23.52%、17.47%、5.65%和 19.12%。[1] 据《2001 年中国科技统计年鉴》显示,到 2000 年在大中型电子及通信设备制造企业中,39.68%有研发机构,63.92%有技术研发活动;技术人员占从业人员的比率为 11.82%,其中科学家与工程师等高端技术人员占67.45%,在所有行业中最高。

专栏 6-2　东方通信的技术引进之路

> 东方通信是通过技术引进获得发展的代表性本土企业之一。1990 年引进摩托罗拉的模拟式移动电话技术,在国内建立了首条国际水平的手机生产线。1991 年又以技术许可的方式引进了摩托罗拉的模拟移动通信系统基站,自 1996 年成立股份有限公司至 2000 年引进的部分国外技术包括:德国西门子利多富信息系统股份公司的自动柜员机(ATM)技术(1996 年)、摩托罗拉 GSM 数字移动电话系统(1996年)、德国西门子技术的 ATM 生产线(1997 年)、摩托罗拉 GC87C 生产技术(1997年)和 CD928 移动电话生产技术(1998 年),通过技术引进并以 OEM 方式将技术转化为量产能力。东方通信逐步扩大技术引进的范围和技术合作伙伴,逐步树立了中国移动系统和手机最大生产商之一的市场地位。

5. 积极利用外资和承接国际服务外包催生了我国软件产业

一方面,外资在我国软件产业成长初期发挥了重要作用。1998—2000 年我国设立的外资软件企业从 159 家增至 1 065 家,实际利用外资额从 5 213 万美元增至 3.6 亿美元。外资软件企业的技术优势主要集中在系统软件和支撑软件等高端领域,许多本土企业通过与外资企业合作,共同研发技术和承接项目,提升了业务能力和软件产品层次。如,东软先后与日本 ALPINE 株式会社、东芝和飞利浦成立合资公司,海辉软件与日本 JBCC 株式会社组建 JBDK 株式会社等。另一方面,承接国际外包业务对于本土软件企业在技术、知识、渠道、品牌、管理等方面具有明显促进作用,使许多本土软件企业"淘到第一桶金",由小规模、封闭式经营逐渐进入规模化、国际化发展阶段。如,中软80 年代后期与日本 NEC 进行研发合作后逐步发展软件出口,2000 年出口额达 720 万美元。[2] 东软 1994 年与日本 ALPINE 株式会社合作承接汽车辅助软件开发和车用主要软件开发。文思信息 1995 年成立之后,先后与 IBM、微软建立长期合作关系,1998年为惠普、甲骨文和 SGI 提供外包服务。博彦科技 1995 年成立初承接了微软的Windows 95 操作系统的本地化和测试项目,1998 年开始进行惠普的多语言测试项目等。20 世纪 90 年代以来我国软件产业保持每年 20%以上的高速增长。2000 年软件产业收入总额为 593 亿元人民币,其中国内软件产品销售额为 238 亿元人民币,软件服务收入为 322 亿元人民币,软件出口额为 33 亿元人民币,虽然在全球软件产业中占比仅为 1.2%,但已经形成一个崭新的产业。2000 年我国从事软件研发和销售的企业约

---

① 信息产业部科学技术司.2006 年信息技术领域专利态势分析报告[J],电子知识产权,2006(10):15-19.
② 本刊专题组.出口实迹——软件出口企业调查实录[J].软件世界,2001(11):62-79.

有 5 000 家,销售收入过亿元人民币的软件企业约有 60 家,其中 10 亿元人民币以上有 6 家。[①]

6.1.2　吸引跨国投资与信息技术外包双引擎的高速成长阶段(2001—2010 年)

这一阶段是我国 ICT 服务贸易成长最快的时期。我国加入 WTO 后加快了电信业等服务业开放步伐,吸引了越来越多的世界 ICT 企业来华投资,外资研发机构数量和规模不断扩大,带动了我国本土 ICT 企业的规模和技术能力持续提升,推动 ICT 设备制造企业向技术服务型企业转变。与此同时,我国积极承接国际信息技术服务外包,促进了 ICT 服务贸易的快速发展。

1. ICT 服务贸易呈现高速成长且贸易顺差不断扩大

2001—2010 年我国 ICT 服务贸易额年均增速达 29.7%,2010 年 ICT 服务进出口额为 145.8 亿美元,是 2001 年的 10.4 倍。从出口看,2001—2010 年我国 ICT 服务出口年均增速为 34.4%,2010 年 ICT 服务出口额为 104.8 亿美元,是 2001 年的 14.4 倍,占我国服务出口额的比重由 2001 年的 2.2% 上升至 2010 年的 5.9%。从进口看,2001—2010 年我国 ICT 服务进口年均增速 22.3%,2010 年 ICT 服务进口额为 41 亿美元,是 2001 年的 6.1 倍,占我国服务进口额的比重由 2001 年的 1.7% 上升至 2010 年的 2.1%。从进出口差额看,2001—2010 年间,除 2002 年出现逆差外,其余年份均为顺差。2005 年之后贸易顺差逐年增加,2010 年贸易顺差达 63.7 亿美元,是 2001 年的 106.2 倍。这一时期,ICT 服务贸易出口增速高于进口增速 12.1 个百分点,反映出我国 ICT 服务出口竞争力明显提升。

2. 外商投资仍是推动服务贸易发展的主要力量

第一,跨国公司对 ICT 领域投资保持继续增长。越来越多的跨国公司通过设立离岸中心或海外子公司向母公司或第三方提供服务。2006 年在我国软件与相关服务业中外商独资企业占 50% 以上,2010 年我国软件与相关服务业中的外资企业达 1 846 家,其软件及服务收入达 2 773 亿元人民币,相当于 2006 年的 2.4 倍。截至 2001 年美国跨国公司在我国 ICT 产业的投资累计 105 亿美元,2001—2010 年美资对华 ICT 产业的直接投资额基本稳定在年均 16 亿美元左右,10 年的直接投资总额为 164.9 亿美元。[②] 微软从 2003 年起先后与中软、创智、神州数码、浪潮等签约结成战略合作伙伴,大规模在我国市场布局。

第二,跨国公司在华研发机构技术水平继续提高。越来越多的跨国公司在华设立研发中心,且部分技术达到国际先进水平。如,三星集团自 2000 年成立北京通信研究院之后,2005 年在南京、苏州和上海设立研发机构,继续扩大研发力量,研究人员超过 2 000 人。三星公司的目标是将我国建成三星集团的第二个全球研发基地,因而不断强化研发本土化以扩大中国市场,2010 年三星电子在我国营业额达 396 亿美元,占其

---

① 佚名.中国软件行业协会副理事长周锡令谈我国软件产业现状与发展[J].中国信息导报,2001(12)：59-60.

② 资料来源：荣鼎公司网站。

全球市场份额的 29%。又如,爱立信制定 2001—2005 年在华发展计划,着力从高科技投资、创造就业、增加出口及研发和人力资源四个领域提高投资。自 2000 年起爱立信在我国的研发投入以每年 30% 的速度增长。2002 年设立的爱立信中国研发总院逐步成为爱立信全球的研发中枢之一,2004 年爱立信将在中国研发的 3G/WCDMA 基站销往欧洲市场。

第三,与跨国公司合作促进本土企业成长。本土企业通过与外资企业合作获得了技术创新能力和国际市场网络,参与到全球产业分工中。如,浪潮、东软等软件公司与甲骨文、英特尔成为合作伙伴。2006 年浙大网新与道富集团合作开拓欧美金融外包市场,道富集团通过合作获得浙大网新恒宇公司 90% 股权,网新则承接了道富集团一系列核心技术平台系统和外包订单业务。与此同时,竞争合作效应带动了本土软件企业成长。

3. 承接离岸信息技术外包推动软件出口大幅增长

2001 年以来,我国相继出台促进软件外包发展的一系列政策[①],2001—2010 年信息技术外包(ITO)呈现高速增长。2001—2005 年我国离岸软件外包市场年复合增长率达 52.1%,奠定了服务外包产业起步期的基础性和主导性地位,并形成了一批规模效应明显的软件园。2008—2010 年信息技术外包在离岸服务外包执行额中占比平均为65%。国内软件外包企业迅速成长。2001 年我国服务外包企业大多是一二百人的规模,经过 10 年左右发展,文思创新、博彦科技、中软国际和软通动力等一批领军企业已经达到万人规模,并陆续在纽交所、纳斯达克、香港和境内上市。这些企业通过为微软、IBM、日电、富士通等跨国公司提供软件外包服务搭建起国际桥梁,逐步走向美国、日本和欧洲等市场。据工信部统计,2010 年我国软件外包企业约有 5 900 家,产业规模达2 750 亿元,其中国际业务收入为 2 381.2 亿元。截至 2010 年服务外包企业共获得六类国际资质认证达 2 810 个。2001 年在软件能力成熟度模型(CMM)认证中,全国仅有近20 家企业通过 CMM2 以上的认证。截至 2010 年全国通过软件能力成熟度模型集成(CMMI)认证,达到 CMMI3 级以上评估的企业有 602 家。[②] 承接国际信息技术服务外包带动了我国软件出口呈现爆发式增长。根据商务部数据统计,2010 年我国软件出口额达到 97.3 亿美元,是 2003 年的 19 460 倍,2003—2010 年年均增长 310%。

4. 我国 ICT 企业对外直接投资快速起步

随着我国 ICT 企业规模实力和创新能力的不断提升,通过对外直接投资、国际并

---

①　2000 年 6 月国务院颁布《鼓励软件产业和集成电路产业发展的若干政策》(国发〔2000〕18 号)(简称 18 号文件);2001 年 1 月国家六部委出台《关于软件出口有关问题的通知》(简称 680 号文件);2002 年 9 月国务院办公厅转发九部门联合制定的《振兴软件产业行动纲要(2002—2005 年)》(简称 47 号文件);2007 年 3 月国务院发布《关于加快发展服务业的若干意见》(国发〔2007〕7 号),文件将承接国际服务外包作为扩大服务贸易的重点。其他相关文件还有:《关于加快发展服务业若干政策措施的实施意见》(国办发〔2008〕11 号),《关于促进服务外包产业发展问题的复函》(国办函〔2009〕9 号),《关于鼓励服务外包产业加快发展的复函》(国办函〔2010〕69 号)等。国家部委相关政策有:财政部发布的《关于支持承接国际服务外包业务发展相关财税政策的意见》(财企〔2008〕32 号),2006年商务部组织实施"千百十工程"等。

②　资料来源:中国软件行业协会.2011 中国软件和信息技术服务业发展研究报告[R].2011.

购和境外上市等方式加快了"走出去"步伐。2010 年我国信息传输、计算机服务和软件业对外直接投资为 5.06 亿美元,是 2003 年的 56.2 倍,2003—2010 年的年均增速为 78%,高出同期全国对外直接投资总额年均增速 20 个百分点。2010 年我国软件企业有 11 家在境外上市,融资金额为 13.17 亿美元,有 8 起跨境并购。中国移动、中国电信、中国联通等几家大型基础电信运营商通过在海外设立分公司、研发中心及跨国收购等方式"走出去",在美国、日本、韩国、新加坡等国家和地区拥有电信相关的运营牌照,通过并购和合资进入巴基斯坦、罗马尼亚、非洲等国家和地区。腾讯、阿里巴巴、百度等企业积极进行海外扩张。如,2008 年 263 公司收购美国第三大网络电话运营商 iTalk 并进入美国 VoIP 市场,2009 年阿里巴巴斥资 3 亿美元打造"全球速卖通"平台。

5. 软件和信息技术服务业的规模和创新能力快速提升

2010 年我国软件产业收入达 13 588 亿元,是 2001 年的 18.1 倍;在世界软件业中占比达 18%,较 2001 年增加 16.5 个百分点,如图 6-1 所示;从业人数由不到 30 万人增加到 200 多万人。2001—2010 年我国计算机软件著作权登记数量由 6 948 件增至 81 966 件,年均增速达 31.5%,如图 6-2 所示。信息技术领域专利持续积累扩大,根据国家知识产权局发布的数据,截至 2010 年 6 月与信息技术相关专利申请量为 111.8 万件,占各工业行业[①]专利申请总量的 35.8%。其中,信息技术领域发明、实用新型专利申请量分别为 76.6 万件和 35.2 万件,分别占各工业行业发明专利、实用新型申请总量的 45.4% 和 24.5%。信息技术领域发明专利申请比重达到 69%,高于各工业行业发明专利申请比重 15 个百分点,表明信息技术领域的创新活跃度和创新能力领先于其他行业。[②] 从 ICT 行业内部看,电信业一直是专利合作条约(PCT)申请比例最大的行业,2010 年全球 PCT 专利申请前 10 名企业中,中兴、华为分列第 2、4 位。

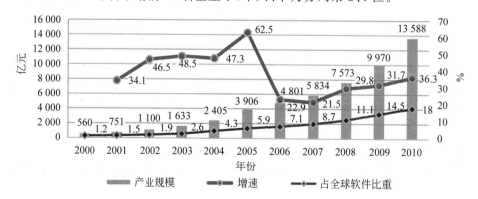

图 6-1 我国软件产业规模、增速及占全球软件产业的比重

资料来源:中国电子信息产业统计年鉴(软件篇)(2010);中国软件产业发展研究报告(2005、2006);中国软件和信息技术服务业发展研究报告(2011).

---

① 指电子信息、装备制造、轻工、石化、钢铁、汽车、纺织、船舶和有色金属行业。

② 工业和信息化部科技司.2010 年信息技术领域专利态势分析报告[J].电子知识产权,2010:(12)24-32.

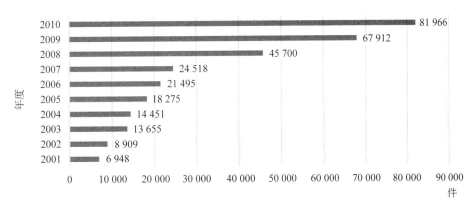

图 6-2 2001—2010 年我国软件著作权登记数量

资料来源：中国版权保护中心和国家版权局。

专栏 6-3 中关村软件园

中关村软件园始建于 2000 年，截至 2010 年园区入驻企业 216 家，实现产值 240 亿元人民币，服务外包出口额 8 亿美元，从业软件工程师达 2.4 万人。初步形成独立软件开发(ISV)产业集群、信息技术服务外包产业集群、金融信息服务产业集群、计算机通信一体化产业集群。园区集聚了 IBM 第五大研发中心、IBM 亚洲最大信息系统中心、甲骨文亚太研发中心、汤森路透全球研发中心、伟创力全球研发中心等跨国公司研发中心。2010 年园区的知识产权数量为 2 373 项。涌现出超级计算机、汉卡、汉字激光照排等一批重大科技成果，创制了 TD-SCDMA、闪联等近 20 项重要国际技术标准。

6.1.3 规模实力增强与全面发展阶段（2011—2015 年）

"十二五"时期，我国 ICT 服务贸易保持高速增长，规模化、创新化、国际化水平显著提升。全球信息技术革命深入发展为我国软件和信息技术服务业带来创新突破、应用深化、融合发展的战略机遇。同时，2011 年国务院关于印发《进一步鼓励软件产业和集成电路产业发展若干政策的通知》(国发〔2011〕4 号)颁布之后，为信息技术服务企业发展营造了有利环境。ICT 企业通过上市融资、国际并购等方式快速扩大规模和促进国际化发展，涌现出一批具有国际影响力的信息技术服务供应商。

1. ICT 服务贸易高速发展，成为我国知识密集型服务贸易的最大顺差项

2011—2015 年我国 ICT 服务贸易从 189.43 亿美元增加到 370.14 亿美元，年均增长率为 18.23％，占服务贸易总额的比重由 4.22％增长到 5.66％。从服务出口看，2011—2015 年我国 ICT 服务出口额年均增速 16.69％，全球占比由 3.78％上升到 5.83％；2015 年 ICT 服务出口额 257.84 亿美元，是 2005 年的 11.06 倍，在我国服务出口占比由 6.91％上升到 11.79％。从 ICT 服务进口看，2011—2015 年我国 ICT 服务进口额年均增速 22.21%，高于出口增速 5.52 个百分点。2015 年 ICT 服务进口额达 112.30 亿美元，是 2011 年的 2.23 倍，占服务进口总额比重的 2.58%。我国 ICT 服务贸易一直保持顺差，也是知识密集型服务贸易的最大顺差项，2015 年顺差达 145.54 亿美元，是 2011 年的 1.64 倍。

2. 软件出口规模实力明显提升，技术创新能力显著增强

第一，软件出口保持高速增长且具备较强内生增长动力。2011—2015 年我国软件出口年均增速达 23.53%，2015 年软件出口执行金额为 333.93 亿美元，相当于 2011 年的 2.33 倍。软件出口主体结构已经由外资企业主导向内资企业主导转变。2012、2013、2014、2015 年国有企业、民营企业软件出口执行金额合计占总额比重分别为 36.59%、37.12%、41.26%、71.29%。内资企业对软件出口的贡献度明显上升，标志着我国软件业发展已经形成内生增长主导模式。软件出口市场已经形成覆盖全球的多元化市场格局。2015 年我国软件出口市场覆盖全球 180 多个国家和地区，其中居前 10 位的分别为美国、日本、中国香港、新加坡、韩国、中国台湾、芬兰、英国、德国、瑞典。

第二，离岸信息技术外包保持高增长且逐步向价值链高端攀升。我国软件出口始终以信息技术服务外包为主导。2011—2015 年信息技术外包出口执行金额分别从 138.7 亿美元增加到 316.8 亿美元，年均增长率为 22.94%，占软件出口的平均比重为 96.85%。这一时期的信息技术外包呈现出价值链、附加值明显提升的特点。2014 年在 ITO 离岸业务中，软件研发及开发服务执行金额占比最大为 41.0%，其余依次是软件技术服务、集成电路和电子电路设计，占比分别为 27.3%、11.5%，其中集成电路设计增速高达 100.8%。2015 年软件研发外包在 ITO 领域中占比上升为 68.8%，全年完成离岸合同执行金额 217.9 亿美元，在 ITO 离岸业务中占主导地位；其次是软件技术服务、集成电路和电子电路设计。

第三，信息技术企业的实力明显增强。2015 年我国软件前百家企业共实现软件业务收入 6 005 亿元人民币，占全行业收入的 14%，同比增长 13.1%；实现利润总额 1 524 亿元人民币，同比增长 48.2%。其中，百强企业中民营企业共有 55 家，软件业务收入占前百强的 60.7%。软件业务收入过百亿元的企业 7 家，其中京东尚科、科大讯飞、金山软件、华讯方舟、阿里云软件业务收入分别同比增长 79%、73%、69%、68%、63%。信息技术服务外包企业不断加大基础技术研发投入，加大数字化转型力度，通过国际并购、国内重组和上市融资不断获取核心技术，壮大规模实力，逐步由成本驱动向创新驱动转变，由提供单一技术服务向综合服务提供商转变，由承接单一项目向与发包方长期战略合作关系转变。如，东软、博彦科技、海隆软件、浙大网新等 10 家企业在 A 股上市，软通动力、文思信息、中软国际、海辉软件 4 家企业在中国香港和美国上市。这一时期软件外包业发生了多起并购案，如文思信息与海辉软件合并成为我国最大的离岸 IT 服务供应商，博彦科技收购美国企业大展集团旗下的 6 家子公司等。通过并购重组企业扩大了国际市场份额，获得了研发团队和客户资源，进一步提高了企业的全球业务拓展能力。一批企业已经逐步从提供应用程序开发、测试业务等服务向提供解决方案等高端服务转型，并且通过并购方式设立海外分支机构，构建全球业务网络。

第四,技术创新能力和人才素质显著提升。一方面,企业外部研究与试验发展(R&D)费支出增长。2011—2015 年 ICT 企业外部 R&D 经费支出由 35.14 亿元人民币增加到 93.29 亿元人民币,增长了 1.7 倍,年均增长率为 27.65%,在工业企业 R&D 经费外部支出中占比从 9.88% 上升为 17.93%;同期,企业内部 R&D 经费支出从 941.05 亿元人民币增加到 1 611.68 亿元人民币,年均增长率为 14.4%。我国计算机软件著作权登记数量 2015 年增长至 292 360 件,是 2011 年的 2.67 倍,年均增速达 27.87%。通信设备、计算机及其他电子设备的专利申请量、发明专利申请量和有效发明专利量分别从 2011 年的 7 189 件、40 980 件和 62 159 件增加到 2015 年的 100 785 件、60 533 件和 170 387 件,年均增速分别为 93.5%、10.24% 和 28.67%。我国软件从业人员数由 2010 年的 260.3 万增长到 2015 年的 781.5 万人,年均增长 24.6%,成为吸纳就业增长率最高的行业之一。其中大专以上学历占 98%,30 岁以下从业人员占 78%。从就业分布的行业看,除 IT 领域占 35% 之外,制造、交通、教育、电信、金融等领域的软件从业人数占比超过 48%,反映出软件业与制造业、服务业的融合越来越强,对产业的带动作用增强。2015 年软件百强企业研发人员共 55 万人,占总人数比重达 54%。根据国际数据公司(IDC)2015 年发布的《中国银行业 IT 解决方案市场 2015—2019 预测与分析》报告显示,美国占世界软件开发人员 19.2%,中国、印度分别列第 2、第 3 位,占 10.1%、9.8%。

3. ICT 行业对外投资大幅增长,利用外资保持稳定发展

随着我国 ICT 企业国际竞争力的增强,一批有实力的软件企业加快"走出去"步伐。2015 年我国信息传输、计算机服务和软件业对外直接投资净额为 68.20 亿美元,较 2011 年增长 8.8 倍,较 2007 年增长 22.4 倍,2011—2015 年间年均增长率为 72.16%,在全部对外投资额中占比由 1.04% 上升为 4.68%。企业在海外融资、并购、设立研发中心等活动明显增多。2015 年蚂蚁金服收购印度支付服务企业 One97 Communications Ltd. 25% 的股权,同年阿里与蚂蚁金服投资印度电商 Paytm,成为其最大股东。中兴通讯、京东加快在俄罗斯、印尼、印度、巴西等"一带一路"沿线新兴市场进行布局。华为在印度、俄罗斯、土耳其分别设立了研发中心。

与此同时,ICT 服务业利用外资保持稳步发展。2011—2015 年我国信息传输、计算机服务和软件业实际利用外资金额从 26.99 亿美元增加到 38.36 亿美元,年均增速为 9.19%,远高于 2.14% 的同期整体增速,在我国实际利用外资总额中占比由 2.33% 上升为 3.04%。外资企业仍是 ICT 行业技术创新的重要力量。《2016 工业企业科技活动统计年鉴》数据显示,在全部外资工业企业中,计算机、通信和其他电子设备制造业的研发投入和产出是最高的,2015 年该领域研发人员全时当量 73 607 人年、内部研发经费支出 2 696 888 万元、研发机构 875 个、专利申请数 17 554 项,分别占当年全部外资企业的 22.4%、19.9%、14.0% 和 27.9%。值得关注的是,外资 ICT 企业发明专利申请量占比高达 66.4%,高于内资 ICT 企业 58.4% 的占比。

6.1.4　国际竞争力大幅提升的高质量发展阶段(2016 年至今)

进入"十三五"以来,我国 ICT 服务贸易实现量质齐升,已经具备较强国际竞争力。

ICT 企业自主创新能力和国际市场开拓能力大幅跃升,涌现出华为、阿里、腾讯等一批世界领先的 ICT 企业,研发出以 5G、量子通信等为代表的国际领先技术。信息技术服务外包不断迈向价值链高端,软件出口市场日益多元化,规模实力显著提升。数字贸易新业态、新模式蓬勃发展,新一代信息技术服务贸易成为推动发展的新引擎,"引进来"与"走出去"并重发展,整合全球技术资源的能力更加突出,全面发展的新格局基本形成。

1. ICT 服务贸易保持高速增长

2016—2019 年间我国 ICT 服务贸易额由 391.1 亿美元增至 807.6 亿美元,年均增速达 27.34%,占服务贸易总额比重提升到 10.9%。从服务出口看,2016—2019 年 ICT 服务出口年均增速达 26.62%,占我国服务出口额的比重由 12.7% 上升到 22.3%;全球占比由 2016 年的 5.8% 增至 2018 年的 8.3%,仅次于印度(10.19%),成为全球 ICT 服务第二大出口国。2019 年 ICT 服务出口额 538.6 亿美元,是 2016 年的 2 倍。从服务进口看,2016—2019 年我国 ICT 服务进口年均增速高达 28.83%,反映出技术进口对产业结构升级的支撑作用更加突出。2019 年 ICT 服务进口额达 269.0 亿美元,是 2016 年的 2.1 倍,占我国服务进口总额比重 5.36%。从长周期看,我国 ICT 服务贸易基本保持着高速增长态势。2005—2019 年我国 ICT 服务贸易额增长了 17.7 倍,年均增速达 22.8%;其中出口额增长 22.1 倍,年均增速 25.1%;进口额增长 11.1 倍,年均增速 19.5%。ICT 服务贸易顺差是我国知识密集型服务贸易的最大顺差项,2019 年顺差达 269.6 亿美元,是 2016 年的近 2 倍,是 2005 年的 245 倍。由此表明,我国 ICT 服务贸易的国际竞争力有了大幅提升,对于优化我国服务贸易结构和改善贸易平衡发挥着重要作用,如表 6-2、图 6-3 所示。2020 年一季度在新冠疫情影响下,我国服务出口增速下降 7.3%,ICT 服务出口仍逆势上扬,同比增长 10.9%,体现出较强的抗冲击能力。

表 6-2 2001—2019 年我国 ICT 服务进出口贸易额及占比变化

年度	出口额/亿美元	进口额/亿美元	贸易顺差/亿美元	出口占全球 ICT 出口的比重/%	出口在服务贸易中的占比/%	进口在服务贸易中的占比/%
2001	7.30	6.70	0.60	略	2.20	1.70
2002	11.90	16.00	−4.10	略	3.00	3.50
2003	17.40	14.70	2.70	略	3.80	2.70
2004	20.80	17.20	3.60	略	3.30	2.40
2005	23.30	22.20	1.10	1.33	2.80	2.65
2006	36.96	25.03	11.93	1.80	3.93	2.48
2007	55.19	32.90	22.30	2.20	4.40	2.55
2008	78.22	46.75	31.47	2.61	5.38	2.99
2009	77.10	44.42	32.68	2.68	6.29	3.04
2010	104.76	41.03	63.74	3.34	5.87	2.12
2011	139.08	50.35	88.74	3.78	6.92	2.03
2012	162.47	54.90	107.57	4.23	8.06	1.95
2013	170.98	76.24	94.74	4.14	8.26	2.31

续表

年度	出口额 /亿美元	进口额 /亿美元	贸易顺差 /亿美元	出口占全球 ICT 出口的比重/%	出口在服务 贸易中的占比/%	进口在服务 贸易中的占比/%
2014	201.73	107.48	94.25	4.58	9.21	2.48
2015	257.84	112.30	145.54	5.83	11.79	2.58
2016	265.31	125.79	139.53	5.79	12.66	2.78
2017	277.67	191.76	85.91	5.61	12.17	4.10
2018	470.58	237.70	232.88	8.28	17.64	4.53
2019	538.60	269.00	269.60	略	22.26	5.36

资料来源：商务部、UNCTAD 数据库。

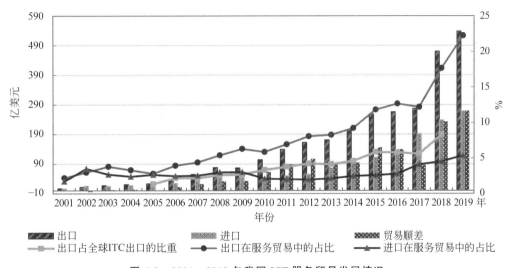

图 6-3　2001—2019 年我国 ICT 服务贸易发展情况
资料来源：商务部、UNCTAD 数据库。

2. 出口整体规模实力明显增强

第一，软件产业结构不断优化，出口价值链持续向高端跃升。2019 年我国软件出口全球 193 个国家和地区，除美国、欧盟、中国香港、日本等传统出口目的地外，对"一带一路"沿线等新兴市场出口规模和增速稳步提升。2019 年我国对沿线国家和地区的软件出口执行金额达 69.3 亿美元，占比由 2012 年的 13.8% 提高至 15.9%。2016—2019 年我国软件出口执行金额由 342.30 亿美元提高至 434.81 亿美元，年均增速 8.3%，仍是一个较高增速。尤其是结构不断向高端业务发展。2019 年信息技术外包出口执行金额为 426.82 亿美元，在软件出口中占比 98.16%，其中信息技术研发外包、运营和维护服务、新一代信息技术开发应用服务三项出口执行金额分别为 343.59 亿美元、71.32 亿美元和 11.53 亿美元，占信息技术外包总额比重分别为 80.5%、16.71% 和 2.70%。值得关注的是，人工智能、大数据、移动互联和云计算等新一代信息技术的发展正在推动我国信息技术服务外包企业加快转型升级，尽管该部分目前占比不高，但发展势头迅猛，2019 年同比增长 154.53%，合同数、协议金额分别增长 3 309.38％、201.39％，将成为我国未来软件出口的重要增长点。在信息技术研发外包中，软件研发服务、集成电路和电子电路设计服务及测试服务占比较高，2019 年上述 3 项出口执行金额分别为 229.31 亿美元、51.23 亿美元和 30.84 亿美元，分别占信息技术研发外包的 66.74％、14.91％和 8.98％，如图 6-4、表 6-3 所示。从长周期看，2003—2019 年我国软件出口年均增速为 104％，2019 年我国软件出口额分别是 2010 年和 2003 年的 4.47 倍和 86 962 倍，如图 6-4 所示。

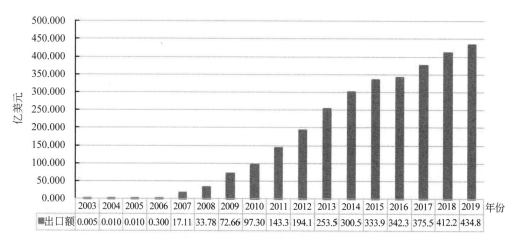

图 6-4　2003—2019 年我国软件出口额

资料来源：商务部。

表 6-3　2019 年我国软件出口分类情况

合 同 类 别	合同数/份	同比/％	协议金额/万美元	同比/％	执行金额/万美元	同比％
总计	57 945	−6.33	6 040 831.61	7.70	4 348 133.17	5.47
信息技术外包(ITO)	54 208	−5.60	5 886 944.03	8.02	4 268 214.94	6.36
信息技术研发服务	46 637	−8.85	4 767 666.20	11.31	3 435 943.25	−0.14
软件研发服务	36 256	−7.34	3 008 950.17	−0.24	2 293 107.26	−9.23
集成电路和电子电路设计服务	5 417	−5.15	646 691.03	22.56	512 314.88	7.70
测试服务	1 664	6.80	388 373.89	32.84	308 429.62	71.32
电子商务平台服务	898	58.38	145 242.39	76.01	107 266.64	48.46
信息技术解决方案服务	1 137	40.72	119 531.68	158.78	55 949.74	34.47
其他信息技术研发服务	1 265	−62.68	458 877.05	44.17	158 875.10	9.67
运营和维护服务	6 480	4.16	969 773.86	−13.46	713 154.67	36.24
信息技术运营和维护服务	5 789	−1.16	914 820.91	−2.41	673 630.05	33.42

续表

合 同 类 别	合同数 /份	同比/%	协议金额 /万美元	同比/%	执行金额 /万美元	同比%
网络与信息安全服务	89	略	4 044.06	略	3 662.64	略
其他运营和维护服务	602	65.38	50 908.88	−72.20	35 861.99	93.17
新一代信息技术开发应 用服务	1 091	3 309.38	137 752.35	201.39	115 294.92	154.53
云计算服务	56	75.00	8 644.92	−81.09	6 547.99	−85.54
人工智能服务	94	略	23 988.71	略	7 600.84	略
区块链技术服务	926	略	103 759.01	略	100 930.80	略
其他新一代信息技术 开发应用服务	15	略	1 359.72	略	215.28	略
软件产品	3 737	−15.76	153 887.58	−3.22	79 918.23	−27.10
系统软件	576	−40.74	12 866.62	−52.81	10 673.42	−48.74
应用软件	3 141	−8.05	140 678.67	20.64	67 852.91	−17.71
支撑软件	20	−58.33	342.29	−97.74	1 391.91	−78.05

资料来源：商务部。

第二，内资企业保持主导地位，民营企业成为软件出口的主力军。2019 年内资企业软件出口执行额 225.57 亿美元，占比 51.88%，较 2016 年提升 3.8 个百分点，其中民营企业占比达 49.4%；外资企业软件出口执行额 169.58 亿美元，占比 39%，较 2016 年下降 1.6 个百分点，软件业由外资主导向内资主导的重大结构性变化，体现出通过长期承接离岸信息技术外包，本土企业的技术能力不断提升，已经形成内生增长的产业发展格局，如表 6-4 所示。

表 6-4 2016—2019 年我国软件出口按企业性质分类情况

企 业 性 质	2016 年		2017 年		2018 年		2019 年	
	执行金额 /亿美元	占比 /%	执行金额 /亿美元	占比 /%	执行金额 /亿美元	占比 /%	执行金额 /亿美元	占比 /%
全国	342.30	100.00	375.56	100.00	412.27	100.00	434.81	100.00
内资企业	164.43	48.04	229.75	61.18	250.06	60.65	225.57	51.88
港澳台投资企业	41.23	12.05	32.13	8.55	33.72	8.18	39.84	9.16
外商投资企业	138.86	40.57	112.63	29.99	142.77	34.63	169.58	39.00

资料来源：商务部。

第三，经济效益保持较快增长，创新能力显著提升。2016—2019 年全国软件业务收入从 48 232 亿元增长到 71 768 亿元，年均增长 14.2%；从业人数从 586 万人增长到 2019 年的 673 万人，年均增长 4.7%。2016—2019 年我国软件著作权登记量从 40.78

万件增加到 148.44 万件，年均增长高达 53.83％。其中 2019 年教育软件、医疗软件、物联网软件、信息安全软件等类别登记增幅均超过 35％，高于整体增速。5G 软件登记数量增长幅度达 681.88％，成为我国增长最快的软件类别之一。

3. 新一代信息技术服务贸易表现优异

我国 ICT 服务出口结构不断改善，基本形成了软件、集成电路、电商平台、云服务、人工智能、区块链等服务出口多元化格局。2020 年一季度在遭遇新冠疫情，我国离岸服务外包增速下降 7.6％的情况下，ITO 中的信息技术解决方案服务、云计算服务、电子商务平台服务等数字服务离岸执行额同比分别增长 213.6％、16.2％ 和 14.5％。Synergy 报告显示，我国云提供商拥有亚太地区公共云市场 40％的份额，其中阿里云 2019 年营收 52 亿美元、增长 63.8％、全球市场份额占比 4.9％，在 Canalys 发布的 2019 年全球云市场排名中列第 4 位，仅次于亚马逊云、微软云、谷歌云。据中国支付清算协会统计，2018 年我国第三方跨境支付机构跨境互联网交易额超过 4 900 亿元人民币，同比增长 55％，预计到 2020 年第三方跨境支付行业规模将突破万亿元人民币。移动应用数据和分析平台 APP Annie 公布 2019 全球月活跃用户数前 10 名的 APP 中，支付宝成为非社交类 APP 第 1 名。2019 年支付宝的全球用户超过 10 亿元人民币，保持 20％的增长，目前全球 54 个国家和地区可以使用支付宝消费。2019 年微信支付覆盖 60 个国家和地区，支持 16 种不同货币直接结算。2019 上半年全球区块链企业申请专利数量前 10 名企业中有 7 家企业来自中国，其中，阿里、中国平安分别以 322 件、274 件专利排名第 1、2 位，前 100 名企业中我国占 67％，美国占 16％。[①] 截至 2019 年我国卫星导航专利申请量累计 7 万件，居全球第 1 位。其中，北斗系统作为全球卫星导航系统四大核心供应商之一，2019 年相关产品和服务已输出到 100 余个国家和地区，其中"一带一路"沿线 30 个国家和地区。基于北斗的土地确权、精准农业、数字施工、车辆船舶监管、智慧港口解决方案等已经在东盟、南亚、东欧、西亚、非洲地区得到应用。

4. ICT 企业的融合创新能力和盈利能力大幅提升

我国已经涌现出一批具有全球影响力的 ICT 服务企业，这些企业逐步由单纯的硬件设备制造商向软硬件一体化的服务型制造商转型，尤其是软件企业不断拓展融合应用，加强产业链协作，整合上下游和跨领域资源，创新能力和盈利能力不断增强，对产业转型升级的支撑和带动作用日益突出。《财富》杂志发布的 2019 年世界 500 强排行榜中全球共有 55 家 ICT 企业上榜，中国与美国并列第 1，各有 17 家企业上榜。[②] 2020 年 1 月工信部发布的《2019 年中国软件业务收入前百家企业发展报告》显示，2018 年我国软件百强企业共完成软件业务收入 8 212 亿元人民币，增长 6.5％，其中 1/3 以上的企业收入增长超 20％，华为、阿里、百度、腾讯、中通、海尔、京东、中兴、浪潮、中软排名前 10 位。2019 年软件百强企业 R&D 投入强度均超过 10％，研发人员合计 67 万人，占从业人员比重超过 60％，计算机软件著作权登记数量达 13 万件，同比增长 50％以上。工

---

① 资料来源：知识产权产业媒体 IPRdaily 与 incoPat 创新指数研究中心联合发布的"2019 上半年全球区块链企业发明专利排行榜（TOP100）"。

② 中国企业含台企。

业互联网、大数据、云计算、人工智能、开源软件等新一代信息技术领域正在加速拓展。如,华为、阿里、浪潮、用友等企业纷纷建设工业互联网平台。一方面,软件业正加速与传统产业融合,另一方面,制造企业的信息技术能力快速提升。如,海尔、大疆、大族激光等以制造业为主的企业也跻身前 30 位,标志着这些制造企业已经向数字化、智能化的服务型制造升级。

5. ICT 服务业吸收外资与对外投资双向发展

在利用外资方面,我国拥有世界最大的信息技术消费市场,5G、人工智能、大数据、区块链、云计算、物联网的应用场景丰富。同时,我国不断完善外资准入前国民待遇加负面清单管理模式,持续优化法治化、市场化、国际化的营商环境,使 ICT 产业依旧成为外资青睐的主要领域。2018 年我国信息传输、软件和信息技术服务业实际利用外资 116.6 亿美元,占利用外资总额的 8.64%,相当于 2004 年的 12.7 倍,是我国服务业利用外资的第一大领域,如表 6-5 所示。《中国 ICT 产业营商环境白皮书》[①]显示,2018 年 ICT 外资企业在华投资总额 2 570 亿美元,2004—2018 年 ICT 外资企业在华收入规模扩大 360% 以上,其中在软件和信息技术服务业的年复合增长率达 23.7%,高于电子信息制造业 13.3 个百分点。苹果、英特尔、诺基亚 3 家企业在华收入近 5 年涨幅均超过 50%。

在对外投资方面,《2018 年度中国对外直接投资统计公报》显示,2018 年信息传输、软件和信息技术服务业对外投资 56.3 亿美元,居各行业第 5 位,同比增长 27.1%,占当年流量的 3.9%;截至 2018 年该领域境外企业 2 393 家,占我国境外企业总数的 5.6%,如表 6-5 所示。华为、中兴、中国电信、中国移动等企业已经成为我国通信业对外投资的主力军。《中国对外投资发展报告 2019》显示,截至 2018 年中国电信在海外的投资存量达 13.72 亿美元,中国移动在“一带一路”国家和地区网络建设累计投资 98 亿港元。华为、中兴广泛参与全球信息基础设施建设,电信网络设备、IT 设备和解决方案及智能终端应用于全球 170 多个国家和地区,海外收入占比超过 50%,华为在全球设立研发中心超过 16 个。中国通信服务公司在 43 个国家和地区设立机构,在尼日利亚、坦桑尼亚、刚果(金)、沙特、缅甸等国家和地区拓展 20 多个总包项目,合同总额超 10 亿美元。阿里在全球推动世界电子贸易平台(eWTP)建设促进普惠贸易发展,支持全球 80% 的小企业进入国际市场。

表 6-5　我国信息传输、计算机服务和软件业实际利用外资金额和对外直接投资净额及占比

年度	实际利用外商直接投资金额/万美元	信息传输、计算机服务和软件业实际利用外商直接投资金额/万美元	占比/%	对外直接投资净额/万美元	信息传输、计算机服务和软件业对外直接投资净额/万美元	占比/%
2003	5 350 500	略	略	285 465	883	0.31
2004	6 063 000	91 609	1.51	549 799	3 050	0.55
2005	6 032 500	101 454	1.68	1 226 117	1 479	0.12

---

① 罗兰贝格管理咨询公司与里昂商学院联合发布,2020 年 4 月。

年度	实际利用外商直接投资金额/万美元	信息传输、计算机服务和软件业实际利用外商直接投资金额/万美元	占比/%	对外直接投资净额/万美元	信息传输、计算机服务和软件业对外直接投资净额/万美元	占比/%
2006	6 582 100	107 049	1.63	116 396	4 802	0.23
2007	7 476 800	148 524	1.99	2 650 609	30 384	1.15
2008	9 239 500	277 479	3.00	5 590 717	29 875	0.53
2009	9 003 300	224 694	2.50	5 652 899	27 813	0.49
2010	10 573 500	248 667	2.35	6 881 131	50 612	0.74
2011	11 601 100	269 918	2.33	7 465 404	77 646	1.04
2012	11 171 600	335 809	3.01	8 780 353	124 014	1.41
2013	11 758 600	288 056	2.45	10 784 371	140 088	1.30
2014	11 956 200	275 511	2.30	12 311 986	316 965	2.57
2015	12 626 700	383 556	3.04	14 566 715	682 037	4.68
2016	12 600 100	844 249	6.70	19 614 943	1 866 022	9.51
2017	13 103 500	2 091 861	15.96	15 828 830	443 024	2.80
2018	13 496 589	1 166 127	8.64	14 303 731	563 187	3.94

资料来源：历年《中国统计年鉴》

6.2 技术引进对于提升我国 ICT 自主创新能力和产业竞争力的作用

ICT 是我国技术引进最多的领域之一，据《中国科技年鉴》统计，2010—2018 年我国信息传输、计算机服务和软件业的技术引进除 2010、2011、2016 年列第 3 位外，其余年份均列第二位[①]。以下我们从 ICT 的发明专利增长和出口竞争力两个维度进行衡量，说明技术引进对于促进 ICT 产业自主创新能力和产业竞争力的作用。

6.2.1 技术引进对于促进 ICT 领域发明专利增长具有明显正向作用

第一，从通信设备、计算机及其他电子设备制造业看，2001—2018 年该领域发明专利申请量由 980 件增至 100 216 件，年均增速为 31.29%；有效发明专利量由 939 件增长至 300 369 件，2001—2018 年的平均增速达 40.40%；其中，2018 年的有效发明专利量相当于 2010 年的 7.3 倍、2001 年的近 320 倍。第二，从电信、广播电视卫星传输服务

---

① 2010—2018 年我国信息传输、计算机服务和软件业技术引进金额分别是 12.71 亿美元（第 3 位）、11.64 亿美元（第 3 位）、11.57 亿美元（第 2 位）、27.16 亿美元（第 2 位）、18.37 亿美元（第 2 位）、14.8 亿美元（第 2 位）、10.12 亿美元（第 3 位）、10.26 亿美元（第 2 位）、16.15 亿美元（第 2 位）。

领域看,2001—2019 年该领域发明专利申请量由 1 176 件增至 23 620 件,年均增速为 18.1%;发明专利授权量由零增长至 11 521 件,2002—2019 年的平均增速达 73.3%;其中,2019 年的发明专利授权量相当于 2010 年的 1.7 倍、2002 年的 11 521 倍。第三,从计算机软件领域看,2001—2019 年我国计算机软件著作权登记数量 2001 年仅为 6 948 件、2010 年达 8.19 万件,2019 年增至 148.44 万件;2019 年的登记数量相当于 2010 年的 18.1 倍、2001 年的 213.7 倍。第四,从计算机技术海外专利授权量看,2003—2018 年计算机技术的海外专利授权量分别由 2003 年的 27 件增加至 2018 年的 3 553 件。2018 年计算机技术的海外专利授权量相当于 2010 年的 7 倍、2003 年的 131.6 倍,如图 6-5 所示。

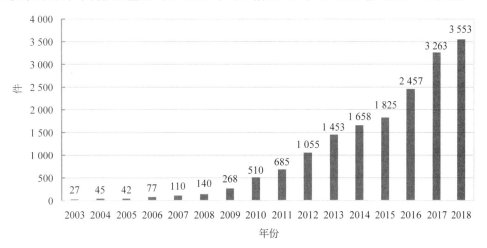

图 6-5 2003—2018 年我国计算机技术海外专利授权量年度变化

资料来源:世界知识产权组织(WIPO),数据提取时间:2020-04-17。

6.2.2 技术引进对于促进 ICT 出口竞争力具有明显正向作用

出口交货值和出口额是体现出口产品竞争力的重要指标。这里分别以我国通信设备、计算机及其他电子设备制造业出口交货值,计算机与通信技术高技术产品出口额进行分析。从出口交货值看,2003—2019 年我国通信设备、计算机及其他电子设备制造业企业出口交货值从 8 260.9 亿元人民币增至 56 053.8 亿元人民币,年均增速为 12.71%,如图 6-6 所示。从出口额看,据海关总署统计,2019 年我国计算机与通信技术高技术产品的出口额达 4 677.2 亿美元,是 2005 年出口额的 2.6 倍。

6.2.3 体现我国 ICT 出口竞争力的 RCA 指数明显提升

显性比较优势指数 RCA 被用来分析一国某种产品或服务在世界出口贸易中的竞争强度和专业化水平。其计算公式为:$RCA_{ij} = \dfrac{X_{ij}/X_i}{W_j/W}$。[①] 该方法别除了国家总出口量、世

---

① 式中,RCA_{ij} 代表 i 国(地区) j 产品的显现性比较优势指数;X_{ij} 代表 i 国(地区)对世界市场出口 j 产品的出口额;X_i 代表 i 国(地区)对世界市场的总出口额;W_j 代表世界市场 j 产品的出口额;W 代表世界市场产品的总出口额。

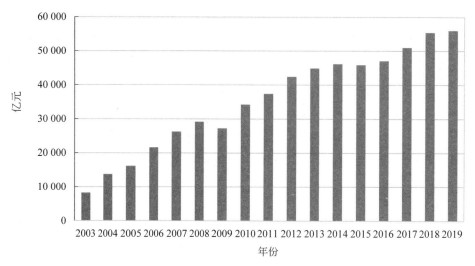

图 6-6 我国通信设备、计算机及其他电子设备制造业出口交货值

资料来源：国家统计局。

界总出口量的波动对衡量产业国际竞争力的影响，很好地反映了一国某一产业出口能力与世界平均水平相比较体现出的相对优势，因而在进行国际竞争力的比较时被广泛采用。根据日本贸易振兴机构（JETRO）制定的商品或服务国际竞争力标准，当 RCA >2.5 时，表示该国出口到国外的商品或服务有极强的国际竞争优势；当 1.25<RCA <2.5 时，表示具有较强的竞争优势；当 0.8<RCA <1.25 时，表示具有中等竞争优势；当 0< RCA<1 时，表示具有比较劣势；当 RCA<0.8 时，表示不具备竞争优势。以下通过对中国、德国、印度、日本、美国 5 国 2005—2018 年 ICT 服务贸易 RCA 指数分析可以发现，我国 ICT 服务贸易国际竞争力不断增强，并呈现稳定发展态势。2005—2012 年我国 ICT 服务贸易 RCA 指数均小于 1，不具有竞争力；2013—2014 年期间具有中等竞争优势；2015 年以来具有较强竞争优势。我国与印度在 ICT 服务贸易竞争力之间的差距不断缩小，印度 ICT 服务贸易 RCA 指数由 2005 年的 4.86 下降到 2018 年的 2.91，竞争力不断下降；同期我国 RCA 指数从 0.45 上升到 1.81，竞争力不断增强。此外，德国 RCA 指数保持在 1.05~1.27 之间，具有较强竞争力；美国 RCA 指数保持在 0.45 左右；日本低于 0.3，竞争优势最弱，如表 6-6 所示。但这里需要指出的是，RCA 指数仅仅反映了服务出口的作用，而不能反映服务进口的作用，因此我们仅从这一侧面来进行衡量，还不能反映贸易竞争力的全部。

表 6-6 5 国显性比较优势指数 RCA

年　　度	中国	德国	印度	日本	美国
2005	0.45	1.05	4.86	0.21	0.46
2006	0.57	1.08	4.65	0.18	0.45
2007	0.63	1.10	4.65	0.17	0.45

续表

年　　度	中国	德国	印度	日本	美国
2008	0.72	1.07	4.60	0.14	0.47
2009	0.79	1.04	4.53	0.15	0.46
2010	0.73	1.16	4.26	0.16	0.44
2011	0.83	1.13	4.06	0.16	0.45
2012	0.95	1.18	3.95	0.19	0.47
2013	0.97	1.14	4.21	0.22	0.46
2014	1.09	1.10	4.07	0.22	0.44
2015	1.32	1.15	3.94	0.21	0.43
2016	1.39	1.26	3.63	0.23	0.45
2017	1.33	1.27	3.19	0.28	0.46
2018	1.81	1.20	2.91	0.23	0.43

资料来源：作者根据 UNCTAD 统计数据库计算而得。

6.3　基于全国 160 家 ICT 服务贸易企业问卷调查的分析

本课题组于 2020 年 2～3 月间开展了"关于 ICT 服务贸易的问卷调查"(以下简称问卷调查)。此次问卷调查共有 160 家 ICT 企业参加,分别来自北京中关村软件园、南京雨花谷软件园、上海浦东软件园、深圳软件园、苏州工业园区软件园和天津滨海新区信息技术服务集聚区,上述 6 个园区均是我国具有较强影响力的软件园区,集聚了一批主要跨国公司和优秀的国内信息技术服务企业,具有较强的典型价值和行业代表意义。我们将问卷调查进行如下分类：按企业规模划分,大型企业 53 家,占 33％;中小微企业 107 家,占 67％。[①] 按企业营业收入划分,1 亿元以下的 69 家,占 43.1％;1 亿～10 亿元的 70 家,占 43.8％;10 亿元～50 亿元的 14 家,占 8.6％;50 亿元以上的 7 家,占 4.4％。按企业人数划分,300 人以下的占 66.3％;300～1 000 人的占 16.3％;1 000 人以上的占 17.5％。按照所有制结构划分,共有外资企业 94 家,其中外商独资企业占 90.4％[②],中外合资合作企业占 9.6％;内资企业 66 家,其中民企占 86.4％,国企占 13.6％。综合以上指标可以看出,上述园区的 ICT 企业具有较高的劳动生产率。通过调查问卷分析可以看出,技术贸易对 ICT 产业提升技术创新能力的重要作用,其中承接国际服务外包是企业获得技术积累的重要渠道。

---

　①　依照国家统计局大中小微型企业的相关划分标准,本次问卷将企业划分为大型和中小微型两类。其中,软件和信息技术服务业的大型企业,其营业收入和从业人员须同时满足大于等于 1 亿元和大于等于 300 人。本次问卷中有 38 家企业,其营业收入达到大型企业标准,即≥1 亿元,但人数未达到 300 人,即<300 人,依照上述标准划入中小微企业中。

　②　其中,来自美国、港澳台、日本、欧盟的企业占比分别为 36.5％、24.7％、16.5％、10.6％。

6.3.1　承接离岸服务外包是提高创新能力的重要途径

1. 技术咨询和服务是企业技术出口的主要方式

问卷调查结果显示,技术咨询和技术服务出口占企业总数的73.8％,计算机软件出口占26.9％。由此可见,离岸软件和信息技术服务外包是ICT企业服务出口的主要组成。企业技术进口的总体比例并不高,其中以技术咨询和技术服务进口方式为主的企业占比最高为23.8％,如图6-7所示。

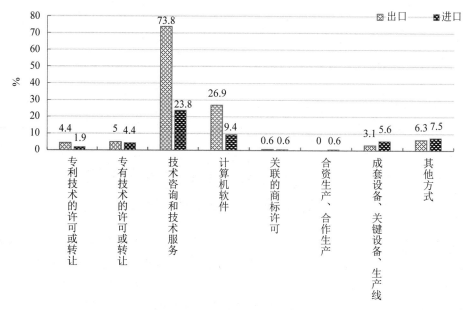

图 6-7　企业技术贸易的主要方式

资料来源：根据课题组问卷调查整理而得。

2. 承接国际服务外包对提升技术创新能力的影响最大

问卷调查显示,企业承接离岸软件和信息技术服务外包呈现出显著的外溢效应,主要体现在：技术创新能力提升、人才素质提升、产品交付模式创新、服务模式创新等方面。其中,承接离岸服务外包对促进企业的技术创新作用最为明显,占问卷企业的67％;其次是促进人才素质提升,占问卷企业的54.4％;此外,在交付能力、服务模式创新方面均有显著提升作用,分别占问卷企业的30.6％和13.8％。从问卷企业的类型看,大型企业比中小微企业的各项指标占比都高,表明外溢效应更加明显,说明我国许多大型软件和信息技术服务企业通过承接离岸服务外包增加了技术积累,提升了技术创新能力和人才素质,如表6-7所示。据问卷调查企业反映,承接国际服务外包获得技术外溢的途径主要体现在示范效应、人才效应、产业集聚效应等方面。一是国内企业在外包合同执行过程中通常要接受发包方的技术、规则、标准等方面的培训,本土企业在学习和与外国技术人员共同工作过程中快速掌握行业先进技术、知识、规则、标准和管理经验等,促进本土软件企业快速提高研发水平,融入全球ICT价值链体系。二是技术人员在跨国公司与国内企业之间频繁流动。据南京雨花谷软件园介绍,一个软件技术人员大概平均三年跳槽一次。尤其是早期一批技术管理人员从跨国公司跳槽创立本土软件企业,这些企业都成为我国 ICT 产业发展的主要力量。三是国际服务外包加速了软件园区的产业集聚,集聚效应不仅促进了同业竞争,也产生了示范作用,加速了技术扩散。

表 6-7　承接离岸软件外包对企业创新能力的带动效应

类　　别	全部	大型企业	中小微企业	外资企业	内资企业
企业总数/个	160	53	107	94	66
技术创新能力提升比例/%	61.9	66.0	59.8	62.8	60.6
人才素质提升比例/%	54.4	68.0	47.7	58.5	48.5
交付能力提升比例/%	30.6	41.5	25.2	35.1	24.2
交付模式创新比例/%	13.8	17.0	12.1	11.7	16.7
服务模式创新比例/%	30.6	41.5	25.2	27.7	34.8
其他比例/%	8.1	9.4	7.5	7.4	9.1

资料来源:根据课题组问卷调查整理而得。

6.3.2　技术进口同样对创新能力具有促进作用

问卷调查显示,技术进口对于 ICT 企业技术创新能力的积累具有重要作用。主要体现在:提升技术创新能力、人才素质,促进业态创新、服务模式创新、专利增长等方面。问卷中有 31.3% 的企业认为,技术进口对企业技术创新的作用明显;20% 的企业认为,对人才素质提升有明显作用;13.8% 的企业认为,对服务模式创新有提升作用。此外,还有部分企业认为,促进了专利增加和业态创新。从问卷企业的类型看,大型企业比中小微企业在各项指标中的占比高,反映出技术进口对大型企业产生的外溢效应更加显著;内资企业在各项指标上都优于外资企业,反映出技术进口对于内资企业创新能力提升更加显著,如表 6-8 所示。

表 6-8　技术进口对企业创新能力的带动作用

类　　别	全部	大型企业	中小微企业	外资企业	内资企业
企业总数/个	160	53	107	94	66
技术创新能力提升比例/%	31.3	35.8	30.0	24.5	40.9
专利增加比例/%	3.8	5.7	2.8	1.1	7.6
人才素质提升比例/%	20.0	26.4	16.8	18.1	22.7
业态创新比例/%	6.3	9.4	4.7	4.3	9.1
服务模式创新比例/%	13.8	17.0	12.1	10.6	18.2
其他比例/%	7.5	13.7	4.7	7.4	7.6

资料来源:根据课题组问卷调查整理而得。

6.3.3 美欧日发达经济体和周边区域是企业技术贸易的主要市场

问卷调查显示,企业技术出口目的地主要集中在美国、欧盟、日本 3 个发达经济体,分别占问卷企业的 39.4％、29.4％和 28.1％,其次是中国香港、新加坡,分别占问卷企业的 27.5％和 11.3％;技术进口主要来自欧盟、美国和中国香港,分别占问卷企业的 20.6％、13.8％、10.6％,说明发达国家和地区仍然是我国 ICT 技术市场的主要来源,如图 6-8 所示。

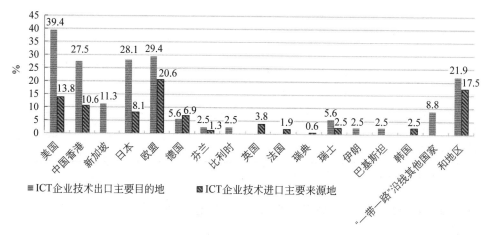

图 6-8　企业技术贸易的主要市场

资料来源：根据课题组问卷调查整理而得。

专栏 6-4　5G、开放创新、合作共赢的网络[①]

华为是我国 ICT 行业的领军企业,也是具有全球影响力的企业。2019 年收入约 8 500 亿元,R&D 投入 127 亿欧元,列全球第 5 位,占企业营收的 13.9％。2009—2018 年累计研发投入超过 4 800 亿元,共持有效授权专利 80 000 多件,其中国内有效授权专利 30 000 多件,国外授权专利 50 000 多件(含欧美有效授权专利 40 000 多件),90％以上专利为发明专利。参与 400 多个国际标准组织、产业联盟和开源社区并担任相关的核心职位,累计提交标准提案近 60 000 篇,为 ICT 国际标准和产业发展作出了巨大贡献。

在过去 20 多年移动通信产业迅猛发展的历程中,美国以强势、较封闭的方式发展 CDMA 和 Wimax 技术,脱离多边开放发展的轨道,多次试图背离开放的 3GPP(3rd Generation Partnership Project)全球标准,导致其相关企业在通信设备市场的衰落,使之变成了由欧洲和中国企业主导的产业。固定电话和移动电话都是美国发明的,但最

① 本案例由华为公司提供,感谢华为公司战略部总裁张文林先生、产业战略与政策部部长李力先生对案例的修改审定。

后是企图绝对控制技术话语权的美国企业无路可走，而 3GPP 体系最终获得了全球的支持。从 3G 开始获得广泛支持，到 4G、5G 统一了全球的移动通信标准，这是分裂的技术体系最终走向全球统一的经典范例。如果美国继续试图技术脱钩，华为必将以开放和拥抱世界的方式赢得新的全球技术体系，构建新的产业版图。目前，华为在全球电信设备市场的规模、标准和技术领先成为生存的重要基石。美国通信设备公司的衰落恰恰是因为它们选择了封闭的标准和产业发展模式。美国式的封闭性发展策略的特征就是"小团体主导、排斥其他参与方"，一步步葬送了其通信产业的全面领先优势。

1. 开放和包容是 3GPP 成为全球主流移动通信标准的关键成功因素

从历史上看，技术短期的先进性并不能保证长期的市场成功。在科研创新和在走向市场的过程中，是否有足够的开放性和包容性，能否形成一个广泛的多边合作生态系统，对最终成败将起到关键影响。从历史上看，哪一个技术体系的创新系统更加开放、更加拥抱全球，往往就会最终胜出。

1998 年 3GPP 和 3GPP2 几乎同时建立，前者基于欧洲 2G 移动通信制式 GSM 向 3G 演进，后者则是基于美国 2G 移动通信制式 CDMA，两个标准组织的管理机制、组织结构都非常类似，而依靠 CDMA 相对于 GSM 大幅领先的技术，3GPP2 在初期处于明显的优势。但是最终 3G 标准竞争的结果却是 3GPP 开发的 WCDMA 在市场上完胜基于 3GPP2 开发的 CDMA 2000，造成这一结果的关键因素就在于 3GPP 的开放性和包容性，以及相比之下 3GPP2 的封闭性和排他性。

3GPP2 的问题主要体现在如下两个方面。一方面，以高通为首的美国公司牢牢把控了 3GPP2 的标准话语权，高通和其他北美 CDMA 设备商（Lucent、Nortel、Motorola 等）形成的利益团体，对新的参与者的技术和方案贡献基本采取排斥态度。美国式的自主可控，使得 3GPP2 的标准不能完全反映整个产业的利益，不能及时满足客户需求。标准制定过程的封闭性导致 3GPP2 标准质量下降，极大降低了全球运营商对 CDMA 设备的采购意愿。另一方面，基于 3GPP2 标准话语权获得的大量 CDMA 基本专利，加上 CDMA 芯片的绝对领先地位，高通公司设计了向全球 CDMA 设备商、终端厂商和运营商收取高额专利费的"专利保护伞"机制，将整个产业链所有企业利润总和的很大一部分收入囊中。这种具有明显独家垄断性和高度不平衡的利益分配机制，让整个 3GPP2 产业链难以承受其重，最终分崩离析。

与 3GPP2 相比，欧洲发起的 3GPP 则是一个开放性和包容性的典范。3GPP 严格遵循"基于共识"的决策原则和工作程序，确保开放听取所有成员的技术观点和利益诉求。虽然 3GPP 也设计了表决制度，但是为了避免在标准制定过程中牺牲少数意见公司的利益，几乎从来不采用表决的方式进行技术选择，而是采用充分协商、模拟表决等更加灵活的方式，保证了对不同意见的开放接纳和充分探讨，这种开放性促成了 3GPP 标准的高质量，也没有让效率成为牺牲品。

随着 3GPP 的发展壮大，新成员越来越多，但并没有对后进入成员的歧视。以华为为例，2001 年第一次到欧洲参加 3GPP 标准会议时，华为的标准参会代表语言不过关，不懂会议工作程序，技术上更是落后一大截，只能向其他公司资深的标准专家去请教，不断学习。领先公司(爱立信、沃达丰、法国电信、德国电信等)的参会专家对华为代表给予了很多无私的帮助，并没有因为文化差异、语言沟通不畅、工作程序不熟和技术相对落后等问题阻碍华为的标准提案，让华为能够快速融入3GPP。对于其他后进入成员也是如此，这体现了3GPP强大的包容性，是3GPP产业链不断发展壮大的关键因素。

从最终结果看，3G时代WCDMA(基于3GPP开发的3G标准)终端用户数的全球占比为80%左右，CDMA 2000(基于3GPP2开发的3G标准)终端用户数全球占比不到20%。产业链的巨大优势延续到4G时代，造成3GPP2制定的4G标准UMB达不到足够的规模经济门槛而没有商用，基于3GPP的4G标准LTE成为当之无愧的全球主流标准，如图6-9所示。

图6-9　3GPP与3GPP2对比

2. 美国主导的 WiMAX 再次走向错误道路

失去3G标准的主导权后，美国产业界反思了3GPP2的教训，决定在4G时代夺回标准话语权，基于IEEE开发了新的移动通信标准WiMAX，挑战3GPP的主流地位。WiMAX虽然采取了开放的技术标准平台，但产业利益上仍然以美国主导，一方面为维护其小团体的既得利益，另一方面损害全球更多关键参与者的利益。WiMAX背后的主导企业是美国芯片商Intel公司，三星、Motorola、Nortel、Nokia是主要的设备商。Intel吸取了高通公司的教训，依托开放性和包容性足以和3GPP匹敌的IEEE开发标准，摒弃了高通公司掠夺式的专利收费模式，保持了技术领先幅度，再加上美国政府强大的外交实力帮助WiMAX在2007年获得了全球移动频谱的使用权，以及Intel公司在笔记本电脑市场和WiFi市场大获成功的加持，这些因素加起来似乎足以颠覆3GPP的主流地位，然而WiMAX还是失败了，主要有以下3个原因。

一是主导者维护既得利益。WiMAX确定的核心技术OFDM在2000年后确实是最领先的，部分设备商占据了OFDM(正交频分复用)技术领域的绝对优势。为了维护自身在WiMAX阵营中的领先地位和既得利益，这些企业一直阻挠标准的实质进步，以至于当LTE决定采用更先进的OFDMA(正交频分多址，是OFDM技术的演进)技术后仍然拒绝改变，导致了技术先进性上被3GPP反超。而Intel公司迎合了这些设备商的利益，未起到领导者应有的作用。

二是借助主导权无视、忽视并打压全球重要参与者的根本利益。WiMAX阵营套用了Intel在PC机上成功经验(Intel Inside)，推动WiMAX运营商采用低利润的商业模式，试图通过牺牲运营商利益快速扩大WiMAX终端用户的全球占比，导致GSMA(GSM协会)的所有全球主流运营商集体拒绝采购WiMAX设备。

三是美国式封闭的发展策略导致WiMAX的终端互联互通存在巨大的障碍，使得WiMAX的终端没有形成良性的生态，而基于3GPP LTE的终端，则通过GSMA的推进形成了良好的互联互通。

这 3 个因素本质上仍是因为美国科技公司习惯性的唯我独尊思维模式,造成了思想上的封闭性和行动上的排他性,虽然技术标准平台比 CDMA 开放,但产业上仍然排斥北美利益集团以外的其他成员,最终导致了技术保守,并忽视产业链重要成员的利益和客户需求,走上了错误的路线。3GPP 则在开放的模式下,把握了正确的方向和机会,借助 3G 时代积累的巨大市场势能和技术上的快速反超,成功击败了 WiMAX,最终 WiMAX 的 3G 版本标准仅限于少量垂直行业市场,而其 4G 版本标准 WiMAX2 完全没有实现商用。

3. 我国通信行业的快速发展主要得益于坚定的开放政策

我国电信设备市场由于缺乏足够实力的本土设备商,从开始就是面向全球开放的。20 世纪八九十年代中国电信设备市场份额几乎全部集中在八家外国设备商手中,即所谓"八大金刚"(爱立信、诺基亚、阿尔卡特、西门子、北电、朗讯、摩托罗拉、富士通)、"七国八制",刚刚起步的中国电信设备商"巨大中华"(巨龙、大唐、中兴、华为)在自己的家门口就遭遇到了世界级的竞争环境,举步维艰。

当时的信息产业部并没有因此采取闭关锁国的政策来保护中国设备商,而是坚决开放市场,同时支持中国设备商的技术创新。经过数十年的实践,以华为为代表的中国设备商并没有在竞争中全军覆灭,相反,通过激烈的市场竞争将劣势转为优势,并将优势从交换机扩大到光网络、移动通信,从 2G 跟随、3G 突破到 4G 并肩,再到 5G 成为世界通信业中贡献最大、引领全球产业健康发展的中坚力量。如果当时的政策是以种种行政手段保护本土企业,以封闭排他的心态面对外国领先企业,就不会有今天的局面。

华为亲历了这段历史,坚持拥抱全球、开放创新、合作共赢的理念,并以此为鉴。独霸式的技术体系难以持续,最终主导的必然是建立在全球开放、多边合作、公正公平的创新机制基础上的技术体系。以美国在政治、经济和技术等各方面全面领先的优势,尚且不能确保以封闭和独霸的方式成功,我们少数的局部领先和大量的尚未领先,更不能试图以封闭方式培育全球领先的技术和产业能力,而应该鼓励产业界积极面向全球,以多边开放的方式发展新的技术和产业,并营造开放的市场环境和竞争环境,积极参与改善全球技术创新秩序。

参 考 文 献

[1] 江小涓等.全球化中的科技资源重组与中国产业技术竞争力提升[M].北京:中国社会科学出版社,2004.

[2] 王晓红.中国设计:服务外包与竞争力[M].北京:人民出版社,2008.

[3] 陈涛涛.外商直接投资的行业内溢出效应[M].北京:经济科学出版社,2004.

[4] 刊物专题组.出口实迹——软件出口企业调查实录[J].软件世界,2001(11).

[5] 佚名.中国软件行业协会副理事长周锡令教授谈我国软件产业现状与发展[J].中国信息导报,2001(12).

第7章 平台型竞争催生技术交易新模式

新中国成立以来,我国在军工、机械、精密仪器、半导体、轨道交通、化工等各个领域建立起了初步的技术能力,同时也建立了较为完整的产业创新体系和学科体系,这些是市场化改革以后我国通过技术吸收快速提升技术能力的重要基础,也是我国经济超越多数发展中国家的重要原因。改革开放后,快速发展起来的国际投资和国际贸易促进了国外技术向我国的转移。在"市场换技术"战略的指导下,技术引进和外商直接投资逐渐成为我国技术进步的主要动力。加入世界贸易组织之后,我国用于关键设备和成套设备的引进合同金额比重从 1992 年的 71.3％下降到了 2005 年的28％,这体现了我国企业的技术学习方式逐步由设备引进为主转向技术引进为主。2005 年,技术许可和转让、技术咨询和服务在技术引进总额中的比重分别达到了33.5％和24.8％,与 1992 年相比有了大幅提升,我国企业的技术吸收能力和正向设计能力在市场需求和市场竞争的驱动下稳步提升。过去几十年随着跨国公司向我国大规模的技术转移,跨国公司愿意而且能够为中国市场转移的非核心成熟技术逐渐耗竭,跨国公司技术供给不足与中国市场需求日益严峻的技术不匹配为我国企业的技术赶超提供了机会。

随着新一轮科技革命和产业变革,加速重构全球创新版图,重塑全球经济结构,加强技术交易服务能力已经成为现代科技与产业创新发展的重要竞争力。企业自主创新能力提升的背后,是企业技术来源的日趋多元化和创新体系的更趋完善。在技术引进消化吸收的基础上,我国企业通过设立海外研发中心、逆向收购海外高技术企业等方式,更加积极地整合和利用全球科技资源。在强化应用开发能力的基础上,企业积极通过加强基础研究和产学研合作等逐步提升创新能力。

表 7-1 2018 年我国商业服务贸易情况

内　　　容	进出口总额/亿元	同比增长/％	出口金额/亿元	同比增长/％	进口金额/亿元	同比增长/％
知识产权使用费	2 723.3	20.9	368.0	14.4	2 355.2	22.0
技术相关服务	1 992.7	11.5	1 153.5	14.4		
专业管理和咨询服务	3 435.1	7.5	2 238.7	6.4		
研发成果转让费及委托研发	1 082.5	17.2	615.3	14.2		

资料来源:商务部公开数据。

根据 2018 年我国商业服务贸易及知识产权贸易情况,如表 7-1 所示,不难看出,尽管我国专利申请量已经跃居世界第二,但我国知识产权使用费进口同比增长率仍高于进出口总额增长率。数据表明,我国在国际技术交易中的议价能力较弱,我国走出去的技术交易仍然是"凤毛麟角"。显然,一个国家技术贸易体制的变迁,不仅跟各类技术的特点和对技术进步的促进作用的高低有关,也跟当时国家所面临的国际环境有着密切的关系。

下面以我国医药 CRO(Contract Research Organization,合同研发组织)模式为例,揭示产业成长不同阶段的技术创新的特点以及相关影响因素,探讨技术交流对产业成长的影响机制,探讨新形势下有效利用国际国内资源,统筹全球创新要素,助力我国产业创新发展的技术战略和政策导向。

7.1　CRO 在医药行业的迅速兴起

CRO 旨在为医药企业提供包括新药产品开发、临床前研究及临床试验、数据管理、新药申请等技术服务,涵盖了新药研发的整个过程,并主要对新药的安全性和有效性进行检测。20 世纪 70 年代,CRO 开始在美国出现,经过 40 多年发展,已成为全球医药研发产业链的重要角色。本文所谓"CRO 行业"是指新药研发服务外包行业[1],新药研发服务外包行业属于"M 科学研究和技术服务业"下的"M73 研究和试验发展"。作为医药企业可借用的一种外部研发资源,CRO 公司可以在短时间内迅速组织起一支具有高度专业化和具有丰富经验的研究队伍,缩短新药研发周期,降低新药研发费用,从而帮助医药企业在新药研发过程中实现高质量的研究和低成本的策略。

同时 CRO 和制药公司呈现出同生共长的关系。北美作为全球医药研发高地,在 CRO 行业占比也达到 40%。1995—2000 年,头部 CRO 都开始了全球化多中心临床的布局;2010 年以后,CRO 巨头开始着手拓展综合服务能力,并寻求固有服务模式的转变和突破[2]。

CRO 行业规模巨大,已渗透到新药研发的各个环节,贯穿从药物发现、药学研究、临床前研究、临床研究到新药注册申报等。根据 Frost & Sullivan 的数据统计[3],2018 年全球 CRO 行业市场规模已达到 487 亿美元,涌现了昆泰(IQVIA)、科文斯(Covance)、PPD、查尔斯河实验室(Charles Rivers Labs)、百瑞精鼎(Parexel)等大型 CRO 公司,并占据了国际 CRO 行业大部分的市场份额。国内成立时间较早的有药明康德、睿智化学、泰格医药、博济医药、美迪西等本土 CRO 公司,在临床前阶段,药明康德、康龙化成、昭衍新药、美迪西等主要临床前 CRO 公司具备直接参与国际竞争的较强实力。

新药研发的资金及时间成本投入巨大。根据德勤的研究表明,研发一款新药的平均成本已经从 2010 年的 11.9 亿美元增长至 2018 年的 21.7 亿美元,如图 7-1 所示,从发现化合物到上市销售平均需耗时 14 年。德勤对 12 家大型医药企业的调研显示,新药研发的投资回报率从 2010 年的 10.1% 下降至 2018 年的 1.9%,新上市药物的平均销

---

①　中国证券监督管理委员会. 上市公司行业分类指引(2012 年修订)[R]. 中国证券监督管理委员会公告〔2012〕31 号.

②　中信证券研究部. 药企加速转型创新,带量采购和科创板落地,CRO 进入黄金时代[R], 2019.

③　药明康德. 无锡药明康德新药开发股份有限公司 2018 年年度报告[R], 2018.

售峰值从 2010 年的 8.16 亿美元逐年下降 8.3％，至 2018 年的 4.07 亿美元①。换言之，制药巨头的研发效率低迷，医药企业研发投入增加，却不能实现对等的上升回报。中小型药企实力弱于大型跨国药企，受到的冲击影响更为明显。制药公司越来越深刻地认识到，必须采取改变商业模式等途径来面对复杂的药物开发环境，采用开放合作业务模式来降低成本、提高经营效率，即将部分研发工作委托给 CRO 公司，通过 CRO 研发服务外包提升研发效率。

图 7-1　单个新药平均研发成本及大型制药企业新药研发投资回报率

资料来源：Deloitte. Unlocking R&D productivity，2018.

作为具有刚性需求的行业，全球整体对药品的需求十分强劲。2020 年，全球 CRO 行业渗透率已提升至 54％。从研发数量来看，截至 2017 年全球共约有 14 872 个药物项目处在研发过程中，相比 2016 年增长了 8.4％，药品市场整体规模增速亦高于同期全球 GDP 增速。基于 CRO 公司在新药研发中有助于提高研发成功率、压低研发成本、缩短研发周期，医药企业对其认可度的迅速提高，全球 CRO 行业的渗透率也在稳步上升。根据 Frost & Sullivan 的数据统计，全球 CRO 行业的渗透率由 2006 年的 18％提高到 2015 年的 44％，到 2020 年达到了 54％，意味着已有一半以上的研发工作委托给了 CRO 公司。

在多重因素的共同影响下，全球 CRO 行业规模将持续快速扩张，根据 Frost & Sullivan 报告预测，预计 2022 年全球 CRO 市场规模将达到 727 亿美元，2018—2022 年均复合增长率将达 10.5％左右。以我国、印度为代表的新兴国家市场，凭借低廉的原材料价格、高素质的科研人员、全面的病人病谱资源等诸多优势，正在逐渐承接发达国家的 CRO 行业市场份额，是全球 CRO 行业增长最快的地区。当初 Frost & Sullivan 预计，亚太地区 2021 年市场规模将达 123 亿美元，如图 7-2 所示；对应年复合增长率增速将达 20％，远高于全球市场 12.8％的年复合增长率。

目前，中小型药企已开始成为全球医药市场创新主力，在全球在研的新药项目中，

---

① Deloitte. UnlockingR&Dproductivity［R］，2018.

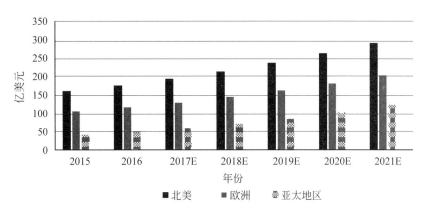

图 7-2　2015—2021 年世界各地区 CRO 市场规模预测

资料来源：Frost，Sullivan. Global CRO Market，Forecastto，2021.

约有 80％来源于中小型药企。与大型制药公司相比，中小型药企由于其轻资产及人员精而少的特点，更依赖于研发和生产服务外包，如图 7-3 所示。2017 年小型生物科技公司的风险投资项目达 471 个，金额达到 93 亿美元。假设中小型生物科技企业融资额80％用于研发投入，60％的投入用于选择外包，仅靠融资小型生物科技企业贡献外包服务市场规模就约 44.6 亿美元[①]。

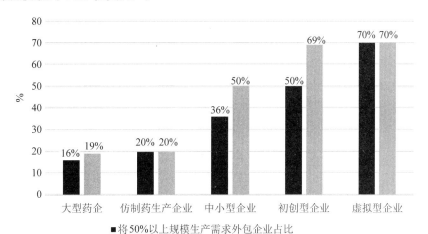

图 7-3　2017 年医药企业外包意愿情况调查

资料来源：火石创作. 全球医药外包行业发展现状及趋势[R]，2019-8-9.

注：图中虚拟型企业是指由具有不同资源与优势的企业组成的企业联盟，其目的是为了共同开拓市场，共同应对竞争，共享技术与信息，分担研发费用。

---

① 林小伟，宋硕. 中国制药产业大破大立，开启 CRO 行业黄金发展期[R]. 光大证券，2018.

作为技术、人才和资本密集型产业，CRO公司的创新能力是保持竞争力的核心。由于培养专业人才、自主研发创新的时间周期长且存在巨大不确定性，大型CRO公司往往选择通过投资、并购等方式快速扩大公司规模，拓展新市场，延伸服务价值链[①]。一系列并购事件催生了行业巨头，如昆泰2019年营业收入110.88亿美元，科文斯2019年营业收入115.55亿美元，PPD 2019年营业收入40.3亿美元。通过投资并购，大型CRO企业综合竞争力更加强大，行业呈现寡头竞争格局。

此外，CRO公司在医药研发产业价值链中所处的位置以及发挥的作用，决定了CRO公司如何构建自身的核心竞争力和业务发展模式。CRO产业链大体可分为3个阶段：①从0到PCC(Preclinical Compound，临床前候选化合物)的药物发现阶段；②PCC到IND(Investigational New Drug，新药临床申请)的药学研究验证以及药物评价过程；③IND到NDA(New Drug Application，新药上市申请)的人体(Ⅰ～Ⅲ期)临床试验、注册上市以及上市后持续研究(Ⅳ期)。

目前，纵向研发一体化综合服务拥有更强的市场竞争力。因为新药研发的复杂度、风险性比以往更高，为了降低和分散风险，提高创新效率，制药企业研发外包的需求更加强烈。在生物医药公司中，研发外包的比例从2007年的36%上升到2018年的49%。由于不同研究阶段之间最重要的是研究数据的衔接及实验结构的可信任度，因此仅提供单一阶段医药研发服务的企业无法满足大型药企在全产业链上的研发需求，这就要求CRO公司不仅要在各自专精的阶段提供高质量研发生产服务，还需要围绕客户需求，不断拓展产业链上下游领域。新药发现各环节外包占比如图7-4所示。新药临床试验各环节外包占比如图7-5所示。

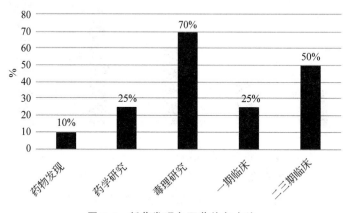

图 7-4 新药发现各环节外包占比

资料来源：田加强，陈竹. 药企加速转型创新，带量采购和科创板落地，CRO
进入黄金时代[R]. 中信证券研究部，2019.

---

① 王晓红. 中国服务外包：跨越发展与整体提升[M]. 太原：山西经济出版社，2012.

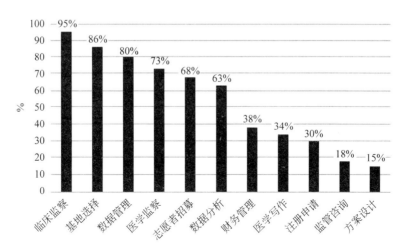

图 7-5　新药临床试验各环节外包占比

资料来源：田加强，陈竹. 药企加速转型创新，带量采购和科创板落地，CRO 进入黄金时代［R］. 中信证券研究部，2019.

制药公司对 CRO 公司的依赖程度变高趋势明显，如表 7-2 所示。据统计，有超过 50％的医药企业倾向于选择 1～5 个 CRO 公司作为固定供应商。以 Merck 为例，其战略合作的 CRO 公司包括 Quintiles、Parexel 和 Covance。Quintiles 和 Solvay 的战略合作使临床试验时间缩短 40％，临床试验基地数量减半；辉瑞采用战略合作模式后费用下降幅度虽然不大，仅使研发成本下降 2 000 万美元左右，但研发效率提升明显，患者招募时间减少 26％，延期订单数量减少 80％。[①]

表 7-2　CRO 与制药公司的 3 种基本合作关系

交易外包模式，其中公司作为基础供应商、经认可的供应商或首选供应商为非核心活动提供资金，并重点关注成本效率。
基于绩效的关系外包模式，具备需要达到的质量、一致性和可靠性等关键绩效指标，并涉及风险和回报要素。
基于结果的外包模式，侧重于服务的最终成果或结果，因而强调所有利益相关者及其投资间的合作。

医药公司的选择朝向了更加降低交易成本和提升效率的方向。CRO 大大缩短了药品研发时间及产品进入市场的周期，图 7-6 和图 7-7 所示。

---

①　田加强，陈竹. 药企加速转型创新，带量采购和科创板落地，CRO 进入黄金时代［R］. 中信证券研究部，2019.

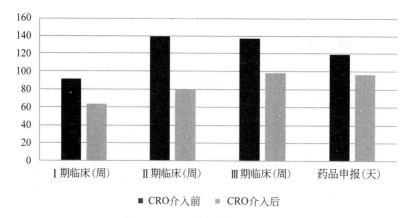

图 7-6 CRO 缩短药品研发时间

资料来源：Forst & Sullivan，中信证券研究部．

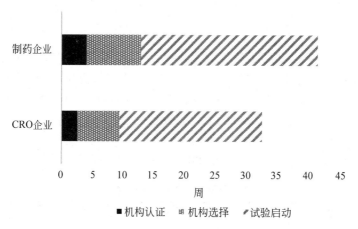

图 7-7 CRO 企业与制药企业临床各阶段所需时间比较

资料来源：Forst & Sullivan，中信证券研究部．

7.2 技术来源及效率分析

国际医药巨头的发展经验表明，研发创新是构建持续增长和核心竞争力的关键。伴随着 CRO 日益激烈的市场竞争，以及新药研发的难度越来越大和时间越来越长，对于制药企业来说，合作 CRO 公司的选择取决 CRO 公司能否弥补它们在药物发现、临床前研究、临床研究以及上市申报中所有或者部分短板。在医药研发外包服务价值链中，CRO 公司需要在临床和非临床服务环节具备较高的技术水平，才能满足制药企业的需求，进而在市场竞争中获得优势。

CRO 公司获取技术的来源有多种，自主研发和外部并购是主要途径。通常 CRO 公司的技术来源主要来自 3 个方面，分别是内部自主研发创新、外部获取、联合开发，其中大型企业开始更多借助外部获取。近年来，全球医药行业并购活跃，通过对 2015—

2018 年间 CRO 行业 27 起投资并购案例的研究分析发现,投资并购多数是围绕着强化某一方面技术能力进行,比如 Quintiles 收购 IMS Health 是为了补足数据分析的短板,Pamplona 收购 Paraxel 是为了补足创新药研发短板,PPD 收购 Acurian 是为了补足患者招募方面的短板。

　　并购是国内 CRO 公司提升技术能力,延伸服务链条和拓展海外市场的重要方式。随着多家国内 CRO 公司登陆资本市场,在金融资本支持下开展的行业并购案例逐渐增加,截至 2019 年底,在沪市主板和深圳创业板上市的企业有 23 家。由于目前国内CRO 公司普遍体量较小,发起并购的主要集中在少数几家 CRO 公司,比如,康龙化成、泰格医药[①],这 3 家企业的并购数量占比近九成。经过对 7 家上市 CRO 公司过往主要并购案例分析发现,收购的目的主要是为了增强既有业务技术能力,进行服务链条延伸以及拓展海外市场,如图 7-8 所示。

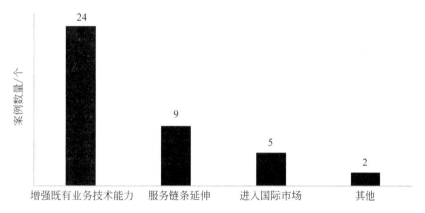

图 7-8　国内主要 CRO 公司投资收购案例分析

资料来源：上市 CRO 公司财务报告(本表格为作者从公开财务报告中获取投资并购信息数据,然后根据信息内容归纳整理)

　　医药产业的国际贸易量较大,国内医药产品的海外销售大部分是以海外授权经销为主,严重受限于目的国当地的营销团队。2009 年到 2018 年间,我国的医药产品出口规模稳步增长,但由于受各国药品保护主义和国际市场竞争激烈的影响,国内医药产品的出口增长幅度放缓。在制度环境上,由于国内实行的资质认证及质量标准体系与国际通行的标准还未完全统一,同时出于外企对知识产权保护的顾虑,国内 CRO 公司承接离岸医药研发外包受到限制,因此,企业需要利用海外并购来扩大企业规模,建立起符合国际标准的生产服务体系,以获得国际市场客户青睐。为了充分适应国际医药市场的竞争形势,我国实力较强的医药企业亦通过海外并购来拓展海外市场空间,被并购的项目多来自海外市场,如图 7-9 所示。

　　CRO 公司本身技术能力和技术类别对技术来源选择均有较大影响。企业选择的技术来源随着企业技术能力水平和所需技术的重要性程度不同而不同。对于内部自主

---

① 　康龙化成(北京)新药技术股份有限公司创业板首次公开发行股票招股说明书[R],2017.

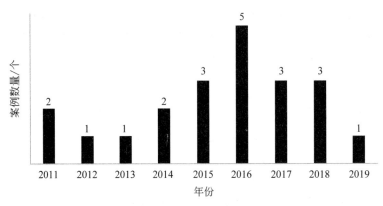

图 7-9　我国部分大型 CRO 公司海外收购案例数量

研发创新能力强的企业来说，在具备核心技术基础之上，会考虑用外部技术增强自身技术优势。比如，Charles River 凭借在试验动物领域的优势，战略聚焦于临床前业务，近5 年来，陆续收购了 8 家公司；在当今多变、竞争激烈的环境中，外部获取和联合研发已成为企业技术来源的重要途径。

此外，企业通过资产收购方式从外部受让专利技术也是 CRO 公司获取技术的来源选择，例如，2019 年康龙化成共持有 11 件国内国际专利，其中 9 件是受让取得，2 件处于申请状态。从总体来看，通过股权收购获取整体企业经营控制权，进而实现财务并表，扩大企业业务规模，是收购方的主要目的。

CRO 行业属于科学研究与技术服务业，主营业务成本主要是，为医药客户提供临床前或临床试验服务过程中产生的劳务支出，办公场所租赁费用和办公设备费用，以及公司向提供临床服务的临床试验研究基地支付的试验费用。通过对药明康德、美迪西、泰格医药财报研究分析表明，临床前/临床试验过程产生的成本主要是直接人工成本、直接材料成本、制造费用 3 部分①，其中，直接人工成本主要为支付给技术人员的薪酬及职工福利等；直接材料成本主要包括直接耗用的试剂、耗材、实验动物及委外检测费用等；制造费用主要包括业务部门在实验过程中发生的各种间接费用，比如设备折旧、租金、部门的人工、维修费和其他日常运营费用等。一般来看，在 CRO 公司研发业务中，直接人工成本是试验过程中最大成本项。通过对康龙化成、美迪西 2 家上市企业的财报数据分析，可以印证这一点。2018 年，康龙化成、美迪西直接人工成本占总营业成本的比例为 51.85%、50.63%。

7.3　我国 CRO 行业发展与本土优势

CRO 行业在我国兴起已有 20 余年。根据南方所数据显示，我国医药 CRO 行业市场规模已由 2011 年的 140 亿元，增长至 2018 年的 678 亿元，7 年复合增速保持在 20%

---

① 国家统计局官方.规模以上医药制造业企业研发投入[R].

以上,远高于国际同期水平。据医药行业研究公司 HSMAP 不完全统计,截至 2017 年 9 月,国内处于存续状态的医药研发服务企业有 525 家,其中临床服务企业有 248 家,非临床服务企业有 262 家,综合性研发服务企业有 15 家。

1996 年,MDS Pharma Service 投资设立了我国第一家真正意义上的 CRO 公司,从事临床研究服务业务。随后几年,国际 CRO 公司巨头昆泰、科文斯也进入中国,拓展在中国的业务。2000—2010 年 CRO 行业高速发展,这受益于 GCP、GLP 等行业政策,以及药品市场快速扩容[①]。加入 ICH,意味着我国的药品监管部门、制药行业和研发机构逐步开始实施国际最高技术标准,并积极参与规则制定,以进一步提高新药研发、注册、上市的效率。因此,中国国际多中心临床试验(Multi-Regional Clinical Trial,简称 MRCT)项目有望大幅增长,并有利于 CRO 行业长远发展。2017 年 10 月,原 CFDA 颁布《关于调整进口药品注册管理有关事项的决定》,同意除预防用生物制品之外,在中国进行国际多中心药物临床试验,允许同步开展 I 期临床试验。在中国进行的国际多中心药物临床试验完成后,申请人可以直接提出药品上市注册申请。上述制度将引导跨国药企积极来中国申请新药早期临床试验和创新药物上市,为国内 CRO 行业带来国际需求。

与此同时,我国具有研发成本优势。近几年来,我国医药研发行业吸引的海外归国人才、国内的高素质人才,以及 CRO 行业发展中培养的一批具有技术专长及资深管理经验的优秀人才,可以满足国际药企向国内转移 CRO 业务的人才需求。此外,由于国内存在明显的人力、物力成本优势,使临床前研究及临床研究各阶段研发费用仅为发达国家的 30%～60%,对于跨国药企而言具有较强的吸引力,如表 7-3 所示。

表 7-3　我国各个阶段研发费用占西方发达国家的比例

试 验 阶 段	试 验 项 目	我国试验成本占西方发达国家比例/%
临床前试验	化合物筛选	30%～60%
	毒理试验	30%
	动物试验	30%
临床试验	I 期临床	30%～60%
	II、III 期临床	30%～60%

资料来源:上海医药研究临床中心,国金证券研究所。

新成立企业数量平均每年在 30 个以上,本土企业也积极涌现。2010 年至今,随着国内鼓励创新药及仿制药的研发,以及一致性评价标准的推进和监管要求提高,国内头部 CRO 公司成为制药公司研发外包的首选。据医药魔方对我国 CRO 企业的研究数据显示,2017 年国内 CRO 营业收入规模在 10 亿元以上的企业占比仅 0.4%,1 亿元至 10 亿元之间近 5.6%,1 亿元以下的占比高达 94%。2017 年,国内前 10 位 CRO 公司的

---

①　NMPA 药品审评中心. 2019 年度药品审评报告[R].

业务市场份额约为41.5%。根据已上市的医药CRO企业2019年经营数据统计可以发现，年收入规模超过6亿元以上的CRO企业，其境外业务占比往往较高，这一数据多在60%以上。年收入规模小于2亿元的企业，境外业务占比往往较小或没有境外业务，如图7-10所示。

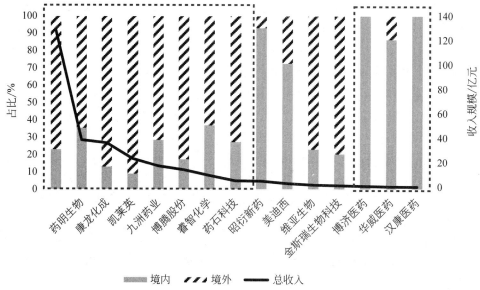

图7-10 我国主要上市CRO企业国内外收入占比情况

7.4 补强收购是提升行业研发服务能力的重要举措

经过几十年的发展，为扩大规模优势、更好地满足客户需求、减少行业服务同质化竞争，实力较强的CRO公司通过自建或并购逐步实现产业纵向一体化、强化产业横向单元服务能力成为广泛选择。在CRO公司的纵向扩张中，自建或并购相关CMO、CSO企业，打通研发、生产、销售，建立从实验室服务到真实世界研究，以及商业化咨询服务，是多数CRO公司做大做强的主要方式。目前，国内领先的CRO公司多为具备综合性服务能力的企业。比如，药明康德核心业务为临床前CRO，从2011年开始，陆续收购上海的津石和上海杰诚，以及美国的Research Point Global、Phamapace两家公司，不断增强自己临床CRO业务竞争力，成功将公司业务范围拓展到临床CRO。

虽然我国CRO公司整体起步较晚，但许多CRO公司已经意识到只有自身具备较强的技术研发实力才能在国内国际市场占据优势，开始加大研发投入力度，建设研发团队。以药明康德、泰格医药、康龙化成3家企业为例，可以发现近3年来，研发费用增速在39%～65.5%之间，研发投入强度持续提升[①]。

---

① 弘泽研究. CRO/CDMO投资逻辑梳理和行业手册,2018.

同时,补强收购一直是提升研发服务能力的重要举措。作为技术密集型行业,医药行业涉及生物、化学、大数据等多个学科,新药的研发周期长、投入高、风险大,因此,对于新药研发 CRO 公司而言,制药企业新药研发的技术短板也是它们在行业竞争的突破口。靶点发现、先导化合物活性筛选或抗体产生及亲和力筛选等新药研发环节往往具备较高的壁垒。对于国内 CRO 公司来说,要想在新药研发市场获得竞争力,则需要不断增强自身的服务能力,除了加大研发投入力度,并购则是短时间内快速提升自身服务质量,获得创新技术的重要途径。国内 CRO 公司则在美国和欧洲物色并购目标,在领先 CRO 公司并购案例中,均为具有创新性技术的医药企业,其中来自海外的并购占比在 38%~67% 之间,优质海外项目是 CRO 公司并购的重点[①]。

7.5　CRO 模式提升技术多元获取能力

在资本和行业需求催化下,加之新冠疫情的影响,未来,各国都将对公共卫生安全问题重新审视,其中新药研发创新会比以往更为重要。后疫情时期,医药行业的全球范围合作会变得更加紧密,CRO 公司对于推动完善研发产业链布局,提升技术多元获取能力,以实现全球化、大规模、更高难度的临床研究服务大有裨益。

一是与制药企业合作关系深化,立足核心业务延展服务价值链。制药企业对 CRO 公司的依赖程度变高,更倾向于战略合作以提高研发效率。据毕马威预计,到 2030 年,股权合作将成为 CRO 企业与传统企业间的主要合作模式,其中,CRO 企业将在药物开发过程中获得所有者权益[②]。同时,CRO 公司在成长过程中也承接了医药企业一些非核心研发功能,二者分工和定位愈加明确。以美国第二大医学实验室 LabCorp 和 CRO 公司 Covance 为例,前者在 1995 年合并了 Roche 生物医药实验室,并在 2010 年 9 月并购了 Genzyme Genetics(遗传学部门);后者在 2008 年从 Eli Lilly 手中购买了其早期药物开发相关资产(后续建立了战略合作关系),最终在 2015 年 Covance 并入 LabCorp,二者从合作走向了合并。

二是提升研发强度,不可回避地需要通过外部并购获取技术。但由于药物研发难度加大,成本激增、审批困难,因此三项要素叠加导致新药开发的成功率很低。通常情况下,从药物发现阶段的 5 000~10 000 个化合物中,经历多轮筛选和试验,最终只有 1 个能够开发成为上市销售的新药[③]。作为药企的研发伙伴,CRO 公司面临的挑战不言而喻。目前来看,国内 CRO 公司研发投入强度、专利申请量方面的短板仍然明显,与国际 CRO 公司差距较大,在我们研究的前 10 上市 CRO 公司中,持有授权专利的只有极少数企业。

三是提升数据智能应用水平,提高研发效率。随着 5G、人工智能、云计算、大数据、物联网等技术普及应用,会给医药研发带来巨大变革。医药研发实验涉及大量计算和

---

① 东兴证券. 东风已至,腾飞在即——医药行业(CRO 行业)深度报告[R],2018.
② KPMG 毕马威. 2030 年的研发远景[R],2019.
③ 曹晓春. 中国医药 CRO 行业发展趋势——《医药 CRO 专题报告》导读[J]. 药学进展,2016(02):104-105.

数据处理,利用数据智能技术可以更加高效处理这类事务。强大的计算能力有助于提升从海量化合物中发现新药的速度,并对临床试验数据进行更复杂、更精准的计算。药明康德曾先后投资与人工智能相关的技术公司[①],比如,Insilico Medicine 公司专长于利用人工智能技术以及基因组学、大数据分析等技术进行新药研发,同时注重与年龄相关疾病的药物研发与再利用;Verge Genomics 公司以机器学习、神经科学及实验生物学为基础加速药物发现进程。开发出了肌萎缩侧索硬化症(ALS)及帕金森病的治疗方案,亦投入资金通过与学术界和政府组织合作创建业内最大最全面的 ALS 及帕金森病患者基因组数据库。

参 考 文 献

[1] 普华永道. 2018 年中国医药行业企业并购回顾[R],2019.

[2] 上海美迪西生物医药股份有限公司. 美迪西首次公开发行股票并在科创板上市招股说明书[S],2019.

[3] 王晓红.中国服务外包:跨越发展与整体提升[M].太原:山西经济出版社,2012.

[4] 王雎,曾涛.开放式创新:基于价值创新的认知性框架[J].南开管理评论,2011,14(02).

[5] 药明康德. 药明康德首次公开发行股票招股说明书[S],2018.

[6] 医耘沙龙. 临床 CRO 行业报告与投资机会探讨[R]. 华医资本,2019(10).

[7] 朱国广,陈进. 药石科技(300725):国内高速成长的小分子砌块龙头[R]. 西南证券,2019.

[8] 赵建吉.全球技术网络及其对地方企业网络演化的影响[D]. 博士论文,2011.

[9] 赵路,韩世通. CRO/CDMO 投资逻辑梳理和行业手册[R]. 弘泽研究,2018.

[10] Terry C, Lesser N. Unlocking R&D productivity: Measuring the return from pharmaceutical innovation 2018[R]. Deloitte Centre for Health Solution,2018.

[11] Evans, Roger. IMS Institute for Healthcare Informatics[J]. Nursing Standard,2014,28(32).

[12] Evaluate Pharma. World Preview 2018, Outlook to 2024[R],2018.

[13] 姜莉苑,胡高波,江大为等. 到期专利药物的创仿策略研究[J].医药,2016,(04).

[14] 张金洋,缪牧.东风已至,腾飞在即——医药行业(CRO 行业)深度报告[R].东兴证券,2018.

[15] 李勇剑.供需及效率提升,行业持续高景气度——医药生物 CRO 行业深度报告[R]. 招商证券,2018.

[16] 林小伟,宋硕.中国制药产业大破大立,开启 CRO 行业黄金发展期[R]. 光大证券,2018.

[17] NMPA 南方医药经济研究所. MAH 制度将促进我国医药行业技术创新[R]. 中国制药网,2018-1-11.

[18] 朱国广,何治力. 新药政强势推行,CRO 穿越黑夜买入黎明[R]. 西南证券,2016.

[19] Frost, Sullivan. Global CRO Market, Forecast to 2021[R],2017.

---

① 药明康德. 药明康德首次公开发行股票招股说明书[S],2018.

［20］康龙化成.康龙化成（北京）新药技术股份有限公司创业板首次公开发行股票招股说明书［S］,2017.

［21］赵浩然,彭学龄.临床前 CRO 优质标的中长期发展可期［R］.长城证券研究所,2018.

［22］赵超.国务院明确医药产业创新升级四大方向［N］.中国政府网,2016-2-14.

［23］曹晓春.中国医药 CRO 行业发展趋势——《医药 CRO 专题报告》导读［J］.药学进展,2016(02).

［24］余文心.创新药,医药行业皇冠上的明珠［R］.海通证券,2016.

第8章 全球分工极致范例的芯片产业

集成电路(IC)是一种微型电子器件或部件,其所有元器件的连接状态、参数规范和特性状态、试验、使用、维护、贸易都是不可分割的统一体。一个国家国民生产总值的65%都与集成电路产业息息相关,无论在制造业还是服务业,集成电路用途极为广泛。集成电路已成为国民经济、国防建设、人民生活和信息安全的基础性、战略性产业。作为当今世界最高水平微细加工技术,集成电路技术是全球高科技国力竞争的战略必争制高点。

2014年我国集成电路产业首次在政府工作报告中列为新兴产业,同年《国家集成电路产业发展推进纲要》发布。2015年,《中国制造2025》发布,其核心目标是2020年中国集成电路芯片自给率达到40%、2025年达到70%。同时,2014年集成电路发展基金完成设立,截至2017年底,累计有效决策投资67个项目,实际出资818亿元,覆盖了集成电路设计、制造、封装测试、装备、材料、生态建设等各环节,预计大基金二期目标是募集1 500亿~2 000亿元。2020年7月30日,国务院学位委员会投票通过集成电路专业将作为一级学科,并将从电子科学与技术一级学科中独立出来。同年8月4日,国务院印发《新时期促进集成电路产业和软件产业高质量发展的若干政策》,其背后不仅是巨大的人才需求,更是亟待解决的"缺芯之痛"。

8.1 产业全球布局

1958年,德州仪器发明了世界上第一块集成电路。20世纪50年代至今,世界集成电路产业重心先后经历了三次转移。第一次是产业重心转移到日本;第二次是以中国台湾为代表的新兴工业化国家(地区)IC产业崛起,成为业界主力;第三次转移为近年来集成电路在东亚地区的转移和扩散,以及中国大陆的快速发展。在此背景下,中国集成电路产业出现一股投资热潮,跨国公司通过多种方式在中国创办集成电路企业。当下,半导体产业已经成为全球经济重要增长点。根据《2020年美国半导体产业概况》报告数据,全球半导体销售额从1999年的1 494亿美元增至2019年的4 123亿美元,年均复合增长率为5.21%。根据世界半导体贸易行业(WSTS)2019年秋季统计显示,2020年全球半导体行业销售额预计将达到4 330亿美元,2021年将达到4 600亿美元。其中,美国拥有全球近一半的半导体市场份额,其他技术先进的国家半导体产业的全球市场占有率处于5%~19%之间。中国作为亚太地区最大的半导体市场,占亚太市场的56%,占全球市场的35%。

从产业链来看,半导体产业可分为设计、制造、封装测试以及设备和材料环节,其中设备和材料属于支持环节。半导体生产工序复杂,从开始设计到产品最终落地需要数十道工序。首先,需要根据需求对产品进行设计,制作出符合要求的光罩;其次,在制造的环节中,以通过各种处理之后的硅片为基础根据制作好的光罩进行刻蚀,制作出所需要的电路;最后,再进行封装测试环节。由于芯片体积小而薄,需要安装合适的外壳加以保护,以便人工安装在电路板上,封装完成的芯片再通过性能测试后,便完成了完整的生产过程。

IC 的设计环节属于技术密集型,制造环节属于资本和技术密集型,封装测试环节属于劳动力密集型。从毛利率来看,设计高于制造,制造高于封装测试。从资本投入来看,制造高于封装测试,封装测试高于设计。从技术要求来看,制造环节技术难度最大,是半导体产业遵循摩尔定律发展的主要瓶颈之一,也是技术突破的主要方向,其微观尺度已走到 2nm 的水平,是当今人类最精密制造能力的体现。

在激烈的国际竞争中,IC 企业为了保持竞争力,或作为新来者为了寻找市场打入 IC 产业,都需要开拓市场和大力降低成本以提高生产率。这导致了 IC 产业链的细分,和跨国公司在全球不同地域的布局和国际分工。由于集成电路庞大的产业规模以及终端产品市场宽广,周期性波动正在减弱,其发展更依赖于全球的宏观经济环境。20 世纪 80 年代之前,在电子业发展的最初阶段,系统公司是唯一类型的企业。80 年代末,伴随着全球竞争的加剧,IC 各个环节的资金投入越来越大、技术周期越来越短。世界集成电路产业的发展出现了 IC 设计公司(Fabless)与标准工艺加工线(Foundry)相结合的方式。1987 年,台湾积体电路公司(TSMC)的创立标志着集成电路产业逐步走向了代工时代,即设计公司(Fabless)将所设计芯片最终的物理版图交给代工厂(Foundry)进行加工制造。组装测试也委托专业厂家完成,最后的成品芯片作为 IC 设计公司的产品而自行销售。整个 IC 产业出现了专门的设计公司、晶圆代工公司、封装测试公司。2000 年以后,随着制造技术的快速发展,集成电路产业结构向高度专业化转化成为一种趋势。第三方提供的、事先定义好的、验证且可以重复使用的 IP 模块登上历史舞台。

8.2 兼并重组推动技术跨国转移

根据 IC Insights 报道,2017 年下半年有几桩大的并购,之后,储存器企业从数十年前的 32 家降到目前仅存 3 家:三星、SK 海力士(SK Hynix)和美光(Micron)DRAM;闪存(NAND)企业目前仅存 4 家:美光+英特尔(Intel)、东芝/闪迪、三星、海力士。

以博通有限公司(Broadcom)兼收并购拓展加强产品线,覆盖全面成就多方位龙头为案例。博通有限公司前身为安华高科技(Avago Technologies Limited),创立于 1961 年,在 2016 年 1 月以 370 亿美元完成对博通"以小吃大"的收购后,改名博通有限公司。公司是一家全球领先的设计、研发和生产各种模拟半导体设备的供应商,主要提供复合 Ⅲ 和 Ⅴ 半导体产品,为无线通信、有线基础设施、企业存储以及工业和其他四个主要目标市场提供产品,产品包括移动电话和基站、数据网络、存储和电信设备、工厂自动化、发电和替代能源以及显示器等。原安华高科技是从惠普公司分拆出来的安捷伦科技的半导体事业部,主要产品覆盖无线和有线通信、工业制造、汽车、消费电子及存储和计算机等领域和终端市场，并在光电耦合器、红外线收发器、光通信器件、打印机 ASIC、光学鼠标传感器和运动控制编码器等领域一直保持市场前 3 的领导地位。1999 年，惠普把芯片制造、电子测量和分析仪器业务剥离出来成立了安捷伦科技。2005 年，KKR 和 Silver Lake Partners 以 26.6 亿美元收购了安捷伦科技的半导体事业部，使其成为独立的公司安华高科技。2008 年，安华高科技收购了 Nemicon，充实运动控制产品系列，并在同年 10 月收购了英飞凌的体声波业务，使其在 BAW 滤波器领域市场占有率达 56％。2009 年，安华高科技在美国纳斯达克上市。2013 年 4 月，安华高收购了 CyOptics，加强了其在光纤产品领域的领导地位，同年，又收购了 Javelin Semiconductor，加强了其在无线通信领域的实力。2013 年 12 月，安华高科技宣布以 66 亿美元收购美国老牌芯片供应商 LSI，此次收购扩展了其企业储存产品线，并规划瞄准数据中 IP、行动数据流量等市场。2014 年安华高科技耗资 3 亿美元收购 PLX Technology，加强了公司的存储业务。2015 年 3 月，公司宣布以 6.09 亿美元收购网通 IC 公司 Emulex，再次加强了企业级存储业务。2015 年 5 月，安华高科技宣布以 370 亿美元收购原博通公司，成立了现在的博通公司。2016 年，新博通成为全球第 5 大半导体公司，排名在英特尔、三星、台积电和高通之后。

2017 年 11 月，博通宣布完成以 59 亿美元对网络设备制造商博科的收购，使博通在光纤通道交换机市场占据主导地位。同年，公司拟以超千亿美金收购移动芯片巨头高通，后因特朗普政府以国家安全为由否决此次并购而以失败告终。2018 年 11 月，公司完成以 190 亿美元收购美国商业软件公司 CA Technologies 的交易，从而在半导体领域之外实现技术服务的多元化发展。公司管理层曾明确表示未来持续会有收并购的计划。

博通公司在收购 LSI 和原博通后增加了电脑通信芯片和网络处理器等业务，使有线业务市场份额达到 41％；无线业务在收购英飞凌体声波业务后 BAW 市场份额扩大至 65％以上。收购原博通后便有了市场领先的无线连接产品，加上自身很强的 RF 业务，产品布局完善且居龙头地位；收购 LSI、PLX、Emulex 和博科而进入并壮大存储业务。

近两年，半导体行业全球整体规模增长较快，增长驱动力已由传统 PC 转向移动产品市场（包括智能手机及平板电脑等），未来将向可穿戴设备、VR/AR 设备、汽车电子和物联网等转移。行业内集中度提高，全球前 10 名的芯片厂商掌握了超过 55％的全球芯片市场份额。博通公司在收购原博通后 2016 年排名升至全球第 5，占全球市场份额达 3.8％。

博通公司作为芯片厂商，通过垂直产业收并购，巩固通信＋半导体战壕，把握住了通信对于芯片能力要求提升的机遇。在业务发展方面，积极布局全球业务并聚焦作为全球电子制造主要区域的亚太地区。其中中国已经成为收入主要贡献来源，约占 50％的营收。在销售网络方面，公司已经打造了全球的营销网络，并对全球主要大 OEM 客户采取直销的方式，与主要客户协同成长。

2018 年，在美国总统特朗普以对美国国家安全威胁为由阻止了博通对高通的收购以后，博通提出了以约 189 亿美元的交易对价收购商业软件公司 CA Technologies 的计划,并于 2018 年 11 月完成收购。CA Technologies 是全球领先的 IT 管理软件和解决方案供应商,其产品和技术涵盖 IT 的所有环境,从主机到分布式系统,从虚拟化到云。CA Technologies 的解决方案应用于超过 98% 的财富 500 强企业和绝大多数全球 2 000 强企业以及众多政府机构和全球数千家来自不同行业的公司的 IT 生态系统中。

通过分析博通芯片巨头进阶成长之路,其通过兼收并购不断拓展加强产品线。安华高本身在射频前端和交换机芯片领域具有行业主导地位,在收购 LSI 和原博通后,有线业务增加了电脑通信芯片和网络处理器等,市场份额达全球市场的 41%;其次,在无线通信业务中增添了无线网络连接产品,并成长为市场龙头;最后,收购 LSI 和 PLX,博通通过进入企业存储领域,又通过后续收购 Emulex 和博科等不断壮大该业务。目前,博通在全球以太网商用交换芯片市场占有率达 70%,在 BAW 滤波器领域占据全球 56% 市场份额,产品优于同类竞争品。博通的半导体厂商地位由 2015 年的全球第 17 跃至如今的全球第 5。[①]

8.3　技术溢出和扩散以及通过并购获得先进技术促进了我国芯片行业技术升级

全球技术网络内技术领先企业的技术溢出和扩散会促进行业领域地方企业的形成和发展。其主要原因可以归为两点:一方面,技术实力领先的跨国公司的技术转移、代工生产的发展等促使企业逐渐积累制造技术、形成生产管理能力、发展代工设计,快速塑造成设计能力,尽快具备走上自主研发的创新之路;另一方面,代工的企业提供了学习掌握跨国公司技术标准的良机,当然,也可能导致步入技术跟随的陷阱。

第一,跨国公司技术转移、代工生产等促进领域内企业提升创新能力,更快走上自主创新发展之路。以行业集中度较高的张江 IC 地方企业网络的形成和发展为例,外资的技术溢出和扩散使张江园区内的中芯国际和宏力半导体获得了先进技术;先进技术的获得又带动了园区内设计、封测、材料等上下游企业的空间集聚,进而形成张江地方企业网络。其中,典型的案例是中芯国际落户张江高科园区以来,世界最大的光掩膜制造商福尼克斯在张江集成电路产业区设立先进的光掩膜制造基地,紧跟其后的还有泰隆半导体、上海贝岭、桐辰微电子、中兴通讯、联想、夏新等企业。张江高科技园区的集成电路产业领域的企业数由 1999 年的 17 家迅速增长到 2004 年的 141 家。

第二,代工为企业提供学习和掌握跨国技术标准的良机。以中芯国际为例,其通过出让股权、代工和绕道他国购得了相关技术和设备,进而实现技术升级。在发展之初,中芯国际的竞争对手拥有上万项专利,竞争实力远高于中芯国际。在随后发展的过程中,中芯国际通过技术授权等方式获得国际上成熟的专利技术的使用权,其先后获得新加坡特许半导体、德州仪器、英飞凌、东芝等国际巨头的技术授权和许可,以及以色列半导体等知识产权提供商、比利时微电子研究中心等专业机构的技术转让。中芯国际也

---

① 方正证券. 通信芯片巨头 Broadcom 进阶之路指引通信产业升级方向[R], 2018-11-15.

由成立之初的单纯引进技术发展到利用先进技术迅速投入生产。

与此同时，随着半导体技术变得越来越复杂，维持摩尔定律成本的急剧上升，以及半导体行业惊人的投资规模，国际领先企业也在全球范围内积极布局，立足全球维持优势，我国芯片企业一直在通过并购增强各方面实力，详见表8-1。

表 8-1　全球前十大半导体并购交易（2018 年）

日期	收购方	收购方所属的国家或地区	标的	标的所属国家或地区	交易额（十亿美元）	动　机
2018 年7 月 11 日	博通公司	美国	CA Technologies	美国	17.987	扩张行业供应链
2018 年3 月 1 日	Micro chip Technology Incorporated	美国	Microsemi corporation	美国	9.836	扩张行业供应链
2018 年9 月 11 日	瑞萨电子	日本	艾迪悌	美国	7.004	寻找前沿应用
2018 年7 月 25 日	紫光集团	中国大陆	Linxens Group	法国	2.632	收购先进技术
2018 年8 月 15 日	韦尔半导体	中国大陆	豪威科技	中国大陆	2.178	提高市场地位，增加市场份额
2018 年5 月 25 日	北京电子控股	中国大陆	北京燕东微电子	中国大陆	0.626	提高市场地位，增加市场份额
2018 年9 月 14 日	HKCHcidings	日本	Vitec Hoidings	日本	0.529	提高市场地位，增加市场份额
2018 年6 月 29 日	联化电子	中国台湾	三重富士通半导体	日本	0.519	提高市场地位，增加市场份额
2018 年11 月 10 日	北京君正集成电路	中国大陆	北京砂成半导体	中国大陆	0.380	扩张行业供应链
2018 年1 月 31 日	得捷电子	中国大陆	上海思立微电子	中国大陆	0.268	提高市场地位，增加市场份额

资料来源：Mergermarket. 德勒

收购先进技术，已经成为半导体企业参与境内外并购的主要原因之一。从交易量或是交易额来看，我国无疑是半导体并购活动最活跃的地区。2017 年，美国白宫发布了一份题为《确保美国在半导体行业长期领先地位》的报告，指出中国的半导体政策对美国产生的潜在威胁，并建议美国政府采取措施防止或者严格限制中国企业的收购，同时收紧对重要半导体知识产权流动的法规限制。但是，尽管政府的并购审查日益加强，北美和欧洲仍是东亚地区半导体企业的主要并购目的地。从 2014 年至 2018 年，中国半导体行业并购交易量的全球占比从 48％增至 72％[①]，复合年均增长率高达 18％。例

---

① 德勤半导体报告：中国控制东亚一半市场，AI 芯片竞赛开启[R]，https://www.sohu.com/a/359786775_120159035.

如,2018 年阿里巴巴收购了杭州中天微系统有限公司。在此之前,阿里巴巴已经投资了五家芯片公司,分别是寒武纪、Barefoot Networks、深鉴科技、耐能和翱捷科技。在中国,人工智能芯片融资活动一直非常活跃,相关并购活动也日益增多。其中一个典型的案例是国际巨头赛灵思对机器学习、深度压缩、网络剪枝和神经网络系统级优化领域拥有领先技术初创企业深鉴科技的收购。以阿里巴巴、百度和华为为首的领先科技公司也逐步进入这一竞争领域。相较于中国大陆,日本、韩国和中国台湾的并购活动相对平缓,并购交易的主要目的是提高市场地位,增加市场份额,以及寻找新兴应用。总体而言,自 2016 年以来,东亚地区的跨境并购交易量出现下滑,尤其在美国加强了对寻求前沿技术的中国企业的调查之后。

经过近 10 年的发展,大陆企业在 IC 设计领域的全球市场份额由 2010 年 5% 左右提升至约 13%。尽管短期之内美国在 IC 设计领域的霸主地位难以撼动,但相对实力正在此消彼长。晶圆代工领域,全球前十大晶圆代工厂中,中国占据两席,中芯国际排名第五、华虹排名第八,[①]总共市场份额达到 7%;中芯国际量产的 14nm 制程已经量产但仍处于客户导入阶段,2nm 芯片的预计量产时间是在 2024 年。

与此同时,经过几十年的发展,CPU 也已不再一枝独秀,多种新应用领域对复杂计算产生强大需求,由此产生专于图像处理的芯片 GPU;可以灵活编程,大幅缩短开发周期的芯片 FPGA;进行定制设计优化,在特定应用场景下功耗及量产成本较低的 ASIC 芯片;以及融合数字信号处理算法,专用于数字信号处理领域的 DSP 芯片等都得到了广泛应用与快速发展。目前,已经形成 CPU、GPU、FPGA、ASIC、DSP 并行发展的新趋势,可以预见,随着未来 5G 通讯、传感器(MEMS)、可穿戴设备、物联网、工业机器人、VR/AR 以及人工智能等新兴领域市场的发展扩大,对计算类芯片性能、技术、能耗等方面的需求将继续驱动各种计算类芯片在技术上得到更加快速的发展。目前从全球范围来看,基于人工智能方向的 ASIC 领域并未出现"一家独大"的局面,反而呈现出国内外电子科技巨头、科研院所和国内初创型公司互相竞争的格局,国外以 Google、IBM、Intel、斯坦福大学为首,国内有中星微电子、寒武纪科技、启英泰伦。

我国芯片行业在国际技术溢出和扩散中迅速成长,同时也成为资本角逐和地方政绩的跑马场。我国发展集成电路产业,虽在顶层策划层面进行了有效部署,但政府的强力推动也需结合产业实际深入分析。集成电路行业初期研发及设备投入高,产品研发周期长,新进入者往往需要国家政策及产业资本大力支持才能在行业中立足。国内多家知名集成电路公司在成长过程中均接受了产业资本投资以支撑自身研发和运营,近年来,科创板为集成电路行业发展融资也带来充分的发展机遇。2002—2017 年,全球集成电路产业销售额复合增速为 7.15%,中国集成电路产业销售额复合增速 22.17%,远高于世界平均水平,是全球集成电路产业增速最快的区域,国内集成电路产业占全球比重提升至 25% 左右。根据中国电子产业信息统计年鉴数据,2016 年国内规模以上集成电路制造企业为 464 家;其中,91 家出现亏损,占比高达 19.6%。当各地方把芯片行

---

① 任泽平.中美科技实力对比:决战新一代信息技术[R].恒大研究院,2020.

业作为政绩工程的时候，行业发展反倒容易成为竞次的开始。一条成熟的、14nm 芯片制造生产线，大概需要 100 亿美元，只投几十亿元人民币，会变成沉没成本，必须追加投资，这不是一些地方财政能够承受的。如果我国各地分散投资、自相竞争，以作坊心态发展高科技，无异于浪费最稀缺的资源。特别是，芯片制造这样的极端精细工艺，如果缺乏大策划和整体投资，一哄而上买设备，不光提升了设备价格，还会引起国际市场的警觉。从国内一地政绩角度出发进行芯片大跃进，对于中国芯片制造业的发展百害无一利。[①]

8.4　崛起的国家经历芯片产业博弈并不鲜见

IC Insights 指出，2018 年总部在美国的公司因 IDM、IC 设计业全球市占有率分别为 46%、68%，平均占超全球 IC 市场总量的 50%，远超过总部在中国大陆、中国台湾、韩国、欧洲、日本等其他国家和地区的公司。全球第 2 是韩国公司，受惠 IDM 有 35% 全球市场占有率，共占全球 IC 市场 27%，较 2017 年增加 3 个百分点；日本公司 IDM 业务占全球 9%，IC 设计却低于 1%，平均后以占有 7% 市场份额排名第 3。

科技越发达，芯片就越重要。芯片产业早已成为各国竞相角逐的"国之重器"，甚至逐渐成了国家竞争的抓手。2019 年 7 月，日本宣布对韩国进行半导体及 OLED 材料的出口管制，包括用于手机、电视 OLED 显示屏的氟化聚酰亚胺，与 DRAM、NAND Flash 等存储芯片生产息息相关的光刻胶，和用于半导体清洗、刻蚀的高纯度氟化氢。在这 3 种材料上，日本产能都占全球七成以上，牢牢扼住了韩国半导体产业的核心领域，即显示屏、手机和存储芯片。

事实上，芯片产业在国际关系中扮演重要角色早已不新鲜。30 年前，美日间的半导体贸易战直接改变了全球半导体产业的格局。日本凭借成本和技术优势，在第一次产业转移中承接了来自美国半导体企业剥离出来的利润含量较低的制造、封装测试部门，以 DRAM 存储器作为市场切入口，在 20 世纪 80 年代甚至超越了美国。随后，美国开始全面打压日本芯片产业，比如 Nikon 精机在与 ASML 的 EUV 光刻机研发竞争中被美国踢出局，直接失去了该领域全部市场份额，从而间接导致日本的半导体产业衰落，退守细分领域。

"337 调查"是最具杀伤力的贸易保护手段之一，由美国国际贸易委员会（USITC）根据美国《1930 年关税法》（Tariff Act of 1930）第 337 节及相关修正案进行的调查，禁止一切不公平竞争行为或向美国出口产品中的任何不公平贸易行为。对象为进口产品侵犯美国知识产权的行为以及进口贸易中的其他不公平竞争。美国关税法第 337 条将侵害美国知识产权的行为视为不正当竞争行为。第 337 节规定，USITC 应在"尽早的、可行的时间内"完成一项"337 调查"并作出裁决，但"337 调查"对于专利争议点的判决对其后联邦地区法院的案件无约束力。USITC 会针对认定侵权行为存在的外国出口

---

①　叶檀.芯片大跃进！这么重要的行业 绝不能有这么可怕的错投！[N]. 叶檀财经,2019-10-20.

产品办法两类救济令,即有限排除令和普遍排除令。有限排除令将禁止进口本案被告制造的侵权产品;普遍排除令将禁止进口任何人制造的侵权产品,其前提是产品来源难以确定或属于必须的有效救济。

统计显示,20 世纪七八十年代末,美国贸易代表总计向日本发起 24 例"301 条款"调查,几乎全部成功迫使日本政府作出让步和妥协,从而打开了日本的钢铁、半导体、电信等众多制造业领域的市场,知识产权成为美国贸易保护的重要工具和主战场。"半导体战争"是高科技之战的典型案例。半导体是美国 20 世纪 50 年代开发出来的领域,是打下美国在军事、太空等领域优势地位的基础领域。1976 年 3 月,经通产省、大藏省等多次协商,日本政府启动了"DRAM 制法革新"国家项目:由日本政府出资 320 亿日元,日立、NEC、富士通、三菱、东芝五大公司联合筹资 400 亿日元,总计投入 720 亿日元(2.36 亿美元)作为基金;由日本电子综合研究所和计算机综合研究所牵头,设立国家性科研机构——VLSI(超大规模集成电路)技术研究所,全力科研攻关,积累后发优势。

随着半导体技术区域成熟化,美国产业链向发展中国家转移,加上日本等国家的加速追赶,美国半导体的优势地位逐渐消减,日美半导体局势发生逆转。此外,20 世纪 80 年代,日本高科技出口已经超过进口;与此同时,日本机器人、集成电路、光纤通信、激光、陶瓷材料等技术也处于世界领先水平。美国因此开始在高技术方面对日本采取防范措施,并加大对知识产权的保护力度。1984 年,美国成立知识产权委员会,限制本国技术外流,日美有关知识产权的摩擦日趋白热化。面对日本高技术产业的群体性崛起,日美半导体贸易摩擦激化,进而演变为"日美半导体战争"。在美国政府强力施压之下,1986 年初,日美两国签订了为期 5 年的《日美半导体保证协定》,这极大地压缩了日本半导体行业的发展空间,此后迅速被中国台湾、韩国赶超。

在日美贸易摩擦案例中,美国挑起国际贸易"热战"依据的是其国内法,烈度仅限于两国之间,手段还是以限制价格、控制市场为主。换句话说,在知识产权保护尚未形成国际规则之前,美国只是单方面将知识产权作为"大棒",用以维持自身的贸易霸主地位,抵消贸易伙伴的竞争优势。

近年来,随着中美贸易合作关系的不断加深,中国已经连续多年成为"337 调查"被告次数多的国家之一。但是,由此认为"337 调查"特别针对中国企业,也是一种误解。在 20 世纪七八十年代,日本、韩国等国企业作为"337 调查"被告的立案量也十分可观。近年来,随着中国经济的影响力不断增强,中国企业在走出国门时,势必会遭到各类贸易保护手段的制约。据统计,在已审结的"337"调查相关案件中,中国企业的败诉率达60%,远高于世界平均水平。很多中国中小企业面对"337"调查时,往往由于缺乏足够的资金和渠道,加之对"337 调查"认识不够,信心不足,选择不应诉或应诉不当,无奈放弃美国市场。

2018 年,我国国家授权专利在控制器和运算器(CPU)、半导体元件、信息存储、光学和摄影、发动机和泵、一般车辆、基本电子电路领域上,有超过 5% 的数量下降。其中,CPU、半导体元件的专利数量分别下降了 15% 和 12%,表明计算机的核心硬件技术已经接近上限，在专利数量上难以突破。但这是针对传统计算机技术来说的。新一代生物量子等计算机的专利数量从 2014 年的 191 项，快速增长到 2018 年的 817 项，2018 年增长了 47%，年均复合增长率为 44%。这表明，传统计算机技术正在向新一代生物量子等计算机技术过度。另外，虽然目前传统计算机核心硬件技术和半导体技术的发展遇到了瓶颈期，专利数量大幅下降；但是，在计算机软件和应用技术方面，例如图像处理、数据识别、电子商务和管理系统领域，其专利数量仍然在大幅增长。

关于半导体及其部件的制造方法和设备，专利最多的是中芯国际，其次是台积电和京东方。中国科学院微电子研究所、华力、华虹、华创等公司也获得了大量的专利。国外机构主要是美国应用材料、英飞凌、日本东京毅力和韩国三星电子等公司；关于半导体零配件，主要包括安装架、密封层、支架、冷却装置、防辐射保护装置等半导体通用零部件。获得专利最多的是台积电和中芯国际。在该领域，我国台湾的企业有较强的实力，如台积电、矽品、日月光、精材科技、联发科和旺宏电子公司，在国内前 10 家机构中占了 6 家。外国机构也具有较强的实力，如德国英飞凌、三菱电机和瑞萨电子等公司也获得了许多专利；关于半导体元件，主要包括用于整流、放大、振荡、开关的半导体方法和器件，还包括热电半导体（如半导体制冷）、热磁半导体、磁性半导体、有机半导体、压电半导体，以及半导体发光和照明器件（如发光二极管，简称 LED）。专利最多的是京东方和中芯国际，其次是韩国三星显示和 LG 显示。关于半导体组件与集成电路。在国内机构中，专利最多的是京东方和中芯国际。在国外机构中，专利最多的是韩国三星显示和 LG 显示。

从全球来看，芯片产业的整体垄断性正在减弱，不同国家的行业布局联系紧密，力量此消彼长。一方面，由于应用市场的需求多样化。芯片产业的一大特点即为市场的需求驱动，下游的新应用场景往往能够反推芯片设计、制造的变革与分化。比如宏观上来看，随着使用终端迁移，PC 时代产业聚集在美国，成就了微软 X86 指令集、英特尔处理器；而移动时代则向全球发散，成就了 ARM、高通、台积电。再从微观上来看，比如一块电脑主板的功能几乎由除 CPU 之外的芯片组决定，而这又包括了北桥芯片和南桥芯片，其背后则是英特尔、AMD、VIA 和 SiS 等分布在美国和中国台湾的生产企业。另一方面，是因为产业链的模块化、国际化分工。作为一个资本密集、技术密集的产业，芯片是全球分工的极致范例之一。除了 IBM 和三星等 20 世纪后期就已形成气候的 IDM（设计、制造一体）巨头外，全球产业链从上游的 EDA 软件、IP 指令集，到中游的芯片设计，再到下游的制造、封装测试和应用，其中还包括原材料和制造设备，形成了按资本、技术剥离的高效率"矽智财—Fabless（无厂 IC 设计商）—代工厂—封测"长链条，各国侧重不同，但都内嵌于价值链中。

芯片产业由此进入"战国时代"，从中显现一定格局。主要实力国家的大致特征有：美国在保持先发优势的同时向综合生态演进。2011 年，美国的无厂芯片商和有厂芯片商共占整个半导体市场份额的 52%，并且凭借先驱地位成为几乎全芯片品类、生产设备、材料等全产业链布局的市场，主要把持着上游高附加值端。仅如此，巨头们已经开始部署从设计到应用的封闭体系，比如英特尔收购了以色列 Mobileye，涉足无人驾驶；

而终端企业如谷歌、亚马逊等也着手自主研发芯片,打造自身产品的生态闭环。[①] 欧洲和日本在占领材料和设备高地的基础上开辟差异化战场。欧洲强大的基础研发能力以及传统的芯片 IDM 厂商模式,再加上发达的机械工程为汽车制造提供了广阔的应用市场,让其领先于工业半导体和车用半导体的设计与制造。在装备与原材料方面,荷兰 ASML 几乎垄断了高端光刻机;而据 SEMI 推测,日本的半导体材料供应占全球市场的 52%。在赛道转换中,欧日将在长期技术积累的基础上从"弯道"重回国际舞台。比如日本避开主流的云计算 AI 芯片竞争,转而研发面向边缘计算的终端 AI 芯片;欧洲则在 2016 年启动了 6 200 万欧元的"Semi4.0(功率半导体制造 4.0)"项目,以实现多种先进制造技术混用的智能制造。韩国和中国台湾则重点在巩固自身在产业链中的地位。

从历史来看,韩国和中国台湾的芯片发展得益于以美国为中心的第二次产业转移。韩国"政府 + 大财团"的模式扶持了由三星、SK 海力士引领的庞大产业链,模式上是美国前一个时代的复刻与延续,比如三星设计与制造于一体,超越了英特尔成为全球第一。在未来 10 年,韩国的芯片战略将围绕记忆芯片新材料、无晶圆厂和代工企业的协同增长,以及打造国际半导体企业生产线汇聚地 3 个方面。中国台湾则着重在下游的晶圆代工与封测,在封测方面,台企日月光等 2018 年拿下了全球 54% 的市场份额;而台积电领先量产 7nm 工艺,在 2019 年第二季度拿下市场近 50% 的份额,并且完成了全球首个 3D IC 封装。

在第三次产业转移中,中国大陆异军突起。综合内需与外销来看,中国大陆是芯片第一大消费地区,但从产业链来看,还是两头重、中间轻,即设计与封测增长快,而制造的核心技术仍极度依赖进口。在 2018 年,以华为海思为代表的中国 IC 设计行业收入 2 515 亿元,年增长率 23%;封测领域则占据了全球 12% 的市场份额;但集成电路贸易逆差却高达三倍。同时,还面临着两条道路之争,一方是"全部自己来"的北派;另一方则是拥抱全球分工的南派。

8.5　英特尔退出使得世界上将只有三星一家保持垂直制造模式,跨国技术转移与合作可能更加活跃

世界最大半导体公司英特尔的首席执行官 Bob Swan 曾表示,英特尔可能不再做制造了,而只专注于芯片设计。这在半导体行业响起惊雷。其实这只是因为芯片大王,50 多年就一直保持着一体化制造,大家不习惯而已。而在这个 4 000 亿美金市场的行业惯例,早就是设计与制造分离。实际上,这种分离,不仅仅发生在半导体行业,许多行业也有这个传统。芯片行业的设计与制造越走越远,如果英特尔退出之后,世界上将只有三星一家保持这种 IDM 垂直制造的模式。主要原因芯片的制造投入越来越大,一家晶圆厂投资要上百亿美元。制造厂必须非常专注,而设计同样门槛高企,加上市场足够

---

① 姜国平.计算机行业:谷歌发布第二代 TPU 芯片[R].光大证券,2017 年 5 月 30 日。

大，分工之后，人人有饭吃。芯片的禀赋，决定了商业的弯道，和设计与制造的愈发分离。

半导体是美国第五大出口产品。自 1997 年以来，美国半导体行业已开始以每年约 50％的市场份额主导全球半导体市场，是无可争议的全球芯片老大。美国半导体产业也并没有像其他电子领域那样把低利润制造业完全迁移到海外，相反在美国本土保留了大部分半导体制造工厂。在美国，有 70 多个高度先进的制造工厂或晶圆厂遍布美国 19 个州。2019 年，美国公司约有 44％的半导体晶圆产能位于美国，新加坡、中国台湾、欧洲、日本、中国大陆等亚洲地区合占另外 50.8％的产能。

IBM 以输出技术及提供服务平台而闻名，他在先进制程沿着摩尔定律向前发展的过程中起到了重要的推动作用。IBM 所创建的全球 IBM 制造技术联盟（成员包括有三星、东芝、AMD、Freescale、英飞凌、意法半导体、Chartered 及 NEC 八家），攻克了当时 32/28nm 时的高 K 金属栅（HKMG）工艺难题。后来，其所研发的 SOI 技术曾经引领了一代晶圆代工厂的发展，也同样为 AMD 等厂商所推出的芯片带来了性能上的提升。后来由于种种原因，IBM 在 2014 年将其芯片制造业务出售给了 GlobalFoundries，但其在半导体先进制程方面的研究却一直没有停止。

2020 年 7 月 31 日，中芯国际宣布与北京开发区管委会建立合作框架，有意成立生产 28nm 及以上集成电路的合资企业，预计首期最终达致每月约 10 万片 12 吋芯片的产能。该消息曝出后：业界直指中芯国际作为中国内地最大的芯片商。前英特尔资深工程师池宇（化名）告诉《中国企业家》，28nm 芯片的技术是十年前的领先水平，他称，"苹果 A7 芯片采用的就是 28 纳米工艺，搭载于 iPhone5s 上"，现在采用 28nm 就相当于得使用 2013 年前的手机。

目前，国际上主要芯片代工商台积电能够达到的生产水平为大规模量产 5nm 与 7nm 工艺，有望于明年投产 3nm 产品。相较于台积电，中芯的工艺落后三代制程，生产良率远远不及，整体至少落后 5 年以上。由于中芯是国内规模最大、技术最先进的集成电路芯片制造企业，该企业被指能够反映国内芯片制造业的实际水平。

面向未来，底层的信息文明迭代，从互联网 1.0 时代填平信息鸿沟，到物联网 2.0 时代实现物物智能化相连；产业内部的技术革命，包括云端 AI 芯片强大的运算能力和稳定、快速、灵活的连接支持，差异化需求推动芯片技术的智慧演化，FPGA 适配各种需求变化迅速的垂直细分行业，再到 ASIC 的完全定制；新的替代材料取代传统的晶体管，在材料层面实现芯片的性能和能耗跃迁，等等，都可能成为推动芯片产业继续进化的力量。

设计复用，即搭建成熟的开源基础架构将是提高行业效率的大问题。产业的进化方向上，可能面临计算科学与生物科学的岔路口。一是走向量子计算芯片。将量子线路集成在基片上，来承担量子信息处理的功能。而量子计算机在克服技术瓶颈之后，商品化需要走集成化的道路。未来，量子芯片的绝对安全性将在国家安全、金融等领域体现它的价值。二是走向类脑计算芯片。人工智能的发展离不开对脑科学的研究，但是其对复杂问题的处理和硬件实现的能力受限于现有的冯诺依曼计算机结构。类脑计算芯片则是通过对神经生物学的建模来进行低能耗的硬件实现,完成从神经网络到人工智能的跨越。[①]

单一因子无法控盘一个演化机制。试图一口气解决所有问题,源于没有看到那是一个系统过程。在信息网络时代,结构思维只有在局部的生产过程中起作用,特斯拉工厂、iPhone 组装厂,都需要良好的生产流水线,这些都存在,但它们的权重都不高,而且会越来越低。更大的权重,属于产品本身的进化,这种进化来自于信息产品天然的网络属性、可演化度、可迭代性、可积累性、可扩展性。这种演化、累积、迭代、可拓展的思维,实质在于保持开放度(变异)、也保持自主性(积累),并随着外部信息的快速演变而演变。要让自己的概念和动作,都成为软件化的、可迭代的,不再执迷于建立一个自己的体系,也不是随机游走在社会的网络之中,而是搭建一个最小可活节点或最小可运行的局域网,它可以即时响应外部网络的变化,也能自主循环迭代。

8.6　拓展模式、提升技术多元获取能力的分析与讨论

新经济时代技术与市场的发展特征导致了创新资源的全球化分散。信息技术的使用大大降低了交易成本,二级市场(Secondary Market)的兴起加快了创新资源在企业边界内外的流动与交换。与此同时,社会学习周期大大加速,相对于信息披露悖论,知识的价值悖论成为创新企业所面临的更大威胁。Boiso 深刻洞见到,价值悖论(Value Paradox)是指当我们提高产品中知识的编码与抽象程度的时候,我们从中取得的效用越大,同时却越会因为竞争力量所推动的技术诀窍扩散而难以确保其稀缺性,从而加快了知识的贬值。对于知识的价值悖论,可行的解决办法不是"堵"而是"疏",将对知识存量的关注转移到如何提高知识的流量。Chesbrough 首次明确提出了开放式创新的概念,并强调开放式创新既是一种从创新中获利的实践,又是一种创造、解释以及研究这些实践的认知模型。Chesbrough 和 Appleyard 将开放式创新界定为以创新为目的的知识汇聚,其中贡献者能够获取彼此的知识并且共享创新成果。在此情况下,企业所面临的核心挑战与任务就在于通过开放式创新获取(Access)与运用分散在组织边界内外的创新资源,以实现商业价值并获得竞争优势。Laursen 和 Salter 将外部创新要素分为市场、机构、其它来源和行业专门规则等四大类,包含了 16 种要素。企业倾向于与多元化的创新参与者联合在一起,基于一种快速信任(Swift Trust)而组建团队与联合,套嵌在密集的互动网络中而实现创新。创新企业与合作者在价值创造中彼此合作,也在价值获取中相互竞争,形成一种多赢局面。相对于封闭式创新,开放式创新不再强调对创新资源的所有和控制,而是强调对创新资源的获取与重新配置;创新活动不再被严格地控制在企业内部进行,而是嵌入在组织间层面并依赖于与其他各种组织的合作;不再依靠蓄积创新资源而取得竞争优势,而是通过组织间创新资源的交换与创新收益的分享而获取竞争优势。

---

① 福卡智库. 芯片产业已成国之重器! 产业地图如何变? [R], 2020-3-31.

当开放创新成为为保持优势必须采取的竞争选项，平台在全球经济中扮演的角色越来越重要。在经济全球化、动态复杂变化的环境中，许多行业和企业要想成功，就得让其他利益相关者参与其中，在合适的时机达成一致目标，创建出一个整合、共创、分享的平台。同时，互联网、信息化、智能化也为创建无时空限制的生态平台提供了无限可能性。平台才是真正的舞台，生态圈平台合作是另一重要的生产主体。平台的利益相关者、生态合作者，大多没有产权关联，不是传统的企业收购兼并，但它们能产生出"非组织的组织力量、非组织的超组织力量"。"平台生态系统"的概念来源于自然生态圈，就是通过构建一个多边群体合作共赢的机制，使得多边群体在核心群体的驱动和促进下都能有机协同而共赢的系统。而平台生态圈通过竞合关系演化出一种崭新的商业模式，实现群体间的协同，从而达到共生的目的。具体来讲，平台生态圈是指平台企业通过连接两个或多个具有互补需求的群体，提供交易场所和机制进而满足各方群体的需求，并通过外部性从中获利的互利共生的生态系统。

平台、开放式创新和生态系统战略，作为近期出现的新型产业形式，成为当代经济系统中最重要的产业组织形式之一。采用这三种战略的企业不会发生组织产权的转移，而是依靠组建并管理可以提供产品和服务的互补性社群，增强核心企业的产品与服务。与传统的内部导向型层级企业不同，采用这三种战略的企业正在走向更具分散性的网络形态，制度也变得更具开放性。全球化促进了世界的联系，也重塑了创新的形态，更催生了政府对创新治理的新模式。谁掌握了开放创新的主动权，谁就能够最大限度地调动各种资源为创新所用，在激烈的竞争中抢占先机。

一是坚持自主创新与开放创新相结合，统筹国际国内两个资源。习近平总书记指出，要坚持对外开放基本国策，善于统筹国内国际两个大局，利用好国际国内两个市场、两种资源，发展更高层次的开放型经济，积极参与全球经济治理，同时坚决维护我国发展利益。当前，科技领域围绕 5G、云计算、芯片等重点领域的收并购在巨头之间频繁展开，表明未来科技领域的竞争将走向多元化；同时，科技领域的突破难度以及所需要的研发投入都将大幅增加，而巨头间的整合将可迅速完成产业布局，从而在未来竞争中占据有利先发位置。因此，未来无论是目标国际巨头还是国内市场龙头，企业间的强强联合或将持续加剧。自主创新有助于提升企业本身的技术累积进步和自信，但通过国际合作、区域合作，统筹利用国际国内资源实现发展，是企业生存、发展的必然选择。应正确认识外部技术获取和内部技术开发的关系，认真研究技术吸收能力和技术改造能力对外部技术引进购买与自主创新的影响，深刻把握技术发展趋势，遵循产业发展规律，不断寻找最优技术创新模式。

二是强化战略组织动员能力，集中力量办大事。围绕未来创新竞争的重要方向，破除区域分割，构建融合政府、企业、高校、社会组织等协同参与，共同发力的产业推动体系。促进跨学科领域交叉创新，形成面向未来竞争的国家级战略设计平台。抓住数字经济需求侧已经形成的机遇，在根技术方面及时布局，力争进入领跑行列。通过系统施策着力突破根技术领跑能力、尖端人才获取能力、社会治理能力三大门槛，把握未来竞争的主动权。比如，国内半导体企业可以联合起来，通过收购一系列优质标的，不断内生外延完善产业布局；在半导体产业向中国移动的趋势下，加大研发投入，加快芯片国产化进程，获得更多一线品牌客户的认可，进而扩大市场份额，打破国外厂商的垄断地位，同时也需积极把握未来发展趋势，领先布局。

三是转变技术贸易模式，从单纯的技术引进转变为平台式国际技术合作模式。单纯地依靠购买等直接方式进行技术引进，实现技术进步是一种效率极低的方法，要探索与外资企业更加深入的技术交流和经验交流，通过与外资企业进行技术合作，共同研发，转变技术研发模式，从引进—模仿—学习变成共同探索，共同进步。将单纯地依靠技术引进促进技术进步转变为跨国合作进行技术研发这种更加高效的促进技术进步的模式。要积极搭建有利于推进国际合作的各类平台包括社会组织平台，对于先进国家已经搭建的新兴平台，积极主动参与。

四是继续推进技术贸易多元化。技术贸易需要资金渠道的多元化、方式的多元化和国别的多元化。在技术进口方面，我们要在国家直接投资减少的情况下，最大限度地鼓励利用多种融资渠道引进先进技术。技术引进方式也要更加灵活多样，除了传统的工业技术许可和转让方式外，还应有选择地对国内一些基础建设项目采取 BOT（建设—营运—转让）等新的进口方式；在服务行业采用特许专营等新方式引进国外先进的管理方法和经验。此外，还要积极拓宽进口国别，防止由于过分依赖某些单一渠道导致少数国家的技术垄断和苛刻的转让条件。在技术出口方面，要利用国内和国外两种资金渠道，出口方式要增加 BOT 和国外投资办厂等多种方式。国别多元化方面要以亚太和周边国家为重点，积极开拓技术出口市场。

五是营造滋养创新的雨林生态。激励创新创业引领时代潮流的企业家精神，鼓励试错、耐心、冒险、坐冷板凳的创新文化，避免急功近利的刺激和不当舆论渲染，谨防颠覆式创新概念化和泡沫化，全面增强科技人员和企业家探索未来、挑战创新无人区的自信心。通过催化、激励，引导社会资本投入根技术方向，打造一批引领未来颠覆式创新的平台企业。变革教育模式，为颠覆式创新人才的出现奠定坚实的社会基础。

参 考 文 献

[1] 安永平. 强国牛自主可控深度之三谈芯片：自主之芯，飞腾之龙[R]. 方正证券，2018-4-23.

[2] 毕马威国际合作组织. 半导体行业：互联世界的脊梁，前途一片光明——2019 年全球半导体行业展望[R]. 全球半导体行业调查，2019.

[3] 对外经济贸易大学技术贸易课题组. 中国技术贸易 50 年[J]. 国际贸易问题，1999(10).

[4] 国胜铁. 中国技术引进的产业结构优化效应研究[D]. 东北师范大学，2015-05.

[5] 贺俊，陶思宇. 创新体系与技术能力协同演进：中国工业技术进步 70 年[J]. 经济纵横，2019(10).

[6] 韩秀成，王淇. 知识产权：国际贸易的核心要素. 专题：国际新形势下知识产权保护研究[J]. 中国科学院院刊，2019，34(8).

[7] 李欣，王菁菁，宋博. 芯片全面观之探究全球半导体行业巨擘[R]. 中航证券，2019-5-10.

[8] 江小涓. 全球化中的科技资源重组与中国产业技术竞争力提升[M]. 北京：中国社会科学出版

社.2004.

[9] 商务部.商务数据中心网站，http://data.mofcom.gov.cn/fwmy/cumulativemonthly.shtml.

[10] 宋刚，张楠.创新2.0：知识社会环境下的创新民主化[J].中国软科学，2009(10).

[11] 王曙光,郭凯.在国家干预的国际技术贸易体制下中国的技术进步之路[J],西部论坛.2020,30
(02).

[12] 许倞.2019全国技术市场统计年报[M].北京：兵器工业出版社,2019.

[13] 谢佩洪,陈昌东,周帆.平台型企业生态圈战略研究前沿探析[J].上海对外经贸大学学报.2017
(05).

[14] 徐斌.技术吸收、技术改造与国内外技术获取 ——基于高技术产业静态与动态面板数据[J].科
技进步与对策.2019,36(22).

[15] 杨水利，杨炜.产业对外依存度对价值增值影响的实证研究[J].运筹与管理.2019,28(10).

[16] 中美欧日韩五局专利数据统计分析小组.2018年中国国家发明专利统计分析报告[R],2019-
06-23.

[17] 中国银河证券研究院行业动态报告[R],2019-03-25.

[18] 中国电子信息产业发展研究院.2019—2020年中国半导体产业发展蓝皮书[M].北京：电子工
业出版社,2020.

[19] 郑梅莲，宝贡敏.中小企业技术来源的选择——基于浙江省中小企业的实证研究[J].科学学研
究，2006，24(6).

[20] 周寄中，蔡文东，黄宁燕.提升企业技术竞争力的四项指标[J].科学管理研究,2005,25(10).

第9章 技术贸易中的知识产权研究

9.1 技术贸易与知识产权

9.1.1 相关概念的界定

根据世界产权组织(WIPO)的有关定义,知识产权是指智力创造的成果,主要包括工业产权和版权两大类。其中工业产权包括发明专利、商标、工业品外观设计和地理标志等,而版权则涵盖了文学作品、电影、音乐、艺术作品以及建筑设计等。

从世界各国知识产权制度建立的历史来看,知识产权的产生是伴随着贸易的发展而产生的,国际知识产权贸易是随着国际贸易的发展而不断完善。根据世界贸易组织《与贸易有关的知识产权协议》,知识产权贸易包括版权、商标、地理标志、工业品外观设计、专利、集成电路布图设计、未披露信息的保护和对许可合同限制竞争行为的控制等8个方面。狭义的知识产权贸易,是指以知识产权为标的的贸易,主要包括知识产权许可、知识产权转让等内容,即企业、经济组织或个人之间,按照一般商业条件,向对方出售或从对方购买知识产权使用权的一种贸易行为。广义的知识产权贸易,即包括有知识产权使用权的贸易行为,也指含有知识产权产品的贸易,特别是附有高新技术的高附加值的高科技产品的贸易。知识产权贸易是受知识产权法律保护的一种无形财产贸易,其受知识产权创造水平、知识产权保护运用等法律政策等直接影响。

技术贸易又称"有偿技术转让",是指技术所有者或权利人,按照一般商业条件,将其拥有的技术或权利转让或许可给受让人或被许可方的行为[①],主要包括专利许可、商标许可和专有技术转让(许可)。伴随着经济与科技的全球化进程,技术贸易逐渐成为国际贸易的重要组成部分,技术贸易对象也在之前主要是许可贸易的基础上增加了承载技术知识的货物贸易,再到最后又新囊括了大量的技术咨询服务。如今,技术贸易呈现出多样化特点,包括了许可贸易、特许专营、技术咨询与技术服务、技术开发、承包工程等内容。

对比知识产权贸易和技术贸易,二者均是国际贸易的重要组成部分,都会随着国际贸易的发展不断完善,相对于货物贸易都具有形态不固定、所有权转移不同、贸易关系不同、贸易条件不同和价格构成不同等特点。区别是一个从技术使用权的角度来看待的商业行为,另一个是以知识产权使用权的角度来看待的商业行为,两者包含的内容有交叉重复,也有属于各自贸易范畴的内容。可以说,知识产权贸易是技术贸易的重要内容,除去部分涉及版权的知识产权贸易与技术贸易关联度不大,其他涉及工业产权的知识产权贸易基本都属于技术贸易。同时,技术贸易中除了知识产权贸易,还有很多与知

---

① 王玉清,赵承璧.国际技术贸易(第4版)[M].北京:对外经济贸易大学出版社,2013.

识产权相关的内容。具体来讲,技术贸易中最基础、最典型和最普遍的是许可贸易,其主要包括专利许可、商标许可和专有技术转让(许可),这些与知识产权直接相关;特许专营是指包含商标、商号名称、服务标志、专利、专有技术以及经营管理的方法经验的商业技术转让合同,也包含有知识产权的内容;其他技术咨询服务、技术开发等内容,也与知识产权有着或多或少的联系。

综上所述,可以说,技术贸易中的知识产权包括了知识产权贸易、知识产权创造、知识产权法律法规、知识产权保护运用政策等内容。所以,本章重点关注与技术相关的知识产权贸易、知识产权贸易与技术创新的作用、代表技术发展的知识产权创造现状、与知识产权贸易相关的知识产权法律法规、知识产权保护运用政策等内容。

9.1.2 研究基础与研究重点

关于技术贸易与知识产权的关系,由于知识全球化程度的不断加深,有学者认为知识产权已然成为进行国际贸易管理的重要工具,也是一国国内经济贸易状况在国际上的反映。[①] 学者韩秀成和王淇则指出,知识产权是国际贸易的核心要素,通过分析美国将知识产权与国际贸易进行"挂钩"的历史,指出当下的中美贸易摩擦实质上是以知识产权为核心的中美综合国力的竞争。[②] 而具体到以中国为对象的相关实证研究中,一些研究认为知识产权的保护能够在总体上促进我国的服务贸易进口[③]和一般意义上的技术引进[④],余长林和王瑞芳认为知识产权保护对于由技术许可引致的技术转移具有促进作用[⑤],而王平与谭智的研究则发现其对技术转移的影响依据外部化和内部化方式而有所不同[⑥]。

已有研究采用的分析框架中,大多是关注知识产权与国际贸易或技术引进的关系,有些研究关注到知识产权在国际贸易或是服务贸易中的作用,其他研究则试图阐述技术转移、技术进出口、技术引进等中的知识产权,但对于技术贸易中的知识产权,缺乏整体的视角和统合的分析框架。因此,从知识产权的视角考察技术贸易有助于厘清知识产权与技术贸易的关系,有助于阐述知识产权在技术贸易中的作用,从而更好发挥知识产权在技术贸易中的作用。

本章从上述关于技术贸易、知识产权贸易的概念和关系出发,梳理了国际知识产权法律法规和美国、日本、印度等国家的知识产权政策,并结合知识产权贸易金额、知识产权数量和知识产权在技术创新中的作用,分析了国际知识产权贸易的现状;本章重点关

---

① 刘海波,古谷真帆,张亚峰.日美贸易摩擦中知识产权的作用及其对我国的启示[J].中国科学院院刊,2019,34(08):903-909.

② 韩秀成,王淇.知识产权:国际贸易的核心要素——中美经贸摩擦的启示[J].中国科学院院刊,2019,34(08):893-902.

③ 马凌远.知识产权保护与中国服务贸易进口增长[J].科学学研究,2014,32(03):366-373.

④ 吕晓青.中国知识产权保护与中国国际技术贸易的发展[J].经济论坛,2007(11):55-58.

⑤ 余长林,王瑞芳.知识产权保护与国际技术转移的关系研究进展[J].财经问题研究,2009(03):50-55.

⑥ 王平,谭智.发展中国家知识产权保护与国际技术转移——中国省级面板数据的GMM分析[J].中南财经政法大学学报,2012(01):15-21.

注了我国技术贸易中的有关知识产权问题,通过大量的数据说明了我国在知识产权创造、保护和运用的现状,运用案例阐述了知识产权在我国技术创新和技术贸易中的作用,并结合我国技术贸易中面临的知识产权机遇和挑战,分析了我国知识产权事业存在的问题,就如何发挥知识产权在技术贸易中的作用、促进我国技术贸易的良性发展提出意见和建议。

9.2　国际技术贸易中有关知识产权的法律政策体系

国际技术贸易中与知识产权有关系的内容涉及有专利、商标等内容,所以直接与国际知识产权法律体系、国际知识产权公约等密切相关;同时,因技术贸易涉及的问题多、复杂且特殊,受政府的干预程度较大,所以其也与各国政府制定的知识产权政策相互影响。

9.2.1　国际知识产权法律条约

知识产权制度本身是一个国内法律制度。19 世纪中叶以前,知识产权国际保护尚未成型,一个国家通常不会保护来自国外的知识产权。19 世纪末,随着有形商品的出口和 1883 年《保护工业产权巴黎公约》的签订,知识产权在国外得不到保护的局面得到改变。随后越来越多的知识产权国际公约和国际组织相继出现。1967 年,《创建世界知识产权组织公约》签订;1970 年,世界知识产权组织正式成立,并于 1974 年成为联合国组织中的一个专门机构。其主要任务"一是在全世界范围内促进对知识产权的保护,二是要确保 WIPO 管理的各条约所建立的知识产权联盟之间的行政合作。"WIPO 针对知识产权保护发布了一系列的条约,主要可以分为"知识产权保护""全球保护体系"与"分类"3 大类。详见本章附件的表 9-4、表 9-5 和表 9-6。

"知识产权保护"条约是针对各类知识产权进行具体保护而制定的有关标准,包括签订于 1883 年的《巴黎公约》、1994 年的《专利法条约》《商标法条约》、2012 年的《视听表演北京条约》等近 20 个条约,是随着全球经济发展的变化而不断发展完善的。"全球保护体系"条约是 WIPO 管理的有关知识产权国际注册的相关规定,包括《WIPO 公约》《(商标)马德里协定》《海牙协定》《里斯本协定》《专利合作条约》(PCT)《布达佩斯条约》和《马德里议定书》。"分类"条约是指对于商标、工业品外观设计、专利等进行分类的条约,包含有《尼斯协定》《洛迦诺协定》《斯特拉斯堡协定》和《维也纳协定》。

如上所述,知识产权法律条约中的《巴黎公约》《伯尔尼公约》《罗马公约》和《关于集成电路的知识产权条约》都涉及了国际知识产权保护。但随着知识产权在全球贸易中份额和比重的增加,很多知识产权出口商对以上条约的知识产权国际保护并不满意。同时,因为 1947 年的关贸总协定涉及了知识产权问题,但对于知识产权没有明确的规定,以美国、瑞士等为代表的发达国家对 WIPO 管理下的体系不满,认为在联合国框架下进行管理的 WIPO 并不能很好地保护美国等发达国家的知识产权利益,其希望将有关知识产权的议题转移到关于关税与贸易总协定的谈判中。1994 年,108 个国家签署了《建立世界贸易组织的协议》,而《与贸易有关的知识产权协议》(TRIPS)作为世界贸易组织法律框架的一部分也同时生效。由于世界贸易组织对加入组织中各成员对全部协议"一篮子接受"的要求，《与贸易有关的知识产权协议》以统一的标准对知识产权进行了规定，扩大了知识产权的保护范围，知识产权的全球化时代正式到来[①]，这标志着国际贸易中对范围更广的涉及知识产权领域进行了规定，也彰显了在现代国际技术贸易下知识产权保护的重要性。

9.2.2 主要国家关于技术贸易的相关知识产权法律政策

目前，主要国家和地区都有对于技术贸易相关的知识产权的有关政策法规，但发达国家与发展中国家的政策导向不尽相同。发达国家对于技术贸易及相关知识产权的政策规定偏向于对于技术出口的管理，而发展中国家的相关规定则以吸引技术为主。以下主要列举美国、日本和印度关于技术贸易和平行进口方面的相关知识产权政策。

1. 美国

美国经济实力雄厚，科技水平先进，在技术贸易相关的知识产权政策方面，在国内立法方面，除了以专利法、商标法、版权法等完善的法律体系对于知识产权进行了较高水平的保护外，还专门就相关贸易问题设立"特别301条款"（Special 301）和"337条款"，其中"特别301条款"是对处理贸易不公平的"301条款"关于知识产权方面的重要补充。"特别301条款"规定每年由美国贸易代表向国会递交一份年度报告，在报告中将列出存在与美国贸易关系的"优先指定国家"（Priority Foreign Country）、优先观察名单（Priority Watch List）与一般观察名单（Watch List），其中严重存在知识产权保护问题的与美国有贸易关系的国家，将其列为"优先指定国家"。根据规定，美国贸易代表需要在30天内开始对其展开6～9个月的调查并进行磋商谈判，以求该国作出知识产权保护的相应修改举措，如未达成则会采取贸易报复措施。1991年、1994年和1996年美国都以"特别301条款"为依据，向中国发起了对于知识产权保护的挑战，这标志着国际贸易中对涉及知识产权领域进行了更广范围的规定。

此外，在技术出口方面，美国的管理原则主要包括"国家安全管理原则""对外政策管理原则"和"稀缺物资管理原则"[②]，对技术出口尤其是具有高技术水准和军事用途等敏感性的技术施加非常严格的出口管制措施。在进口方面，美国对平行进口进行了严格的限制。主要体现在其《版权法》中的"首次销售"原则，即只要是"首次销售"出现在美国国外，平行进口都是属于被禁止的。

2. 日本

日本在20世纪90年代曾遭受到欧美国家知识产权的重点打击，但日本政府通过制定相关知识产权战略摆脱了相关困境，实现了经济的超越。2002年，日本将"知识产权立国"列为国家战略，其有关知识产权的保护举措主要体现在《知识产权战略大纲》和《知识产权基本法》中，随后每年制订知识产权年度推进计划，2019年发布《酷日本》战

---

① 王金强.知识产权保护与美国的技术霸权[J].国际展望,2019,11(04)：115-134＋156-157.

② 李虹.国际技术贸易(第3版)[M].大连：东北财经大学出版社,2013.

略,重视文化创意领域的知识产权保护。而对于平行进口的相关规定,在 1970 年的"派克事件"之前日本全面禁止有关平行进口行为,而在此之后日本逐渐放宽了对于平行进口的一些限制,这也与 20 世纪 80 年代日本整体的科技创新战略有关,由于经济赶超期技术引进的需要,相关政策也被放宽。同样地,日本在这一时期施加了较为严格的出口管制举措,尤其是针对中国的技术出口,2006 年日本还曾经出台过一份针对中国企业出口管制的"黑名单"。

3. 印度

印度现行的知识产权法律主要由《专利法》《生物多样性法》《植物品种和农民权利保护法》《半导体集成电路布图设计法》《外观设计法》《商标法》《版权法》《地理标志产品法》和《信息技术法》构成。印度的现代知识产权制度主要是国内外经济与政治压力的产物。印度自殖民统治结束以来,逐渐改革知识产权立法,促进本土创造与发明。自 20 世纪 90 年代以来,印度尝试改变其知识产权制度以适应全球发展的需要。在国际知识产权保护与实施的范围与最低标准方面,印度与发达国家有着截然相反的立场。印度加入 WTO 10 年之后,直到 2005 年才开始提供对药品、农业化学品和食品的专利保护;其通过采取"强制许可"以及对专利法条款的特殊解释,不断规避西方跨国企业的专利要求。在涉及版权特别是软件版权领域,印度则积极与国际通行规则接轨,采取了严厉的惩罚性损害赔偿金制度。近年来,印度作为新兴市场的代表,在知识产权领域日渐活跃。印度政府于 2016 年 5 月 12 日发布了《国家知识产权政策》,鼓励创新发明,以促进社会经济与文化发展。2019 年,印度加入《尼斯协定》《维也纳协定》和《洛迦诺协定》。印度在全球创新指数上的排名大幅提升,根据 2019 年《全球知识产权指数报告》,印度的得分较上一版提高近 7%,在所有经济体中进步最大。

9.3　国际知识产权贸易发展现状

在知识经济全球化的进程中,知识产权贸易已成为国际贸易中最重要的组成部分。国际知识产权贸易主要分为两部分,一部分是包含知识产权的产品贸易,另一部分是服务贸易中的知识产权贸易。包含知识产权的产品贸易涉及各类货物贸易,难以进行有效统计,所以本章的国际知识产权贸易所引用的数据主要指服务贸易中的知识产权贸易。从各项数据来看,国际知识产权贸易展现了发展迅猛、与技术创新密切相关,竞争与合作共存的发展现状。

9.3.1　国际知识产权贸易发展迅猛

1. 知识产权数量快速增长

知识产权数量,特别是专利申请数量,是衡量和评价一个国家创新水平的重要指标。其与知识产权贸易直接正向相关,这也从一个方面反映了技术贸易的活跃程度。近 15 年来,全球专利申请数量稳步增长,2018 年达到了 330 万件,年增长率达到了 5.2%,如图 9-1 所示。其中,中国增长速度最快,其次增长速度较快的国家有美国、日本和韩国等。

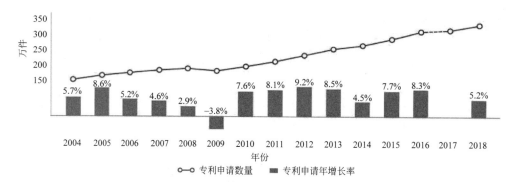

图 9-1　2004—2018 年全球专利申请情况

资源来源：World Intellectual Property indicators 2019.

注：因中国国家知识产权局统计口径发生变化，2017 年为空白。

　　世界范围内的商标申请数量增长也呈现出类似的态势。2018 年，全球商标申请数量约为 1 090 万件，同比增长 19.2％，并在最近 5 年呈现出较快增长趋势，如图 9-2 所示。中国在这一领域的增长更为惊人，仅 2018 年一年中国的商标申请数量就占到全球申请数量的 84.4％，其他申请数量较多的国家为印度、韩国、法国和美国，占比分别为 3.1％、1.7％、1.5％和 1.4％。

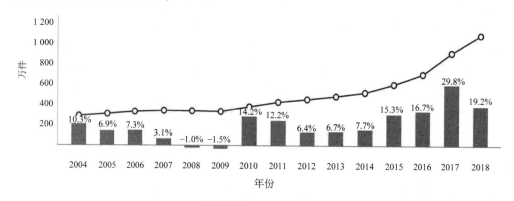

图 9-2　2004—2018 年全球商标申请情况

资料来源：World Intellectual Property indicators 2019.

2. 国际知识产权贸易活跃

　　近 20 年来，知识产权贸易发展迅猛，对世界经济影响作用凸显。据不完全统计，全球知识产权贸易总额从 2008 年的 2 096 亿美元增长到 2018 年的 4 009 亿美元，10 年之间知识产权贸易金额翻了一番，如图 9-3 所示。① 其中，美国的知识产权贸易金额连续多年位居全球第 1 名，2018 年为出口金额为 1 304.5 亿美元，占据全球知识产权贸易的 32.5％。

---

　　① 数据整理于世界贸易数据库，此处专指服务贸易中的知识产权交易，因出口与进口数据之间存在偏差，本报告使用的是出口数据。

而中国知识产权贸易出口虽然金额不大，但出口额从 2008 年的 5.7 亿美元增长到 2018 年的 55.6 亿美元，排名从第 20 名升至第 12 名，在主要国家中增长速度最快。[①]

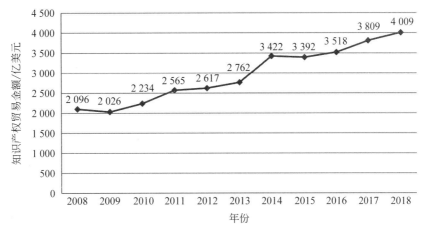

图 9-3　2008—2018 年全球知识产权贸易金额

同时，知识产权贸易越来越成为全球服务贸易中的重要组成部分。其在全球服务贸易中的比重从 2006 年的 3％增长到 2018 的 7％左右，在服务贸易 11 个小类中排名第 6，贸易金额仅次于旅行、商业服务、交通、计算机信息服务和金融服务。2018 年，中国的知识产权贸易支出在服务贸易支出中占比 6.8％，与全球知识产权与服务贸易比接近，但中国的知识产权收入在服务贸易收入中占比仅为 2.4％，知识产权贸易收入较低。[②]

3. 知识产权对经济影响显著

据《2017 年世界知识产权报告》显示，无形资本，特别是技术、设计和品牌形式的无形资本，遍布于价值链的一些重要环节。它在消费者支付的产品价格中占很大一部分，并决定着哪些公司在市场上将取得成功。它还在全球价值链的布局中占据核心地位，因为其决定了将不同生产任务安排在何处以及与谁进行合作，这与各公司管理无形资本的方式息息相关。在 2014 年，无形资本约占 19 个制造行业产值的三分之一，约为 5.9 万亿美元。[③]

2016 年，《知识产权与美国经济：2016 年最新动态》[④]显示，美国知识产权密集型产业至少支持 4 500 万个美国就业机会(约占美国所有工作岗位的 30％)，在美国 GDP 中所占的比重从 2010 年的 34.8％增加到 2014 年的 38.2％，商品出口总额从 2010 年的 7 750 亿美元增至 2014 年的 8 420 亿美元。美国国际知识产权执法办公室的网站显示，知识产权是美国经济的命脉，知识产权的发展和实施使美国有可能继续成为世界上

---

① 数据整理于世界贸易数据库。

② 数据整理于世界贸易数据库和 2018 年中国国际收支报告。

③ 世界知识产权组织.2017 年知识产权报告——全球价值链中的无形资本[R].世界知识产权组织官方网站,2017.

④ 2016 年 9 月,美国商务部经济和统计管理局(ESA)、美国专利商标局(USPTO)联合发布。该报告是美国发布的第二份以知识产权密集型产业对经济的贡献为视角的研究报告.

最具创新力的国家之一。

2019 年，欧盟发布的《欧盟知识产权密集型产业及其在欧盟的经济表现》指出，知识产权密集型产业为欧盟提供了约 8 400 万个工作岗位（占欧盟工作岗位总量的 39%），创造了约 45% 的国内生产总值（6.6 万亿欧元）。相比 2016 年，欧盟知识产权密集型产业对经济贡献整体增长。从欧盟的对外贸易来看，89% 的欧盟进口产品和 96% 的欧盟出口产品属于知识产权密集型产业。

9.3.2 技术创新与知识产权贸易密切相关

1. 技术创新水平直接影响知识产权

一个国家或地区的技术创新水平与知识产权贸易息息相关。根据《2018 年全球创新指数》排名，全球技术创新水平位于前 10 位的国家分别为瑞士、荷兰（含比利时和卢森堡）、瑞典、英国、新加坡、美国、芬兰、丹麦、德国、爱尔兰。通过比较以上国家对外专利申请数量和知识产权进出口的排名数据，我们可以发现，具有较强技术创新水平的国家，其知识产权贸易活动也更加活跃。其中芬兰、丹麦、爱尔兰虽然专利申请数量、知识产权贸易金额排名略微靠后（如表 9-1 所示），但人均排名靠前。

表 9-1 技术创新水平与知识产权的关系

国家	2018 年全球创新指数排名	2018 年对外专利申请数量排名	2018 年知识产权贸易出口排名	2018 年知识产权贸易进口排名
瑞士	1	8	5	10
荷兰	2	10	2	2
瑞典	3	9	11	3
英国	4	7	4	9
新加坡	5	23	9	6
美国	6	1	1	3
芬兰	7	17	17	36
丹麦	8	19	18	32
德国	9	4	6	8
爱尔兰	10	26	8	1
中国	14	5	12	4

资料来源：2019 年世界知识产权指标报告，世界贸易数据库。

2. 技术许可在知识产权贸易中占据主要位置

技术许可是指技术供方以技术许可协定的方式，将自己有权处置的某项技术许可给（技术受方）按照合同约定的条件使用该项技术，并以此获得一定的使用费或其他报酬的一种技术转移方式。技术许可是技术贸易中最普遍的一种贸易方式。

以美国的知识产权贸易数据为例，作为知识产权贸易大国，其技术许可的进出口金额巨大，2017 年技术许可的出口金额达到 469.88 亿美元，技术许可进口金额达到 240.73 亿美元,占知识产权出口的比重达到 36%,占知识产权进口的比重达到 47%,如图 9-4 所示。同比中国的知识产权进口和出口,技术许可的比例均超过 80%。

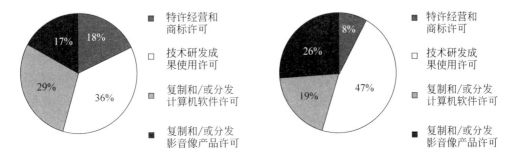

2017年美国知识产权贸易出口类型　　　　　2017年美国知识产权进口类型

图 9-4　技术许可与知识产权贸易关系

资料来源:数据整理于 https://www.trademap.org/tradestat

3. 技术创新中知识产权进口与出口同等重要

知识产权的进口和出口对技术创新都很重要。从图 9-5 可以看出,技术创新能力强的美国、日本和德国,虽然知识产权出口都要高于进口,但知识产权进口均维持在一个稳定的高位。

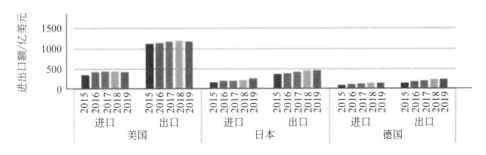

图 9-5　美国、日本、德国知识产权进出口关系

资料来源:数据整理于世界贸易数据库

以美国、日本、德国、英国和中国为例,通过 2018 年 WTO 的知识产权贸易数据来看,日本、英国、德国、中国进口知识产权最多的国家均是美国,美国进口日本的知识产权最多。但在知识产权出口方面,德国、美国出口最多的国家均是中国,而日本、英国、中国出口最多的国家均是美国,如表 9-2 所示。

表 9-2　2018 年知识产权贸易数据对比　　　　　　　　　　　单位:亿美元

	出口总额	全球排名	美国	日本	英国	德国	中国
美国	1188.75	1	略	61.95	75.87	57.45	80.71
日本	454.84	3	173.56	略	32.75	6.04	53.58

续表

	出口总额	全球排名	美国	日本	英国	德国	中国
英国	263.11	4	65.57	5.22	略	16.02	9.74
德国	244.29	6	43.33	5.23	10.71	略	56.53
中国	55.63	12	2.50	1.11	略	0.58	略

对于技术创新性跨国公司来说，知识产权进口和出口也同样都发挥着关键作用。例如，苹果、华为和三星作为智能手机的领先公司，负责大量研发、产品设计和产品规格制定工作。同时也向第三方购买部件和技术。就三星电子来讲，其最初在 20 世纪 80 年代为其他公司制造廉价的电子仿制品，在 1996 年开始发展内部设计能力和建设自己的品牌，并持续加强科技研发与知识产权贸易。据《2017 年世界知识产权报告》显示，三星电子在其 2015—2016 年研发支出为 125.7 亿欧元在全球研发支出公司中位列第 2。其智能手机知识产权许可费占到手机价格的 5%，其 2014 年移动标准必要专利许可费收入和版税收益可观。其 2016 与诺基亚公司开展专利交叉许可。在 2016—2017 年单独收购了移动音乐服务、语音识别技术和提供显示解决方案的纳米技术等各种相关技术领域的公司。[①]

4. 技术创新和知识产权运用是企业发展的动力

创新对于公司的增长表现有着深远影响，新技术通常是发生深刻结构转型的根源[②]，创新技术成为企业发展的内在需要，而知识产权作为创新增长的核心，得到了全球跨国企业的高度重视。

以高通公司为例，其成立于 1985 年，通过"发明—分享—协作"的商业模式，为移动通信产业开创了全新可能。高通在 2007 年成为全球第一大"无线芯片"供应商，2013 年高通的市值达到了 1 049.6 亿美元，2014 年高通拿下了全球智能手机 54% 的市场份额。截至 2018 年，高通的年收入达到了 227 亿美元，其获得成功的关键因素有卓越的技术优势、持续的研发投入和完善的知识产权管理与商业模式。截至 2020 年初，高通累计研发投入已超过 610 亿美元，每年将营收的 20% 投入研发。据不完全统计，高通目前拥有的专利超过 13 000 项，主要集中分布在 3G 和 4G 的核心领域，其中大约 3 900 多项是 CDMA 的专利，这是高通的基础，并且预计也将是 5G 设备的核心支持。以 2015—2016 年度的数据来看，高通公司收入中研发占比达到 21.7%，相对应三星电子的研发占比是 8.0%、华为是 15%；高通公司 2016 年收入的 1/3 来自芯片销售（154 亿美元），1/3 来自其技术许可（76 亿美元）。

5. 发达国家知识产权贸易更加活跃

发达国家一般都具有较高水平的技术创新能力，通过知识产权的转让和许可可以

---

① 世界知识产权组织.2017 年世界知识产权报告——全球价值链中的无形资本[R].世界知识产权组织官方网站,2017.

② 世界知识产权组织.2015 年世界知识产权报告——突破性创新与经济增长[R].世界知识产权组织官方网站,2015.

促进无形贸易出口,打击冒牌产品和盗版货物,提高知识产权产品的出口增长。同时也可以通过进口知识产权提高本国的技术水平,增强国际竞争力。目前,知识产权的经济收益和作用明显,知识产权贸易更加活跃。2019 年全球知识产权出口总额为 4 091.73亿美元,排名前 10 的国家分别为美国、荷兰、日本、英国、德国、瑞士、法国、爱尔兰、新加坡、瑞典,这 10 个国家的知识产权出口总额达到 3 469.69 亿美元,占据全球知识产权出口金额的 84.8%。

具体到美国,2005 年至 2019 年美国知识产权出口额从 644.7 亿美元增长到 1 174亿美元,增长了 82%,知识产权进口额从 241.3 亿美元增长到 427.3 亿美元,增长了77.1%。对于中美来说,20 多年来,中国对美国的知识产权贸易长期存在较大逆差,2005 年至 2019 年中美知识产权贸易逆差从 11.31 亿美元增长到 78.46 亿美元,贸易逆差逐年增长,其中在 2009 年、2015 年和 2019 年逆差增幅减小,如图 9-6 所示。中国是美国知识产权的主要出口国,2005 年美国对中国出口金额为 11.83 亿美元,在美国知识产权出口中所占的份额为 1.84%,到 2019 年为 81.44 亿美元,占比 6.94%。中国对美国的知识产权出口金额较小,2005 年仅 0.52 亿美元,在美国知识产权进口中所占比为0.2%,到 2019 年为 2.98 亿美元,占比 0.7%。[①]

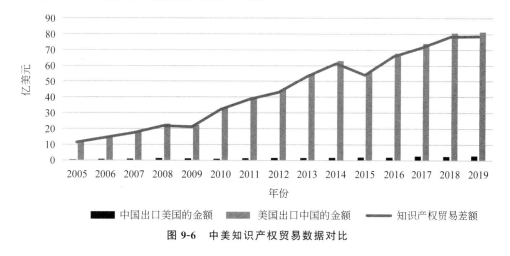

图 9-6　中美知识产权贸易数据对比

从数据上就可以看出,美国大量的高科技产品都需要在中国消纳,中国也需要引进美国的核心技术来助力自身技术的发展。美国挑起的贸易战有遏制中国崛起的意图,但中国制造大国的地位和巨大的消费市场恐怕一时无人取代。从目前情况来看,中美贸易还要继续,但我们要付出更高的代价和接受附带的更严苛的附加条件,才能得到我们所需的关键技术。

9.3.3　知识产权贸易壁垒和知识产权共享同时存在

知识产权贸易与技术贸易相似,供方很多时候不是为了转让,而是自用,而且贸易

---

① 数据整理于 WTO 官方网站.

的双方大多数情况下是同行，因此知识产权贸易的双方既存在合作，也存在竞争，这直接导致了知识产权贸易壁垒和知识产权共享同时存在。

1. 知识产权贸易壁垒

知识产权制度从本质上保证了知识产权所有人不让竞争对手使用自己的技术或销售自己的产品而拥有一种垄断性权利，但如果这种"法定垄断权"超出了合理的范畴，便可形成知识产权贸易壁垒。知识产权壁垒的主要表现有：由专利权和标识性权利构成的技术性贸易壁垒；知识产权保护的滥用；贸易的"内部化"和选择性投资；对平行进口的严格限制；特别立法措施等。因其具有合理性、灵活性和可操作性的特点，是某些政府、跨国公司常用和长期存在的贸易策略。

以美国政府为例，在20世纪80年代，曾利用"特别301条款"分别对长期处于经济快速增的巴西、日本发起过涉及高技术产业发展和知识产权保护方面的调查。该条款的本质就是遏制其他国家的发展，维护美国贸易利益和商业利益。2018年开始的中美贸易战也与此紧密相连，其起源于美国政府2017年8月18日对中国发起的"301调查"。2018年3月22日，美国总统特朗普签署备忘录时宣称"中国偷窃美国知识产权和商业秘密"，并根据"301条款"要求美国贸易代表对从中国进口的商品征收关税，涉及商品金额估计在600亿美元，随后中美贸易战不断升级。美国在对华"301调查"报告及其后续系列言论多次指责中国强制技术转让、知识产权和创新保护不足等问题。而在2020年1月16日中美两国签署的第一阶段贸易协议文本中，知识产权、技术转移问题是7大主题的两项主要议题。在两年多的时间内，美国重点关注"中国制造2025"的重点领域，对中国高新技术企业华为、中兴展开了一系列制裁措施。可以说中美贸易战表面上是贸易之争，实质是高科技产业之争，是以知识产权为核心的科技实力之争。

对不同发展阶段和发展目的的公司来说，知识产权贸易壁垒具有不同的表现形式。以非专利多个实施主体中的投机性NPE来看，其以买卖、运营专利为主业，靠所持专利获取高额利润，对很多企业的发展设置了障碍和陷阱。据普华永道《2017年美国专利诉讼报告》显示，1997—2016年间，美国专利诉讼案件中损坏赔偿金额的中位数为580万美元，NPEs在专利诉讼案件中损坏赔偿金额的中位数为1 147万美元，而专利实施主体获得损坏赔偿金额只有492万元。2018年，知识产权案例数据库Darts-IP发布的《欧盟NPE诉讼现状报告》显示，2007—2017年间，与NPE有关的专利诉讼平均增长了19%。据美国知识产权服务公司RTX最新报告显示，2020年第一季度，NPE在美国发起的诉讼创下新高，比2019年同期增长16.9%。

2. 知识产权的合作共享

知识产权制度使得知识资产的许可或转让成为可能，这是现代创新体系中日益重要的一个方面。在很多行业中，公司要在保护和分享知识之间进行权衡。一方面，它们的研发投资要获得回报，这就要求防止知识被泄露给竞争对手。另一方面，对所有想法进行绝对保护不一定使公司的利益最大化。

知识产权制度建立的初衷是通过保护创新者的权利，从而促进和激励创新。间接或直接的知识合作共享，比如知识产权交叉许可、开源软件、联合研发、合资企业等，可以使得创新活动迅猛发展。

从机器人技术发展来看,根据《2015 年世界知识产权报告》显示,工业机器人商业化始于以美国 Devol 的专利技术为基础成立的 Unimation 公司,在 Devol 申请专利的 10 年之后,日本的一些公司依照与签署的许可协议,开始开发和生产它们自己的机器人。到 20 世纪 70 年代,机器人技术在美国和日本的汽车制造业得到广泛应用。到 80 年代末期,日本的发那科、松下、三菱集团、本田公司的机器人研发部门在生产和使用工业机器人方面处于世界领先地位。一些长期从事的科学技术研究的科研机构,因其研究成果却要在很远的将来才能实现商业应用,它们通过设立派生公司和子公司,通过发明专利和相关公司紧密合作,比如帝国机器人技术公司、科尔大学、Schaft 公司、东京大学。公共研究部门更加紧密,如库卡(KUKA)公司与德国机器人技术与机械研究所共同开发轻量级的机器人。大学和商务部门使用的平台,特别是越来越对外开放的开放式机器人技术平台,如机器人操作系统(ROS),往往基于开源软件。各种非盈利组织和项目都支持用于机器人技术、教育和产品开发的开源软件的研发、分配和应用。例如,iCub 就是由 EU 资助的与类人机器人技术平台有关的开放源,其很多实验室都在使用。Poppy 是由 INRIA Dordeaux 开发的开源平台,用于互动 3D 打印机器人的生产、使用和分配。这些都在推动机器人技术发展方面起到了主要作用。①

同时,与 3D 打印、纳米技术、软件相关的企业都支持开放式创新。它们认识到,通过相互合作可以成为更好的创新者,通过技术分享还可能有助于为新产品开发新兴市场。

9.4　我国技术贸易中的知识产权状况

9.4.1　技术贸易的现状

改革开放以来,我国一直积极参与国际技术贸易,并逐步成为技术贸易大国。我国在电信、计算机和信息服务、知识产权使用、技术相关服务、专业管理和咨询服务等领域的进出口一直保持着较快的增长。从技术进口方面来讲,我国技术进口方式以专有技术许可或转让为主,专利技术进口增长迅速。技术进口以外商投资企业和民营企业为主,进口的主要领域是制造业。美国、日本和德国是我国技术进口前 3 大来源地,而技术进口集中在广东、重庆、上海等对贸易发展水平较高、制造业具有优势的省市。从技术出口方面来讲,技术咨询和技术服务是我国技术出口的主要方式。其中,计算机服务业是我国技术出口最主要的行业领域。外商投资企业的技术出口规模最大,民营企业和国有企业技术出口增幅较大。美国、中国香港、新加坡是我国技术出口的前 3 大目的地,而技术出口多集中在上海、北京及沿海等经济较为发达地区。

不同于货物贸易,我国的服务贸易一直存在较大逆差,其中有较大逆差的就是知识

---

① 世界知识产权组织. 世界知识产权报告——突破性创新与经济增长[R],世界知识产权组织官方网站,2015.

产权领域。[1] 1997—2019 年,我国知识产权贸易逆差长期保持增长趋势,如图 9-7 所示。但在 2009 年,我国知识产权贸易逆差第一次有所降低,2015 年第二次降低。而在 2019 年我国知识产权进口使用金额为 344 亿美元、出口为 66 亿美元,贸易逆差为 278 亿美元,相比 2018 年的 302 亿美元逆差,逆差金额出现了第三次降低,且下降了 24 亿美元。这说明虽然我国目前的技术创新水平与其他国家有一定的差距,但技术差距开始出现变化,技术贸易的前景可期。

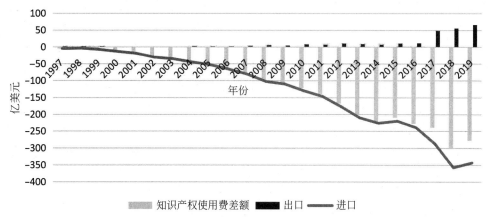

图 9-7　1997—2019 年中国知识产权使用费收支及差额变化

9.4.2　知识产权事业快速发展

1. 知识产权法律体系基本健全

20 世纪 80 年代以来,我国的《专利法》《商标法》等知识产权法律法规相继实施,随后不断进行修订完善,形成了基本健全的知识产权法律体系,如表 9-3 所示。回顾我国知识产权法律体系的建立,不难看出相关的法律制度的建立和完善的时间,是与我国经济发展和参与国际贸易,特别是中美贸易的重要节点紧密相关的。

表 9-3　知识产权有关法律列表

序号	名　　称	实施时间	修订时间
1	《中华人民共和国商标法》	1983 年 3 月 1 日	2019 年 4 月第 4 次修订
2	《中华人民共和国专利法》	1985 年 4 月 1 日	2020 年 10 月第 4 次修订
3	《中华人民共和国著作权法》	1991 年 6 月 1 日	2020 年 11 月第 3 次修订
4	《计算机软件保护条例》	1991 年 6 月 4 日	2013 年 3 月第 2 次修订
5	《反不正当竞争法》	1993 年 12 月 1 日	2019 年 4 月第 2 次修订

以专利法为例,1979 年我国开始改革开放,1980 年开始专利法的制定,1984 年专

---

① 数据整理于国家外汇管理局网站。

利法对外颁布；1992 年 9 月，在建立中国特色社会主义市场经济体制的时代背景下，为落实中美知识产权保护备忘录中的承诺，我国对专利法进行了第 1 次修改；2000 年 8 月，为适应我国加入世界贸易组织的形势需要，专利法进行了第 2 次修改；2008 年 12 月，为了更好地适应国际国内形势发展的需要，更有效地发挥专利制度促进我国自主创新和经济社会发展的作用，专利法进行了第 3 次修订；2020 年 10 月，为加强知识产权保护，我国对专利法进行了第 4 次修订。

2. 知识产权政策体系逐步完善

我国知识产权事业发展的前 20 年，主要是建立健全各类知识产权法律体系，而近 20 年更多是从政策体系方面推进知识产权的创造、保护和运用，全方位发挥知识产权制度对经济发展的作用。

2008 年 6 月，《国家知识产权战略纲要》发布，知识产权战略正式成为一项国家战略，随后每年制定的《国家知识产权战略实施推进计划》，快速推动知识产权各项战略部署的实施。2015 年底，国务院印发了《关于新形势下加快知识产权强国建设的若干意见》，提出了推进我国从知识产权大国迈进知识产权强国的战略新征程；2019 年 11 月，中共中央办公厅、国务院办公厅联合印发《关于强化知识产权保护的意见》，明确要不断改革完善知识产权保护体系，综合运用法律、行政、经济、技术、社会治理手段强化保护，促进知识产权保护能力和水平整体提升。同时在完善社会主义市场经济体制改革、优化创新和营商环境、吸引外资等相关领域中都提出要加强知识产权工作。这一系列的政策文件，体现了我国对知识产权工作的全面重视。

3. 知识产权创造能力增强

在专利方面，2018 年我国发明专利申请数量为 154.2 万件，每万人口发明专利拥有量达到 11.5 件；2018 年共受理 PCT 国际专利申请 5.5 万件，同比增长 9.0%。2000—2019 年我国发明专利申请数量变化如图 9-8 所示。

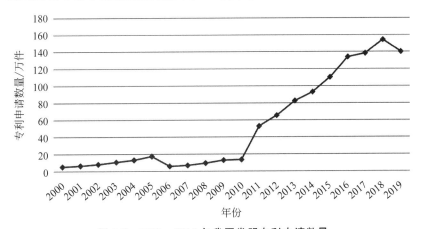

图 9-8　2000—2019 年我国发明专利申请数量

在商标方面，2018 年我国国内有效商标注册量达到 1 804.9 万件，同比增长 32.8%。马德里商标国际注册申请数量 6 594 件，同比增长 37.1%。在著作权方面，作品、计算机软件著作权登记数量分别达 235 万件、110 万件，同比分别增长 17.48%、48.22%。此外，2018 年我国共授予农业植物新品种权 1 990 件、林业植物新品种权 405 件，同比分别增长 34%、153.1%。累计批准地理标志产品 2 380 个，注册地理标志商标 4 867 件，全国累计登记农产品地理标志 2 523 个。集成电路布图设计发证 3 815 件，同比增长 42.9%[①]。

4. 知识产权运用和贸易活跃

近年来，我国在知识产权运用方面进行了一系列积极探索和实践，从制度完善、搭建交易平台再到创新运用模式等方面不断尝试，知识产权运用逐步从单一效益向综合效益转变。2018 年知识产权运用指数达到 234.8，知识产权对经济社会发展的贡献度明显提高。据国家知识产权局发布的数据显示，2019 年，我国专利、商标质押融资总额达到 1 515 亿元，同比增长 23.8%。其中专利质押融资达 1 105 亿元，同比增长 24.8%，质押项目 7 060 项，同比增长 30.5%。

根据国际收支统计显示，1997 年以来，我国知识产权使用费和知识产权出口额均保持快速增长，特别是知识产权出口额从 1997 年的 0.55 亿美元增加到 2019 年的 66.05 亿美元，增长了 100 多倍；知识产权使用费从 1997 年的 5.43 亿美元增加到 2019 年的 343.7 亿美元，知识产权贸易活跃（详见图 9-7）。根据 WTO 贸易数据显示，2019 年我国知识产权进口金额在全球排第 4 名，而 2008 年在全球排第 7 名；2019 年我国知识产权出口金额在全球排第 12 名，而 2008 年在全球排第 20 名；在全球知识产权贸易中作用增强。[②]

中国作为世界第一贸易大国，国外企业和个人在中国的发明专利数量也逐年递增。2000 年，国外发明人在中国申请发明专利 26 401 件，2019 年为 157 093 件，截至 2019 年 12 月，国外有效发明专利在中国发明专利总数中占比 27.9%。

5. 知识产权保护不断加强

近年来，我国不断改革完善知识产权保护体系，综合运用法律、行政、经济、技术、社会治理手段强化保护，促进知识产权保护能力和水平整体得到了加强。根据《2019 年中国知识产权保护状况》显示，知识产权保护社会满意度达到 78.98 分，较 2018 年提高了 2.1 分，权利人满意度升至新高，达到 78.98 分，如图 9-9 所示。

相关数据显示：2018 年专利行政执法办案 7.7 万件，同比增长 15.9%；查处商标违法案件 3.1 万件，案值 5.5 亿元。版权行政执法立案查办侵权盗版案件 2 500 起，收缴盗版制品 377 万件，删除侵权链接 185 万条。全国海关共扣留进出境侵权嫌疑货物 4 万余批，涉及货物 2 000 万余件。全国法院新收一审知识产权案件 30.1 万件，同比增长 41.1%，其中民事一审案件 28.3 万件、行政一审案件 1.4 万件，刑事一审案件 0.4 万件。全国检察机关共批准逮捕涉及侵犯知识产权犯罪案件 3 300 余件 5 600 余人，提起公诉 4 400 余件 8 300 余人。

---

① 国家知识产权局知识产权发展研究中心.2018 年中国知识产权发展状况评价报告[R]. 国家知识产权局，2019.

② 数据整理于世界贸易数据库.

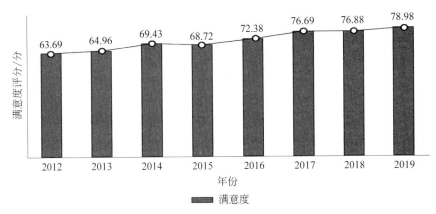

图 9-9 我国(不含港澳台地区)知识产权保护社会满意度总体情况

资料来源:国家知识产权局 2019 年中国知识产权保护状况.

我国知识产权保护工作得到了创新主体、国际组织和各国媒体广泛认可。世界银行发布的《2020 年营商环境报告》显示,中国营商环境总体得分 77.9 分,较上一年上升 4.26 分;在全球的排名跃升至第 31 位,较上一年提升 15 位。世界知识产权组织发布的《2019 年全球创新指数》报告显示,中国创新指数持续攀升至第 14 位,较上一年提升 3 位。中国欧盟商会发布的《商业信心调查(2019)》报告显示,约六成企业认为中国知识产权行政与司法保护力度明显加强。世界知识产权组织总干事佛朗西斯·高锐也称赞中国在知识产权保护领域取得巨大进步。

9.4.3 知识产权在技术贸易中的重要性愈发凸现

1. 知识产权进口带动技术创新和进步

1997—2018 年,我国知识产权使用费收入从 1 亿美元增加到 56 亿美元,年均增长 25%。2018 年我国该项收入全球排名第 11 位,较 2007 年排名前进了 12 位。这表明中国企业开始重视并加大研发投入,不断提升自身技术和品牌附加值,助力相关产业的升级。[①] 从我国 2018 年知识产权使用费支出来看,逾八成用于进口国外科研成果和特许权;其中排名前三的行业分别是计算机、通信和其他电子设备制造业,汽车制造业以及铁路、船舶、航空航天和其他运输设备制造业,其支出合计占比逾四成。知识产权进口的这些特点反映了我国经济发展和转型升级中对先进技术的需求,也说明了先进技术创新领域中知识产权的重要性。不少企业在知识产权进口的基础上,加强科技研发和自主创新,逐步实现技术的吸收创新和运用。2019 年,全国涉及知识产权的技术合同 154 662 项,成交额为 6 813.41 亿元,占全国技术合同成交总额的 38.50%。[②]

隧道掘进机案例。隧道掘进机俗称盾构机,被称为"工程机械之王",其最早是由法国工程师 M.L.布律内尔于 1842 年发明。经过一个多世纪的发展,盾构技术不断更新

---

① 国家外汇管理局.2018 年中国国际收支报告[R],2019.
② 许倞,贾敬敦等.2019 年全国技术市场年报[R]. 北京:兵器工业出版社,2019.

换代,广泛应用于城市轨道交通、铁路及公路隧道工程、引水隧洞工程等特大型专用工程设备,但核心技术和集成技术均由国外公司掌握,2009 年之前,我国大约有 85% 的盾构机依赖进口,其中德国海瑞克就占据我国盾构机市场的 70% 以上。平均每台设备购买成本 2 亿元~3 亿元人民币,设备成本一直居高不下,严重制约了我国在此领域的发展。

2002 年开始,为打破国外技术垄断,提升我国装备制造业的水平,我国开始走具有中国特色的"引进-消化-仿制-创新"的研发路线。以中铁工程装备集团有限公司为例,该公司高度重视技术开发和知识产权工作,采用现场调研、消化吸收、创新设计、专家评审、工程应用、总结改进等有机结合的技术路线,跟踪国际上相关领域的最新发展,联合郑州大学、浙江大学、上海交通大学等高校集中攻关,开展产学研合作。2008 年 4 月份,研制出我国第一台拥有自主知识产权的复合式土压平衡盾构"中铁 1 号"。2013 年11 月,其收购了德国维尔特公司硬岩掘进机及竖井钻机知识产权,成为当时世界上能独立生产硬岩掘进机、并具有自主知识产权的三大企业之一。截至目前,累计申请发明专利 715 项,PCT 国际专利申请 19 项,授权国内发明专利 195 项,授权实用新型专利786 项。其注重专利的实施,由"一种开敞式全断面岩石掘进机"等专利转化研制出的开敞式全断面岩石掘进机,每台比国外便宜 3 000 万元~5 000 万元,实现了我国岩石掘进机设备自主研发制造。目前,其产品遍布我国 40 多个省市地区,我国市场占有率连续 8 年保持第 1,并远销法国、意大利、丹麦、奥地利、阿联酋、新加坡、马来西亚、印度、黎巴嫩、以色列、越南等 21 个国家和地区。

目前,国内已有铁建重工、中铁装备、中交天和、三三工业近 30 家企业进入掘进机行业,打破了国外掘进机独占市场的局面。国产盾构机的设计制造及掘进施工技术水平已达到、甚至在个别领域已超过了国际水平,并走出国门,出口到世界几十个国家和地区。

2. 知识产权运用是技术创新企业的核心

知识产权制度自其诞生之日起,就把激励和保护创新成果的商品化和产业化作为根本出发点。知识产权运用是促进知识产权与经济社会发展融合,实现知识产权市场价值重要环节,与知识产权创造、保护、管理等紧密相连、相互影响。对于企业讲,知识产权不仅仅是法律和防御工具,更是金融资产。利用知识产权开展质押融资、许可、转让等,可以为企业带来发展所需的资金、资源等,真正实现"知本"变"资本",助力企业的发展壮大。

朗科 U 盘专利运用案例。1999 年 5 月,朗科科技公司成立,同年 11 月提出了 U 盘的专利申请——"用于数据处理系统的快闪电子式外存储方法及其装置"。2002 年 7月,这项专利获国家知识产权局正式授权(ZL99117225.6)。此后,朗科又获得美国国家专利局授权的闪存盘基础发明专利。2013 年该专利还获得了第十五届中国专利金奖。其间虽有以色列 M-Systems 公司和新加坡 Trek 公司等存在异议,但最后认定,朗科是全球第一个 U 盘发明者。朗科通过持续的技术创新,围绕闪存应用及移动存储领域研发了一系列核心技术及其专利,形成了完整的专利布局和"专利池",与东芝、金士顿等知名企业签订专利授权许可协议,在中国大陆、中国台湾、美国等地多次诉讼中成功确权并获赔。以 2017 年 5 月朗科起诉美光、京东等侵犯其 U 盘(闪存盘)发明专利权事项为例,历时 3 年多,2020 年 5 月 12 日,北京市知识产权法院判决美光需要向朗科赔偿经济损失合计 300 万元,以及合理支出 3.6 万元;嘉合忆美赔偿合理支出 17 176 元。

该 U 盘发明专利带给朗科巨额利润和发展机会,2010 年 1 月,朗科正式在创业板上市,被称为"中国移动存储第一股"。公司上市九年,朗科科技累计实现净利润 2.95 亿元,平均每年的净利润在 3 300 万元左右。据朗科《2019 年度报告》显示,2019 年公司实现营业收入 119 412.35 万元,较上年同期增长 23.5%;其中专利运营业务实现专利授权许可收入 2 816.02 万元。其成功建立了研发、专利和品牌"三位一体"的企业发展模式,并通过不断的技术创新、发展自主知识产权、维护自主知识产权和有效的专利运营,成功地将知识产权转变成了可持续性的专利收益,成功开创了专利赢利这一全新的商业模式。其以研发能力和技术创新为核心竞争优势,持续进行研发投入和知识产权建设,2019 年投入研发费用 51 389 837.76 元,同比增长 26.04%;成立了研究院,集合公司骨干力量进行基础性、前瞻性的研发,加强与院校合作水平,在 BLDC 电机、储能逆变、半导体集成技术方面进行技术积累,夯实公司在行业内的技术竞争优势。

目前,朗科专利及专利申请总量为 327 项,覆盖全球几十个国家及地区。所形成的专利族在全球范围内被苹果、谷歌、英特尔、IBM、微软、三星、东芝、闪迪、日立、中兴通讯等 70 家国内外顶尖机构所引用。其研发能力、研发队伍规模、自有知识产权方面均在国内行业中处于优势地位,技术创新能力和技术影响力已经达到行业前列。

3. 知识产权助力创新技术企业走向国际市场

知识产权作为发展的重要资源和竞争力的核心要素,在企业竞争中的作用日渐凸显。尤其是对于科技型企业,其大多处于科技创新的前沿,通过知识产权制度,可以使企业独享知识产权带来的市场利益,免于知识产权的流失,规避被侵权风险,保证企业的经营安全;同时企业在进行科研立项和自主研发时,通过对知识产权信息的分析,及时了解所属领域的知识产权状况,避免侵犯他人的在先权利,生产出适合市场需求的自主知识产权产品,增强市场竞争能力。近几年,我国的华为、小米、海尔等企业在国际上均位于行业领先地位,与其知识产权工作的全面开展是紧密相连的。

以华为公司的知识产权工作为例。 2019 年,华为发布了《华为创新与知识产权白皮书》,报告认为尊重和保护知识产权是创新的必由之路。华为高度重视技术创新与研究,坚持将每年营业收入的 10% 以上,近年约 15% 投入到研发。2018 年,华为在研发方面投入了 1 000 多亿人民币,在《2018 年欧盟工业研发投资排名》中位列全球第 5。近 10 年华为累计投入的研发费用超过 4 800 亿人民币。每年发表学术论文 100~200 篇,向全球各个标准组织累计贡献技术提案 6 万多个,同时也是开源社区的主要贡献者;尊重第三方知识产权和商业秘密,制定了系统全面的知识产权管理制度并保障落实;先后与全球主要 ICT 企业,包括诺基亚、爱立信、高通、北电、西门子、阿尔卡特、BT、NTT Docomo、AT&T、苹果、三星等,达成多轮、100 份以上专利许可协议(包括单向许可和交叉许可);与美国、欧洲、亚洲公司谈判签署的收费专利许可协议超过 10 份,自 2015 年以来华为获得的知识产权收入累计超过 14 亿美元。遵守付费使用 IPR 的国际规则,通过交叉许可或付费许可合法地获取他人专利技术的使用权,累计支付专利使用费超过 60 亿美元。持续的投入也使得华为成为全球最大的专利持有企业之一,截至 2018 年底,华为累计获得授权专利 87 805 项,其中有 11 152 项是美国专利。

4. 技术创新和知识产权促进产业集群发展

实践证明,加快产业聚集,发展产业集群是区域经济发展战略的重要组成部分,是市场经济条件下工业化发展到一定阶段的必然选择。在产业集群形成阶段,因企业网络系统的波及效应和渗透效应,以及相关技术及人才的聚集,企业的技术创新能力能够大幅度提高,企业对知识产权保护的重视也逐渐提高。因技术创新能够降低生产成本和提高效率和利润,能够吸引产业链相关企业的加入,特别是知识产权保护可以打消具有技术优势企业的担忧,吸引技术先进的企业落户,整体带来产业升级发展,进一步促进产业集群的发展。

珠海打印机耗材聚集案例。在全球打印机市场,惠普、爱普生和佳能等海外巨头申请了十几万项打印机及打印耗材技术专利,形成庞大的专利壁垒,使打印行业成为一个高技术、高专利保护的行业。珠海作为全球通用耗材的制造基地,有"世界打印耗材之都"的美名,其打印机耗材产业经历了引进模仿、经受知识产权诉讼和博弈、产业发展和聚集受到威胁,加强自主创新、产业逐渐聚集发展的过程,技术创新和知识产权保护在其产业聚集过程中发挥着重要作用。

2000 年,爱普生在美国以侵犯知识产权为由起诉珠海天威公司,该专利纠纷案历时 5 年之久,直到 2005 年以双方达成庭外和解而告终。2006 年 2 月,爱普生及其两家美国子公司在美国向 ITC 提出"337 调查"申请,指控包括珠海纳斯达在内的 24 家公司出口到美国的墨盒产品,侵犯了原告在美国的 11 项专利权。2010 年 6 月,日本佳能公司向美国国际贸易委员会提起申请启动"337 调查",指控包括珠海 5 家企业在内的全球 20 家生产及销售企业侵犯了其关于激光打印机硒鼓的 2 项专利。随后 2012 年、2014 年、2018 年,珠海多家耗材企业先后被爱普生公司、佳能等在美国提起"337 调查"。

在知识产权保护面临困境的时候,珠海打印机耗材企业开始重视研发,不断加强技术创新和知识产权保护的力度,全市打印耗材产业已累计申请专利 5 000 余件,成功注册耗材第 2 类、第 9 类两类两件基地集体商标,成功转化为标准 240 项,其中国际标准 45 项,是目前国内拥有办公耗材专利水平最高的城市,同时也是专利标准化效果较好的城市之一。珠海赛纳(纳思达母公司)和天威是全球最大的两家通用耗材生产企业,在知识产权与技术引进提升明显。赛纳 2010 年研发的激光打印机"奔图"是我国第一台具有自主核心技术的打印机,打破了日美打印巨头近 30 年的技术垄断,2016 年其耗资 39 亿美元并购全球知名的激光打印机品牌"利盟",2019 年在佳能公司发起的"337 调查"中胜诉,拥有近 400 件自主研发的打印机和硒鼓耗材专利;天威研发的"86T 墨盒装置"和"SmarTact 处理盒"荣获第九届中国国家专利金奖,已拥有 2 800 多项专利,参与 242 项耗材行业和 3D 打印领域各类标准编制。目前,珠海市注册登记的打印耗材企业共有 600 多家,珠海飞马耗材和珠海纳思达分别在国外布局近 400 件,艾派克是全球最大的耗材芯片供应商,珠海耗材展规模世界第一,珠海打印耗材业供应了全球

70％以上的色带、60％的兼容墨盒、30％的通用硒鼓,产业聚集优势明显。

5. 国际专利技术交易收益显著

近年来,我国专利技术交易的进口和出口金额都在逐年增加,虽然存在较大的贸易逆差,但根据《2019 年中国专利调查报告》,从专利使用费变化和企业主营业务收入变化关系来看,无论是向国外机构或个人支付或者收取专利使用费增长的企业,超 7 成表示主营业务收入较上年增长,该数据远超过向国外机构或个人支付或收取专利使用费较上年持平或下降的企业情况,这充分说明与国外机构或个人的专利技术交易对企业营收增长的促进作用显著。

电动平衡车案例。电动平衡车作为一种新兴代步工具,近 20 年实现了由零跃升至千亿产业的爆发式增长。社会普遍认为该行业鼻祖是 2001 年由美国发明家狄恩·卡门与他的 DEKA 研发团队成立的赛格威(Segway)公司,该公司 2002 年生产的电动平衡车产品面世后带来社会的高度关注,被《大众科学》杂志授予 2002 年度最佳新科学领域发明奖,随后几年广泛出现在巡逻、会展等场合,但因其成本昂贵,每台约 1 万美元,一直没有形成有效的运营规模。2008 年奥运会后,我国企业开始先后进入电动平衡车领域,但大部分为仿制和加工企业,创新水平不高,但我国的制造成本相对来说比较低,在海外市场具有一定的价格竞争力。纳恩博公司成立于 2013 年 6 月,是平衡车企业中的后起之秀。2014 年 9 月,包括纳恩博及另外 8 家中国平衡车企业被赛格威控告,涉嫌侵犯赛格威持有的 3 项发明专利和 2 项外观设计专利,这对当时中国的电动平衡车产业造成了重大冲击。2015 年 4 月,纳恩博获得小米、顺为资本、红杉资本、华山资本的 8 000 万元 A 轮融资,并全资收购赛格威,其中包括赛格威名下的 400 多项电动平衡车专利,从此改变了纳恩博被动应诉的局面。2016 年,纳恩博公司向 6 家美国企业提出专利侵权诉讼,由被告转为原告。收购 Segway 后,纳恩博依托自身在智能技术创新、工业设计、供应链管理、规模与品牌等多方面积累的竞争优势,逐渐将业务链延伸至智能配送机器人、电动摩托车和电动自行车领域,已经覆盖全球 100 多个国家和地区。纳恩博公司连续几年成为中国电动平衡车销量排名第一的企业,2016 年至 2018 年,该公司的营业收入分别为 11.53 亿元、13.81 亿元、42.48 亿元,公司估值超过 15.2 亿美元。

9.4.4　技术发展不平衡带来的机遇和挑战

1. 知识产权壁垒制约技术产业发展

当前全球经济竞争的实质是科学技术的竞争,拥有核心技术和关键技术的知识产权是企业和国家竞争力的核心要素。从短期来看,知识产权壁垒迫使企业通过付出巨额专利使用费以及侵权费用,降低了其产品市场竞争力,减少了市场份额并压缩利润空间;从长期来看,由于企业利润降低而减少的资本积累将导致企业对技术研发投入的不足,无法从根本上改善企业的技术结构和产品结构,使整个相关产业将会因为知识产权壁垒而在短期内减少产品的生产和销售数量,逐渐地将无法抵制因为市场缩小而导致的产业萎缩和消亡。

以高新技术领域中的半导体产业为例,因其对技术研发要求很高和技术发达国家的技术封锁,我国在该领域严重依赖进口。据美国半导体产业协会(Semiconductor Industry Association)估计,2018年美国半导体公司约36％的收入(即750亿美元)来自对华销售。近十几年来,我国每年投入2 000多亿美元进口芯片,2018年中国进口芯片价值超过3 000亿美元,超过全球芯片进口总额的66％。为解决我国在半导体技术发展的短板问题,我国不断加大对半导体产业的支持和研发。中国半导体行业协会提供的数据表明,从2000年到2017年的18年间,我国集成电路产业销售规模年均增速为20.6％,全球集成电路产业销售规模年均增速为4.8％;我国已经是全球集成电路产业发展最快的国家,在全球的占比持续提高,已成为全球主要消费市场。我国在半导体产业的发展引起了美国的进一步警觉和封锁,2017年1月,美国总统科学技术咨询委员会发布《确保美国半导体的领导地位》,认为中国的半导体的崛起,对美国已经构成了"威胁",建议政府对中国产业加以限制。2018年,美国发布法案限制政府采购我国与半导体产业有关的华为、中兴、大华的公司中的相关设备,2019年美国以华为设备"不安全"为由禁止美国对华为出口软硬件。

2. 单纯技术引进和知识产权使用的难度增大

专利引进、购买知识产权等形式是技术贸易的常见方式,但因为技术贸易双方通常是"同行",所以能合作,但也会存在潜在利益冲突和竞争关系,特别是当我国"引进—消化—吸收—再创新"的发展模式影响了原技术所在企业和国家的利益,技术引进和知识产权使用的难度增大。根据《2019年中国专利调查报告》显示,在我国企业专利权人中,战略性新兴产业企业反映遭遇专利技术引进难的比例达到12.5％,高出企业整体3.6个百分点,高出非战略性新兴产业5.5个百分点。从技术领域来看,企业遭遇专利技术引进难问题排名前三的域依次分别为材料技术、计算机与通信技术、电子技术以及生物技术,如图9-10所示。[①]

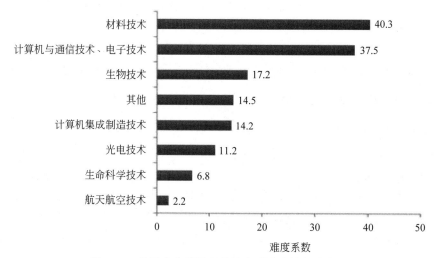

图 9-10 我国企业遭遇专利技术引进难的领域分布

---

① 国家知识产权局.2019年中国专利调查报告[R],2019.

3. 国内外知识产权纠纷长期存在

在知识经济时代,知识产权的价值越来越为人们所重视,而且我国企业及个人面临的国内外有关知识产权法律纠纷将长期存在。2008 年至 2012 年 6 月,全国法院共受理知识产权案件 226 753 件,审结 208 653 件;2014 年 8 月,十二届全国人大常委会第十次会议表决通过了全国人大常委会关于在北京、上海、广州设立知识产权法院的决定;2019 年 1 月 1 日,最高人民法院知识产权法庭在北京揭牌,集中统一管辖全国范围专利等技术类知识产权民事和行政上诉案件。根据《中国法院知识产权司法保护状况(2019 年)》白皮书显示,地方各级人民法院 2019 年共收一审、二审、申请再审等各类知识产权案件 481 793 件,审结 475 853 件,较比 2018 年分别上升 44.16% 和 48.87%;2019 年共新收侵犯知识产权刑事一审案件 5 242 件,同比上升 21.37%;共审结侵犯知识产权刑事一审案件 5 075 件,同比上升 24.88%。

同时,随着"一带一路"建设不断推进,我国企业"走出去"越来越多,我国企业在海外遇到知识产权纠纷的频率也明显上升。以美国为例,自 2002 年以来,我国企业已成为"337 调查"最主要的对象。在 2014—2018 年间,美国 ITC 新发起"337 调查"共 238 起,其中被诉主体涉及我国企业(含香港、台湾)的案件达 107 起;共审结案件 301 起,其中被诉主体涉及我国的达 133 起。

4. 知识产权成为新兴技术领域发展的关键

当前,世界各主要国家着眼于"创新驱动",纷纷出台以培育和发展新兴产业为核心的新经济战略。战略性新兴产业是指建立在重大前沿科技突破基础上,代表未来科技和产业发展新方向,体现当今世界知识经济、循环经济、低碳经济发展潮流,尚处于成长初期、未来发展潜力巨大,对经济社会具有全局带动和重大引领作用的产业。战略性新兴产业创新要素密集,体现的是新兴科技与新兴产业的深度融合,因此对知识产权创造和运用依赖强,对知识产权管理和保护要求高。近年来,世界范围内战略性新兴产业领域的专利申请数量激增,发明专利申请数量增速明显加快,是同期传统产业领域发明专利申请平均增速的 3～4 倍。

在新兴产业领域,知识产权已成为各国和相关公司关注的焦点。以人工智能领域为例,近几年各国政府发布了一系列与人工智能相关的政策,比如美国在 2016 年至 2018 年间,分别制定了包括《国家人工智能研究和发展战略计划》《人工智能与国家安全》《人工智能与国家安全:AI 生态系统的重要性》等在内的多项人工智能领域的规划,并于 2019 年 6 月发布了《2019 年国家人工智能研发战略规划》。根据 WIPO 发布的《2019 技术趋势——探究人工智能》显示,2006 年至 2011 年,人工智能领域专利公布量平均每年增长约 8%,而 2012 年至 2017 年平均每年增长 28%。中国、美国、日本 3 国在全球人工智能领域的专利申请活动中处于领先地位。在人工智能相关专利申请数量排名前 20 位的企业中,12 家总部设在日本,3 家来自美国,2 家来自中国,其中 IBM 是专利组合数量最多的公司(8 290 件申请);其次是微软(5 930 件申请)。这些专利申请的数量跟以上国家和公司在人工智能领域的发展水平紧密相关。

9.5 我国技术贸易中存在的知识产权问题及建议

9.5.1 存在的问题

创新是发展的第一动力,知识产权是激励创新的基本保障,是国际贸易的通行规则。在新一轮科技革命和产业变革的背景下,知识产权日益取代资源、资本等要素,已成为国家之间彰显科技实力的重要手段。近年来,随着科学技术的进步,特别是信息技术的广泛应用和知识经济的兴起,知识产权在技术创新和技术贸易中的作用更加突出,是技术贸易中需要重点关注的问题。

回顾改革开放40年来的发展历程,我国知识产权事业经历了从无到有,从少到多的快速发展过程,取得了举世瞩目的成绩。特别是党的十八大以来,我国发明专利申请数量保持了年均10%以上的增长速度,连续多年位居世界首位,成功跻身于知识产权大国行列。我们要清醒地认识到,我国尽管是一个知识产权大国,但还并不是一个知识产权强国,知识产权"大而不强、多而不优"的矛盾比较突出,基础型、原创型、高价值核心专利相对不足,在某些核心技术领域的创新亟须突破。在技术创新方面,我国也出现了若干具有一定国际竞争力的企业,但数量较少,优势不够突出等问题还将长期存在;知识产权转化运用率较低,高校、科研机构的知识产权运用水平有待进一步提高,拥有的知识产权的价值还未充分发挥,知识产权进出口逆差较大,在技术贸易和国际贸易中还处于相对被动的地位;相对于知识产权贸易的政策制度还不完善,对于解决因知识产权而引起的国际贸易问题应对还比较缺乏,比如知识产权贸易中"平行进口"问题的法律尚处于不成熟状态;在知识产权保护方面,对于新业态、新领域的知识产权保护制度还需不断完善,在国际知识产权维权和诉讼应对方面的能力还需提高。

9.5.2 意见和建议

政府是知识产权法律政策的制定方,是技术贸易顺利开展的保障。企业是创新的主体,是知识产权的主要创造者,是技术贸易的主要参与方。为了充分发挥知识产权在技术贸易中的作用,一方面政府部门要不断推动完善有利于发挥企业主体地位的创新体制和制度,为国际技术贸易创造良好环境,切实促进我国技术贸易的发展与繁荣;另一方面企业要加强技术创新和知识产权工作,做好知识产权的保护和运用,切实在技术贸易中取得收益和发展。

1. 政府方面

(1) 及时完善与技术创新相关的知识产权制度。从工业革命开始,知识产权制度不断经历变化以适应新兴技术的需求和挑战。这种趋势必将继续下去,并且要通过对现有证据的认真思考和对于技术变革方向的开放态度加以正确引导。[①] 政策制定者要

---

① 世界知识产权组织. 世界知识产权报告——突破性创新与经济增长[R]. 世界知识产权组织官方网站,2015.

确保知识产权制度为建立有利于创新突破的生态系统作出贡献,要根据经济发展不断完善知识产权制度。对于技术创新来说,我国各级政府要聚焦企业创新需求,在基础研究方面给予更大的扶持力度,鼓励核心技术的颠覆性创新;要深入研究互联网、人工智能、大数据等新领域新业态知识产权保护的需求,适时完善《专利法》等法律制度以适应技术发展和保护的需要,从而推动我国在新兴技术领域达到国际领先水平。

(2)完善技术贸易相关的知识产权政策。一方面,相关部委要联合做好有利创新技术政策的制定,依法严格实施知识产权保护,吸引国外先进技术,为促进科技创新要素在国际市场良性流动夯实基础;另一方面,要出台与进出口贸易相关的知识产权保护政策,关注"平行进口"问题,解决国际技术贸易中的全局性、制度性和政策性问题,在遵守我国对禁止强制技术转让作出的国际承诺基础上,严格规制《与贸易有关的知识产权协议》(TRIPs)中明确界定为限制竞争、可能构成知识产权滥用的行为,合理保护国内产业发展。

(3)探索知识产权管理模式。2018 年我国对知识产权管理进行了重大调整,组建了国家市场监督管理总局,重新组建了国家知识产权局,我国知识产权政府管理和保护模式发生了较大的变化。在此环境下,各级知识产权管理部门要深化业务和人员融合,切实打通知识产权工作全链条,贯通各类别,形成高效的知识产权综合管理体制,准确把握知识产权与市场监管的内在联系,推动知识产权工作与市场监管工作有机融合,完善从生产源头到流通渠道、消费终端的全链条式管理,探索建立有中国特色的知识产权管理新模式,营造国际一流创新和营商环境,真正促进技术创新和技术贸易。

(4)积极参与知识产权国际合作和规则制定。技术贸易与国际知识产权的保护息息相关,我们既要准确把握世界知识产权整体格局和发展趋势,与世界知识产权组织、世界主要发达国家和"一带一路"沿线国家的知识产权组织加强合作,推动建立各种双边、多边合作机制;又要积极参与知识产权国际规则的制定,努力使知识产权国际规则包含更多的中国元素、中国方案,为我国企业的对外技术贸易创造良好的国际环境,促进技术贸易和知识产权保护。而在当下中美贸易战的背景下,还要加大对美国知识产权贸易政策的研究与应对,促进技术引进和交流,在更高水平上发挥知识产权的作用。

(5)支持和服务创新企业"走出去"。我国政府部门是企业在海外市场处理知识产权纠纷的坚强后盾,应健全企业海外知识产权维权援助体系,国家知识产权局、商务部、海关等应联合起来共同帮助企业破除壁垒、规避风险、扩大出口,加强国外重大技术性贸易措施的跟踪、评议、交涉和应对,及时为企业提供有效性的支持服务。要强化行业协会在知识产权联合创造、协同运用、合力保护、共同管理等方面的作用,鼓励社会资本设立中国企业海外知识产权维权援助服务基金。要制定实施应对海外产业重大知识产权纠纷的政策,完善海外知识产权信息服务平台,发布相关国家和地区知识产权制度环境等信息,支持企业广泛开展知识产权跨国交易,推动有自主知识产权的服务和产品"走出去",为企业提供有针对性的知识产权服务,真正实现知识产权国际贸易更加活跃,海外市场利益得到有效维护。

2. 企业方面

(1)企业要持续加强技术创新。实践告诉我们,真正的核心关键技术是花钱买不来的,走引进仿制的路子是走不远的,只有把核心技术及知识产权掌握在自己手中,才能真正掌握竞争和发展的主动权。

企业的研发团队,在传统技术领域,要加强技术引进和学习能力,在现有基础上找准微创新和集成创新;在新兴技术领域,要重视技术创新人才的引进、培养和使用,争取实现突破性和引领性创新。

(2)选取合适的知识产权战略。企业的知识产权管理部门,不仅仅负责知识产权的创造,更要结合企业不同的发展阶段制定不同的战略。在技术领先阶段要在保护和分享知识之间进行权衡,要灵活地控制"与谁对哪些技术在什么样的条件下"进行分享;在追赶阶段,要善于利用知识产权信息资源、人员、技术进口,通过进口含有技术知识的资本货物获得知识资产,特别是生产设备进口,让追赶型公司能够将其生产制造能力提升到最先进水平。

(3)重视技术贸易中的知识产权问题。知识产权与技术贸易紧密关联,企业需要在技术贸易的各个环节关注知识产权。在技术创新初期,要做好专利检索及导航,选好技术创新的方向;在技术创新过程中,要做好创新成果的知识产权保护;在技术进口环节,要充分评估技术对应的专利价值;在技术出口环节,要研究出口国家的知识产权法律法规,做好知识产权的海外布局,避免知识产权纠纷。

(4)合力做好知识产权工作。企业知识产权工作包含知识产权创造、保护、运用和管理等内容,在企业内部涉及企业研发、法务、规划及财务等部门,对外则涉及与高校、科研院所之间的研发合作、与知识产权服务机构的业务合作、与相关企业之间的知识产权转让许可及纠纷等。涉及的工作范围宽广、工作人员众多,必须有完善的知识产权工作机制,汇聚各参与方的力量,才能做好知识产权工作。特别是出口型企业,在对外贸易中面临的环境更加复杂,更要依托行业协会和组织的力量,组建或参与知识产权联盟,在对外知识产权贸易中形成合力,从而整体上促进我国技术贸易的顺利开展。

附件:WIPO 管理的知识产权保护条约统计列表[①]

表 9-4　WIPO 管理的知识产权保护有关条约

知识产权保护有关条约	时间	主 要 内 容
《巴黎公约》	1883	适用于最广义的工业产权,包括专利、商标、工业品外观设计、实用新型、服务商标、厂商名称、地理标志,以及制止不正当竞争。本协议是帮助创作者在别国确保自己的智力作品受到保护的首要一步。
《伯尔尼公约》	1886	涉及对作品及其作者权利的保护。公约为作者、音乐家、诗人以及画家等创作者提供了控制其作品依什么条件由谁使用的手段。
《(产地标记)马德里协定》	1891	根据《马德里协定》,凡带有虚假或欺骗性产地标记、直接或间接把缔约国之一或该缔约国的一个地方标为原产国或原产地的商品,必须在进口时予以扣押或禁止其进口,或对其进口采取其他行动和制裁手段。

---

① 　根据 WIPO 官方网站整理。

知识产权保护有关条约	时间	主 要 内 容
《罗马公约》	1961	《罗马公约》确保对表演者的表演、录音制品制作者的录音制品和广播组织的广播节目予以保护。公约的行政管理工作由WIPO、国际劳工组织(ILO)和联合国教科文组织(UNESCO)共同负责。
《录音制品公约》	1971	每一缔约国均有义务为属于另一缔约国国民的录音制品制作者提供保护,以禁止未经制作者同意而进行复制,禁止进口此类复制品(如果这种复制或进口以向公众发行为目的),并禁止此类复制品向公众发行。公约的行政管理工作由WIPO、国际劳工组织(ILO)和联合国教科文组织(UNESCO)共同负责。
《布鲁塞尔公约》	1974	《布鲁塞尔公约》(也称《卫星公约》)规定,每一缔约国均有义务采取适当措施,防止未经许可向其领土或从其领土发送卫星传输的节目信号。
《内罗毕条约》	1981	参加《内罗毕条约》的所有国家均有义务保护奥林匹克会徽(5个相互交错的圆环),制止未经国际奥林匹克委员会的许可,将其用于商业目的(如广告中、商品上、作为商标等)的行为。
《华盛顿条约》	1989	《华盛顿条约》对集成电路布图设计(拓扑图)提供保护。
《商标法条约》	1994	《商标法条约》(TLT)的宗旨是统一和简化国家和地区商标注册的程序。实现这一宗旨的方法是,简化和协调这些程序的若干方面,从而减少在多个法律管辖区申请商标和管理商标注册的复杂性,并提高其可预见性。
《世界知识产权组织版权条约》(WCT)	1996	《WIPO版权条约》属于《伯尔尼公约》所称的特别协议,涉及数字环境中对作品及其作者权利的保护。除了《伯尔尼公约》承认的权利之外,作品和作者还被授予某些经济权利。条约还涉及受版权保护的两个客体:①计算机程序,无论其表达方式或表达形式如何;和②数据或其他资料的汇编("数据库")。
《世界知识产权组织表演和录音制品条约》(WPPT)	1996	《WIPO表演和录音制品条约》(WPPT)涉及两种受益人的知识产权,特别是在数字环境中的知识产权:①表演者(演员、歌唱家、音乐家等);②录音制品制作者(主动将声音录制下来并负有责任的自然人或法人)。
《专利法条约》	2000	协调并简化国家和地区专利申请和专利的形式程序,使这些程序更加方便用户。除申请日要求这一重要例外以外,PLT对缔约方主管局可予适用的最大限度的要求作了规定。
《商标法新加坡条约》	2006	《商标法新加坡条约》的目标是为协调商标的目标是为协调商标注册的行政程序创建一个现代化的动态国际框架。《商标法新加坡条约》以1994年《商标法条约》(TLT)为基础,但适用范围更广,还处理通信技术领域的一些较新进展。
《视听表演北京条约》	2012	涉及表演者对视听表演的知识产权。
《马拉喀什视障者条约》	2013	具有鲜明的人道主义和社会发展维度,主要目标是创设一组有益于盲人、视力障碍者和其他印刷品阅读障碍者(视障者)的强制性限制与例外。

表 9-5　WIPO 管理的全球保护体系有关条约

全球保护体系有关条约	时间	主　要　内　容
《(商标)马德里协定》	1891	商标国际注册马德里体系受 1891 年签订的《马德里协定》和 1989 年签订的《马德里协定有关议定书》的制约。根据本体系，只要取得在每一被指定缔约方均有效力的国际注册，即可在数量众多的国家中保护商标。
《海牙协定》	1925	《海牙协定》对工业品外观设计的国际注册作出规定。协定最早于 1925 年通过，旨在有效地建立起一个使工业品外观设计以最少的手续在多个国家或地区取得保护的国际体系——海牙体系。
《里斯本协定》	1958	《里斯本协定》保护原产地名称，原产地名称是指"一个国家、地区或地方的地理名称，用于指示一项产品来源于该地，其质量或特征完全或主要取决于地理环境，包括自然和人为因素"。
《专利合作条约》	1970	通过《专利合作条约》(PCT)，可以只提交一份"国际"专利申请，即在许多国家中的每一国家同时为一项发明申请专利保护。PCT 缔约国的任何国民或居民均可提出这种申请。一般可以向申请人为其国民或居民的缔约国的国家专利局提出申请；也可以按申请人的选择，向设在日内瓦的 WIPO 国际局提出申请。
《布达佩斯条约》	1977	涉及国际专利程序中的一个特定主题：微生物。所有加入条约的国家必须承认，无论保藏单位的地点在哪，保藏的微生物均为专利程序的一部分。这事实上意味着，向申请予以专利保护的每一国家单位交存微生物的要求不复存在。
《马德里议定书》	1989	商标国际注册马德里体系受 1891 年签订的《马德里协定》和 1989 年签订的《马德里协定有关议定书》的制约。通过本体系，只要取得在每一被指定缔约方均有效力的国际注册，即可在数量众多的国家中保护商标。

表 9-6　WIPO 管理的分类有关条约

分类有关条约	时间	主　要　内　容
《尼斯协定》	1957	《尼斯协定》建立了用于商标和服务商标注册的商品和服务分类("尼斯分类")。缔约国的商标局必须在与每项注册相关的官方文件和出版物中，按分类标明注册商标所用于的商品或服务所属的分类号。
《洛迦诺协定》	1968	《洛迦诺协定》建立了工业品外观设计的分类(洛迦诺分类)。缔约国的主管局必须在记载工业品外观设计保存或注册的官方文件中，按分类标明采用外观设计的商品所属的大类和小类号。在该局发行的有关工业品外观设计保存或注册的任何出版物中，亦须标明这种分类号。
《斯特拉斯堡协定》	1971	《斯特拉斯堡协定》建立的国际专利分类(IPC)把技术分为 8 个大类，约 70 000 个复分类。在检索"现有技术"时，分类对检索专利文件不可或缺。颁发专利文件的机关、潜在的发明人、研究与开发单位以及其他有关的技术应用或开发单位都需要进行这种检索。

续表

分类有关条约	时间	主 要 内 容
《维也纳协定》	1973	《维也纳协定》建立了一种用于由图形要素构成的或带有图形要素的商标的分类法(维也纳分类)。缔约国的主管局必须在其有关商标注册和续展的官方文件或出版物中,标明商标的图形要素所归入的该分类的类号、组号和项号。

参 考 文 献

[1] 王玉清,赵承璧.国际技术贸易(第 4 版)[M].北京:对外经济贸易大学出版社,2013.

[2] 刘海波,古谷真帆,张亚峰.日美贸易摩擦中知识产权的作用及其对我国的启示[J].中国科学院院刊,2019,34(08).

[3] 韩秀成,王淇.知识产权:国际贸易的核心要素——中美经贸摩擦的启示[J].中国科学院院刊,2019,34(08).

[4] 马凌远.知识产权保护与中国服务贸易进口增长[J].科学学研究,2014,32(03).

[5] 吕晓青.中国知识产权保护与中国国际技术贸易的发展[J].经济论坛,2007(11).

[6] 余长林,王瑞芳.知识产权保护与国际技术转移的关系研究进展[J].财经问题研究,2009(03).

[7] 王平,谭智.发展中国家知识产权保护与国际技术转移——中国省级面板数据的 GMM 分析[J].中南财经政法大学学报,2012(01).

[8] 王金强.知识产权保护与美国的技术霸权[J].国际展望,2019,11(04).

[9] 李虹.国际技术贸易(第 3 版)[M].大连:东北财经大学出版社,2013.

[10] 世界知识产权组织.2015 年世界知识产权报告-突破性创新与经济增长[R].世界知识产权组织官方网站,2015.

[11] 世界知识产权组织.2017 年知识产权报告——全球价值链中的无形资本[R].世界知识产权组织官方网站,2017.

[12] 世界知识产权组织.2018 年全球创新指数[R].世界知识产权组织官方网站,2018.

[13] 世界知识产权组织.2019 年世界知识产权指标报告[R].世界知识产权组织官方网站,2019.

[14] 国家知识产权局知识产权发展研究中心.2018 年中国知识产权发展状况评价报告[R].国家知识产权局,2019.

[15] 国家知识产权局.2019 年中国专利调查报告[R].国家知识产权局,2019.

[16] 国家外汇管理局.2018 年中国国际收支报告[R].国家外汇管理局,2019.

[17] 最高人民法院.中国法院知识产权司法保护状况(2019 年)[R].北京:人民法院出版社,2020.

[18] 许惊,贾敬敦等.2019 年全国技术市场年报[R].北京:兵器工业出版社,2019.

第10章　技术引进与家电行业的创新与发展

在中华人民共和国成立之前,我国家用电器工业基础极为薄弱,生产能力只限于少量的电风扇产品,其余产品几乎是空白。新中国成立之后,吊扇、台扇、电熨斗、电炉等小家电的生产得到逐步发展,并开始试制较高档次的家电产品。1954 年、1957 年、1962 年、1964 年分别开始试制电冰箱、洗衣机、吸尘器、空调器等产品。1978 年,我国家电的工业总产值为 4.23 亿元,家用电冰箱的生产仅仅是起步,全自动洗衣机也刚刚诞生。

过去 40 年,中国家电行业发生了巨大变化,从一个几乎空白的行业,成长为全球家电大国和强国。这 40 年,也是我国经济高速增长、改革和开放的 40 年,是全球化加速和深化的 40 年。在这个大背景下,我国家电行业是如何成长为全球最有竞争力的行业之一的呢?本章希望进一步探讨和研究这个问题,并在此基础上对中国产业的成长模式做几点分析。重点之一,是以我国电冰箱和洗衣机行业的发展来剖析技术引进、技术创新与产业成长的关系。

专利是衡量一个国家技术能力的重要指标。专利在国家之间的分布,能够刻画各个国家的技术拥有状况。本章主要以电冰箱和洗衣机两类家用电器行业的专利分布情况为指标[①],分析我国家电技术的拥有状况和贸易状况,以及技术水平对我国家电行业发展及全球竞争力的影响。

我国家电行业起步较晚,在改革开放初期靠引进国外产品线和产品满足国内市场,并形成了一定的规模生产能力。在 1985 年我国《专利法》实施初期,有记载的电冰箱和洗衣机行业的相关专利数量初步增长;20 世纪 90 年代我国家电行业开始引进国外关键技术,促进了产业整体水平的提升,同时专利数量也迅速提升,截至目前,两类行业的相关专利申请数量已经位居世界前列;在新世纪前 10 年,相关技术水平进一步提升,国内企业与合资企业之间技术的流动性特征明显,专利申请数量也位居世界首位,我国成为全球家电大国;2010 年至今,在生产大国的基础上,我国进一步成为全球家电强国,在相关专利申请数量保持首位的同时,还将部分技术输出至国外企业。

10.1　起步阶段：在成套设备引进基础上形成大规模生产能力

改革开放之初,我国家电行业可以说是基础几乎为零,根据轻工业部 1975 年一项对于广州、沈阳、上海 3 地的调查显示,3 座城市在当时一共只有 72 家企业、1.8 万多名

---

① 检索来源于 incopat 专利数据库,主要依据《国际专利分类与国民经济行业分类参照关系表(2018)》的分类方法进行检索分析。下文不再一一注明。

职工,这其中还包括了生产灯具的企业,其工业总产值也只有 2.3 亿元①。1980 年轻工业部施行的定点生产的企业中,洗衣机厂只有 11 家,家用电冰箱厂只有 9 家②,生产厂商数量较少。即使是到了 1985 年,我国电冰箱和洗衣机产量都较之前增长了 30 倍,但全国的电冰箱家庭普及率也仅为 1.51%,洗衣机家庭普及率为 10.8%③。与城镇居民相比,农村家庭的每百户拥有量更低,如图 10-1 所示。即使生产能力大幅扩张也很难满足国内市场旺盛的家电产品需求。除此之外,国内生产家电产品初期基本靠手工仿制,成本较高,技术粗糙,产能也较低,难以满足国内家电产品快速增长的需求。

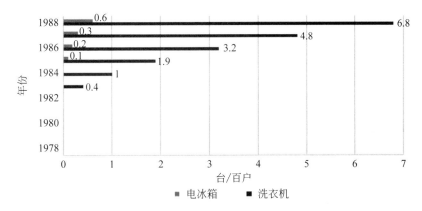

图 10-1　1978—1988 年我国农村居民年末洗衣机和电冰箱每百户拥有量

资料来源:国家统计局住户调查办公室.中国住户调查年鉴 2019[M].中国统计出版社,2019.

在这个时期,从专利技术的统计看,我国几乎为零。当时的冰箱和洗衣机专利拥有国中,日本的研发能力特别突出,其次是德国、美国、韩国等,如图 10-2 及图 10-3 所示。而国内需求膨胀却缺乏基础的技术,在这样的背景下,引进其他国家的家电产品成为必然的选择。由于日本相关技术更为成熟,我国这一时期家电产品也主要是从日本引进。以洗衣机为例,截至 1990 年已完工的项目中,我国共有 36 家厂商引进了约 64 个项目,其中 53 项是从日本相关企业引进,主要包括了日本东芝、松下、三菱等公司④。

1978 年,我国第一个考察团前往日本进行参观学习,将部分家电样品带回国内,开启了通过引进国外整机从而仿制模仿的学习阶段。如当时的北京白菊电器公司 1987 年引进了日本东芝公司的 SD-10 双桶喷淋型洗衣机、上海洗衣机总厂 1986 年引进了日本夏普公司的 XPB25-10S 双桶洗衣机、大连波浪家用电器公司 1985 年引进了家乐万宝洗衣机 PAS82-9 型⑤。根据相关统计,我国 1981—1985 年之间的洗衣机行业引进了超过 56 项国外项目,总投资超过了 5 亿元人民币。

除直接从国外产品引进这一特征外,这一阶段我国家电行业还通过大规模引进配

①　中国家电协会.中国家电 40 年:1978—2018[R].2019.
②　中国家电协会.中国家电 40 年:1978—2018[R].2019.
③　《中国轻工业年鉴》编辑委员会.中国轻工业年鉴 1986[M].北京:轻工业出版社,1986.
④　《洗衣机行业十年》编委会.洗衣机行业十年(1980—1990)[R].1991.
⑤　《洗衣机行业十年》编委会.洗衣机行业十年(1980—1990)[R].1991.

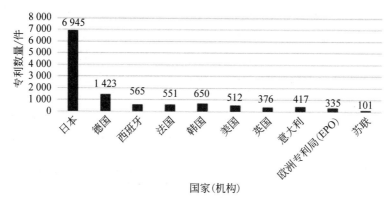

图 10-2　1978—1988 年洗衣机相关技术专利全球分布

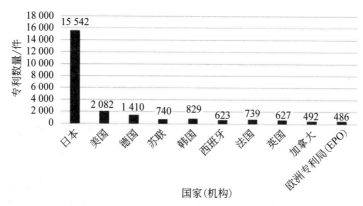

图 10-3　1978—1988 年电冰箱相关技术专利全球分布

件进行组装、引进生产线和个别关键设备等方式实现发展。这些方式在引进相关产品和技术时，也间接促进了我国家电行业的技术吸收与再创新。如北京市洗衣总厂在1982 年引进日本东芝公司的银河 SD-100 喷淋双筒洗衣机时，没有全盘照搬，而是与日方沟通交流，边引进边吸收，在很短时间里就实现了零部件国产化，并在随后研制出了白菊Ⅲ型、Ⅳ型洗衣机，Ⅴ型半自动新水流和适用型带水泵的洗衣机[①]。营口洗衣机总厂在 1983 年开始与日本松下进行合作，从引进零部件进行组装到引进生产线，在技术引进的同时也注重本土化，很快就成为国内领先的洗衣机制造企业，被国家经济贸易委员会誉为"引进技术，改造现有企业全优单位"。此外，一些企业还结合了国人的实际使用需求进行了产品的改造。我国是发展中国家，在生活习惯和生活基础设施上与国外有所不同，因此洗衣机产品的技术创新主要侧重在"洗涤性能""中国式新水流""选材"等方面的尝试[②]，使得产品更加符合实际需求。传统的冰箱冷冻室以小型为主，美菱冰箱从国人"年节福利"的实际情况出发，开始主动研制大容量冷冻室的冰箱，1989 年这

---

① 《中国轻工业年鉴》编辑委员会.中国轻工业年鉴[M].北京：轻工业出版社，1987
② 《洗衣机行业十年》编委会.洗衣机行业十年(1980—1990)[R],1991.

款具有 80 升冷冻室的冰箱上市,受到消费者的强烈追捧。

除了直接引进相关的产品和技术,当时已经出现了"无形资产"层次上的学习与引进。1984 年海尔电冰箱厂在引进德国利勃公司的技术和设备的同时,也将相关的技术标准(德国标准化协会标准和国际 ISO 标准)引进国内,同时还派出了相关技术人员前往国外进行技术培训,这些具有深远战略意义的决定也为海尔公司后来的崛起奠定了基础。

从整体上看,不仅仅是企业进行着技术引进与吸收的相关工作,国内的有关科研部门也在进行着技术攻关,如北京家用电器研究所 1979 年建立了洗衣机研究实验室,对当时全球范围内存在的洗衣机品种进行了系统的分析,并提出结合我国的实际国情应该选择波轮式洗衣机的发展方向,为企业研发提供了正确的引领与指导。在重大的关键零部件的研发与生产问题上,有关科研部门也为企业提供了许多切实的建议和咨询服务,共同促进了我国家电行业起步阶段的发展[①]。

在以上诸多因素的共同作用下,我国的家电行业增长迅速。以洗衣机行业产量为例,从 1978 年的 0.04 万台到 1985 年的 887.2 万台,增加 2 万多倍,如图 10-4 所示。我国仅用 5 年左右的时间,就在产量上与日本和美国持平,超越了当时的西德和法国,成为世界洗衣机生产大国。同时,迅速提升的生产能力满足了国内市场的需求,逐渐替代了进口,如图 10-5 所示。

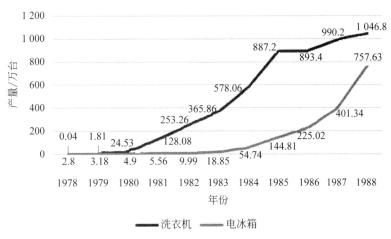

图 10-4 1978—1988 年我国洗衣机和电冰箱产量

资料来源: 前瞻数据库

这一阶段我国能够实现大规模技术引进的主要动因主要有如下几个方面。

首先,我国与国外家电行业存在差距。国外该行业起步于 20 世纪 50 年代,80 年代起在发达国家家电行业已经进入产业转移和技术扩散的成熟期,中国市场广阔,又恰逢改革开放的政策窗口期,中国承接国际家电行业技术转移有着各种方面的便利和优势。

---

① 《洗衣机行业十年》编委会.洗衣机行业十年(1980—1990)[R],1991.

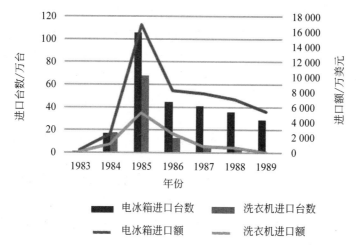

图 10-5　20 世纪 80 年代我国电冰箱和洗衣机进口台数与进口额情况

资料来源：中国对外经济贸易编辑委员会.中国对外经济贸易年鉴[M].北京：中国统计出版社,1984—1990.

其次,我国家电行业初始基础较差,通过直接引进相关产品、生产线和技术能够在最短的时间内助力于产业发展。面对技术、人才、资金等都几乎空白的情况下,通过引进国外成型产品进行"逆向工程",逐渐掌握了家电产品的工作原理,可以更好地集中精力对重大关键技术环节进行技术攻关,并结合我国实际国情和市场需求进行再创新。

最后,我国市场规模广大。虽然家电产品一直是居民消费的热点,当时还被称为"奢侈品",但人均拥有量极低。巨大的市场缺口背后是巨额的利润空间,这也激励着以直接引进国外产品来进行模仿学习的企业行为。

由于我国家电行业极其迅速的扩展与引进,"盲目扩张、重复引进的问题逐渐暴露出来",政府也制定了一系列的管制措施。1985 年 6 月,国务院批转了由国务院、国家经委和轻工业部发布的《关于加强电冰箱行业管理、控制盲目引进的报告》,对电冰箱生产、引进规模进行了具体的规划,并制定了相应的整顿措施。但我们其实可以从图 10-4 和图 10-5 中看到,"紧急刹车"的行政指令并没有发挥相应的效果。1986 年,现荣事达集团的前身合肥洗衣机总厂还在以高达 900% 的负债率贷款 2 700 万元,引进了日本三洋集团的双桶洗衣机生产线及相关配套技术。这一时期的盲目引进确实带来了很多问题,国内市场供给已经远远大于了需求,在市场趋向于饱和的情况下,众多家电企业不得不思考其他方式来提高自身的竞争力。这主要体现在这一时期的家电行业一方面不断注重提高产品质量,另一方面则是主要结合实际市场需求开始进行自主创新。

10.2　关键技术引进和产业整体水平提升阶段(1989—1998)

经过近 10 年的高速发展与扩张,国内家电行业产业水平迅速提高,1988 年我国的洗衣机产量突破 1 000 万台,冰箱产量也接近 899 万台。此时,家电全行业产值达到了

223.61 亿元,全国销售收入亿元以上,利润超过 1 000 万元的企业多达 40 家①。随着改革开放进程的不断深入,国内整体投资环境不断改善,居民生活消费水平持续提高,家电行业面临转型升级的巨大机遇与挑战,外资企业开始进入我国市场。

在技术引进方面,随着改革开放的步伐加快和社会主义市场经济的建立,外资企业纷纷利用我国的优惠政策以合资的方式进入国内市场,这一时期合资企业发展迅速,如表 10-1 所示。根据中国家用电器协会的统计调查表明,截至 1995 年,有 39 家家电企业与国外公司签订了合作协议,共兴建了 58 个合资企业,协议投资额达到了 19 亿美元②。

表 10-1　20 世纪 90 年代初我国家电行业部分合资情况③

年　　份	投资的国外公司	合资的国内公司
1993	LG	TCL
1994	日本三洋	荣事达
1994	博西家电	小天鹅
1995	德国博世	神州
1995	美国惠而浦	雪花、水仙、蚬华、蓝波
1995	博西家电	扬子
1996	A.O 史密斯	玉环

根据这一时期专利数据统计与分析显示,日本和韩国是电冰箱和洗衣机产业技术领先的国家,而由于我国在前期引进国外生产线和相关产品的基础上,开始重视自主创新能力,相关专利有所增加,电冰箱的相关专利已经增加至 1 790 件,洗衣机的相关专利增加至 1 143 件,都位于世界第 4 位。同时,在中国申请的洗衣机相关专利的数量达到了 2 142 件,同样位居世界第 4。但与上一阶段有所不同的是,其中的专利类别分布显示,这时发明授权的专利数量已经占到总申请数量的近 20%,说明这一阶段相关行业具备了一定的自主创新能力。在中国申请的两个行业的专利分布中,中国已经是最多的国家,洗衣机和电冰箱的相关专利数量都远超其他国家,如图 10-6 所示。这一方面说明了我国相关技术研发的进步,另外也说明了国外企业在中国合资的形式也促进了我国家电企业对于相关技术的认识与研发。但从全球范围看,虽然国内技术能力虽然有明显提升,但我的相关技术距离世界顶尖水平还有不小差距。

同时,大量的合资企业在这一时期相继成立,如在 1992 年 4 月,三星康宁公司在天津成立三星第一家在华合资企业,1995 年 1 月,三星集团中国总部成立,第 2 年三星(中国)投资有限公司成立。日本松下集团与我国之间一直保持着良好的沟通关系,邓小平、江泽民等国家领导人都访问过松下,其创始人松下幸之助也于 1979 年访华。

---

① 中国家电协会.中国家电 40 年:1978—2018[R],2019.
② 中国家电协会.中国家电 40 年:1978—2018[R],2019.
③ 根据中国家电协会提供资料整理。

1994年,松下电器(中国)有限公司成立。大连三洋制冷有限公司是日本三洋集团于1992年在中国成立的合资企业,是国内首家中外合资的中央空调生产企业。大连三洋冷链有限公司和大连三洋压缩机有限公司也分别成立于1993年和1994年。由于这一时期日本和韩国在洗衣机和电冰箱行业的技术地位占据优势,而我国在这一时期对于家电行业的引进主要来源于日本和韩国,结合这一时期中国家电洗衣机和电冰箱行业专利的申请人情况来看,主要也是三星、松下、LG等日韩公司在中国申请了较多的相关专利,所以我国这一时期大量合资企业的出现主要是出于对外资带来技术的青睐,期望以合资的形式引进相关先进技术。

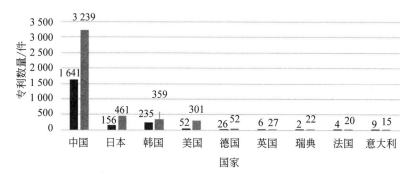

图 10-6　我国及国外电冰箱与洗衣机行业中国专利申请人情况(1988—1998)

经过大量的引进,国内家电行业已经具备了一定的生产能力,满足了国内市场的一定需求。同样以农村地区为例,如图10-7所示,每百户拥有量中,洗衣机已接近23台,电冰箱接近10台,较上一阶段有较大提升。这一时期,通过引进完整的生产线来扩大

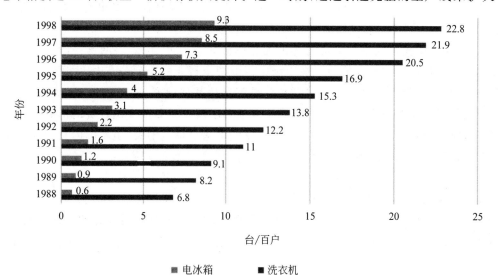

图 10-7　1988—1998 年我国农村居民洗衣机与电冰箱每百户拥有量

资料来源：国家统计局住户调查办公室.中国住户调查年鉴 2019[M].北京：中国统计出版社,2019.

生产能力的企业逐渐减少,但当时还有一些零配件和原材料,如电冰箱压缩机、洗衣机定时器、ABS 工程塑料等必须依靠进口[①],引进关键设备也成为这一时期家电企业提高自身产品竞争力的必要选择。

这个时期,虽然我国的专利申请明显增多,但从在我国申请专利的申请人角度进行分析,可以发现,我国专利申请人排名靠前的仍然以在我国的外资企业为主,如图 10-8 和如图 10-9 所示。这与图 10-6 所展现的结论形成一定对比,说明虽然有更多的企业越来越重视技术创新,但中国的电冰箱和洗衣机行业中还缺少真正具备较强技术创新能力的企业。

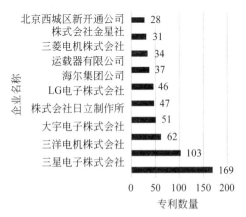

图 10-8　电冰箱中国专利申请人排名(1988—1998)

图 10-9　洗衣机中国专利申请人排名(1988—1998)

从专利许可情况可以看出,这一时期的电冰箱行业中,技术专利的流动主要以日本三洋电机株式会社和在大连设立的合资公司大连三洋冷链有限公司、大连三洋制冷有限公司和大连三洋压缩机有限公司之间产生。而在洗衣机行业,东芝生活电器株式会

---

① 中国家电协会.中国家电 40 年:1978—2018[R],2019.

社也将滚筒洗衣机相关专利许可于 1998 年给予了无锡小天鹅股份有限公司。

除了合资与引进，国内的家电企业也逐渐提高了自主研发的意识，企业中科研费用的投入增加。根据 2001 年对我国 3 家代表性家电企业的一项调查[①]，这一时期，独立研发关键技术成为企业最为重要的任务，其次则为与国外企业合作开发以及从国外购买设备。

此外，自主研发的方向和重点还受到相关国际环境保护的政策议程影响，我国于 1987 年作为缔约国加入《关于消耗臭氧层物质的蒙特利尔议定书》、1989 年加入《保护臭氧层维也纳公约》，对臭氧层物质（ODS）的消耗进行了明确的抑制。这种情形也直接影响到了家电行业，这一时期的家电行业技术创新朝着节能环保的方向前行，并在技术研发方面开始与国内高校、科研院所进行合作，密切产学研合作关系，效果显著。如春兰集团投入了 14 亿元筹建专门用于开发新产品的研究院，1998 年黄石东贝集团建立了省一级的技术开发中心和一系列技术研发实验室。1997 年轻工业系统中的 22 家国家级的企业技术中心中家电行业独占 9 家，可见家电行业的自主创新步伐加快。

在技术创新的程度不断提高的支持下，我国的家电行业开始走向绿色节能之路，1996 年，新飞公司具有国际先进水平的环保冰箱生产线建成投产；1997 年海尔推出的"大王子"冰箱解决了无 CFC 和节能两大难题，达到了无污染和节能的双重功效，其中耗电量比欧洲 A 级标准节电 20%，比美国能耗标准节电 18%[②]，在国际上处于领先水平，同时冷冻能力也超过国家标准 4 倍。1998 年，科龙公司与香港珠江冰箱有限公司和成都发动机集团共同投资的环保电冰箱生产线投产，并在政策的鼓励下成功研制出无氟的电冰箱压缩机。与此同时，变频技术的空调也开始出现在中国市场当中。

这一时期，技术的进步也带来了更加激烈的知识产权竞争，我国家电行业在走向制造大国和制造强国的过程中也努力争夺行业标准制定的主动权。如海尔在 2004 年参与了 16 项国家标准的制定，还参与到部分国际标准的制定当中。

10.3 双向技术流动和全球家电大国地位的形成（2001—2008）

从图 10-10 可以看出，我国在 1999—2008 年这 10 年间，洗衣机及电冰箱产品产量仍然保持平稳增长，从产量上来说，我国已成为家电生产大国。以 2010 年为例，我国电冰箱产品和洗衣机产品的产量占全球的比重都为 50%[③]。同时，家电产品也已在农村地区迅速普及，以洗衣机和电冰箱两种产品为例，2008 年洗衣机在农村地区的拥有量已接近 50%，电冰箱每百户的拥有量也达到了 30%。

不仅如此，我国的家电企业也加快了在国外的产业布局。海尔集团 1999 年就在美国南卡罗来纳州建立了北美地区的第一个家电生产基地，实现了设计、研发和生产的

---

① 江小涓. 全球化中的科技资源重组与中国产业技术竞争力提升[M]. 北京：中国社会科学出版社，2004.

② 郭忠升，于中君. 海尔"大王子"电冰箱[J]. 家用电器，1997，(6)：2.

③ 此处为引用的互联网上的 PPT 资料。

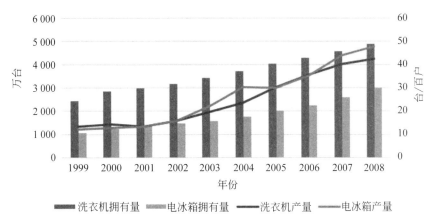

图 10-10　1999—2008 年我国洗衣机和电冰箱产量及农村地区每百户拥有量

资料来源：国家统计局住户调查办公室.中国住户调查年鉴 2019［M］.北京：中国统计出版社,2019.

国际化。之后将欧洲、中东等地区都纳入自身的市场网络,更好地对接国际需求。美的集团也于 2006 年建成了第一个境外投资厂——越南工业园,在东南亚地区施加影响力。之后其又与泰国、俄罗斯签订合作协议,在当地投资建厂,2008 年也被美的集团称为"全球化年"。荣事达集团在日本和美国设立了研究中心,加之国内和高校合作的研究所形成全球研发网络。此外,荣事达集团还与同创集团、南京理工大学合作,全面实施现代集成制造系统应用工程(CIMS),实现公司管理技术的全面升级,提升了核心创新能力。

此外,我国家电产业还采取直接收购国外企业的方式,以获取更为成熟和先进的技术,实现不同技术的整合和对前沿技术的探索。如海尔集团收购了日本三洋集团和新西兰的斐雪派克公司以获取其在洗衣机、电磁炉等领域的先进技术。

由于数据获取的原因,在这一阶段中,1999 年和 2000 年的专利数据进行了单独统计,而我们则取 2001—2008 年的专利数据来显示这一阶段的情况。如图 10-11 和图 10-12 所示。从专利相关的数据来看,截至 2008 年,中国在电冰箱相关公开专利中占据世界第 4 位,与第 3 位的美国差距不大。而在洗衣机行业的专利拥有量已经居于世界第 2 位,达到了 5 717 件,在专利申请方面我国已经进入世界第一阵营。

在企业专利申请方面,相较于上一阶段,全世界洗衣机和电冰箱行业排名靠前的申请人中出现了中国企业的身影。在上一阶段中,这两个行业中专利申请量较多的申请人不无例外全为国外企业。而在这一时期,通过合资引进先进技术、加大自主研发的力度等措施使得我国相关企业的技术实力增强,主要为乐金电子(天津)电器公司和海尔集团等企业表现优异。其中乐金电子(天津)电器公司为韩国 LG 集团在天津的合资公司,这也印证了合资企业对于我国相关产业技术进步的促进效果。2002 年,海尔集团成功研发了被称为世界上第四种全新洗衣机的"双动力"洗衣机,其具有"盆形大波轮、特设内桶搅拌叶"等特点,在实现最优化清洗衣物的同时也是实现了能源的节约[①]。

---

①　海尔企业官网媒体中心.

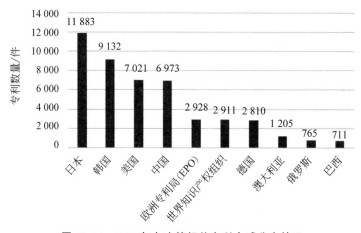

图 10-11　2008 年电冰箱相关专利全球分布情况

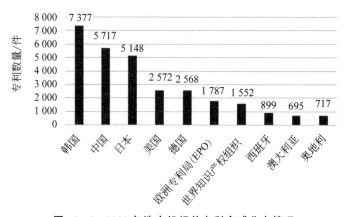

图 10-12　2008 年洗衣机相关专利全球分布情况

在我国申请的电冰箱和洗衣机相关专利中，电冰箱相关专利中申请人为中国的专利申请数量占比为 74.2%，洗衣机相关专利申请数量占比为 75.6%，我国相关技术自主研发的实力有所提升。从专利申请人排名来看，对比上一阶段，2001—2008 年这一阶段的我国专利申请人中国内企业明显增多。洗衣机行业中，除 LG 电子株式会社、博西家用电器公司、三星电子株式会社、松下电器这些国际领先企业外，其余都为国内合资企业或国内企业。电冰箱产业中，中国专利申请较多的申请人几乎全部为国内合资企业或国内企业，且国内企业的专利申请量更多。

20 世纪初，我国加快市场经济建设，又于 2001 年加入世界贸易组织，生产规模大、技术水平高、又具备价格优势的家电行业发展迅猛，再加之国内市场趋于饱和、厂家之间竞争激烈的因素，很多企业通过 OEM（代工生产）的生产方式扩大规模，开始"走出国门争天下"，转移过剩的生产能力。从图 10-13 中可以看出，进入 20 世纪后，整个家电行业产品的出口量平稳增长。虽受到 2008 年国际金融危机的影响，出口额有所下降，但出口比重不降反升，在 2009 年达到 30%。

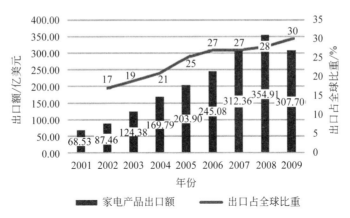

图 10-13　2001—2009 年我国家电产品出口额及占全球比重
资料来源：中国家电协会历年来家电行业数据汇总

相关的技术设备在产品出口规模扩大的过程中也随之输出到国外，提高了我国家电企业的国际竞争力。比如春兰公司向日本三洋公司在阿根廷的合资公司钮森公司输出全套空调器组装线、检测线以及空调生产技术，无锡小天鹅与阿根廷阿塞尔公司成立合资企业，成功地向合资公司输出全套全自动洗衣机制造技术和生产设备，澳柯玛向埃及输出技术设备等[①]。

对家电行业中电冰箱和洗衣机相关专利的转让情况进行分析，我们发现专利转让人中国内企业增多，电冰箱相关专利转让人中乐金（天津）电器有限公司转让数量最多，达到了 298 件；而海尔集团是洗衣机相关专利转让人中转让数量最多的，达到了 233 件。而在专利受让人方面，国外企业占据大多数，洗衣机和电冰箱两行业的相关专利受让人最多的都为 LG 集团，可以推测，合资企业在国内所拥有的专利已经开始出现一定的"反哺效应"，这一时期技术的双向流动特征明显。

10.4　成为世界家电强国（2010—2018）

如图 10-14 所示，这一时期我国洗衣机和电冰箱行业产量趋于平稳，没有较大幅度的变化，但绝对产量仍然位居世界第一，即使是在农村地区，洗衣机和电冰箱的拥有量也几乎达到了 90％以上，电冰箱的拥有量更是接近 100％。在"十三五"期间，我国冰箱压缩机产品产量占全球比重约为 60％～70％，冰箱/冷柜产品、洗衣机产品比重约为 50％～55％[②]。

我国的家电产品不断走向世界，2018 年我国家电行业出口额为 499.97 亿美元[③]，

---

① 江小涓. 全球化中的科技资源重组与中国产业技术竞争力提升［M］. 北京：中国社会科学出版社，2004.

② 中国家用电器协会.中国家用电器发展研究报告 2020［R］，2020.

③ 前瞻产业研究院

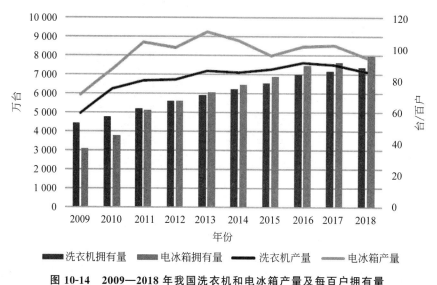

图 10-14　2009—2018 年我国洗衣机和电冰箱产量及每百户拥有量

资料来源：国家统计局住户调查办公室.中国住户调查年鉴 2019［M］.中国统计出版社，2019.

出口额占全球比重(不含零部件)在 40％左右[①]。与此同时，更多中高端产品走向国际市场，以 2019 年为例，500 升以上及 200～500 升电冰箱出口额占出口总额的 62.5％[②]。

海尔公司是最早开始全球化布局的中国家电企业之一，根据 2018 年欧睿国际发布的评估报告，海尔已经成为排名世界第一的家电品牌。据有关统计，海尔三门以上的电冰箱在俄罗斯占到市场份额的 25％以上，超越了欧洲、美国、日本和韩国等的家电品牌；在美国市场上，由海尔于 2016 年收购的 GE Appliances 在当地的高端市场中占比达 13.2％；由海尔在日本推出的品牌 AQUA 坐拥日本 75％的市场份额。而主要定位高端家电产品的卡萨帝品牌产品由海尔的跨国科研与设计团队打造，虽然平均单价较为昂贵，是行业平均值的 2.7 倍，对比外资产品也不占据价格优势，价格接近其 2 倍，但是仍然以超过 1 万元的价格占领了 22.3％的高端家电市场[③]。由我国企业生产的技术含量高的中高端家电产品也逐渐在全球市场上占据主要位置。

2009—2018 年的 10 年间，我国家电行业的专利数量快速增长，以电冰箱和洗衣机为例，我都为世界上在这一时期拥有相关专利最多的国家，电冰箱专利申请量达到了 4 万多件，洗衣机专利申请量超过 2 万件，并远超第 2 位的美国和第 3 位的日本。

从专利申请趋势来看，无论是洗衣机行业还是电冰箱行业，中国已经远远超过其他国家，在申请总量上位居世界第一位，如图 10-15 所示，且增长速度也与其他国家有明显区别。

通过相关专利申请人的对比，我们可以发现，较上一阶段，国内企业明显增多，海

---

①　中国家用电器协会.中国家用电器发展研究报告 2020［R］，2020.

②　中国家用电器协会.中国家用电器发展研究报告 2020［R］，2020.

③　参考消息网。

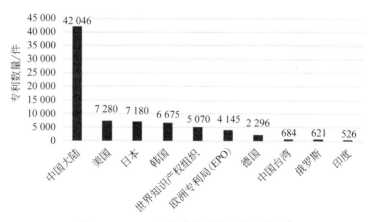

图 10-15　2018 年洗衣机相关专利全球分布

尔、华凌、美的、小天鹅等公司有较多的专利申请,但两个行业中申请最多的仍是韩国的
LG 集团。

电冰箱和洗衣机两行业的专利转让情况显示,这一时期转让人中的国内企业进一
步增多,前 10 位转让人中分别有 8 位和 6 位为国内企业。而受让人方面,更多的则为
国外企业,这说明我国洗衣机和电冰箱行业相关技术进一步发展,不仅实现产品走出国
门,还将相关自主研发的技术输出国外。除此之外,这一时期专利转让的数量都较之前
的阶段有所增长,再考虑到截止数据统计时,仍有部分发明专利因审查周期的原因还未
得到授权,因此这从侧面说明了我国家电产业技术进步发展较快,部分企业已经成为世
界领先的家电生产和研发企业。

如果说我国家电行业在之前的阶段中依靠价格优势进行发展,那么这一阶段的家
电行业不断加大研发投入,主动进行转型升级,发展至今,我国已经从家电行业大国初
步转变为了家电行业强国。根据相关数据统计,我国家电行业技术投入比率在 2009—
2018 年间保持在 1.8% 的水平,如图 10-16 所示。2019 年全行业平均研发投入占比约
为 3%,而 2018 年博西家电、惠而浦、伊莱克斯等国外著名家电生产企业研发投入分别
为 5%、3% 和 3.2%,可以看出,我国家电行业的研发投入已经基本与国外跨国公司水
平持平。另外,中小家电企业也加快研发投入的步伐,飞科、小熊、石头、云米等企业
2019 年的研发投入同比增速超过 60%,科沃斯、万和、新宝等企业的研发投入同比增速
超过 20%[①]。

这一时期,我国的家电行业加速了在国外的布局,并以建立国外的研发基地为主要
手段增强自身的技术竞争力。截至 2017 年,美的集团已经在美国、意大利、奥地利、德
国、新加坡、日本等地建立海外研发中心,且研发中心与当地科研机构紧密合作,成立研
究实验室,加强技术创新能力;海尔也同样在北美、欧洲、中东非、日本、澳洲等区域实现
了研发、制造、营销的“三位一体”,截至 2018 年底,海尔已在全球建立了 10 大研发中

---

① 中国家用电器协会.中国家用电器发展研究报告 2020[R],2020.

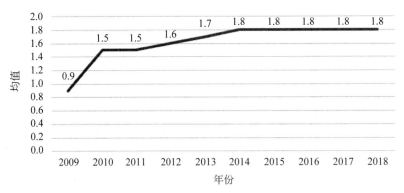

图 10-16　家电行业技术投入比率全行业平均值（2009—2018）

资料来源：前瞻数据库

心、24 个工业园、108 个制造工厂、66 个营销中心，覆盖 160 多个国家和地区，形成世界网络型布局。

随着物联网、"5G 时代"的到来，家电行业也将相关技术进行整合，如海尔集团于 2012 年提出互联网战略以来，逐步搭建起"U＋智慧家庭云平台""COSMOPlat 工业互联网平台"等，旨在实现大规模定制化服务，并成为智能化家庭战略的重要组成部分。2019 年 7 月 1 日，"青岛海尔"正式更名为"海尔智家"，家电行业正在朝着多设备联动、服务智能化家庭生活场景的方向发展。美的集团则在 2017 年完成了对全球著名机器人制造企业库卡的收购，格力已经依靠自身的技术研发生产出多品类机器人投入生产线中使用。

10.5　启示与展望

我国家电行业从无到有，从大到强，走过了一段极不平凡的发展之路。以电冰箱和洗衣机行业为例，在发展初期我国的家电企业以引进生产线及整套设备为主，生产能力低下，产品质量粗糙。经过一段时期的引进使得国内家电行业的整体水平迅速提高，在改革开放和建设社会主义市场经济的背景下，外资企业逐渐进入中国，这给处在重要转型期的家电企业以重要机遇。相关企业积极利用这一契机，迅速增强自主创新能力。以专利数据来衡量，我国家电行业的自主创新能力迅速提升，专利申请量已经位居世界前列，但仍较为缺少具有核心技术创新能力的企业。进入 21 世纪，中国家电行业的产量及出口量已经在全球占据重要地位，大规模的生产以及"入世"所带来的激烈竞争促进了我国家电行业技术能力的快速提升。此外，国内企业的技术水平明显增强，与合资企业一同成为我国家电行业的中坚力量，并在大量出口产品之外，将一定的技术和设备出口到全球各地。近 10 年以来，我国家电行业进一步增强实力，海尔、美的等著名企业已在全球各地建立起研发设计中心，并推广智能家电相关技术及产品。

从对我国家电行业发展历程的分析可以看出，其经历了一个从基础几乎为零起步，经过与国外成熟企业的合作生产、技术引进和消化吸收而不断发展壮大、在某些领域成为家电强国的过程,在这一过程当中,技术引进与自主创新是其中的关键因素。

在我国家电行业发展伊始,就明确了自主创新的相关思想,引进的结果并没有只是照搬模仿。如北京市洗衣总厂在引进日本东芝公司的双筒洗衣机时,在引进的沟通阶段就注重吸收,以较低的成本和较高的效率实现了零部件国产化。还有一些企业根据实际国情,研发制造了符合国人的生活习惯的家电产品,获得市场好评。在市场迅速扩展之后,我国家电行业积极寻求以创新应变局,纷纷加大研发投入,增强自主创新能力,并利用合资等契机转而加强自主品牌及相关技术的研发,为我所用。

当前,科技领域的国际竞争日趋激烈,各个国家也越来越强调对具有自主知识产权的核心技术的研发。但在这一过程中,我们不能忽视技术引进所带来的积极效果,如同家电行业给我们带来的启示,在经济分工格局越来越专业、深化和精细的当下,实现进一步的自主创新固然离不开技术引进,我们要摆脱“自主创新”等于“关起门来搞建设”的错误认知,在不断加强自主创新能力的同时也要重视技术引进所带来的不可忽视的重要作用。

参 考 文 献

[1] 中国家电协会.中国家电 40 年：1978—2018[R],2019.

[2]《洗衣机行业十年》编委会.洗衣机行业十年(1980—1990)[R],1991.

[3] 江小涓.全球化中的科技资源重组与中国产业技术竞争力提升[M].北京：中国社会科学出版社,2004.

[4] 中国家用电器协会.中国家用电器发展研究报告 2020[R],2020.

[5] 郭忠升,于中君.海尔“大王子”电冰箱[J].家用电器,1997(6).

第 11 章　技术贸易是技术进步的主要途径

技术进步是促进经济可持续增长的决定性因素。通过分析不同国家技术进步的动因,学者们普遍认为,相较依靠自身力量进行研发创新,通过国际贸易、国际投资等获得技术溢出是发展中国家实现技术进步更加便捷和重要的途径。本章分析了我国近 30 年的技术发展数据,认为在改革开放以来技术贸易对技术进步发挥了更大作用。

11.1　文　献　综　述

11.1.1　技术落后国家经济增长的动力及原因

经济增长的动力和来源一直是经济研究的热点问题。Aghion、Howitt、Grossman、Helpman、Romer 等认为,技术进步是国家经济持续增长的动力和原因[1]。其中,Romer 构建的内生增长模型中,着重强调了技术扩散对于小国及广大发展中国家经济持续增长的决定性作用。这一理论很好地解释了发达国家的长期经济增长现象,但对于解释亚洲"四小龙"以及中国等新兴经济体的技术进步和经济快速发展显得力不从心。尽管研发投资(R&D)主要集中在发达国家,但技术进步却远不只局限于发达国家内部,新兴经济体以较低的技术研发投资取得了经济的高速增长。

Chuang[2] 是较早研究东亚发展中国家经济增长的学者。他认为不对称的贸易,可以帮助欠发达国家从发达国家获得技术溢出效应,技术水平相差越大,欠发达国家获得技术进步就越快。反之,发达国家不能从欠发达国家获得技术溢出。因此,欠发达国家的人均收入增长速度可能在发展的早期超过发达国家的。

从经济发展史看,这一现象并不是孤例。实际上,由于欠发达国家自身人才素质、科研基础、投入能力等较弱,加上发达国家可能采取的各种封锁措施,欠发达国家依靠自身力量追赶发达国家技术水平难度很大。而通过国际经济交流获得技术先进国家的技术,是欠发达国家提升自身技术能力,进而实现赶超的重要途径。

---

① Aghion et al. A model of growth through creative destruction[J]. Econometrica,1992,60(2): 323—351; Grossman G M,Helpman E. Trade,knowledge spillovers, and growth[J]. European Economic Review,1991, 35; Romer P M. Endogenous Technological Change[J]. Journal of Political Economy,1990,98.

② Chuang, Y. Learning by Doing, the Technology Gap, and Growth[J]. International Economic Review, 1998,39(3), 697-721. doi: 10.2307/2527396.

11.1.2　技术溢出的主要渠道

学者对技术溢出的认识是逐步深入的。从对技术溢出渠道的研究来看,大部分学者采用了 Keller[①] 提出的类别标准,即技术溢出的渠道包括国际商品贸易、外商直接投资(Foreign Direct Investment,简称 FDI)、劳务输出、国际专利、人口迁移以及信息交流等,其中以国际贸易和外商直接投资为主。为方便对比,本文也采用此种分类方法对技术溢出的主要渠道做一综述。

1. 国际贸易

20 世纪 90 年代,研究技术溢出的文献开始增多,如 Grossman 和 Helpman[②]。这些文献普遍认为,在开放经济中,研发和国际贸易是推动经济增长的主要动力:从研发方面来看,对技术进步产生影响的既包括国内的研发投入,也包括外国的研发投入;从国际贸易方面来看,技术发达国家之间以及技术发达国家和技术欠发达国家之间的国际贸易均能促进相关国家技术进步,而且中间产品的国际贸易会扩大技术溢出的效应。

国际贸易进口、出口对技术溢出的影响不同。在研究进口技术溢出的文献中,Coe 和 Helpman[③] 认为,关键设备和仪器等商品是技术和知识的载体,相关进口贸易促进了技术知识在不同国家之间的流动和溢出。技术欠发达国家通过国际贸易获得这些商品,进而获得物化技术进步(Embodied Technical Change)以及实现逆向工程(Reverse Engineering)的能力。Coe 和 Helpman 还进一步提出,技术欠发达国家从技术发达国家进口商品数量与种类越多,物化在商品中的技术就越多,就可以获得更多的技术溢出。此外,Aghion et al.[④]提出,国际贸易还会产生“进口竞争效应”,倒逼企业增加研发投入,促进技术进步。

在研究出口技术溢出的文献中,庞兰心等[⑤]认为,出口主要通过学习效应(Learning—by—Exporting)实现。一方面,出口企业置身于国际市场,与发达国家的企业或组织机构联系密切,通过这些联系出口企业可以了解到更多前沿信息并获取自身所不具备的稀缺资源,从而促进企业的创新和生产;另一方面,由于出口企业面临激烈的国际竞争,必须通过创新来求得生存和发展,因此出口企业在研发上的投入强度更大(即“出口竞争效应”)。出口企业从发达国家获得的先进技术和知识,不仅能增强企业自身的创新能力和国际竞争力,更能促进行业技术水平的提高。

2. 国外直接投资

FDI 实际上是囊括了资本、先进生产技术和管理技术等要素的国际转移。从获得

---

① Keller,W. International Technology Diffusion[J]. Journal of Economic Literature,2004.

② Grossman G M,Helpman E. Trade,knowledge spillovers and growth[J].European Economic Review,1991,35.

③ Coe D T,Helpman E. International R&D Spillovers[J]. European Economic Review,1993,39(5):859—887.

④ Aghion,et al. Competition,Imitation and Growth with Step-by-Step Innovation[J]. Review of Economic Studies,2001.

⑤ 庞兰心,官建成,高峰.国际技术知识溢出效应及其影响因素研究[J].管理评论,2019,31(01):81-89.

技术溢出方式来说，Das[①]、Kokko[②]认为主要包括模仿—示范、技术人员流动、竞争效应以及跨国公司与当地产业的联系4种。Liu[③]将FDI的技术溢出效应分为行业内水平溢出效应和行业间的前后向关联效应2种：FDI行业内的水平溢出效应主要包括示范效应、竞争效应以及人力资本流动3种；FDI行业间的前后向关联效应指下游的内资企业从外资供应商购买原料或中间投入品，或者上游的内资企业将原材料或组件卖给跨国公司[④]。

3. 对外直接投资

对外直接投资指的是东道国对外商的直接投资（Outward Foreign Direct Investment，简称OFDI。有时也称ODI，Outward Direct Investment）。20世纪90年代后，一些学者发现，国际投资不仅对接受投资的东道国具有技术溢出效应，对于母国同样适用。Kogut和Chang[⑤]是较早研究这一问题的文献。其分析了日本企业在美国大量投资研发密集型产业的现象，并指出日企倾向于采用合资形式（相较于"绿地投资"、跨国并购和独资），主要是为了获取和分享美国企业的技术。Yarnawaki[⑥]发现，技术落后于欧美的日本公司往往采取合作或合资的方式进行直接投资，反之则青睐"绿地投资"。Jaffe et al.[⑦]认为知识、技术的地理集中性，是企业通过在技术丰富的国家或地区投资，获取技术或间接吸纳技术溢出的主要原因。Branstetter[⑧]认为日本企业对美国的投资主要获得单向技术溢出，对东亚的投资存在双向技术溢出。Braconier et al[⑨]使用瑞典企业面板数据进行分析，认为OFDI和FDI的规模、东道国的研发资本存量与母国获得的技术溢出效应呈明显的正相关联系。

我国内学者也较早意识到对外直接投资具有技术溢出效应。冼国明认为发展中国家对发达国家逆向投资是"学习型FDI"[⑩]。江小涓认为在科技资源密集的国家设立研

① Das S. Externalities, and technology transfer through multinational corporations A theoretical analysis[J]. Journal of International Economics,1987,22(1—2)：171—182.

② Kokko A. Local Competition and Endogenous Spillovers from Foreign Direct Investment [J]. Handelshögskolani Stockholm,Ekonomiska forskningsinstitutet,1992.

③ Liu Z. Foreign direct investment and technology spillovers：Theory and evidence [J]. Journal of Development Economics,2007,85(1)：176—193。

④ 许和连、魏颖绮、赖明勇，王晨刚. 外商直接投资的后向链接溢出效应研究. 管理世界,2007(4).

⑤ Kogut B,Chang S J. Technological Capabilities and Japanese Foreign Direct Investment in the United States[J]. The Review of Economics and Stats,1991,73.

⑥ Yamawaki H. International Competitiveness and the Choice of Entry Mode：Japanese Multinationals in U.S. and European Manufacturing Industries [R]. Working Paper Series 424, Research Institute of Industrial Economics,1994.

⑦ Jaffe et al. Geographic Localization of Knowledge Spillovers as Evidenced by Patent Citations [J]. Quarterly Journal of Economics,1993, 108(3)：577—598.

⑧ Branstetter L. Vertical Keiretsu and Knowledge Spillovers in Japanese Manufacturing：An Empirical Assessment[J]. Journal of the Japanese and International Economies,2000,14(2)：73—104.

⑨ Braconier et al. In search of FDI-transmitted R&D spillovers：A study based on Swedish data[J]. Review of World Economics,2001,137(4)：644-665.

⑩ 冼国明,杨锐.技术累积、竞争策略与发展中国家对外直接投资[J].经济研究,1998(11)：3-5.

发机构或高技术企业,开发生产具有自主知识产权的新产品,是利用国外科技资源的一种有效形式。[①] 马亚明和张岩贵引入技术单向扩散与双向扩散模型,证明了发展中国家的公司可以通过对发达国家的直接投资获得技术扩散效应,实现技术升级。[②]

此外,通过信息交流、专利引用、人员流动等,也会产生技术溢出。蒋仁爱和冯根福将技术溢出渠道归类为物化的技术溢出和无形技术溢出 2 类:物化的技术溢出主要是指技术物化于贸易品或资本品中,通过国际贸易和 FDI 产生外溢;无形技术溢出主要是指通过信息交流、专利引用、人员流动等产生的技术溢出。[③]

11.1.3 实证研究模型及分析结果

现有的实证研究主要集中于测算技术溢出的效应,方法主要有 2 种:一是利用生产函数测算技术溢出对于产出的影响;二是利用全要素生产率衡量技术溢出对于效率的影响。此外,还有学者分析了技术溢出对于人均收入、产品质量和企业创新能力等的影响。

1. 实证分析模型

Coe 和 Helpman[④] 提出的 CH 模型以及基于 CH 模型的各种改进(包括下文所述的 LP 法),是目前研究技术溢出的主流实证分析模型。其认为,内生的技术进步是保证经济增长的决定性因素[⑤],而技术进步不光与本国研发相关,也与外国相关。CH 模型使用全要素生产率衡量经济增长、研发资本存量衡量技术进步并构建回归模型,并且创新性地将研发资本存量分为国内和国外两个部分(国内由国内的研发投资来确定,国外使用国际贸易来衡量),成为最早研究开放经济下,技术溢出效应的实证分析模型。

CH 模型将国际贸易的技术溢出效应量化为下式。

$$\text{Spillover} = \sum (\text{IM}_{ijt} / \text{IM}_{it}) \times \text{S}_{jt}$$

IM_{ijt} 表示 i 国在 t 时刻从 j 国的进口数额,IM_{it} 为 i 国在 t 时刻的进口总额,S_{jt} 为 j 国 t 时刻的研发资本存量。其中,i 国为本国,j 国为外国。

这种思路后来成为研究技术溢出和传导主流方法之一(Google 学术引用次数达 7 376 次),后续改进主要体现在研究方法方面。

一是方程设定。Lichtenberg 和 Potterie[⑥] 认为 CH 模型用国外进口总额进行测算存在计总偏差,应使用 GDP 进行测算,这种方法后被称为 LP 法(Google 学术引用次数

① 江小涓,冯远. 合意性、一致性与政策作用空间:外商直接投资高新技术企业的行为分析[J].管理世界,2000(03):46—52+63.

② 马亚明,张岩贵. 技术优势与对外直接投资:一个关于技术扩散的分析框架[J].南开经济研究,2003(04):10—14+19.

③ 蒋仁爱,冯根福.贸易、FDI、无形技术外溢与中国技术进步[J].管理世界,2012(09):49—60.

④ Coe D T,Helpman E. International R&D Spillovers[J]. European Economic Review,1995,39(5):859—887.

⑤ 来源于内生增长理论。

⑥ Lichtenberg F R. De La Potterie B P. International R&D spillovers:a comment[J]. European Economic Review,1998.

达 729 次）。由于其对数据汇总不敏感，因而成为目前主流的分析框架。

LP 法使用 GDP_{jt} 代替进口总额进行测算，即为下式。GDP_{jt} 为 j 国 t 时刻的 GDP。

$$Spillover = \sum (IM_{ijt} / GDP_{jt}) \times S_{jt}$$

二是计量方法。CH 模型主要采用固定效应模型进行检验，而 Kao et al.[1]认为应使用动态最小二乘法（DOLS），Müller 和 Nettekoven[2]认为应使用随机效应模型。

三是对技术溢出的渠道进行扩展。

2. 代表性文献的实证分析结果

20 世纪 90 年代以来，许多学者使用 CH 模型及其变体对不同技术溢出途径进行了研究分析，结论各不相同。Potterie 和 Lichtenberg[3]使用 13 个国家 1971—1990 年的数据，对国际贸易、FDI 和 OFDI 三种渠道的技术溢出效应进行了检验，认为进口和 OFDI 对生产率有显著正的溢出效应，FDI 无效。Bitzer 和 Kerekes[4]则认为，FDI 有明显的技术溢出效应，OFDI 则没有，与上面的结论相反。Coe et al.[5]使用 24 个 OECD 国家 1971—2004 年的面板数据，分析认为，国内 R&D 资本、人力资本和国外 R&D 资本的进口溢出均能提升全要素生产率。

11.1.4 研究问题

如上所述，从内生经济增长理论出发，技术发达国家的研发投资可能通过贸易、投资、人员交流等方式进行，对技术欠发达国家形成技术溢出，不少的实证研究也证实了这一结论。当然，不同途径、不同国家、不同时期的技术溢出效应等存在较大差异。

从我国改革开放以来的发展来看，学者普遍认为进出口、FDI 以及 OFDI 等对我国技术水平和生产效率的提高发挥了巨大促进作用，但目前使用我国数据对比研究国内外研发投资对技术进步和生产效率影响文献还很少。本文采用测算技术溢出的经典实证分析模型，对有统计数据（自 1991 年）以来的技术溢出进行了计算和分析，对不同渠道的技术溢出效应进行对比研究，希望回答以下 2 方面问题：一是国外直接投资、对外投资、国际贸易（包括进口和出口两方面）等不同渠道的技术溢出，以及我国自主研发对于经济增长的不同效果，哪些能够对经济效率提升发挥更大作用。二是不同渠道技术溢出效应的时间变化趋势。

---

① Kao C D，Chiang M H，Chen B. International R&D Spillovers：An Application of Estimation and Inference in Panel Cointegration [J]. SSRN Electronic Journal，1999.

② Müller W G. Nettekoven M. A panel data analysis：research and development spillover[J]. Economics Letters，1999，64(1)：37-41.

③ Potterie B P，Lichtenberg F. Does foreign direct investment transfer technology across borders？[J]. Review of Economics & Statistics，2001.

④ Bitzer J，Kerekes M. Does foreign direct investment transfer technology across borders？New evidence[J]. Economics Letters，2008，99(3)：355—358.

⑤ Coe D T，Helpman E. International R&D Spillovers[J]. European Economic Review，1995，39(5)：859—887. 有的文献称之为国际技术外溢回归模型.

11.2　计量模型构建和数据处理

本文将借鉴 Lichtenberg 和 Potterie 的研究模型和思路[①]，采用相似的计量方法和数据处理标准计算我国 1991—2018 年间通过 FDI 渠道、OFDI 渠道、出口和进口渠道获得的技术溢出效应，并结合国内 R&D 投资分析技术进步的主要来源。由于获得匹配数据困难，本文不再研究外国申请专利和隐形技术的技术溢出效应。

11.2.1　有关指标、假设和数据来源

模型的构建包括 3 方面内容：一是将全要素生产率作为经济增长和技术进入的主要衡量指标；二是借鉴 LP 法分别构建 FDI 渠道、OFDI 渠道、出口和进口渠道技术溢出指标；三是将全要素生产率作为被解释变量，有关技术溢出指标和本国的研发投资作为解释变量，通过多元回归分析技术进步的主要来源。

1. 被解释变量

全要素生产率(TFP)最初被解释为总产出中不能由要素投入所解释的“剩余”。索洛[②]提出，经济增长可以分解为资本、劳动要素和“被忽略因素(后称索洛剩余，Solow Residential)”3 部分的增长，并计算了经济增长中不同因素的贡献率。这个被忽略因素后被称为“全要素生产率”，体现了生产率作为经济概念的本质。从经济含义上说，TFP 体现了初始投入转化为最终产出的总体效率。

Farrell[③④] 从一般厂商“多投入、多产出”特点出发，利用等产量线(生产前沿面)衡量不同厂商的相对投入产出效率。生产前沿面代表技术上的最高水平：前沿面上的投入—产出组合技术上最具效率；距离等产量线越近的组合，相对技术效率越高。以生产前沿面为基准的相对效率在数学上可转化为距离函数，并成为测算 TFP 指数的基础。根据距离函数表达方式的不同，前沿面 TFP 指数测算又可以分为数据包络分析(Data Envelopment Analysis，简称 DEA)和随机前沿分析(Stochastic Frontier Analysis，简称 SFA)。从经济含义上说，DEA 是从分析对象(如企业)中选取最有效率的作为参考，衡量其他企业与其差距；而 SFA 需要事先设定生产函数并计算最理想的产出水平(即生产前沿面)，并以此衡量企业效率。

---

①　Lichtenberg F R，De La Potterie B P. International R&D spillovers：a comment[J]. European Economic Review，1998

②　Solow R M. A Contribution to the Theory of Economic Growth [J]. The Quarterly Journal of Economics，1956，70(1)：65-94.

③　Farrell M J. The Measurement of Productive Efficiency[J]. Journal of the Royal Statal Society，1957，120(3)：253-290.

④　Farrell M J，Fieldhouse M. Estimating Efficient Production Functions under Increasing Returns to Scale [J]. Journal of the Royal Statal Society Series A (General)，1962，125(2)：252-267.

参照 Lichtenberg 和 Potterie[①] 的相关研究，本文将制造业视为一个整体，使用 SFA 法计算全要素生产率，所需指标含义以及数据来源如下。

（1）资本投入。理论上讲，资本应该是在生产过程中发挥作用的部分，也就是资本的服务流（Capital Services）。实际测算中往往假设资本的服务流与资本的存量（Capital Stock）成正比，即使用资本存量作为资本投入进行测算。但也存在 2 个问题：一是如果采用当期资本投入作为资本投入的变量值，将会忽略已经形成的资本投入对于生产的贡献；二是由于固定资产在使用过程中会发生损耗，需要选取扣除折旧后的净值指标。综上，本文以固定资产净值作为资本投入指标，并采用永续盘存法估算各行业资本存量。

（2）劳动投入。本文以制造业各行业全部从业人员年平均人数表示劳动投入，单位为万人。

（3）合意产出。本文采用国家统计局提供的工业增加值进行测算，单位为百万人民币。

所述数据来源于《中国统计年鉴》《中国工业统计年鉴》和 CEIC DATA（上海司尔亚司数据）数据库。由于固定资产净值数据不连续，本文进行了如下处理：一是对于 1991—1997 年的数据，直接采用统计年鉴中的给定数据；二是对于 1991—2017 年的数据，采用统计年鉴中固定资产原价减去累计折旧进行计算；三是 2018 年的数据采用插值法进行计算。

（4）生产函数形式。参照 SFA 论文常见假设，生产函数可以选取柯布-道格拉斯生产函数或超越对数生产函数。本文使用 2 种生产函数在 STATA 15.0 中进行了测算，发现在断尾正态模型下，超越对数生产函数测算结果不收敛。为确保结果稳健性，本文使用柯布-道格拉斯生产函数进行测算，结果如表 11-1 所示。

表 11-1　SFA 法测算的 TFP 表

年份	全要素生产率
1991	0.820
1992	0.884
1993	0.930
1994	0.986
1995	0.925
1996	0.949
1997	0.939
1998	0.903

---

① Lichtenberg F R,De La Potterie B P. International R&D spillovers: a comment[J]. European Economic Review,1998.

续表

年份	全要素生产率
1999	0.866
2000	0.904
2001	0.917
2002	0.929
2003	0.958
2004	0.943
2005	0.983
2006	0.981
2007	0.993
2008	0.969
2009	0.895
2010	0.907
2011	0.984
2012	0.942
2013	0.884
2014	0.822
2015	0.785
2016	0.777
2017	0.884
2018	0.959

2. 解释变量

本文借鉴 Lichtenberg 和 Potterie[①] 的假设和思路选取解释变量,即在开放经济下,东道国的技术进步不仅源自本国的研发投资(R&D),也源自外国的研发资本存量(SF)。而 SF 带来技术溢出的途径主要包括以下 4 种:外商直接投资(FDI)、对外直接投资(OFDI)、出口贸易(EX)和进口贸易(IM)。

(1) FDI 渠道

$$\text{Spillover}_{\text{FDI}} = \sum (\text{FDI}_{ijt} / \text{GDP}_{it}) \times S_{jt}$$

$\text{Spillover}_{\text{FDI}}$ 是通过 FDI 途径的外国研发资本存量溢出指标。FDI_{ijt} 为外国流向我

---

① Lichtenberg F R,De La Potterie B P. International R&D spillovers: a comment[J]. European Economic Review,1998.

国的 FDI，GDP$_{it}$ 为外国的 GDP 总和，S$_{jt}$ 为外国的国内研发资本存量。

（2）OFDI 渠道

$$Spillover_{OFDI} = \sum (OFDI_{ijt} / GDP_{it}) \times S_{jt}$$

Spillover$_{OFDI}$ 是通过 OFDI 渠道的外国研发资本存量溢出指标。OFDI$_{ijt}$ 为我国流向外国的 OFDI，其他同上。

（3）出口贸易渠道

$$Spillover_{EX} = \sum (EX_{ijt} / GDP_{it}) \times S_{jt}$$

Spillover$_{EX}$ 是通过出口渠道的外国研发资本存量溢出指标。EX$_{ijt}$ 为我国对某个国家或地区的出口额，其他同上。

（4）进口贸易渠道

$$Spillover_{IM} = \sum (IM_{ijt} / GDP_{it}) \times S_{jt}$$

Spillover$_{IM}$ 是通过进口渠道的外国研发资本存量溢出指标。IM$_{ijt}$ 为我国对某个国家或地区的进口额，其他同上。

（5）研发资本存量

对于外国研发资本存量，本文计算方法如下。

首先，根据我国国际贸易和国际投资的主要国家和地区分布，并考虑到数据的可得性，选择美国、日本、德国、英国、加拿大、韩国、新加坡作为本文研究所称"外国"。

其次，以 1991 年为基期，以基期的研发投入为基期资本存量，借鉴 Griliches[1]（1980）提出的永续盘存法计算每年的研发投入。

$$S_{1991} = I_t / (g + \delta)$$

S$_{1991}$ 为 1991 年的研发资本存量，I$_t$ 为 t 时刻的研发支出。本文参考 CH 模型的假设，g 为每年研发投资支出对数形式增长率的平均数，取值为 2.74 %；δ 为研发资本的折旧率，同样使用 CH 模型的假设，取值为 5%。

各国 GDP、FDI 来自 CEIC DATA 数据库，各国的 R&D 投资数据来自 OECD。其中新加坡的 R&D 仅有 1994—2017 年数据，缺项采用插值法补齐。我国 OFDI 的数据来源于国家统计局和国家外汇管理局的年度统计公报。该公报自 2003 年起开始发布，1991—2002 年缺失。对于国内研发资本存量，本文以各行业 R&D 经费支出作为衡量国内研发资本存量的指标，数据来源于《中国科技统计年鉴》。

11.2.2 基本回归方程

为比较不同途径产生的技术溢出对于技术进步的影响，综合考虑数据准确性和可得性，本文选取国际贸易、FDI 和 OFDI，以及国内研发（R&D）作为解释变量，全要素生产率作为被解释变量构建回归模型。基本回归方程设定为下式。

---

[1]　Griliches Z. R&D and Productivity Slowdown[J]. American Economic Review，1980，70（2）.

$$\ln \text{TFP} = \alpha_0 + \alpha_1\, \text{Spillover}_{\text{FDI}} + \alpha_2\, \text{Spillover}_{\text{OFDI}} + \alpha_3\, \text{Spillover}_{\text{EX}}$$
$$+ \alpha_4\, \text{Spillover}_{\text{IM}} + \alpha_5\, \text{R\&D} + \varepsilon_t$$

其中 lnTFP 为上节使用 SFA 法测算出的全要素生产率,考虑到 OFDI 仅有 2003—2018 年的数据,先不将 OFDI 溢出放入方程进行回归。由于各项溢出单位不同,本文先对解释变量进行标准化,再进行各项调整。

通过对基本方程的回归,作者发现方程拟合效果不好(R 方为 0.462)[①],且 FDI1、EX1 系数不显著。Linktest 检验的拟合值平方项(_hatsq)不显著,即接受原假设,认为未遗漏非线性项;但 Ramsey's RESET 检验在认为被解释变量未遗漏非线性项,但解释变量存在非线性项遗漏。方差膨胀因子(VIF)较大,存在一定多重共线性问题。下一步对回归方程进行调整优化。

11.2.3　基本回归方程的调整和优化

根据回归方程和变量的经济学意义,本文采用调整解释变量、使用滞后变量和高阶非线性变量等方式对回归方程进行调整和优化。

1. 调整解释变量

由于进出口数据高度相关,经多次回归尝试,使用进出口数据,替代进口和出口数据作为解释变量。

2. 使用滞后变量

考虑 R&D 以及其他解释变量对 TFP 提升的影响可能存在滞后性,分别使用一期、二期滞后变量进行回归分析。

3. 使用高阶变量

根据 Ramsey's RESET 检验结果,增加解释变量的高阶变量,并通过回归的 AIC、BIC 值进行变量筛选。

回归方程 R 方为 0.804,方程拟合优度较好。根据怀特检验、Linktest 检验、Ramsey's RESET 检验结果和方差膨胀因子(VIF)值,回归方程为同方差,置信水平为 95%。尽管还存在多重共线性问题,但较基本回归方程已经大幅降低。调整后的回归方程即为下式。

$$\ln \text{TFP}_t = \alpha_0 + \alpha_1\, \text{Spillover}_{\text{FDI}\,t} + \alpha_2\, \text{Spillover}_{\text{FDI}\,t-2} + \alpha_3\, \text{Spillover}_{\text{EXIM}}$$
$$+ \alpha_4\, \text{Spillover}_{\text{EXIM}}{}^2 + \alpha_5\, \text{R\&D} + \alpha_6\, \text{R\&D}^2 + \varepsilon_t$$

从回归方程来看,常数项对全要素生产率变化的影响最大,R&D、进出口总值同全要素生产率是非线性关系(R&D 是 U 字形、进出口总值是倒 U 字形),FDI 对全要素生产率变化的影响较弱。

从经济学含义来看,FDI 的技术溢出对全要素生产率有正向的影响,但在其他变量不变的情况下,影响程度很小;同时,滞后 2 期的 FDI 技术溢出在其他变量不变的情况

---

① 回归方程表可向作者索取,下同。

下，对全要素生产率有负面的影响[①]。

在其他变量不变的情况下，R&D 和进出口总值（EXIM）的技术溢出对全要素生产率的影响是非线性的。这表明：第一，当期的 R&D 投资很可能对全要素生产率带来负面影响；第二，影响程度同解释变量的取值有关。R&D 对全要素生产率的影响一次项为负二次项为正，即在其他变量不变的情况下，随着当期 R&D 的投资增加，对全要素生产率的影响由负向正转化。这可能有 2 方面的原因：一是由于企业的研发投入是一个长期的过程，且存在失败的可能，所以当期的 R&D 投资并不可能马上带来全要素生产率的上升；二是较高的 R&D 投资更有可能在当期提升全要素生产率。

EXIM 对全要素生产率的影响一次项为正二次项为负，表明在其他变量不变的情况下，第一，当期的进出口总额很可能对全要素生产率带来正面影响；第二，影响程度同解释变量的取值有关，随着当期进出口总额增加，对全要素生产率的影响可能转化为负面的。

从影响程度来说，假如其他变量不变，R&D 和进出口对全要素生产率的影响较大，外商直接投资基本可以忽略。

11.2.4　对外投资的技术溢出效应

由于 OFDI 仅有 2003—2018 年相关数据，本节只分析 2003—2018 年 OFDI 对技术溢出的影响。

首先，本文使用上述调整过的回归方程对 2003—2018 年的数据进行回归分析。由回归结果可知，虽然拟合优度很高，但 FDI1 和 EXIM12 两项未通过 t 检验，因此对回归方程再次进行调整，即删去上述两项后再次回归。随后，本文也进行了 Linktest 检验、Ramsey's RESET 检验并计算方差膨胀因子（VIF），方程没有遗漏项，多重共线性问题进一步减轻。调整后的回归方程为下式。

$$\ln TFP_t = \alpha_0 + \alpha_1 \, Spillover_{FDI\,t-2} + \alpha_2 \, Spillover_{EXIM} + \alpha_3 R\&D + \alpha_4 \, R\&D^2 + \varepsilon_t$$

随后，本文加入 OFDI 项进行回归分析，并参照 Linktest 检验、Ramsey's RESET 检验结果和方差膨胀因子（VIF）进行调整，得到以下分析结果。由于使用了 3 阶滞后项，该回归方程多重共线性问题较上式加重。加入 OFDI 的回归方程即为下式。

$$\ln TFP_t = \alpha_0 + \alpha_1 \, Spillover_{FDI\,t-2} + \alpha_2 \, Spillover_{EXIM} + \alpha_3 \, Spillover_{OFDI} +$$
$$\alpha_4 \, Spillover_{OFDI}^2 + \alpha_5 \, Spillover_{OFDI\,t-1} + \alpha_6 \, Spillover_{OFDI\,t-2} +$$
$$\alpha_7 \, Spillover_{OFDI\,t-3} + \alpha_5 R\&D + \alpha_6 \, R\&D^2 + \varepsilon_t$$

由回归结果可知，外商直接投资的技术溢出对全要素生产率产生影响几乎可以忽略，而对外投资的技术溢出对全要素生产率产生影响均为非线性（倒 U 型曲线），同时对外投资的滞后变量影响是负面的。国内研发投资对全要素生产率的影响也是非线性的（U 型曲线）。进出口影响是正面的。从影响程度来说，假如其他变量不变，国内研发投资对全要素生产率的影响最大；其次是进出口；最后是对外投资（对外投资滞后变量

---

① 本文也将滞后 1 期的 FDI 技术溢出代入回归，但未通过 t 检验。

的系数为负且较大)。

需要补充说明的是,Madden 和 Savage[1] 李小平和朱钟棣[2]蒋殿春和张宇[3]的研究结论也认为国内研发投资的资本存量生产率弹性为负,这同本文研究结论是类似的(国内研发投资对 TFP 的影响为 U 型曲线)。而在不考虑国内研发投资技术溢出的条件下,大多数研究均认为生产率弹性应当为正。如 Adams、Jaffe[4] 和 Harhoff[5]。

同时,在研究技术溢出效应的文献中,回归方程中使用平方项的现象也并不少见。曲如晓和刘霞[6]在研究短期内外国在华专利申请对我国企业生产率影响时,设定的回归方程也存在平方项,即外国在华专利申请对企业生产率存在倒 U 型影响。

11.3　结论及研究展望

11.3.1　初步结论

综合上述分析,本文主要得出以下几方面结论。

一是外商直接投资、对外投资、国际贸易(包括进口和出口 2 方面)的技术溢出,国内自主研发投入均是国内技术进步和生产效率提升的重要来源。其中,相较外商直接投资和对外投资,国际贸易、自主研发在技术进步和生产效率提升中发挥了更大的作用。

二是国际贸易带来的技术溢出往往立竿见影且较为稳定,容易带来快速的技术进步和生产效率的迅速提升。而小规模的自主研发往往会挤占企业用于进出口或投资的资源,对技术进步和生产效率产生负面影响,大规模的研发投资则有可能促进技术进步和生产效率提升(不是线性关系)。

三是随着时间的变化,国际贸易对技术进步和生产效率提升的作用在减弱,而自主研发的影响在增强。这反映出随着我国经济发展,企业越来越依靠自主研发推动技术进步和提升效率。

总的来看,技术自主研发和技术溢出是技术落后国家提升技术水平、培育创新能力的重要来源。但对于技术落后国家来说,如果要实现比技术先进国家更加快速的、可持续的经济增长,就必须有更快的技术创新速度,更低的成本。从这个意义上说,通过国际贸易进行技术引进、学习和创新正是"捷径"。

---

①　Madden G，Savage S J. R&D spillovers，information technology and telecommunications，and productivity in ASIA and the OECD，Information Economics and Policy，Volume 12，Issue 4，2000，Pages 367-392。

②　李小平,朱钟棣.国际贸易、R&D 溢出和生产率增长[J].经济研究,2006(02)：31—43.

③　蒋殿春,张宇.经济转型与外商直接投资技术溢出效应[J].经济研究,2008(07)：26—38.

④　Adams J D，Jaffe A B. Bounding the Effects of R&D：An Investigation Using Matched Establishment-Firm Data[J]. RAND Journal of Economics，The RAND Corporation，1996，27(4)：700-721，Winter.

⑤　Harhoff D. R&D and Productivity in German Manufacturing Firms[J]. Economics of Innovation and New Technology，1998，6(1)：29-50.

⑥　曲如晓,刘霞.外国在华专利申请的技术外溢效应研究[J].世界经济,2019,42(11)：124-147。

11.3.2 研究展望

1. 研究主题和方向的深化

从近年来的学术研究成果来看，行业集中度、资本密集度、企业规模、本国同外国的技术差距等对技术溢出的效果有着不同的影响。未来可以从异质性分析入手，进一步研究不同因素对于技术溢出的不同影响，为充分利用技术发达国家的技术外溢研提政策建议。此外，自主研发投资对全要素生产率的影响可能是一个持续积累的过程，可以考虑对研发投资进行资本化处理，更精确地反映本国研发投资对提升技术水平和生产效率的作用。

2. 开放性创新模式下的主动技术转移

一般来说，技术发达国家（技术出让国）为了保持技术优势，转让的大多是标准化的成熟技术甚至是衰落技术（库存技术）。同时由于信息不对称条件下缄默知识（Tacit Knowledge）的存在，通过购买也无法获得全部技术。购买先进产品或设备使得技术欠发达国家可能通过"逆向工程"获得发展机会，但由于专利壁垒和缄默知识的存在，往往无法获得全部关键技术，特别是提供同样具有市场竞争力的产品。部分学者（如Blomstrom[①]）认为先进技术转移最显著的途径是 FDI 而不是专利转让：拥有先进技术的国家倾向于通过使用先进技术进行生产来降低成本或生产新产品获得市场份额，从而巩固和取得竞争优势。同时本地雇员可以通过交流吸收、消化先进技术，并通过人员流动等将其扩展到本国企业。

而开放式创新理论则认为，20 世纪末的跨国公司更愿意同时利用内部和外部的知识和资源加快创新，并利用外部的创新来拓展市场（Chesbrough）[②③]。主要原因是，一方面，全球化对原有的跨国公司技术壁垒形成了"腐蚀"（如技术成果与核心人才外流，风险投资的商业模式等），导致长期以来企业对自主研发成果严格保护措施的作用大为削弱。另一方面，全球化使得跨国公司的库存技术找到了商业化途径。Chesbrough 认为，世界主要跨国企业的库存技术都达到 40% 左右。

开放式创新改变了技术落后企业或国家只能被动获得技术溢出的状况，使得跨国公司愿意进行知识和技术的主动转移。比如跨国企业为了寻求企业边界以外的知识资源，开始把研发机构设立在我国。技术交易市场也因此更加活跃。

---

① Blomstrom, et al. Multinational Corporations and Productivity Convergence in Mexico (October 1989). NBER Working Paper No. w3141, Available at SSRN: https://ssrn.com/abstract=238454

② Chesbrough H W. Open Innovation: The New Imperative for Creating and Profiting from Technology[R], 2003.

③ Chesbrough H W, et al. Open Innovation: Researching a New Paradigm[J]. Wim Vanhaverbeke, 2006, 84 (4): 1259-1259(1).

如何分析和研究开放式创新中技术溢出的效应,对于全面分析技术贸易现状,特别是理解现有技术转移和扩散路径具有重要参考意义。

参 考 文 献

[1] 方希桦,包群,赖明勇.国际技术溢出:基于进口传导机制的实证研究[J].中国软科学,2004(07).

[2] 黄凌云,陈明强,陈刚.外商直接投资与中国进出口贸易的区域差异研究——基于省级面板数据的单位根、协整与 Granger 因果检验[J].世界经济研究,2007(08).

[3] 黄先海,石东楠.对外贸易对我国全要素生产率影响的测度与分析[J].世界经济研究,2005(01).

[4] 江小涓,冯远.合意性、一致性与政策作用空间:外商直接投资高新技术企业的行为分析[J].管理世界,2000(03).

[5] 蒋殿春,张宇.经济转型与外商直接投资技术溢出效应[J].经济研究,2008(07).

[6] 李小平,朱钟棣.国际贸易、R&D 溢出和生产率增长[J]。经济研究,2006(02).

[7] 马亚明,张岩贵.技术优势与对外直接投资:一个关于技术扩散的分析框架[J].南开经济研究,2003(04).

[8] 庞兰心,官建成,高峰.国际技术知识溢出效应及其影响因素研究[J].管理评论,2019,31(01).

[9] 曲如晓,刘霞.外国在华专利申请的技术外溢效应研究[J].世界经济,2019,42(11).

[10] 冼国明,杨锐.技术累积、竞争策略与发展中国家对外直接投资[J].经济研究,1998(11).

[11] Adams J D,Jaffe A B. Bounding the Effects of R&D:An Investigation Using Matched Establishment-Firm Data[J]. RAND Journal of Economics,The RAND Corporation,1996,27(4):700-721,Winter.

[12] Aghion,et al. A model of growth through creative destruction[J]. Econometrica,1992,60(2).

[13] Aghion,et al. Competition,Imitation and Growth with Step—by—Step Innovation[J]. Review of Economic Studies,2001.

[14] Bitzer J,Kerekes M. Does foreign direct investment transfer technology across borders? New evidence[J]. Economics Letters,2008,99(3).

[15] Blomstrom,et al. Multinational Corporations and Productivity Convergence in Mexico (October 1989)[R]. NBER Working Paper No. w3141

[16] Braconier H,et al. In search of FDI—transmitted R&D spillovers:A study based on Swedish data[J]. Review of World Economics,2001,137(4).

[17] Branstetter L. Vertical Keiretsu and Knowledge Spillovers in Japanese Manufacturing:An Empirical Assessment[J]. Journal of the Japanese and International Economies,2000,14(2).

[18] Chesbrough H W. Open Innovation:The New Imperative for Creating and Profiting from Technology[R],2003.

[19] Chesbrough H W,et al. Open Innovation:Researching a New Paradigm[J]. Wim Vanhaverbeke,2006,84(4).

[20] Chuang Y. Learning by Doing, the Technology Gap, and Growth[J]. International Economic Review, 1998,39(3): 697-721. doi: 10.2307/2527396.

[21] Coe D T, Helpman E. International R&D Spillovers[J]. European Economic Review, 1995,39 (5).

[22] Das S. Externalities, and technology transfer through multinational corporations A theoretical analysis[J]. Journal of International Economics,1987,22(1—2).

[23] Farrell M J. The Measurement of Productive Efficiency[J]. Journal of the Royal Statal Society, 1957,120(3).

[24] Farrell M J, Fieldhouse M. Estimating Efficient Production Functions under Increasing Returns to Scale[J]. Journal of the Royal Statal Society Series A(General),1962,125(2).

[25] Grossman G M, Helpman E. Trade, knowledge spillovers and growth[J]. European Economic Review,1991.

[26] Griliches Z. R&D and Productivity Slowdown[J]. American Economic Review,1980, 70(2).

[27] Harhoff D. R&D and Productivity in German Manufacturing Firms[J], Economics of Innovation and New Technology, 1998,6(1).

[28] Jaffe A B, Henderson T R. Geographic Localization of Knowledge Spillovers as Evidenced by Patent Citations [J]. Quarterly Journal of Economics,1993, 108(3).

[29] Lichtenberg F R, De La Potterie B P. International R&D spillovers: a comment, European Economic Review,1998.

[30] Liu Z. Foreign direct investment and technology spillovers: Theory and evidence[J]. Journal of Development Economics,2007,85(1).

[31] Kao C D, Chiang M H, Chen B. International R&D Spillovers: An Application of Estimation and Inference in Panel Cointegration [J]. SSRN Electronic Journal,1999.

[32] Keller, Wolfgang. Do Trade Patterns and Technology Flows Affect Productivity Growth? [J]. World Bank Economic Review 2000,(1).

[33] Keller, Wolfgang. Geographic Localization of International Technology Diffusion[J]. American Economic Review,2002.

[34] Keller, Wolfgang. International Technology Diffusion[J]. Journal of Economic Literature,2004.

[35] Kogut B, Chang S J. Technological Capabilities and Japanese Foreign Direct Investment in the United States[J]. The Review of Economics and Stats,1991.

[36] Kokko A, Local Competition and Endogenous Spillovers from Foreign Direct Investment[J]. Handelshögskolani Stockholm,Ekonomiska forskningsinstitutet,1992.

[37] Madden G, Savage S J. R&D spillovers, information technology and telecommunications, and productivity in ASIA and the OECD[J]. Information Economics and Policy,2000,12(4).

[38] Müller W G, Nettekoven M. A panel data analysis: research and development spillover[J]. Economics Letters,1999,64(1).

[39] Potterie B P, Lichtenberg F. Does foreign direct investment transfer technology across borders?

[J]. Review of Economics & Statistics,2001.

[40] Romer P M. Endogenous Technological Change[J]. Journal of Political Economy, 1990.

[41] Solow R M. A Contribution to the Theory of Economic Growth [J]. The Quarterly Journal of Economics,1956,70(1).

[42] Yamawaki H. International Competitiveness and the Choice of Entry Mode: Japanese Multinationals in U.S. and European Manufacturing Industries[R]. Working Paper Series 424, Research Institute of Industrial Economics,1994.

第 12 章 我国技术贸易发展现状及前景

本章总结了我国技术贸易发展的主要阶段,侧重从技术贸易规模及贸易方式、贸易主体、贸易市场等方面,分析了"十三五"以来,我国技术贸易快速发展状况及存在的主要问题;在此基础上,选取 2017—2019 年我国技术进口前 10 大行业的发明专利数据,论证了技术引进对提升自主创新能力的作用;同时选取技术引进前 10 大行业中 8 类制造业的出口交货值及高技术产品出口数据,分析了技术引进对提升产品出口竞争力的作用。综合判断,我国技术贸易具有广阔发展前景,技术创新能力增强与产业升级将促进技术贸易量质齐升,"市场换技术"与"技术换技术"将扩大技术进口空间,开放合作创新将促进技术引进方式更趋多元化,科技全球化格局变化将促进技术市场来源更趋多元化,"一带一路"将成为技术出口的新兴市场。最后,提出了相关政策建议。

技术贸易可以有效组合利用全球先进技术,提高创新效率,降低自主研发成本和创新风险,是发展中国家实现技术创新和产业跨越发展的重要途径,也始终贯穿着我国对外开放、自主创新和产业发展的整个过程。中华人民共和国成立初期,我国以技术引进战略为核心建立起完整的工业化体系。改革开放以来,我国积极融入全球产业链、供应链和创新链,尤其是通过大规模技术引进并消化吸收,创新能力大幅跃升,并获得了部分领域的关键核心技术,显著提升了产业竞争力和贸易竞争力,实现了从技术落后国家进入世界创新大国的历史性跨越。技术贸易在推动产业结构升级、扩大企业技术积累、增强自主创新能力、培育经济新动能等方面发挥了重要作用,成为建设创新型国家的推进器和加速器。但与发达国家相比,我国技术水平仍有较大差距,尤其是在一些核心关键技术领域的自主创新能力比较薄弱,实施技术贸易战略仍然十分重要。当前,新一轮科技革命和产业革命日新月异,开放创新合作已经成为全球技术创新发展的必然趋势。因此,继续发挥技术贸易对于自主创新的促进作用,不断提高技术引进质量和扩大技术出口规模,对于提升技术创新能力、促进产业升级和服务贸易发展,从而推动经济高质量发展,都具有十分重要意义。

12.1 我国技术贸易发展的主要阶段

从我国技术贸易的实践看,技术贸易发展历程大致分为以下几个阶段。

12.1.1 以技术引进为主导的起步发展时期(1949—1978)

中华人民共和国成立初期,我国是在大规模引进成套技术设备的基础上建立起完整的工业化体系和技术体系。这一阶段的技术引进经历了"高潮—低潮—高潮"波澜起伏的发展历程。第一个高潮期是 1949—1959 年。新中国成立之初由于西方国家的全方位封锁,我国技术引进渠道主要来自苏联和东欧社会主义国家,其中"一五"时期引进"156 项工程"遍布工业部门,特别是重工业。[①] 1950—1959 年期间我国共进口 415 项成套设备,其中 304 项来自苏联[②],引进的成套设备主要集中在机电、电力、冶金和煤炭等领域。1960—1971 年中苏关系恶化之后技术引进进入低潮,1962—1966 年我国仅与日、英、法、意、德及部分东欧国家签订技术引进合同 80 多项,用汇 3 亿美元。引进的成套设备约占外汇额的 90%,涉及石油、化工、冶金、矿山、电子、精密机械、纺织机械等。1966—1971 年受"文革"影响我国基本停止了技术引进。1972—1978 年技术引进迎来了新一轮高潮。我国开始主要从西方国家引进技术,1973 年确定了 26 个大型项目约 43 亿美元[③],即"四三方案"引进计划,技术引进范围扩大到冶金、钢铁、煤炭、石油、化工、机械、水利、轻工等领域,其中化肥、化纤和烷基苯项目占全部投资额的 63.84%。这一时期,世界先进技术、工艺、设备和先进管理理念、方法一起引入国内市场和产业体系,对我国建立自主完备的工业化体系发挥了基础性作用。

12.1.2　"以市场换技术"战略主导的大规模技术引进时期(1978—2000)

改革开放改变了我国计划经济时代的技术引进路线和格局,为组合全球技术资源提供了广阔天地。特别是 20 世纪 80 年代初期形成的"以市场换技术"战略[④],使我国技术引进进入一个由利用外资驱动的历史新阶段。通过大规模、多方式地利用外资引进先进技术和创新要素,实现了制造业创新能力的全面提升,并为形成国家自主创新体系奠定了基础。此外,国内企业层面开展"技工贸""贸工技"结合等战略也取得了积极成效。这一阶段的技术引进呈现以下主要特点。

一是技术引进规模快速扩大。这一时期的技术引进规模从 1979 年的 24.85 亿美元增长至 2000 年的 181.76 亿美元,扩大 6.3 倍。技术引进来源国主要集中于美日欧发达国家。早期以引进日本技术为主,1979 年来自日本的技术引进额约占 60%。1990 年日本"一股独大"的局面被打破,排名前 5 位的美国、德国、加拿大、日本和意大利分别占引进额的 25.33%、10.43%、8.1%、7.21% 和 4.82%,合计占 55.89%。到 2000 年,前 5 位来源地日本、美国、德国、瑞典和中国香港合计占 65.64%。1979—2000 年技术引进来源地和引进额如表 12-1 所示。技术贸易逆差不断扩大,最高年份 1996 年达 105.6 亿美元,相当于 1985 年的 3.3 倍,其中设备是逆差的主要来源。

---

①　江小涓.新中国对外开放 70 年[M].北京:人民出版社,2019.

②　王丹莉.新中国技术引进的历史检视[J].中共党史研究,2019(07):51-64.

③　其后又陆续追加了一批项目,总金额达到 51.4 亿美元。

④　1983 年 3 月 16 日国务院批转国家经委、经贸部《关于进一步办好中外合资经营企业的报告》,提出"为了把更多外资吸引进来,必须进一步适当放宽政策。特别是对于一些国家急需的可以取得现代新技术的重要合营项目,要给予较多的优惠,必要时还可以让出一部分国内市场"。"特别是在引进对我国经济技术发展具有重要作用、而外商以其他方式又不肯转让的技术秘密和生产诀窍方面,有着不可取代的特殊作用"。

表 12-1 1979—2000 年技术引进的主要来源地

单位：万美元

年份	当年总引进额	美国	日本	德国	意大利	瑞典	苏联/俄罗斯	中国香港	韩国
1979	248 485	1 833	147 766	35 011	—	2 000		231	—
1985	319 854	71 077	6 381 8	87 346	14 464	3 698	164	2 185	—
1987	298 489	67 345	70 612	28 862	21 282	2 053	3 169	1 660	—
1989	292 320	14 438	20 347	42 990	68 708	3 448	46 801	1 626	—
1990	127 399	32 268	9 183	13 287	6 144	2 322	504	2 034	—
1991	345 923	13 509	26 928	26 486	35 331	1 790	137 355	1 997	—
1992	658 988	143 164	137 606	73 260	144 382	996	24 535	7 564	1 703
1993	610 943	50 654	174 557	74 789	92 222	1 130	38 270	4 170	30 430
1994	410 575	59 406	76 911	123 199	31 142	10 515	356	13 418	8 376
1995	1 303 264	227 187	224 862	189 207	97 673	21 038	75 899	58 648	10 264
1996	1 525 700	213 000	240 400	490 700	47 000	32 600	117 700	92 200	15 000
1997	1 592 312	181 627	339 058	158 431	60 081	65 285	107 754	53 244	86 635
1998	1 637 510	300 030	208 831	235 117	37 019	92 657	192 147	74 641	27 158
1999	1 716 221	334 154	194 399	274 956	27 573	227 170	7 836	90 724	78 794
2000	1 817 596	316 266	337 771	279 807	114 031	135 308	35 916	124 178	57 798

资料来源：历年《中国科技统计年鉴》，1991 年后苏联改为俄罗斯。

二是技术引进以硬件设备为主，逐步向软性领域发展。这一时期我国主要依靠进口国外生产线和设备来提高生产技术水平，成套设备和关键设备占比基本保持在 70%以上，最高年份 1979 年达 97.65%，且技术含量不断提高。根据原国家计委相关单位对4 302 项主要成套设备和关键设备的引进合同分析，1979—1990 年以技术为主的合同项目数占比由 36.2%提高至 43.1%，合同金额占比由 1.5%提高至 39.6%。[1] 1995 年之前的成套设备引进规模大大高于关键设备，到 1999 年关键设备引进额超过了成套设备，说明引进技术的资金效率提升，也反映出我国设备国产化水平提高，对一般设备进口需求下降，如表 12-2 所示。此外，技术引进开始由"硬"向"软"转变，1979 年技术许可、技术咨询与技术服务占技术引进的比重仅为 2.26%，到 1999 年两项合计已经达到26.50%，加上技术转让三项合计占比高达 45.18%。[2]

---

① 王钦. 新中国工业技术引进与创新六十年[C]. 第三届中俄社会科学论坛.
② 技术转让数据 1997 年首次进入统计，1997—1999 年分别为 75 715 万美元、259 727 万美元和 320 621 万美元。

表 12-2　1979—1999 年按方式划分的技术引进额　　　　单位：万美元

年份	当年总引进额	成套和关键设备		技术许可	技术咨询和技术服务		合作生产	合资技术许可	合资技术设备入股	独资技术许可
		成套设备	关键设备	金额	技术咨询	技术服务	金额	金额	金额	金额
1979	248 485	242 647		2 064	3 554		220	—	—	—
1982	36 168	24 599		2 777	7 877		915	—	—	—
1985	319 855	243 762		24 176	2 248		49 669	—	—	—
1986	432 608	352 108		42 024	24 836		13 640	—	—	—
1987	298 433	209 733		35 087	2 619		50 994	—	—	—
1988	354 766	301 928		47 658	4 175		1 005	—	—	—
1989	291 500	271 534		14 845	4 463		658	—	—	—
1990	127 018	49 765		22 636	795		53 822	—	—	—
1991	345 193	257 035	33 317	47 808	410	1 347	5 276	—	—	—
1992	656 124	430 778	39 298	60 370	3 105	11 789	110 784	—	—	—
1993	610 551	511 169	26 391	44 821	1 716	7 870	18 584	—	—	—
1994	410 576	351 870	10 624	38 991	2 210	6 598	283	—	—	—
1995	1 303 263	908 890	215 885	147 404	11 154	19 870	60	—	—	—
1996	1 504 700	662 600	581 200	167 500	5 200	50 600	37 600	—	—	—
1997	1 516 597	783 392	584 868	95 645	24 088	14 766	2 286	1 493	3 892	6 167
1998	1 373 328	543 024	580 944	111 027	7 705	81 067	529	36 481	318	12 233
1999	1 375 037	265 498	426 747	154 244	59 431	241 070	27 665	162 091	—	38 291

资料来源：历年《中国科技统计年鉴》。

注："—"表示未作统计。

三是利用外资对技术引进作用突出，带动我国制造业水平快速提升。20 世纪 90 年代以来，外资主要集中于通信设备和计算机、交通运输设备、电气机械及器材等资金技术密集型制造业，促进了产业结构和出口商品结构升级。[①] 到 1999 年，合作生产、合资技术许可、合资技术设备入股、独资技术许可等方式的技术引进占比达 13.29%。对外借款、国际租赁等其他利用外资方式在技术引进中也具有重要作用。1979—1991 年我国对外借款 489.34 亿美元，占利用外资的 50% 左右，诸多项目是以技术改造和成套设备与关键设备引进方式进行的。如，1991 年国家统借外资项目中有 86 项是直接引

[①] 　江小涓.新中国对外开放 70 年[M].北京：人民出版社,2019.

进设备,涉及汽车制造、化工、食品加工、纺织、通信、基础设施建设等领域。[①] 通过大规模的技术引进,我国制造业特别是消费类产品制造在较短时期达到了同期世界先进水平。以电冰箱行业为例,截至 1988 年全国 755 万台电冰箱产量中技术引进的国家定点厂产量占 80% 以上。[②] 1991—1999 年机械电子行业和轻纺行业占技术引进额的比重由 9.56% 和 2.60% 分别提高至 39.16% 和 12.80%,具体引进额如表 12-3 所示。[③]

表 12-3　1991—1999 年我国不同行业技术引进额　　单位：万美元

行业	1991 年	1992 年	1993 年	1994 年	1995 年	1996 年	1997 年	1998 年	1999 年
合计	401 690	635 016	539 667	271 046	1 088 955	957 600	5 232 611	1 330 958	1 600 512
能源	154 708	146 396	113 780	68 117	359 296	136 100	4 044 778	287 260	176 995
机械电子	38 417	190 938	54 561	24 753	396 497	233 100	299 389	349 855	626 763
石化化工	112 083	204 521	260 003	60 481	110 372	306 800	219 978	84 839	124 137
冶金有色	85 557	60 216	70 909	72 572	128 209	135 600	206 334	51 109	28 137
交通运输	—	—	—	—	—	—	181 110	414 896	303 497
农林业	—	—	—	—	—	—	107 392	—	14 474
轻纺业	10 456	32 842	35 538	40 450	47 291	102 200	60 087	101 821	204 907
城建建材	469	103	4 876	4 673	47 290	43 800	59 327	25 166	78 668
航天航空	—	—	—	—	—	—	37 937	16 012	42 934
其他	—	—	—	—	—	—	16 279	—	—

资料来源：历年《中国科技统计年鉴》,"—"表示未作统计。

　　四是技术出口起步发展,设备出口的成效开始显现。1986 年国务院确定外经贸部和国家科委作为技术出口管理部门,1990 年出台《技术出口管理暂行办法》,1990—2000 年我国技术出口额由 9.89 亿美元增至 85.75 亿美元,增长 7.7 倍。这一时期以成套设备出口为主,且技术含量不断提高。技术出口由中小型成套设备逐步向大型成套设备发展,由少数领域向多领域发展。如,过去主要出口小型水电、化肥、水泥设备,到 20 世纪 90 年代中后期已经有能力出口 15 万吨级船舶、32 万千瓦大型火电站、年产 130 万吨水泥和 30 万吨合成氨设备。1999 年成套设备和大型设备出口占全部技术出口额的 58.87%,最高年份 1994 年占比高达 93.06%。1991—1999 年我国不同行业技术出口额如表 12-4 所示。我国的技术能力尤其契合了亚洲发展中国家的经济发展需求,出口市场主要集中于伊朗、巴基斯坦、印尼、马来西亚和中国香港等国家和地区。

---

① 赵晋平.利用外资与中国经济增长[M].北京：人民出版社,2001.
② 江小涓等.全球化中的科技资源重组与中国产业技术竞争力提升[M].北京：中国社会科学出版社,2004.
③ 由于 1990 年之前年份对行业统计的统计标准与 1991 年以后不同,无法进行比较,因此仅比较 1991—1999 年的变化。

表 12-4 1991—2000 年按方式划分的技术出口额　　单位：万美元

行业	1991	1992	1993	1994	1995	1996	1997	1998	1999	2000
合计	122 500	150 300	215 000	159 500	247 800	211 000	552 122	649 200	754 600	857 500
成套设备	116 000	132 900	197 500	148 800	217 400	191 300	163 155	226 100	238 400	216 000
大型设备	—	—	—	—	—	—	204 459	188 300	205 800	115 000
关键设备	—	2 900	1 200		20 600	5 200	18 354	—	—	—
高技术产品	—	—	—	—	—	—	122 324	234 800	289 000	500 000
合作生产	—	—	—	—	500		16	—	—	—
技术服务	4 900	3 600	12 000	7 100	7 600	14 500	25 297	—	21 400	21 000
技术许可	1 600	10 900	4 300	3 600	1 700		495	—	—	1 200
其他	—	—	—	—	—	—	18 022	—	—	4 300

资料来源：历年《中国科技统计年鉴》，"—"表示未做统计。

12.1.3　以知识产权进口为主的结构升级时期（2001—2013）

加入 WTO 之后，我国开始全面融入世界经济体系，为开展技术贸易提供了广阔平台。同时，我国不断完善知识产权保护体系，为扩大专利、专有技术等知识产权进口提供了有利环境。这一时期我国的技术引进在保持规模和增速的同时，层次不断提高，呈现以下特点。

一是技术引进规模保持高速增长。巨大的出口市场和产业升级的内在要求都进一步促进我国技术引进加快发展。2001—2013 年技术引进额由 90.91 亿美元提高到 433.64 亿美元。2012 年达到峰值，合同数和金额分别为 12 988 项和 442.74 亿美元，如表 12-5、图 12-2 所示。

表 12-5 2001—2013 年我国技术引进情况

年　　份	合同数/项	总金额/万美元	技术引进额/万美元	设备引进额/万美元
2001	3 900	909 090	439 493	469 597
2002	6 072	1 738 920	1 437 197	301 723
2003	7 130	1 345 121	951 127	393 994
2004	8 605	1 385 558	962 528	423 145
2005	9 901	1 904 303	1 182 654	721 658
2006	10 538	2 202 323	1 475 616	726 707
2007	9 773	2 541 535	1 940 610	600 924
2008	10 170	2 713 347	2 354 718	358 630
2009	9 964	2 157 179	1 860 788	296 391
2010	11 253	2 563 557	2 184 667	378 889

续表

年　份	合同数/项	总金额/万美元	技术引进额/万美元	设备引进额/万美元
2011	12 196	3 207 610	2 790 670	416 940
2012	12 988	4 427 370	4 169 095	258 275
2013	12 448	4 336 413	4 109 437	226 976

资料来源：历年《中国科技统计年鉴》。

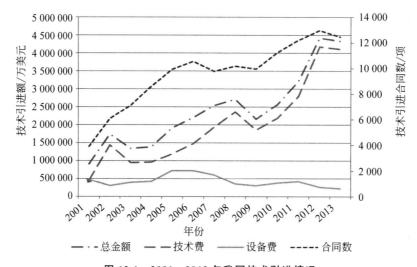

图 12-1　2001—2013 年我国技术引进情况

资料来源：历年《中国科技统计年鉴》，其中 2000 年的技术费和设备费为根据前后临近年份的估计数。

　　二是技术引进方式由设备进口为主转向知识产权进口为主。随着我国设备制造能力的提升，对于设备进口的需求继续下降，产业结构升级的要求推动了技术引进层次明显提升，主要表现在知识产权等技术使用费迅速增长。自 2002 年起技术费在技术引进费中的比重超过 50%并持续提高，到 2013 年这一比重高达 94.77%，而成套设备、关键设备和生产线的进口额占比到 2013 年已经下降至 1.68%；以专利、专有技术和商标许可为主的知识产权进口占比由 2001 年的 19.84%提高到 2013 年的 52.7%，大量的知识产权进口降低了企业的研发成本和风险，使企业以较快速度增加技术积累，为自主研发奠定了技术基础，具体如表 12-6、图 12-1 所示。

表 12-6　2001—2013 年我国按方式划分的技术引进额　　　　单位：万美元

年份	合计	专利技术	专有技术	技术咨询和技术服务	计算机软件	商标许可	合资生产、合作生产	成套设备、关键设备、生产线	其他方式
2001	909 090	48 176	127 688	213 694	65 201	4 471	62 289	335 775	51 796
2002	1 738 919	583 160	491 383	273 951	123 731	7 898	51 499	185 359	21 938

续表

年份	合计	专利技术	专有技术	技术咨询和技术服务	计算机软件	商标许可	合资生产、合作生产	成套设备、关键设备、生产线	其他方式
2003	1 345 120	132 545	443 311	354 408	39 011	11 241	12 731	296 610	55 263
2004	1 385 558	102 633	413 003	346 073	25 415	25 673	11 496	378 430	82 835
2005	1 904 304	127 838	509 533	472 845	43 251	27 181	172 294	533 312	18 050
2006	2 202 322	139 843	727 674	518 024	66 534	9 140	429 471	286 859	24 777
2007	2 541 535	168 332	859 432	649 374	87 400	17 170	85 820	663 192	10 815
2008	2 713 347	176 618	1 265 197	793 769	86 013	13 833	94 237	210 788	72 892
2009	2 157 180	182 091	956 279	660 323	108 805	14 226	61 865	150 036	23 555
2010	2 563 557	190 128	941 134	747 461	229 583	42 225	82 230	271 623	59 173
2011	3 215 880	256 454	1 194 080	1 153 034	297 350	32 392	80 237	91 485	110 848
2012	4 427 370	677 786	1 610 356	1 426 071	269 335	54 552	136 557	147 058	105 655
2013	4 336 413	636 910	1 605 382	1 334 317	308 885	43 310	201 107	72 940	133 562

资料来源：历年《中国科技统计年鉴》。

　　三是为我国成为世界制造业中心奠定了雄厚技术基础。2001—2013 年制造业技术引进额占比从 61.70% 提高到 78.84%，技术引进对制造业的技术进步和生产效率提升具有显著的正向促进效应，以信息通信技术为代表的高新技术产业实现了跨越式发展，以冶金、化工、纺织为代表的传统产业技术改造成效显著，具备自主设计生产能力的重大技术装备产业体系基本形成。[1]

12.1.4　技术进口与出口趋于平衡发展的新时期（2014 年至今）

　　2014 年以来，我国技术贸易呈现进口与出口规模差距明显缩小，发展更趋均衡的态势。2014—2019 年技术出口额由 284.25 亿美元增至 321.37 亿美元，年均增速 2.49%；进口额由 310.59 亿美元增至 352.01 亿美元，年均增速 2.54%，远低于上一时期 13.91% 的增速。贸易逆差大幅收窄，由 2013 年的 233.27 亿美元大幅下降到 2019 年的 30.64 亿美元，如图 12-2 所示。技术出口的大幅增长表明在长期技术引进和自主创新的交互作用下，我国与发达国家的技术差距明显缩小，尤其是一些产业领域的技术创新能力大幅提升，企业技术输出能力不断增强。如，近年来，我国信息通信技术企业与跨国公司的专利交叉授权越来越多，其前提条件是企业在相同技术水平层面上并产生相互的技术需求。其次，国际服务外包规模不断扩大且价值链不断

---

　　[1]　商务部例行新闻发布会，2010 年 12 月 15 日。http://www.mofcom.gov.cn/article/fbhfn/fbh2010/201012/20101207308489.shtml

升级。技术进口增速明显放缓则是双重因素的作用。一方面,随着我国技术研发能力不断提升,自主知识产权技术的数量越来越多,对引进的新技术层次不断提高,一般性、低水平、重复引进等现象较改革开放初期大为减少。另一方面,近年来,美国在"技术脱钩论"的影响下,加强对我国的技术封锁和技术引进限制,美欧等发达国家对我国企业跨国并购也采取了更严格的限制措施,导致我国企业技术引进的障碍和壁垒增高,也是非常重要的因素。

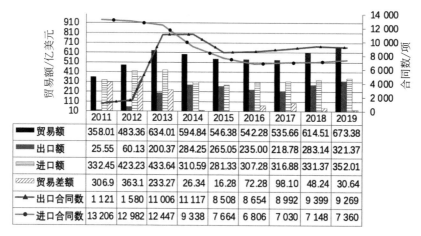

	2011	2012	2013	2014	2015	2016	2017	2018	2019
■ 贸易额	358.01	483.36	634.01	594.84	546.38	542.28	535.66	614.51	673.38
▤ 出口额	25.55	60.13	200.37	284.25	265.05	235.00	218.78	283.14	321.37
▥ 进口额	332.45	423.23	433.64	310.59	281.33	307.28	316.88	331.37	352.01
▨ 贸易差额	306.9	363.1	233.27	26.34	16.28	72.28	98.10	48.24	30.64
—▲— 出口合同数	1 121	1 580	11 006	11 117	8 508	8 654	8 992	9 399	9 269
—●— 进口合同数	13 206	12 982	12 447	9 338	7 664	6 806	7 030	7 148	7 360

图 12-2　2011—2019 年我国技术贸易发展情况

资料来源：商务部服贸司。

专栏 12-1　我国 ICT 企业与跨国公司开展专利交叉授权

华为 2001 年以来曾与全球主要 ICT 企业达成 100 余份专利交叉授权许可协议。2003 年与诺基亚达成协议,双方相互授权确保以最优惠的专利费相互使用与 WCDMA 有关的专利。2016 年华为与爱立信续签全球专利交叉授权许可协议,覆盖了双方包括 GSM、UMTS、LTE 蜂窝标准在内的无线通信标准相关基本专利,双方许可对方在全球范围内使用自身持有的标准专利技术。2017 年小米与诺基亚签署专利许可协议,其中包括在移动网络标准的必要专利方面交叉授权,诺基亚可以使用小米在手机设计、制造方面的专利;小米可以使用诺基亚在通信、物联网、VR 等领域的专利。2018 年腾讯与谷歌签署覆盖多项产品和技术的专利交叉授权许可协议,并承诺未来在创新和技术方面进行合作。2019 年爱立信与 OPPO 签署全球专利许可协议,包括两家公司的 2G、3G 和 4G 专利组合的交叉许可。我国企业通过与国际科技巨头签署专利交叉持有协议获得了相应的专利组合,有效降低了技术开发成本,为最终赢得价格和市场竞争力奠定了基础。

资料来源：作者根据相关资料整理。

12.2 "十三五"以来我国技术贸易的发展现状

"十三五"以来,我国深入实施创新驱动战略,技术贸易稳步发展、结构不断优化,技术贸易规模持续扩大,贸易伙伴遍及世界各地,贸易方式更加多样化,民营企业的市场主体地位不断上升。但是,我国技术贸易市场尤其是核心技术进口高度依赖发达国家,知识产权出口规模小,区域技术引进不平衡等"短板"仍然突出。

12.2.1 "十三五"以来我国技术贸易发展的主要特征

1. 技术出口增长强劲,进口增速平稳

2016—2019 年我国技术贸易额由 542.28 亿美元提高至 673.38 亿美元的历史最高水平,年均增速 7.48%,其中出口增速 11%,进口增速 4.63%。2019 年的贸易规模、出口规模和进口规模分别是 2011 年的 1.88 倍、12.58 倍和 1.05 倍。由于出口规模增长迅速,技术贸易逆差由 2016 年的 72.28 亿美元降至 30.64 亿美元,如图 12-3 所示。

2. 技术进口"软性化",知识产权进口成为主要方式

我国技术引进方式从"硬"向"软"转变标志着技术进口"含金量"不断提升。2017—2019 年我国技术费占技术进口额比重分别为 97.44%、97.23% 和 89.30%;其中,知识产权(专利技术、专有技术和商标许可)进口在技术进口额中占主导地位,占比分别为 65.63%、68.46% 和 60.32%;其次是技术咨询和技术服务,占比分别为 21.05%、16.19% 和 29.07%;再次是计算机软件,占比分别为 7.24%、10.98% 和 2.27%,具体数额如表 12-7 所示。从实践角度看,并购是近年来我国企业获取关键核心技术的重要路线。在技术研发长周期、高风险、高投入及核心技术引进存在困难等情况下,海外并购可以有效规避国外技术壁垒,使企业短期内掌握核心技术,形成较强的技术实力和创新能力。晨哨并购的统计显示,近年来获取技术标的是我国企业海外并购最重要的目标。2018 年我国企业在制造业、TMT[①] 及医疗健康等行业的海外先进技术并购数占比分别为 15.85%、15.65% 和 10.98%。如,吉利集团以 90 亿美元收购奔驰母公司戴姆勒 9.69% 股权,成为其最大股东,可以在电动化、智能化、无人驾驶与共享出行等领域实现与戴姆勒的技术共享。

表 12-7 2017—2019 年我国技术引进方式构成

合同类别	合同数/项	进口额/亿美元	技术费/亿美元	金额占比/%	同比增速/%
2017 年					
合计	7 030	316.89	308.76	100.00	3.13
专利技术	519	42.25	42.16	13.33	41.96

---

① 指科技、媒体和电信业。

续表

合同类别	合同数/项	进口额/亿美元	技术费/亿美元	金额占比/％	同比增速/％
专有技术	2 076	160.72	159.00	50.72	−2.25
其他方式	190	3.89	3.81	1.23	15.59
合资生产、合作生产	67	13.41	13.40	4.23	−3.94
商标许可	99	5.01	4.84	1.58	165.43
成套设备、关键设备、生产线	48	1.96	0.41	0.62	−52.37
技术咨询、技术服务	3 765	66.70	62.22	21.05	−20.80
计算机软件	266	22.95	22.92	7.24	312.49
2018 年					
合计	7 148	331.38	322.20	100.00	4.57
专利技术	461	63.65	62.38	19.21	50.66
专有技术	1 871	157.50	154.53	47.53	−2.00
其他方式	233	7.47	6.79	2.25	92.33
合资生产、合作生产	53	3.87	3.77	1.17	−71.17
商标许可	92	5.72	5.68	1.73	14.19
成套设备、关键设备、生产线	36	3.12	1.53	0.94	59.53
技术咨询、技术服务	4 115	53.66	51.52	16.19	−19.55
计算机软件	287	36.39	36.00	10.98	58.54
2019 年					
合计	7 360	352.00	314.34	100.00	6.24
专利技术	469	43.55	43.38	12.37	−31.55
专有技术	1 905	164.58	162.90	46.75	4.50
其他方式	269	20.71	18.87	5.88	177.12
合资生产、合作生产	67	2.79	2.79	0.79	−27.75
商标许可	97	4.19	4.19	1.19	−26.71
成套设备、关键设备、生产线	60	4.09	0.61	1.16	31.25
技术咨询、技术服务	4 243	102.34	71.87	29.07	90.71
计算机软件	250	9.75	9.73	2.77	−73.19

资料来源：商务部服贸司。

3. 技术出口以技术咨询和技术服务为主，是技术贸易的主要顺差来源

2017—2019 年技术咨询和技术服务在技术出口额中的比重分别为 68.20％、62.85％和69.33％；其次是计算机软件出口，占比分别为 16.23％、8.82％和7.42％，如表 12-8 所示。技术咨询和技术服务是技术贸易最大的顺差项，2017—2019 年顺差额分别为 82.51 亿美元、124.28 亿美元和 120.47 亿美元;其次是计算机软件出口,2019 年顺差额为 14.11 亿美元,表明我国通过承接国际软件和信息技术外包出口竞争力不断上升,尤其是人工智能、大数据、移动互联和云计算等新一代信息技术发展,正在推动信息技术服务外包企业加快转型升级,规模实力不断增强。

表 12-8　2017—2019 年我国按方式划分的技术出口

合同类别	合同数/项	出口额/亿美元	技术费/亿美元	金额占比/%	同比增速/%
2017 年					
合计	8 992	218.78	205.68	100.00	−6.90
专利	179	2.87	2.33	1.31	−54.9
专有技术	450	22.64	22.55	10.35	48.38
技术咨询和技术服务	3 905	149.21	137.37	68.20	−12.84
计算机软件	3 717	35.51	35.14	16.23	8.51
商标许可	2	0.01	0.00	0.00	20.57
合资生产、合作生产等	62	1.24	1.24	0.57	−17.23
成套设备、关键设备、生产线等	1	0.05	0.00	0.02	330.02
其他方式	676	7.25	7.05	3.31	−8.82
2018 年					
合计	9 399	283.14	251.61	100.00	29.42
专利	234	17.08	17.05	6.03	495.93
专有技术	411	27.06	26.47	9.56	19.50
技术咨询和技术服务	4 682	177.94	150.68	62.85	19.26
计算机软件	3 309	24.97	24.77	8.82	−29.69
商标许可	5	0.02	0.02	0.01	182.66
合资生产、合作生产等	106	0.63	0.61	0.22	−49.19
成套设备、关键设备、生产线等	2	0.51	0.06	0.18	870.86
其他方式	650	34.93	31.95	12.34	381.74
2019 年					
合计	9 269	321.37	256.17	100.00	14.64
专利	335	13.30	13.27	4.14	−22.10
专有技术	360	23.18	21.83	7.21	−14.33
技术咨询和技术服务	4 960	222.81	176.91	69.33	25.21

续表

合同类别	合同数/项	出口额/亿美元	技术费/亿美元	金额占比/%	同比增速/%
计算机软件	2 874	23.86	22.81	7.42	−4.45
商标许可	0	0.00	0.00	0.00	−100.00
合资生产、合作生产等	163	0.93	0.93	0.29	47.33
成套设备、关键设备、生产线等	5	0.04	0.02	0.01	−91.86
其他方式	572	37.25	20.40	11.59	16.02

资料来源：商务部服贸司。

4. 技术贸易市场主体仍以外资企业为主，内资企业呈上升态势

外资企业一直在我国技术贸易中占绝对主导地位。2017—2019 年外资企业在技术进口额中占比分别为 69.10%、72.02% 和 53.10%，在技术出口额中占比分别为 70.29%、60.53% 和 58.75%。说明外资企业仍然是我国技术贸易的主要支撑和技术创新的重要推动力，其技术外溢效应仍然对我国技术创新能力产生重要影响，也说明我国日益优化的营商环境对于外资高技术企业具有较强吸引力。同时，内资企业的技术贸易份额占比逐步上升，说明我国技术贸易的内生动力不断增强。2019 年国有企业、集体企业、民营企业在技术进口额中的比重共计为 38.25%，较 2017 年的 24.71% 提高 13.54 个百分点；在技术出口额中的比重共计为 37.19%，较 2017 年的 24.81% 提高 12.38 个百分点。且 2018 年内资企业的研发强度为 1.3%，高于外资的 0.3 个百分点，说明内资企业的创新能力不断提升带动了技术出口增长。

值得关注的是，民营企业仅次于外资企业成为我国技术贸易的重要市场主体。从技术进口看，近年来民企通过开展跨国并购、购买专利技术、加强与国外企业和机构开展技术合作等多种方式不断加大技术引进力度，2017—2019 年民营企业技术引进额占比分别为 16.72%、15.92% 和 17.67%，反映出民营企业通过技术引进实现技术升级具有显著效果。从技术出口看，民营企业已经超过国有企业，2017—2019 年在技术出口额中民营企业占比分别为 15.50%、16.78% 和 15.35%。技术引进促进了民企加大研发投入，2018 年民营企业研发人员全时当量和研发经费内部支出均占我国各类型规上工业企业的 1/3，显示出越来越强的消化吸收创新能力，逐渐缩小与跨国公司和国企的技术差距，如表 12-9、表 12-10 所示。

表 12-9　2017—2019 年我国各类企业技术进口

企业性质	合同数/项	合同金额/亿美元	金额占比/%	同比增速/%
2017 年				
合计	7 030	316.87	100.00	3.13
国有企业	931	24.93	7.87	−1.14

续表

企 业 性 质	合同数 /项	合同金额 /亿美元	金额占比 /%	同比增速 /%
集体企业	42	0.39	0.12	15.59
外商投资企业	3 658	218.95	69.10	15.82
民营企业	1 239	52.97	16.72	−21.79
其他	1 160	19.63	6.20	−21.30
2018 年				
合计	7 148	331.38	100.00	4.57
国有企业	925	19.64	5.93	−21.25
集体企业	53	0.28	0.09	−27.95
外商投资企业	3 459	238.67	72.02	9.01
民营企业	1 364	52.75	15.92	−0.41
其他	1 347	20.04	6.05	2.04
2019 年				
合计	7 360	352.00	100.00	6.24
国有企业	1 061	71.90	20.43	266.76
集体企业	54	0.51	0.15	80.60
外商投资企业	3 257	186.92	53.10	−21.68
民营企业	1 531	62.21	17.67	17.94
其他	1 457	30.46	8.65	52.04

资料来源：商务部服贸司。

表 12-10　2017—2019 年我国各类企业技术出口

企 业 性 质	合同数 /项	合同金额 /亿美元	技术费 /%	金额占比 /%	金额同比 增速/%
2017 年					
合计	8 992	218.78	205.68	100.00	−6.90
国有企业	200	20.34	8.81	9.3	−59.48
集体企业	8	0.02	0.00	0.01	272.01
外商投资企业	5 674	153.79	153.41	70.29	2.76
民营企业	2 626	33.92	33.21	15.50	24.43
其他	484	10.71	10.25	4.90	35.96

续表

企 业 性 质	合同数/项	合同金额/亿美元	技术费/%	金额占比/%	金额同比增速/%
2018 年					
合计	9 399	283.14	251.61	100.00	29.42
国有企业	226	31.87	8.49	11.26	56.66
集体企业	6	0.07	0.07	0.03	275.13
外商投资企业	5 852	171.40	169.58	60.53	11.45
民营企业	2 767	47.50	44.05	16.78	40.03
其他	548	32.30	29.41	11.41	201.53
2019 年					
合计	9 269	321.36	256.17	100.00	14.64
国有企业	205	70.11	11.96	21.82	120.00
集体企业	4	0.06	0.06	0.02	−14.54
外商投资企业	5 453	188.79	186.73	58.75	11.99
民营企业	3 046	49.33	45.31	15.35	3.87
其他	561	13.07	12.10	4.07	−59.53

资料来源：商务部服贸司。

5. 技术贸易市场主要集中于发达国家和地区，美国仍是第一大贸易伙伴

我国目前与全球 130 多个国家和地区建立了技术贸易联系[①]，但高度集中于美欧日发达国家且保持基本稳定。2019 年前 10 大技术进口来源地分别为美国、日本、德国、俄罗斯、瑞典、韩国、瑞士、中国香港、中国台湾、意大利，占中国大陆技术进口额的比重高达 87.28%，其中来自美国、日本和德国的技术引进额合计占比达 56.15%。2019 年前 10 大技术出口目的地分别是美国、中国香港、阿联酋、日本、德国、瑞典、孟加拉国、新加坡、韩国和英属维尔京群岛，以上 10 个国家和地区占中国大陆技术出口额的比重达 71.30%。美国一直是我国第一大技术进口来源国和出口目的国，2017—2019 年我国对美技术进口额占比分别为 33.57%、34.74%、24.03%，对美技术出口额占比分别为 22.22%、30.83%、17.62%，2019 年受贸易摩擦影响双边技术进出口均出现大幅下滑。值得关注的是，"一带一路"沿线国家逐步成为我国技术出口的重要新兴市场。2019 年我国技术出口前 10 大目的地中，阿联酋、孟加拉、新加坡均属于沿线国家。

需要强调的是，美欧日三大经济体在我国技术进口与出口市场出现高度重合的现象，说明我国不断缩小与发达经济体的技术差距，技术分工由垂直分工逐步向水平分工发展，比如，我国信息技术企业与发达国家跨国公司之间越来越多出现专利交叉授权现象就印证了这一点。同时还应该看到，我国与发达国家间的技术贸易活动仍基于比较

---

① 王炳南于 2018 年"第六届中国（上海）国际技术进出口交易会"开幕论坛的讲话。

优势,我国从发达国家进口的主要是核心技术和知识产权,出口则主要是技术咨询与服务等非核心技术,如专业技术、软件和计算机服务等外包业务,在技术先进性和附加值上都存在明显差距。如表 12-11、表 12-12 列举了 2017—2019 年我国主要技术进口、出口国别/地区的构成,可以看出我国是美国最大的知识产权进口国。2018 年我国对美支付的知识产权使用费占当年对外知识产权使用费的 1/4,占美国当年知识产权使用费收入的 1/6。2011—2018 年我国对美国支付的知识产权使用费从 34.6 亿美元提高至 86.4 亿美元,年均增速达 13.97%。

表 12-11 2017—2019 年中国大陆前 10 大技术进口国别/地区构成

序 号	国别/地区	合同数 /项	合同金额 /亿美元	技术费 /亿美元	设备费 /亿美元	金额占比 /%
2017 年						
全部合计		7 030	316.88	308.78	6.82	100.00
前 10 大国家/地区合计		5 705	277.08	269.87	6.03	87.44
1	美国	1 191	106.38	104.70	1.14	33.57
2	日本	1 815	62.03	61.02	0.69	19.58
3	德国	899	41.81	40.86	0.90	13.19
4	韩国	514	18.14	17.99	0.14	5.72
5	瑞典	74	11.71	11.71	0.00	3.70
6	中国台湾	330	9.59	6.66	2.91	3.02
7	英国	202	7.47	7.40	0.07	2.36
8	中国香港	432	7.32	7.27	0.02	2.31
9	瑞士	88	6.72	6.38	0.15	2.12
10	法国	160	5.91	5.88	0.01	1.86
2018 年						
全部合计		7 148	331.37	322.19	5.04	100.00
前 10 大国家/地区合计		5 345	294.42	288.28	3.16	88.85
1	美国	1 241	115.12	113.72	0.50	34.74
2	日本	1 741	61.74	60.33	0.91	18.63
3	德国	762	35.90	34.56	1.20	10.83
4	瑞士	83	23.22	22.84	0.12	7.01
5	韩国	480	19.03	18.84	0.08	5.74
6	瑞典	119	10.38	10.21	0.17	3.13
7	英国	226	9.48	8.43	0.00	2.86

续表

序　号	国别/地区	合同数/项	合同金额/亿美元	技术费/亿美元	设备费/亿美元	金额占比/%
8	芬兰	24	6.97	6.97	0.00	2.10
9	法国	174	6.63	6.47	0.15	2.00
10	中国香港	495	5.94	5.89	0.03	1.79
2019 年						
全部合计		7 360	352.01	314.34	37.45	100.00
前 10 大国家/地区合计		5 607	307.22	270.48	36.65	87.28
1	美国	1 309	84.58	84.43	0.14	24.03
2	日本	1 594	66.24	63.24	2.98	18.82
3	德国	910	46.82	42.71	4.06	13.30
4	俄罗斯	20	34.56	5.89	28.66	9.82
5	瑞典	148	22.85	22.85	0.00	6.49
6	韩国	441	18.60	18.60	0.01	5.29
7	瑞士	87	11.76	11.51	0.25	3.34
8	中国香港	522	8.85	8.65	0.19	2.51
9	中国台湾	423	6.88	6.82	0.06	1.96
10	意大利	153	6.08	5.78	0.29	1.73

注：1.数据来自商务部服贸司，由于四舍五入等原因，表中数据可能不完全对应。2.此表按合同金额排名。

表 12-12　2017—2019 年中国内地前 10 大技术出口国别/地区构成

序　号	国别/地区	合同数/项	合同金额/亿美元	技术费/亿美元	设备费/亿美元	金额占比/%
2017 年						
全部合计		8 992	218.78	205.68	11.5	100.00
前 10 大国家/地区合计		6 684	157.44	150.47	6.57	71.96
1	美国	1 161	48.62	48.53	0.07	22.22
2	中国香港	961	21.58	21.35	0.02	9.86
3	德国	259	18.30	18.24	0.02	8.36
4	日本	3 871	16.05	15.83	0.12	7.34
5	新加坡	197	15.70	15.66	0.03	7.18
6	瑞典	39	12.68	12.68	0.00	5.80
7	瑞士	72	6.86	6.82	0.00	3.14

续表

序　号	国别/地区	合同数/项	合同金额/亿美元	技术费/亿美元	设备费/亿美元	金额占比/%
8	巴基斯坦	24	6.51	0.22	6.30	2.98
9	荷兰	93	6.00	6.00	0.00	2.74
10	芬兰	7	5.13	5.13	0.00	2.35
2018 年						
全部合计		9 399	283.14	251.61	25.90	100.00
前 10 大国家/地区合计		7 041	210.05	197.68	9.09	30.83
1	美国	1 134	87.29	87.06	0.17	13.63
2	中国香港	1 166	38.60	37.72	0.14	6.40
3	新加坡	268	18.11	18.07	0.03	5.75
4	日本	4 053	16.28	16.21	0.01	3.85
5	德国	279	10.90	10.79	0.03	3.56
6	比利时	9	10.07	10.07	0.00	2.92
7	芬兰	16	8.27	8.27	0.00	2.60
8	瑞士	85	7.37	7.21	0.02	2.36
9	伊朗	11	6.69	0.60	3.91	2.29
10	巴基斯坦	20	6.48	1.69	4.79	0.02
2019 年						
全部合计		9 269	321.37	256.17	47.80	100.00
前 10 大国家/地区合计		7 206	229.15	178.42	38.04	71.30
1	美国	1 239	56.62	56.12	0.20	17.62
2	中国香港	1 190	42.07	39.02	2.81	13.09
3	阿拉伯联合酋长国	34	24.36	3.27	21.09	7.58
4	日本	3 937	20.76	20.61	0.02	6.46
5	德国	278	19.03	18.86	0.10	5.92
6	瑞典	34	16.24	16.23	0.00	5.05
7	孟加拉国	4	14.45	0.17	9.04	4.50
8	新加坡	264	14.28	13.60	0.28	4.44
9	韩国	188	10.84	9.85	0.98	3.37
10	英属维尔京群岛	38	10.52	0.69	3.51	3.27

资料来源：商务部服贸司。

6. 技术进口以制造业为主，技术出口以服务业为主

从技术进口看，交通运输设备，通信设备、计算机及其他电子设备，化学原料及化学制品，通用设备，专用设备，电气机械及器材和医药等制造业是我国技术进口的主要行业。2017—2019 年在前 10 大技术进口行业中制造业分别占 8 席，制造业技术进口额合计占比分别为 78.28%、76.97% 和 63.85%，说明国外技术仍是我国制造业获取先进技术、实现技术升级的重要来源。从技术出口看，服务业占主导地位。2017—2019 年在前 10 大技术出口行业中，包含了专业技术、软件、研发、计算机服务等服务领域，这 4 个领域的技术出口额合计占比分别为 51.72%、53.68% 和 53.25%，说明以国际服务外包为主的服务出口是技术出口的主要来源。此外，技术出口主要涉及通信设备、计算机及其他电子设备，医药，化学原料及化学制品，专用设备和交通运输设备等制造领域，2017—2019 年制造业技术出口合计占比分别为 33.61%、17.80% 和 23.78%，表明这些领域通过技术进口提升了创新能力，带动了技术出口发展。表 12-13、表 12-14 列出了 2017—2019 年我国按行业划分的技术进出口情况。

表 12-13　2017—2019 年我国按行业划分的技术进口

行　　业	合同数 /项	合同金额 /亿美元	技术费 /亿美元	金额占比 /%
2017 年				
全部合计	7 030	316.880 0	308.777 0	100.00
前 10 大行业合计	4 871	260.69	255.914 8	82.27
交通运输设备制造业	1 493	96.081 9	95.679 7	30.32
通信设备、计算机及其他电子设备制造业	895	92.765	89.625 4	29.27
化学原料及化学制品制造业	380	17.643 8	16.739 5	5.57
通用设备制造业	298	12.065 7	12.027 0	3.81
专用设备制造业	334	10.673 3	10.519 0	3.37
电气机械及器材制造业	274	9.291 6	9.205 3	2.93
其他行业	194	6.439 8	6.425 2	2.03
房地产业	812	6.225 5	6.211 2	1.96
医药制造业	124	5.464 6	5.452 0	1.72
工艺品及其他制造业	67	4.038 9	4.030 5	1.27
2018 年				
全部合计	7 148	331.374 9	322.189 0	100.00
前 10 大行业合计	4 238	270.484 5	265.266 0	81.62
交通运输设备制造业	1 504	95.385 6	95.009 2	28.78

行　业	合同数 /项	合同金额 /亿美元	技术费 /亿美元	金额占比 /%
通信设备、计算机及其他电子设备制造业	754	87.433 0	86.853 0	26.38
化学原料及化学制品制造业	335	17.797 6	15.621 1	5.37
食品制造业	26	17.169 5	17.169 5	5.18
专用设备制造业	387	11.839 4	11.599 0	3.57
医药制造业	201	9.065 1	8.679 2	2.74
通用设备制造业	404	8.691 3	8.565 5	2.62
软件业	230	7.862 5	7.303 5	2.37
电气机械及器材制造业	184	7.670 9	6.942 0	2.31
计算机服务业	213	7.569 7	7.524 1	2.28
2019 年				
全部合计	7 360	352.01	314.34	100.00
前 10 大行业合计	4 405	278.29	246.93	79.06
交通运输设备制造业	1 564	97.93	97.88	27.82
通信设备、计算机及其他电子设备制造业	777	54.12	53.88	15.38
电力、热力的生产和供应业	56	35.42	6.70	10.06
化学原料及化学制品制造业	350	19.85	19.30	5.64
专用设备制造业	387	18.38	18.30	5.22
通用设备制造业	386	12.87	12.78	3.66
医药制造业	187	11.58	11.57	3.29
电气机械及器材制造业	220	10.00	8.42	2.84
软件业	274	9.51	9.48	2.70
计算机服务业	204	8.63	8.62	2.45

资料来源：商务部服贸司。

表 12-14　2017—2019 年我国按行业划分的技术出口

行　业	合同数 /项	合同金额 /亿美元	技术费 /亿美元	金额占比 /%
2017 年				
全部合计	8 992	218.760 8	205.661 2	100.00
前 10 大行业合计	8 209	194.225 0	186.572 2	88.78

行　业	合同数 /项	合同金额 /亿美元	技术费 /亿美元	金额占比 /%
通信设备、计算机及其他电子设备制造业	1 269	46.708 7	45.776 5	21.40
软件业	3 428	37.540 0	37.181 5	17.16
研究与试验发展	239	29.179 1	29.179 0	13.34
专业技术服务业	965	24.257 0	18.673 0	11.09
计算机服务业	1 463	22.162 4	22.106 1	10.13
医药制造业	301	9.041 6	9.032 9	4.13
化学原料及化学制品制造业	94	8.296 1	8.233 7	3.79
其他行业	102	7.557 8	7.279 5	3.45
专用设备制造业	271	5.692 9	5.582 7	2.60
通用设备制造业	77	3.789 4	3.527 4	1.73
2018 年				
全部合计	9 399	283.136 4	251.607 3	100.00
前 10 大行业合计	8 164	233.579 3	216.660 9	82.50
计算机服务业	1 468	49.805 0	49.508 8	17.60
软件业	3 458	46.846 7	46.677 6	16.55
研究与试验发展	277	31.536 0	30.959 8	11.14
通信设备、计算机及其他电子设备制造业	1 047	23.840 6	23.020 7	8.42
专业技术服务业	1 314	23.785 9	23.402 4	8.40
医药制造业	378	14.919 6	14.906 7	5.27
石油和天然气开采业	39	12.639 7	12.051 8	4.46
通用设备制造业	59	11.635 3	11.634 3	4.11
电力、热力的生产和供应业	27	9.977 6	2.112 5	3.52
其他服务业	97	8.592 9	2.386 4	3.03
2019 年				
全部合计	9 269	321.372 5	256.166 5	100.00
前 10 大行业合计	8 231	292.380 1	231.877 8	90.98
专业技术服务业	1 388	54.048 8	32.171 6	16.80
软件业	3 140	53.568 8	53.440 9	16.67

续表

行 业	合同数 /项	合同金额 /亿美元	技术费 /亿美元	金额占比 /％
通信设备、计算机及其他电子设备制造业	885	45.245 3	45.003 8	14.08
研究与试验发展	310	36.060 4	36.015 2	11.22
电力、热力的生产和供应业	19	31.475 9	1.398 5	9.79
计算机服务业	1 544	27.459 6	27.273 7	8.54
医药制造业	475	14.809 6	14.768 3	4.61
其他行业	170	13.331 2	5.628 9	4.15
交通运输设备制造业	110	8.543 5	8.421 9	2.66
专用设备制造业	190	7.837 0	7.755 1	2.44

资料来源：商务部服贸司。

7. 技术型对外投资和利用外资双向发展，综合应用国内外技术市场和资源的能力增强

在对外投资方面，建立海外研发机构和科技园是我国企业融入全球创新链，通过开放创新组合全球人才、技术、信息等要素的重要渠道，越来越多的企业以寻求技术资源为目的进行跨国并购或设立海外研发机构快速掌握核心关键技术。据统计，截至 2017 年仅高新区企业就设立了 994 家境外研发机构。[①] 在海外设立研发中心和生产研发基地已经成为我国汽车企业全球化战略的重要组成部分。长安汽车已在美国、日本、英国、意大利建立了 5 个研发中心，共有来自全球 17 个国家的 1.1 万余名研发人员，其中有 7 000 多名海外研发人员。上汽将设立海外研发中心与并购投资结合，分别在以色列设立创新中心，在泰国、印度尼西亚、英国、印度等设立海外生产研发基地，还针对自动驾驶、网联汽车、大数据及软件技术、电池材料等在海外设立了企业。长城、吉利、奇瑞、北汽等都拥有一家以上海外研发创新中心或生产研发基地。在利用外资方面，我国外资市场准入政策放宽和国内营商环境的持续改善，促进了高技术外资保持高速增长。2019 年我国高技术服务业吸收外资增长 44.3％，其中信息传输、软件和信息技术服务，科学研究和技术服务业吸收外资分别增长 29.4％和 68.4％。跨国公司在我国的研发投入不断增长，目前跨国公司在华投资地区总部和研发中心超过 2 000 家，其中国家认定的外资研发中心 1 800 多家。

12.2.2 我国技术贸易发展存在的主要问题

第一，核心技术高度依赖发达国家导致经贸摩擦频发。近两年来，美国等发达国家不断以知识产权保护、维护国家安全等为由对我国进行技术封锁，且不断发起知识产权

---

① 中国科学报［N］. 2018-07-19，8.

贸易摩擦，增加了我国引进核心关键技术和前沿技术的困难和成本，如表 12-15 所示。在中美经贸摩擦中，被美国列入出口管制实体清单的中国高科技企业和机构范围不断扩大，同时加强对我国高新技术产品进口加征关税等限制性措施。如，新一代信息技术、新能源汽车、航空产品、高铁装备、高性能医疗器械、生物医药、新材料、农机装备和工业机器人等。此外，对我国企业在美国并购高技术企业设置越来越多的障碍。2020 年 2 月美国正式生效了两项改革外国投资国家安全审查制度的法规①，严控关键技术知识产权流失。日本也正在考虑高新技术出口的管制范围，将人工智能和机器人当中使用的下一代技术作为限制重点。

表 12-15　2017 年以来美国对我国高科技企业实施技术制裁情况

时　间	事　件
2017 年 1 月	美国发布《确保美国半导体的领导地位》，将中国半导体发展列为"威胁"
2018 年 4 月	禁止美国企业向中兴销售零部件，7 月达成和解，部分解除禁令
2018 年 8 月	美国发布国防授权法案限制政府采购华为、中兴、海康、大华、海能达的生产设备
2019 年 5 月	美国商务部以国家安全为由将华为及 70 家附属公司列入出口管制实体清单
2019 年 6 月	将 5 家中国企业列入出口管制实体清单
2019 年 7 月	美国部分恢复向华为供货，安卓等操作系统暂未完全解除禁令
2019 年 8 月	美国延长华为禁令 90 天至 11 月
2019 年 11 月	美国禁止农村地区运营商使用通用服务基金购买华为设备，再次延长华为禁令至 2020 年 2 月
2020 年 2 月	美国再次延长禁令 45 天，美法院判决国会有权禁止联邦机构购买华为产品
2020 年 3 月	美国禁止台积电等企业向华为供应芯片和设备，延长华为禁令至 4 月 22 日
2020 年 5 月	美国商务部将 33 家中国企业及机构列入出口管制实体清单

第二，知识产权出口规模与我国创新大国地位极不匹配。我国已经跻身世界知识产权大国行列。截至 2019 年国内②发明专利拥有量 186.2 万件，每万人口发明专利拥有量 13.3 件。据世界知识产权组织（WIPO）统计，2019 年我国已连续 9 年列全球专利申请量首位，且国际专利申请量首次超过美国居全球首位。但外围专利多、核心专利少的状况导致我国知识产权出口不仅规模小，反而要对外支付高额知识产权使用费。2017—2019 年我国知识产权出口占技术出口额的比重分别为 11.56%、15.60% 和 11.35%，同期知识产权进口占技术进口额的比重分别为 65.63%、68.46% 和 60.32%，贸易逆差额分别高达 182.46 亿美元、182.71 亿美元和 175.84 亿美元，成为技术贸易逆差的最大来源。一方面说明发达经济体仍占据全球技术创新的主导地位；另一方面也

---

①　新生效的两项法规是《2018 年外国投资风险审查现代化法案》的配套法规，主要涉及两个领域：一是关键技术、关键基础设施和个人敏感信息；二是房地产交易。

②　不含港澳台地区。

反映出我国对于知识产权出口战略还未引起足够重视。

　　第三,技术引进的区域分布严重不平衡。我国区域技术贸易水平的差异与经济发展水平呈正向关系。由于东部地区经济发展水平高,高新技术产业优势明显,技术贸易也占绝对优势。2018 年东、中、西部和东北地区技术进口额占比分别为 64.53%、8.79%、19.40% 和 7.28%,如图 12-3 所示。技术引进在空间分布上的不平衡性意味着东部与中西部在新技术获取、消化吸收和产业化应用等方面的差距,势必造成区域间技术创新差距进一步扩大,从而影响中西部承接产业转移和自主创新能力。

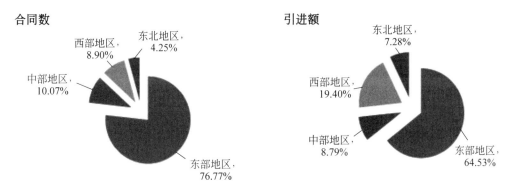

图 12-3　2018 年我国技术引进的区域分布(各区域合同数占比和引进额占比)

资料来源:根据《2019 年中国科技统计年鉴》绘制。

　　第四,内资企业技术引进和消化吸收再创新仍有较大提升空间。内资企业技术引进一直低于外资企业。2017—2019 年内资企业[①]技术引进额占比分别为 30.9%、27.98% 和 46.9%。这一情形可能带来一定负面影响。如,一些外资企业出于维护和巩固市场竞争地位的考虑对技术进行控制,仅在公司内部转移,从而降低技术外溢效应。同时,内资企业对引进技术的消化吸收和再创新能力也低于外资企业 1 倍左右。在 2018 年规上工业企业的平均研发投入支出中,内资企业为 310.61 万元、外资企业为 623.13 万元;平均研发人员全时当量,内资企业为 7.04 人年,外资企业为 13.42 人年。因此,内资企业应加大技术引进力度,同时通过增加研发投入、提高研发效率加速技术转化提升创新能力。

12.3　技术贸易促进我国技术创新能力和产业竞争力提升

　　通过我国企业的实践可以证实技术贸易与技术创新和产业竞争力之间的相互促进关系。企业通过引进技术具备了模仿创新的基础,为在较短时间内实现消化吸收再创新通常加大研发投入,在研发中积累了技术存量,提升了技术创新能力。同时,新技术也加剧了国内市场竞争,刺激未进行技术引进的企业加大研发投入,带动行业整体技术能力提升,从而促进产业升级和竞争力提升。

---

　　①　包括除外商投资企业和港澳台企业以外的其他企业类型。

12.3.1 技术贸易促进我国技术创新能力提升

2019年7月世界知识产权组织发布的《2019年全球创新指数报告》显示，我国在129个经济体中排名第14位，是中等收入经济体中唯一进入前30位的国家，在专利、工业品外观设计、商标及高技术出口、创意产品出口等方面体现出卓越的创新实力。2019年我国的国际专利申请量增长11%达58 990件，首次超过美国位居第一[①]，且我国创新投入水平远低于美国、德国、英国、芬兰、以色列等高收入经济体，这与引进消化吸收再创新的方式有密切关系。这里依据2017—2019年我国技术进口前10大行业进行分析，其中包括8类制造业，如表12-13所示，可以看出，无论是传统制造业还是新兴产业都具有一致性的动态创新路径，即：技术引进→研发投入增加→技术水平提高→创新能力提升。

1. 企业技术进口对于研发投入增长具有明显正向效应

从2012—2018年的研发经费支出可以发现，这8类制造业总体保持逐年稳步增长。2014年之后8类制造业的研发经费支出均超过100亿元。2018年除食品制造业外，其他7类制造业的研发经费均超过400亿元，排前两位的依次是通信设备、计算机及其他电子设备制造业和电气机械和器材制造业，研发经费支出分别达2 279.9亿元和1 320.1亿元，占当年全部制造业研发经费支出的18.2%和10.6%。2012—2018年8类制造业的研发经费投入强度普遍增长，说明通过引进技术直接或间接地刺激了企业开展技术创新。在8类制造业中，2018年企业研发经费投入强度排前两位的依次是运输设备和专用设备制造业，分别达3.38%和2.43%，较2012年分别提高1.2个百分点和0.95个百分点。2018年除食品制造业外，其他7类制造业的研发经费投入水平均超过当年规上工业企业和全部制造业的平均水平，如表12-16、表12-17、图12-4所示。

表 12-16　2012—2018 年我国技术引进前 8 类制造业研发经费支出

单位：亿元

年份	制造业合计	通信设备、计算机及其他电子设备制造业	电气机械和器材制造业	运输设备制造业	医药制造业	化学原料和化学制品制造业	通用设备制造业	专用设备制造业	食品制造业
2012	6 850.5	1 064.8	704.3	342.8	283.3	554.7	472.0	425.0	86.9
2013	7 959.8	1 252.5	815.4	372.1	347.7	660.4	547.9	512.3	98.5
2014	8 890.9	1 392.5	922.9	426.1	390.3	746.5	620.6	540.9	112.7
2015	9 650.0	1 611.7	1 012.7	435.9	441.5	794.5	632.6	567.1	135.4
2016	10 580.3	1 811.0	1 102.4	459.6	488.5	840.7	665.7	577.1	152.8
2017	11 624.7	2 002.8	1 242.4	428.8	534.2	912.5	696.8	636.9	148.1
2018	12 498.0	2 279.9	1 320.1	400.8	580.9	899.9	735.6	725.8	161.0

资料来源：历年《中国科技统计年鉴》。

---

① 2020年4月WIPO公布的2019年国际专利申请量数据。

表 12-17　2012—2018 年我国技术引进前 8 类制造业研发经费投入强度

单位：%

行　　业	2012	2013	2014	2015	2016	2017	2018
规上工业企业	0.77	0.80	0.84	0.90	0.94	1.06	1.23
制造业	0.85	0.88	0.91	0.97	1.01	1.14	1.38
通信设备、计算机及其他电子设备制造业	1.51	1.59	1.63	1.76	1.82	1.88	2.12
电气机械和器材制造业	1.29	1.32	1.38	1.46	1.50	1.73	2.04
运输设备制造业	2.18	2.41	2.40	2.30	2.38	2.53	3.38
专用设备制造业	1.48	1.57	1.55	1.58	1.54	1.78	2.43
通用设备制造业	1.24	1.26	1.32	1.35	1.38	1.53	1.92
医药制造业	1.63	1.69	1.67	1.72	1.73	1.97	2.39
化学原料和化学制品制造业	0.82	0.86	0.90	0.95	0.96	1.11	1.25
食品制造业	0.55	0.53	0.55	0.62	0.64	0.67	0.88

资料来源：历年《全国科技经费统计公报》，2018 年制造业和食品制造业的数值根据国家统计局数据计算而得。

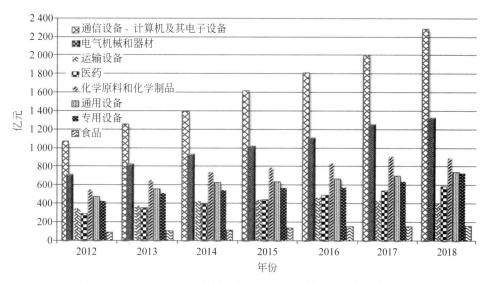

图 12-4　2012—2018 年我国技术引进前 8 类制造业研发经费支出

资料来源：历年《中国科技统计年鉴》。

2. 企业技术引进对于促进发明专利增长具有明显正向效应

发明专利是衡量技术创新能力的核心指标。2012—2018 年 8 类制造行业的有效发明专利数量均呈现明显增长，其中有效发明专利数量最多的是通信设备、计算机及其他电子设备制造业，其次是电气机械和器材制造业，2012—2018 年期间两者合计发明专利数量占规上工业企业的比重一直稳定在 40% 左右。2018 年 8 类制造业的有效发明专利数量均大幅增加，其中通信设备、计算机及其他电子设备制造业 300 369 件、电气机械及器材制造业 136 014 件、专用设备制造业 97 839 件，分别是 2012 年的 3.6 倍、4.3 倍和 4.5 倍；通用设备制造业 78 732 件、化学原料及化学制品制造业 61 451 件、医药制造业 45 766 件；分别是 2012 年的 3.4 倍、3.7 倍和 3 倍；运输设备制造业 33 164 件、食品制造业 10 906 件，分别是 2012 年的 5 倍和 4.6 倍，如表 12-18 所示。

表 12-18　2012—2018 年我国技术进口前 8 类制造行业有效发明专利数

单位：件

行　　业	2012	2013	2014	2015	2016	2017	2018
规上工业企业合计	277 196	335 401	448 885	573 765	769 847	933 990	1 094 200
通信设备、计算机及其他电子设备	83 589	97 994	126 488	170 387	227 365	274 170	300 369
电气机械和器材制造业	31 346	38 601	51 467	63 837	85 028	109 179	136 014
运输设备制造业	6 682	9 461	12 236	17 961	21 990	29 490	33 164
专用设备制造业	21 785	28 145	39 555	49 732	67 163	81 588	97 839
通用设备制造业	22 984	23 994	33 014	40 413	55 508	65 982	78 732
化学原料及化学制品制造业	16 777	22 005	29 433	37 649	48 805	54 262	61 451
医药制造业	15 058	19 558	24 799	31 259	37 463	41 673	45 766
食品制造业	2 375	3 105	4 411	6 431	7 863	9 344	10 906

资料来源：历年《中国统计年鉴》。

从运输设备、医药和食品 3 个传统制造领域看，2001 年以来，3 类制造业的专利申请和授权量快速增长。其中，发明专利申请量分别从 2001 年的 917 件、4 060 件、984 件增至 2019 年的 69 516 件、69 785 件、39 215 件；3 类制造业发明专利授权量 2001 年均为零，到 2019 年分别增至 20 427 件、21 072 件和 5 716 件，2002—2019 年的平均增速分别为 65.2%、41.6%、33%。2019 年运输设备制造业的发明专利授权量相当于 2010 年的 4.7 倍、2002 年的 5 106.8 倍；医药制造业的发明专利授权量相当于 2010 年的 2.1 倍、2002 年的 369.7 倍；食品制造业的发明专利授权量相当于 2010 年的 2.3 倍、2002 年的 127 倍。由此可见，3 类传统制造业领域通过技术引进成功实现了消化吸收，自主创新能力大幅提升。

从电信、广播电视卫星传输服务和计算机软件两个信息技术服务领域看，2001—2019 年电信、广播电视卫星传输服务业的发明专利申请量由 1 176 件增至 23 620 件，年均增速为 13.4%；发明专利授权量由零增长至 11 521 件，2002—2019 年的平均增速达 73.3%，2019 年的发明专利授权量相当于 2010 年的 1.7 倍、2002 年的 11 521 倍。2001—2019 年我国计算机软件著作权登记数量增长迅速，2001 年仅为 6 948 件，2010 年为 8.19 万件，2019 年增至 148.44 万件，2001—2019 年的平均增速达 34.7%。2019 年的软件登记数量相当于 2010 年的 18.1 倍、2001 年的 213.7 倍，如表 12-19 所示。

表 12-19　2001—2019 年我国运输设备、医药、食品制造业及电信、广电卫星传输服务业
的发明专利数量与软件著作权登记量　　　　　　　　单位：件

年份	运输设备制造发明专利申请量	运输设备制造发明专利授权量	医药制造发明专利申请量	医药制造发明专利授权量	食品制造发明专利申请量	食品制造发明专利授权量	电信、广播电视卫星传输服务发明专利申请量	电信、广播电视卫星传输服务发明专利授权量	软件著作权登记量
2001	917	0	4 060	0	984	0	1 176	0	6 948
2002	1 471	4	9 613	57	1 677	45	2 459	1	8 909
2003	2 107	236	9 113	932	2 350	340	3 972	257	13 655
2004	2 724	612	9 905	3 248	2 353	697	5 610	1 656	14 451
2005	5 057	913	18 173	4 603	4 078	1 143	8 501	2 116	18 275
2006	5 298	1 538	19 121	6 461	3 950	1 514	11 964	2 520	21 495
2007	6 601	2 180	23 016	7 010	5 514	1 537	15 308	3 207	24 518
2008	7 931	3 490	23 238	7 017	6 805	1 544	20 199	6 281	45 700
2009	10 465	4 453	26 060	8 385	8 615	1 962	13 437	7 637	67 912
2010	10 825	4 335	27 412	9 951	10 236	2 472	9 623	6 658	81 966
2011	12 414	5 337	30 367	14 860	11 425	3 961	9 178	7 775	109 342
2012	20 074	7 247	38 810	19 135	17 759	7 900	10 635	9 050	139 228
2013	22 931	7 704	44 646	21 223	22 274	9 172	10 304	5 952	164 349
2014	28 238	7 334	56 959	21 401	33 080	7 480	11 632	6 011	218 783
2015	34 483	13 737	72 448	21 329	43 122	8 767	12 317	6 625	292 360
2016	39 137	20 234	75 441	20 786	47 237	8 378	14 913	7 181	407 774
2017	49 865	20 467	77 150	15 792	54 486	5 205	19 709	7 500	745 387
2018	69 195	19 543	77 170	18 391	51 012	5 962	22 953	9 305	1 104 839
2019	69 516	20 427	69 785	21 072	39 215	5 716	23 620	11 521	1 484 448

资料来源：发明专利申请及授权量来源于 INCOPAT 专利数据库，主要依据《国际专利分类与国民经济行业分类参照关系表(2018)》的分类方法进行检索分类。计算机软件著作权登记来源于中国版权保护中心和国家版权局。

3. 企业技术引进对促进海外专利增长具有明显正向效应

从食品化学、医药和计算机技术行业看，2003—2018 年 3 个行业的海外专利授权量均大幅增长，分别由 2003 年的 4 件、37 件、27 件增加至 2018 年的 87 件、764 件、3 553 件，三个行业的年均增速分别为 22.8%、22.4%、38.4%。其中，2018 年计算机技术的海外专利授权量相当于 2010 年的 7 倍、2003 年的 131.6 倍；食品化学技术的海外专利授权量相当于 2010 年的 8.7 倍、2003 年的 21.8 倍；医药技术的海外专利授权量相当于 2010 年的 4.6 倍、2003 年的 20.6 倍，如图 12-5 所示。

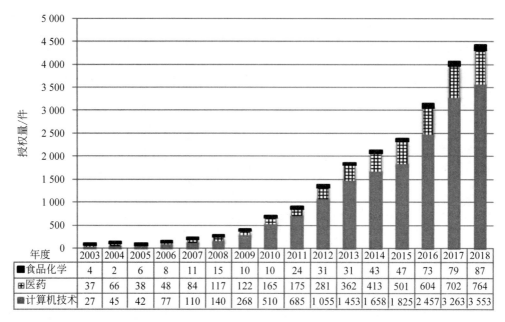

图 12-5　2003—2018 年我国计算机、医药和食品化学技术海外专利授权量年度变化

资料来源：WIPO，数据提取时间：2020.04.17

从数字通信行业看，2000—2010 年我国数字通信行业的海外专利授权量从 1 件增至 475 件，年均增速为 85.2%，但绝对数与美国（4 368 件）、日本（2 747 件）、韩国（1 437 件）、法国（853 件）、德国（921 件）、瑞典（887 件）相比，处于明显弱势。自 2011 年起，我国数字通信行业的专利授权量规模显著增加。2011—2018 年我国海外专利授权量年均增长率为 33.8%，而同期法国、德国、日本、韩国、瑞典、美国授权量的年均增长率分别是 5.4%、5%、4.8%、15.8%、15.8%、8.2%。2018 年我国数字通信行业海外专利授权量为 5 148 件，相当于 2010 年的 10.8 倍，已经超过法国（1 400 件）、德国（1 225 件）、日本（4 517 件）、韩国（4 867 件）、瑞典（2 843 件），仅次于美国（8 943 件），如图 12-6 所示。

12.3.2　技术贸易促进产业出口竞争力提升

1. 技术引进促进了产品出口规模增长

从技术引进前 10 大行业中的 8 类制造行业看，根据国家统计局数据计算，2003—2019 年 8 类制造行业出口交货值合计占规上工业企业出口交货值的比重从 51% 增加到 70%。2003—2019 年我国规上工业企业出口交货值年均增速为 9.82%，而 8 类制造行业中，除运输设备制造业（4.88%）、化学原料和化学制品制造业（9.81%）外，其余 6 类制造行业的出口交货值年均增速均高于平均水平，依次为专用设备制造业（15.65%），通信设备、计算机及其他电子设备制造业（12.71%），通用设备制造业（12.52%），电气机械和器材制造业（11.69%），医药制造业（10.18%），食品制造业（9.92%）。从出口交货值看，2019 年通信设备、计算机及其他电子设备制造业（56 053.8 亿元），电气机械和器材制造业（11 439 亿元）和通用设备制造业（5 477 亿元）位列前 3 位，分别相当于

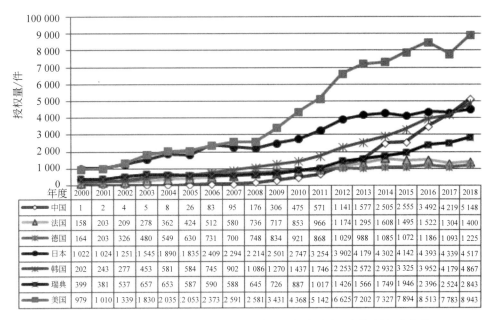

图 12-6　2000—2018 年数字通信行业主要国家海外专利授权量年度变化

资料来源：WIPO，数据提取时间：2020.04.05

2011 年的 1.5 倍、1.2 倍、1.4 倍，相当于 2003 年的 6.8 倍、5.9 倍、6.6 倍；专用设备制造业（3 460.9 亿元）、化学原料和化学制品制造业（3 802 亿元），分别相当于 2011 年的 1.5 倍、1.1 倍，相当于 2 003 年的 10.2 倍、4.5 倍；运输设备制造业（2004.8 亿元）、医药制造业（1 416.3 亿元）、食品制造业（1 098 亿元）分别相当于 2011 年的 0.3 倍、1.4 倍、1.3 倍，相当于 2003 年的 2.1 倍、4.7 倍、4.5 倍，如表 12-20 所示。

表 12-20　2003—2019 年我国技术进口前 8 类制造行业出口交货值、年均增速及占比

年份	规上工业企业/亿元	通信设备、计算机及其他电子设备制造业/亿元	电气机械和器材制造业/亿元	运输设备制造业/亿元	专用设备制造业/亿元	通用设备制造业/亿元	化学原料和化学制品制造业/亿元	医药制造业/亿元	食品制造业/亿元	8 类制造行业在规上工业企业中的占比/%
2003	26 941.75	8 260.9	1 949.9	935.7	338.0	829.2	851.0	300.3	241.9	51
2004	40 484.17	13 752.2	3 154.5	1 352.6	604.0	1 389.3	1 251.1	343.4	330.4	55
2005	47 741.19	16 164.2	3 728.0	1 865.8	750.9	1 717.9	1 557.8	439.3	404.3	56
2006	60 559.65	21 606.5	4 616.2	2 708.3	1 108.3	2 165.2	1 895.4	538.7	479.5	58
2007	73 393.39	26 260.2	5 892.4	3 778.5	1 417.3	2 833.9	2 442.7	639.4	558.8	60
2008	82 498.38	29 179.5	6 855.7	5 088.7	1 891.3	3 450.1	2 843.9	746.7	654.0	61

续表

年份	规上工业企业/亿元	通信设备、计算机及其他电子设备制造业/亿元	电气机械和器材制造业/亿元	运输设备制造业/亿元	专用设备制造业/亿元	通用设备制造业/亿元	化学原料和化学制品制造业/亿元	医药制造业/亿元	食品制造业/亿元	8类制造行业在规上工业企业中的占比/%
2009	72 051.75	27 224.0	6 070.3	4 771.9	1 534.1	2 736.3	2 264.7	747.2	632.3	64
2010	89 910.12	34 250.3	7 982.7	5 938.8	1 994.8	3 286.2	3 103.3	948.6	744.5	65
2011	99 612.37	37 469.1	9 477.9	6 813.8	2 321.2	3 832.8	3 603.4	1 030.5	864.9	66
2012	106 610.16	42 454.7	9 125.0	3 636.7	2 826.8	4 782.1	3 693.5	1 164.9	955.8	64
2013	112 824.03	44 915.7	9 376.5	3 443.2	2 994.3	4 969.8	3 984.6	1 184.2	1 042.7	64
2014	118 414.25	46 165.1	9 883.0	3 511.1	3 228.7	5 173.8	4 386.0	1 312.3	1 040.5	63
2015	116 013.09	45 899.4	9 915.8	3 627.3	2 931.0	4 908.6	4 185.8	1 342.0	1 120.5	64
2016	117 842.74	47 081.3	10 092.2	3 408.0	3 024.4	4 931.0	4 333.6	1 460.4	1 114.5	64
2017	128 947.00	51 055.8	10 245.9	2 383.8	3 193.2	5 021.3	4 566.2	1 522.8	1 179.0	61
2018	125 421.00	55 468.8	10 617.7	2 001.1	3 331.4	5 245.3	4 429.4	1 459.4	1 034.6	67
2019	120 651.00	56 053.8	11 439.8	2 004.8	3 460.9	5 477.5	3 802.0	1 416.3	1 098.0	70
年均增速/%	9.82	12.71	11.69	4.88	15.65	12.52	9.81	10.18	9.92	

资料来源：国家统计局。

2. 技术引进促进高新技术产品出口增长

从我国高技术产品贸易看，2001—2019年高技术产品的进口与出口规模大体保持同步增长态势。从2004年开始出口额超过进口额，2019年高技术产品出口额达7 307.5亿美元，相当于2010年的1.5倍，相当于2001年的15.7倍。高技术产品的出口与进口之间存在"同频共振"效应。即，高技术产品的出口/进口的比值越高，表明进口对出口的带动效应越大。2005年以来，我国高技术产品出口/进口的比值均在1.1以上，在2008年、2009年和2014年曾达到1.20，2019年为1.15。其中计算机与通信技术领域的高技术产品出口/进口比值最高，由2005年的2.94增加到2019年的4.02，如图12-7、图12-8所示。

从电子及通信设备、医药制造业的主营业务收入和新产品出口看。技术引进推动了产业规模和出口竞争力的提升。2000—2018年我国电子及通信设备、医药制造业技术引进费累计分别为1 217.9亿元和95.2亿元。2000—2018年我国电子及通信设备制造业、医药制造业主营业务收入分别由5 871.2亿、1 627.5亿元增至98 634亿元、23 918亿元，年均增速分别为17%、16.1%；新产品出口销售收入分别由399亿元、15.2

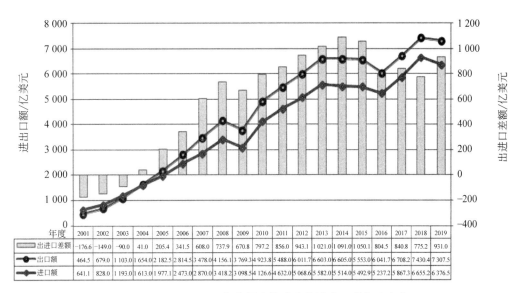

图 12-7　2001—2019 年我国高技术产品进出口额年度变化

资料来源：国家统计局。

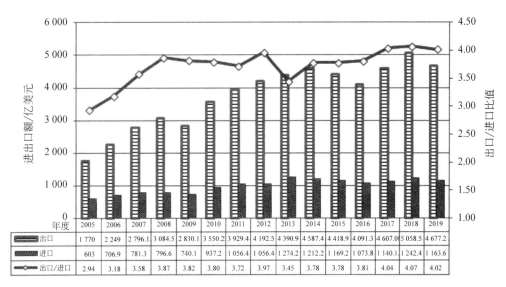

图 12-8　2005—2019 年我国计算机与通信技术产品进出口额及出口/进口比值

资料来源：海关总署。

亿元增至 15 230 亿元、487.2 亿元，年均增速分别为 22.4％、21.2％。2018 年的电子及通信设备制造业主营业务收入分别相当于 2010 年的 2.7 倍、2000 年的 16.8 倍；医药制造业主营业务收入相当于 2010 年的 1.7 倍、2000 年的 14.7 倍。2018 年的电子及通信设备制造业新产品出口销售收入分别相当于 2010 年的 3.6 倍、2000 年的 38.2 倍；医药制造业新产品出口销售收入分别相当于 2010 年的 2.7 倍，2000 年的 32.1 倍，如表 12-21 所示。目前我国已经成为全球消费电子产品制造中心，其中手机、计算机均占全球总产量的 90％以上，2018 年通信系统设备制造业收入同比增长 14.6％，比全球增速高 15.7 个百分点，集成电路销售额同比增长 20.7％，比全球增速高 4.8 个百分点。①

表 12-21　2000—2018 年我国电子及通信设备制造业和医药
制造业技术引进、主营业务、新产品出口销售收入　　　单位：亿元

年份	电子及通信设备制造业			医药制造业		
	技术引进经费支出	主营业务收入	新产品出口销售收入	技术引进经费支出	主营业务收入	新产品出口销售收入
2000	30.6	5 871.2	399.0	4.5	1 627.5	15.2
2001	53.6	6 723.6	424.1	4.9	1 924.4	16.7
2002	58.5	7 658.7	513.6	6.6	2 280.0	27.2
2003	59.5	9 927.1	737.6	7.4	2 750.7	38.2
2004	100.0	13 819.1	1 818.4	5.8	3 033.0	53.4
2005	66.5	16 646.3	1 380.9	3.6	4 019.8	71.1
2006	60.5	21 068.9	1 485.4	3.2	4 718.8	74.1
2007	104.4	24 823.6	2 931.9	3.0	5 967.1	140.7
2008	71.8	27 409.9	3 626.5	4.5	7 402.3	146.3
2009	49.8	28 465.5	3 569.1	5.6	9 087.0	170.2
2010	47.5	35 984.4	4 184.4	4.8	14 417.3	182.7
2011	54.0	43 206.3	4 700.3	6.2	14 484.4	242.4
2012	58.1	52 799.1	5 728.6	5.6	17 337.7	293.4
2013	39.2	60 633.9	7 898.5	5.8	20 484.2	316.8
2014	45.4	67 584.2	9 839.9	4.4	23 350.3	319.4
2015	61.4	78 309.9	12 327.0	5.9	25 729.5	372.6
2016	88.6	87 304.7	13 824.7	4.7	28 206.1	489.7
2017	52.3	93 452.0	14 954.4	4.4	27 117.0	499.6
2018	116.0	98 634.0	15 230.0	4.4	23 918.0	487.2

资料来源：历年《中国科技统计年鉴》。

12.4　我国技术贸易的发展前景

随着我国不断扩大对外开放，自主创新能力持续增强，技术贸易的发展前景越来越广阔。

---

①　工信部网站：2019 年中国电子信息制造业综合发展指数报告，2020 年 1 月 19 日。

12.4.1　技术创新能力增强与产业升级的要求将促进我国技术贸易量质齐升

从创新投入看,我国研发投入强度已从 1996 年的 0.6% 提高到 2019 年的 2.2%,虽仍低于美国、日本、德国等技术贸易强国,但高于英国、意大利等发达国家及欧盟平均水平。从创新产出看,我国国际科技论文总量和被引次数居世界第二,发明专利申请量和授权量居世界首位。许多新技术、新材料、核心零部件、重大装备从无到有。在战略性新兴产业与前沿技术领域实现了一系列重大突破,如高铁装备、3D 打印、人工智能、量子计算等技术。近年来,以新一代信息技术、新能源、新材料、生命科学为代表的新一轮科技革命和产业变革在全球蓬勃兴起,其中云计算、大数据、物联网、移动互联网、人工智能、区块链、虚拟现实、量子计算、5G 等数字技术成为技术创新和产业转化最活跃的领域,这些新技术的成熟和大规模产业化应用将不断催生新产品、新模式和新业态,推动制造业与服务业加速融合,对我国产业结构和价值链升级产生深刻影响。尤其是经济新动能加速成长将促进技术进出口规模继续扩大,技术进口的质量和层次不断提升,并促进技术出口加快发展。

12.4.2　"市场换技术"与"技术换技术"双轮驱动将扩大我国技术进口空间

一方面,"市场换技术"空间越来越广阔。我国具有世界超大规模市场优势将为世界各国先进技术提供产业化、规模化的空间,有能力孵化培育全球新技术,为"市场换技术"提供了基础条件。尤其是全球新冠疫情冲击导致国际市场大幅萎缩,加速全球产业链和供应链布局的本土化、区域化趋势。为此,党中央明确指出,"十四五"时期我国经济将形成以国内大循环为主,国际国内双循环相互促进的新发展格局。内需持续释放与层次提升将放大国内市场优势,成为技术进口发展的重要依托。2019 年我国社会消费品零售总额 41.2 万亿元,居民人均可支配收入 30 733 元,消费倾向高达 70%,即居民平均每人把七成以上的收入用于消费,中产阶层规模 3 亿人左右。2019 年我国消费对经济增长的贡献率为 57.8%,远低于发达国家 80% 以上的水平,意味着消费仍有放大空间。另一方面,"技术换技术"潜力越来越大。过去由于我国技术落后,主要使用发达国家先进技术,在技术分工层面与发达国家形成明显的垂直分工关系。随着我国已经成为技术创新大国,技术规模实力显著增强,已经拥有一批国际先进技术和一批高新技术企业,并在一些领域形成国际领先技术,与发达国家的技术分工格局不断向水平分工方向发展,从而为专利交叉授权等新的技术引进模式奠定了基础。

12.4.3　开放合作创新加快发展将促进我国技术引进方式更趋多元化

随着新科技革命迅猛发展,技术复杂度越来越高,全球创新已经进入高强度研发时代,技术创新网络化日趋明显,开放合作创新成为发展大势。随着我国产业升级进程加快,对高精尖技术的需求将进一步提高,技术要素全球配置方式也将更加多元化。近年来,我国越来越多的科技企业通过跨国并购、跨国战略联盟、境外设立研发中心、开展合资合作、相互交叉持股等方式获取关键核心技术和共同研发世界前沿技术。如，吉利并购沃尔沃获得了汽车关键技术、联想集团收购 IBM 公司 PC 业务获得了电脑技术及研发资源、中国化工集团收购瑞士先正达获取农化领域先进技术等。但是，随着美国、欧盟等发达国家对外资技术并购的严格审查制度，我国企业通过国际并购获取先进技术的难度将加大，可能更加依赖于其他开放合作创新的模式。此外，科研领军人才的流动成为技术要素流动的重要载体，将成为未来我国技术引进的重要模式。随着我国技术创新环境日益优化，科技人员跨国流动性显著提升，在先进技术引进中发挥越来越重要的作用。如生物学家施一公、饶毅、谢晓亮，计算机学家姚期智，实验高能物理学家王贻芳、机械工程学家甘中学等海外归国的科学家们均为我国上述领域的技术创新和产业发展做出了杰出贡献。

12.4.4 科技全球化格局变化将促进我国技术市场来源更趋多元化

一方面，科技全球化格局正在发生深刻变化。虽然发达国家跨国公司继续保持技术领先优势，但随着新兴经济体和发展中国家不断扩大对外开放加速技术积累，推进全球技术创新日趋活跃，科技创新全球化呈现发达国家和发展中国家并行发展的新特征，全球技术力量对比悄然变化，创新活动的新版图渐趋形成。2019 年全球创新前 50 位国家中新兴经济体和发展中国家有 11 个。未来 20 年随着新兴经济体和发展中国家群体性崛起，技术创新能力不断增强，将为我国技术进口来源提供更多元的渠道。另一方面，美国对我国的技术封锁和围堵已经成为战略竞争的核心内容，也促使我国与欧盟、日本、以色列等技术先进国家开展创新合作。分层次来看，2019 年欧盟取代美国成为我国技术进口第一大来源地，占比超过 30%，日本占比接近 19%，两者合计占技术进口的半壁江山，未来可能继续扩大。其次，以色列在生命科学、移动通信及互联网、科技金融、人工智能与机器人、自动化、工业应用、清洁能源等方面具有全球领先技术，与我国开展技术合作的空间很大。再次，加强与俄罗斯等金砖国家技术合作，引进先进适用技术的潜力较大。如，俄罗斯在军工、核电、航天、人工智能及基础研究等方面均保持国际先进水平，且双边友好关系为技术创新合作提供了有利环境。2019 年我国自俄罗斯技术进口合同金额增长近 18 倍，俄罗斯从 2018 年第 19 位跃居我国的第 4 大技术进口来源地。

12.4.5 "一带一路"沿线国家将成为我国技术出口的新兴市场

"一带一路"沿线国家多数是发展中国家，为我国提供了广阔的技术出口市场。随着我国不断加强与沿线各国的互联互通，我国与沿线国家技术贸易额也将不断增长。2019 年我国对沿线国家技术出口合同额达 77.1 亿美元，同比增长 41.8%，超过技术出口整体增幅 27.2 个百分点，其中 2019 年我国对阿联酋技术出口合同金额达 24.4 亿美元，同比增长 33 倍，跃居技术出口第 3 大目的地，对孟加拉技术出口 14.5 亿美元，同比增长 2.1 倍。可以预见，"一带一路"沿线国家将成为我国技术出口的重要新兴市场。目前我国对沿线国家技术出口的主要领域集中在农业、纺织、船舶、汽车等传统产业领域。未来技术出口的领域将进一步扩大,特别是信息通信技术、电子设备、服务外包等优势领域将成为技术出口的重要领域。

12.5　政　策　建　议

当前,数字技术正在引领科技全球化深入发展,技术要素跨境流动的壁垒降低,新技术成果大量涌现,全球技术贸易空间更加广阔。开放合作的技术贸易战略仍是我国提升技术创新能力、促进产业结构升级的必然选择,也是突破核心关键技术瓶颈的重要途径。要坚持新型举国体制优势的自主研发与积极有为的技术引进战略相结合,"扬优势、补短板、造备胎",促进我国自主创新能力再上新台阶。

第一,以产业链、供应链、价值链为依托布局创新链,构建互利共赢的开放创新合作体系。在全球产业紧密关联、技术高度复杂的开放型经济背景下,任何国家都难以实现封闭式创新,全球产业链和供应链的相互依存关系是开放合作创新的重要基础和前提。如,2020 年 5 月美国商务部允许美国公司与华为合作制定 5G 网络标准,在客观上形成双赢局面。由于华为在 5G 产业链中的地位和影响力,美国企业无法绕过华为参与 5G 标准制定,美国政府对华为的打压制裁实际上制约了本国企业参与 5G 标准制定,因此不得不允许本国企业与华为在标准制定上的合作。而对华为来说,美国参与 5G 标准制定能够给国际标准带来更大价值,如果不合作将对 5G 标准造成伤害,也对华为不利。随着我国技术积累和自主研发能力增强,技术引进将更多侧重前沿性技术,随着大国博弈加剧技术竞争和封锁,直接购买的难度系数越来越大。为此,要以产业链和供应链为依托,探索与欧盟、美国、日本、英国等发达国家的技术合作新机制,从引进—模仿—学习的单向传统模式向共创—共享—共赢的双向交互创新模式转变。此外,要积极扩大与各国的技术贸易合作。如,在 FTA 谈判中增加技术贸易的内容,签订双边技术合作框架,在技术研发、技术转让或许可、技术咨询和服务等方面开展深入合作。

第二,发挥知识产权大国优势,提升知识产权贸易水平。加强知识产权出口不仅能够扩大服务出口规模,同时能够有效带动产品出口。据测算,发达国家每向外转移 1 亿美元的专利技术可以带动约 50 亿美元的成套设备及附属产品销售[①]。为此,一要大力实施知识产权出口战略。要注重培育从知识产权创造、运用转化、运营服务到知识产权保护的全价值链服务。随着技术贸易"软性化"趋势,各国的技术竞争越来越体现在知识产权战略竞争上,我国应注重使用专利战略扩大知识产权出口市场,促进技术出口结构升级。鼓励技术出口企业重视知识产权竞争力的培育、科学评估知识产权价值等,实现创新、产业升级和知识产权管理互动发展,大力培育具有自主知识产权的品牌企业,扩大专利、专有技术等知识产权出口规模。鼓励企业实施专利网战略加快海外知识产权布局,完善海外知识产权保护机构,为企业海外专利获权、维权提供便利,帮助企业应

---

　　①　韩秀成,王淇.知识产权:国际贸易的核心要素——中美经贸摩擦的启示[J].中国科学院院刊,2019,34(08):893-902.

对海外知识产权风险。二要加强知识产权保护，优化技术转移环境。我国已经建立起较完善的知识产权保护法律法规，应不断完善预警、监管及执法体系，及时回应技术合作国家和在华跨国公司关切，对侵权违法行为依法予以最严厉的打击，切实维护外资企业的知识产权利益。完善与美国、欧盟、日本等主要贸易伙伴的知识产权合作机制，加强知识产权仲裁、争端解决等合作。三要倡导有条件的企业与跨国公司使用专利交叉授权。通过与竞争对手签署专利交叉授权的方式，有利于整合技术优势，也有利于消除在开拓国际市场中的知识产权障碍，避免侵权诉讼纠纷，减少交易成本。

第三，大力吸引海外领军人才，促进全球先进技术转移。海外领军人才是技术转移的关键要素，要鼓励各地政府加大吸引留学人员回国和海外高级人才来华工作力度，并就如何支持留学、鼓励回国、来去自由的方针做出具体安排。通过科研经费补贴、工资薪酬、个税减让、股票期权激励等多种方式吸引海外高精尖技术人才。在住房安置、子女上学、户籍、出入境便利等方面加大政策支持力度，为他们安居乐业创造良好的条件。将人才引进与事业发展有机结合，使人才不仅引得来、更要留得住，让他们创新有空间、创业有平台、发展有天地，造就一批站在世界科技前沿的海外领军人才队伍。

第四，进一步完善技术贸易平台，加强政策支撑体系建设。以服贸会、进博会、高交会等重大国际展会为依托，为企业提供更多技术贸易和国际技术合作交流的机会。探索在北京、上海、深圳、西安等自贸试验区设立技术贸易市场。对企业研发加大补贴和税收优惠，并提供更加便捷的资格认证及申请流程。加大对技术出口企业的支持力度，降低融资成本和担保要求，对于助力国内企业海外布局提供成熟软件方案和技术支持的软件项目予以奖励，并支持其产品研发和本地化应用。在服务贸易创新发展引导基金中划拨专门资金用于支持技术贸易发展，鼓励地方政府设立技术贸易配套资金。

第五，顺应全球技术贸易规则变革趋势，积极参与国际技术贸易规则标准建设。一要积极研究多双边贸易体制和区域性技术贸易协议的最新进展和趋势。在WTO中倡导"发展"主题，反对各种形式的保护主义。同时，应避免西方国家在数字技术方面形成规则制定圈将我国排斥在外。如，我国与美国、欧盟的数字治理模式各不相同，且三种模式之间存在着强烈的地缘战略与模式对抗，难以统一和兼容，需要建立对话机制。二要倡导技术贸易相关国际标准制定的中性原则，不受各国政治因素影响，使国际标准得到广泛一致的支持并保持其强大生命力。三要建立以企业为主体、相关组织协同参与的机制，推动我国具有优势、特色技术标准成为国际标准。以"一带一路"沿线国家为重点深化标准化合作，推进我国与沿线国家的标准互认，提高技术贸易规则的话语权。四要重视技术贸易谈判人才的培养，尤其是精通技术贸易国际规则、涉外技术贸易诉讼与谈判的专业人才，鼓励其到相关国际组织参与国际规则和标准制定。

第六，深化技术贸易管理体制改革，夯实产学研用相结合的技术创新体系。加快政府管理职能转变，在技术创新的制度供给方面更加注重市场机制作用，注重创新要素的市场化配置，注重发挥各类企业的主体作用。畅通企业与高校、科研机构、用户的协同创新机制，推动大中小微企业的创新链协同发展，完善各类技术交流合作平台，加强各类产业创新联盟建设。

参 考 文 献

[1] 江小涓.新中国对外开放 70 年[M]. 北京：人民出版社,2019.

[2] 王丹莉.新中国技术引进的历史检视[J].中共党史研究,2019(07).

[3] 王钦.新中国工业技术引进与创新六十年,第三届中俄社会科学论坛.

[4] 赵晋平.利用外资与中国经济增长[M].北京：人民出版社,2001.

[5] 江小涓等.全球化中的科技资源重组与中国产业技术竞争力提升[M].北京：中国社会科学出版社,2004.

[6] 韩秀成,王淇.知识产权：国际贸易的核心要素——中美经贸摩擦的启示[J].中国科学院院刊,2019,34(08).